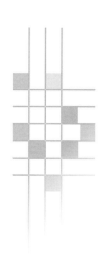

当事者類型別
マンション関係訴訟

鈴木 隆 著

日本加除出版株式会社

は　し　が　き

　都市部を中心としてマンションの増加が続き，そして，多くのマンションが修繕の時期を迎えるなど，マンションをめぐってその状況は劇的に変化している。このため，マンション紛争も多様化し，その数も増加する傾向にある。

　このような中にあって，訴訟事件として現われた紛争を検討していくと，マンションに関する事件も，いくつかの類型に分類することができ，その類型ごとに紛争の態様が大きく異なることが分かる。本書では，区分所有者，管理組合，管理者，関係業者など，マンションに関係する主体ごとに柱を建て，この当事者間の紛争を類型化することを試みた。同時に，このような紛争類型を越えて，共通する事項が問題とされることから，キーワードで横断的に検索できるようにした。

　この他，本書を利用する上で，次の点に注意していただきたい。まず，論点に影響を与えない範囲で事例を単純化して，事案を容易に把握できるようにした。また，掲載している「判旨」は，要約であるから，判例を詳細に検討する必要があるときは，「出典」に記載されている判例集などに当たっていただきたい。そして，「論点」は，当該判例で問題となった全ての争点を採り上げているわけではない。あくまで，マンション関係の紛争を類型化して把握するという観点から，注目すべき論点に限って採り上げている。さらに，マンション管理においては，区分所有者とともに，管理組合が共用部分など共有物の管理に当たるため，紛争が生じたときには，紛争当事者は誰なのか，訴訟追行に当たるのは誰が適当なのかということが問題となる。このため，できる限り当事者適格に触れることにした。平成29年の改正民法にも対応している。

　本書を利用し，裁判実務家はじめ，多くの方々にマンションをめぐる様々な紛争についての理解を深めていただけるなら，望外の幸せである。

平成 31 年 2 月

鈴　木　　隆

凡　例

■ 凡　例 ■

文中に掲げる略記例は以下の通りとする。

＝法令・指針＝

法又は区分所有法	建物の区分所有等に関する法律
管理適正化法	マンションの管理の適正化の推進に関する法律
建替え円滑化法	マンションの建替えの円滑化等に関する法律（平成 26 年改正により題名改正）
	マンションの建替え等の円滑化に関する法律
改正民法	民法の一部を改正する法律（平成 29 年法律 44 号）による民法
改正前民法	同法による改正前の民法
宅建業法	宅地建物取引業法
一般法人法	一般社団法人及び一般財団法人に関する法律
標規	マンション標準管理規約（単棟型）（平 29．8．29 国住マ第 33 号）
標準管理規約	マンション標準管理規約（単棟型）（平 29．8．29 国住マ第 33 号）
コメント	マンション標準管理規約（単棟型）コメント

＝判例集＝

民集	最高裁判所民事判例集
裁民	最高裁判所裁判集民事
民録	大審院民事判決録
判時	判例時報
判タ	判例タイムズ
金法	金融法務事情
金判	金融・商事判例

iii

凡　例

＝裁判例＝

昭 56・6・18 最一判/民集 35 巻 4 号 798 頁
　→　昭和 56 年 6 月 18 日最高裁判所第一小法廷判決/最高裁判所民事判例
　　　集 35 巻 4 号 798 頁
平 22・2・16 東京高判/判タ 1336 号 169 頁
　→　平成 22 年 2 月 16 日東京高等裁判所判決/判例タイムズ 1336 号 169 頁
平 28・1・18 福岡地小倉支判/判時 2300 号 71 頁
　→　平成 28 年 1 月 18 日福岡地方裁判所小倉支部判決/判例時報 2300 号 71 頁
平 25・6・25 東京地判/2013WLJPCA06258012
　→　平成 25 年 6 月 25 日東京地方裁判所判決/ウエストロージャパン文献
　　　番号 2013WLJPCA06258012

＝参考文献＝

法コンメ　　　　　　稲本洋之助＝鎌野邦樹「コンメンタール　マンション区分所
　　　　　　　　　　有法」〔第 3 版〕（日本評論社，2015）
上手な対処法　　　　全国マンション問題研究会編「マンション紛争の上手な対処
　　　　　　　　　　法」〔第 4 版〕（民事法研究会，2014）
法律実務　　　　　　横浜弁護士会編「マンション・団地の法律実務」（ぎょうせ
　　　　　　　　　　い，2014）
一問一答　　　　　　吉田徹編著「一問一答　改正マンション法」（商事法務，2003）
諸問題 (1)(2)(3)　　東京地方裁判所プラクティス委員会第一小委員会「マンショ
　　　　　　　　　　ンの管理に関する訴訟をめぐる諸問題 (1)(2)(3)」判タ 1383
　　　　　　　　　　号，1385 号，1386 号

目　次

■目　次■

第1章　管理組合の請求

【類型1】管理組合が区分所有者に対し管理費等を請求

[1] 平27・2・18東京地判 ⋯⋯⋯⋯⋯⋯⋯⋯⋯⋯⋯⋯⋯⋯⋯⋯ *2*
　　　総会を開催し，組織運営に関する諸事項を決議したが，管理規則として書面化しない，管理費等を入金するための固有の口座も開設されず，毎年度の会計報告が行われることもなかったなどの事情がある管理組合が権利能力なき社団に該当するか

[2] 平10・4・14東京地判 ⋯⋯⋯⋯⋯⋯⋯⋯⋯⋯⋯⋯⋯⋯⋯⋯ *8*
　　　将来発生する管理費について，将来請求の必要性があるか

[3] 平26・4・16東京高判 ⋯⋯⋯⋯⋯⋯⋯⋯⋯⋯⋯⋯⋯⋯⋯⋯ *12*
　　　①違約金として弁護士費用を加算できるか
　　　②加算できる範囲

[4] 平25・11・13東京地判 ⋯⋯⋯⋯⋯⋯⋯⋯⋯⋯⋯⋯⋯⋯⋯ *14*
　　　①共有する居室の管理費等が不可分債務に該当するか
　　　②違約金としての弁護士費用の算定額

[5] 平9・6・26東京地判 ⋯⋯⋯⋯⋯⋯⋯⋯⋯⋯⋯⋯⋯⋯⋯⋯ *16*
　　　競売による区分所有権の買受人が特定承継人の義務を負うか

[6] 平21・3・12大阪地判 ⋯⋯⋯⋯⋯⋯⋯⋯⋯⋯⋯⋯⋯⋯⋯⋯ *18*
　　　区分所有権を譲渡した中間取得者は特定承継人の義務を免れるか

[7] 平25・6・25東京地判 ⋯⋯⋯⋯⋯⋯⋯⋯⋯⋯⋯⋯⋯⋯⋯⋯ *20*
　　　管理費等を滞納したまま区分所有権が競売で売却され特定承継人が生じているとき，前区分所有者に対し，滞納管理費請求ができるか

[8] 平20・4・16大阪高判 ⋯⋯⋯⋯⋯⋯⋯⋯⋯⋯⋯⋯⋯⋯⋯⋯ *22*
　　　管理組合が規約により立替払した専有部分の水道光熱費について特定承継人が責任を負うか

[9] 平24・11・14広島地判 ⋯⋯⋯⋯⋯⋯⋯⋯⋯⋯⋯⋯⋯⋯⋯ *26*
　　　インターネットを利用しない者もインターネット利用料金の支払義務を負うか

[10] 平27・12・17東京地判 ⋯⋯⋯⋯⋯⋯⋯⋯⋯⋯⋯⋯⋯⋯⋯ *30*
　　　管理費倍額規定が法30条3項（規約の衡平性）に反しないか

v

目　次

[11] 平 5・3・30 東京地判 ·· *32*
　①エレベーター及び 2 階以上の給排水設備などが，2 階以上の区
　　分所有者の一部共用部分か
　②1 階部分の管理費を 2 階以上と同様に，専有部分の面積に応じ
　　て算定することが合理的か

[12] 平 22・1・26 最三判 ·· *38*
　「住民活動協力金」を定める規約改正の総会決議が「特別の影
　響」に該当するか

[13] 平 10・11・20 最二判 ·· *40*
　駐車場専用使用を有償化する総会決議が「特別の影響」に該当
　するか

[14] 平 23・6・30 東京地判 ······································· *44*
　特定の区分所有者のみに対する管理費等増額の規約変更決議が
　法 31 条 1 項の「特別の影響を及ぼすべきとき」に該当するか

[15] 平 9・10・15 東京高判 ······································· *46*
　管理費等請求権を受働債権とする相殺の可否

[16] 平 21・7・24 大阪地判 ······································· *50*
　特定承継人に消滅時効中断の効力が及ぶか

[17] 平 27・7・16 東京地判 ······································· *54*
　各月分の滞納管理費等の一部を支払ったことにより，滞納管理
　費全体が時効中断するか

【類型 2】 管理組合が区分所有者に対し規約違反行為の差止めなどを請求

[1] 平 22・5・13 東京地立川支判 ······························ *56*
　猫の飼育が規約の動物飼育禁止条項に違反するか

[2] 平 6・8・4 東京高判 ··· *60*
　犬飼育禁止規約が，「特別の影響」がある場合に該当するか

[3] 平 23・12・16 東京地判 ······································ *64*
　区分所有者が飼育している犬が，規約で禁止される動物に該当
　するか

[4] 平 23・2・15 最三判 ··· *66*
　給付の訴えにおける原告適格

目　次

【類型3】 管理組合が区分所有者に対し損害賠償などを請求

[1] 平11・1・13 東京地判 ………………………………………… *68*
　　区分所有者が，専有部分の賃借人に規約の禁止事項を遵守させ
なかったことにより生じた損害について，賠償責任を負うか

[2] 平24・11・12 宮崎地判 ………………………………………… *72*
　　区分所有者が賃借人の同居人による盗電行為について損害賠償
責任を負うか

【類型4】 管理組合が管理者などに対し損害賠償などを請求

[1] 平27・3・30 東京地判 ………………………………………… *74*
　　①元会計担当理事の着服横領について元理事長・監事が善管注意
義務違反による損害賠償責任を負うか
　　②元理事長・監事の責任減免事由があるか

【類型5】 管理組合が関係業者に対し損害賠償などを請求

[1] 平15・2・13 福岡高判 ………………………………………… *76*
　　未分譲建物の敷地部分についても団地関係が成立するか

[2] 平10・10・22 最一判 ………………………………………… *80*
　　マンション駐車場の専用使用権分譲の対価が，分譲業者と管理
組合のいずれに帰属するか

[3] 平8・12・26 東京高判 ………………………………………… *82*
　　共用部分の瑕疵により建築業者等に対して生じた損害賠償請求
権は，各区分所有者に帰属する可分債権か

[4] 平17・9・15 東京地判 ………………………………………… *86*
　　管理組合法人の代表者が管理費等を横領し，管理組合法人が損
害を被ったときの管理業者の善管注意義務違反

**【類型6】 管理組合法人が区分所有者に対し共同の利益に反する行為
　　　　　 の停止等・使用禁止・競売を請求**

[1] 平23・11・24 東京高判 ………………………………………… *88*
　　専有部分を税理士事務所として使用していることが法57条1
項にいう「区分所有者の共同の利益に反する行為」に当たるか

[2] 平28・4・21 東京地判 ………………………………………… *94*
　　看板の設置行為が使用細則の外観変更に該当し，区分所有者の
共同の利益に反する行為に該当するか

vii

目　　次

　　　［3］平24・2・9福岡地判 ……………………………………………… *98*
　　　　　共同生活上の障害が著しいといえるかなど，法59条の各要件
　　　　に該当するか

【類型7】 管理組合法人が区分所有者に対し損害賠償などを請求
　　　　　（訴訟担当）

　　　［1］モデルケース ……………………………………………………… *100*
　　　　　生命・身体・財産に対し，侵害を加えるがごとき言動を日常的
　　　　に繰り返していたとき，不法行為による損害賠償請求ができるか

【類型8】 建替組合が区分所有者に対し売渡請求

　　　［1］平27・1・26東京地判 ……………………………………………… *102*
　　　　　マンション建替組合による建替えに参加する旨の回答をしな
　　　　かった区分所有者に対する売渡請求の有効性

　　　［2］平24・12・27東京地判 …………………………………………… *108*
　　　　　建替えに参加しない回答した区分所有者が，供託金の留保付き
　　　　還付請求をしたとき，建替え決議又は売渡請求の無効の主張は権
　　　　利濫用となるか

第2章　区分所有者全員の請求（管理者などによる訴訟担当）

【類型9】 管理者が区分所有者に対し共同の利益に反する行為の停止
　　　　　等を請求（訴訟担当）

　　　［1］平27・9・18東京地判 ……………………………………………… *114*
　　　　　シェアハウス行為が共同の利益に反する行為に当たるか

　　　［2］平4・1・30東京地決 ……………………………………………… *118*
　　　　　居住用のマンション1階店舗部分におけるカラオケスタジオの
　　　　営業が，共同の利益に反する行為に当たるか

　　　［3］平18・3・30東京地判 ……………………………………………… *122*
　　　　　専有部分を託児所として使用することが共同の利益に反する行
　　　　為となるか

　　　［4］平22・2・22東京地判 …………………………………………… *126*
　　　　　専用使用庭に建造物を設置していることが共同の利益に反する
　　　　行為となるか

　　　［5］平13・6・19神戸地尼崎支判 …………………………………… *128*

目　次

　　厨房換気ダクト等を設置し深夜まで居酒屋を営業することが共
　　同の利益に反する行為となるか

　［6］平29・1・13大阪地判 ………………………………………… *132*
　　①訴え提起後に専有部分を売却した区分所有者に法57条1項の
　　停止請求の被告適格があるか
　　②共同利益背反行為（民泊行為）が不法行為となり，停止請求に
　　係る弁護士費用相当額の損害が発生するか

　［7］平7・2・28東京高判 …………………………………………… *134*
　　ピロティーの部分は共用部分か専有部分か

【類型10】**管理者が区分所有者に対し専有部分の使用禁止請求**（訴訟担当）

　［1］平23・1・25東京地判 ………………………………………… *136*
　　専有部分に大量のゴミを放置した場合に，法58条1項の要件
　　に該当するか

　［2］平14・5・16大阪高判 ………………………………………… *140*
　　管理費等の長期滞納に対する措置として使用禁止（請求）は有
　　効か

【類型11】**管理者が区分所有者に対し競売請求**（訴訟担当）

　［1］平19・11・14東京地判 ……………………………………… *142*
　　管理費等の長期滞納区分所有者に対して，競売請求以外の方法
　　によっては，区分所有者の共同生活上の障害を除去して共用部分
　　の利用の確保その他の区分所有者の共同生活の維持を図ることが
　　困難であるといえるか

　［2］平22・5・21東京地判 ………………………………………… *146*
　　管理費等の滞納などによって生じた他の区分所有者の共同生活
　　上の障害の程度が，著しいものといえるか

　［3］平17・9・13東京地判 ………………………………………… *150*
　　使用借人の異常な行動等に対し，法60条の使用貸借契約の解
　　除，専有部分の引渡し，法59条1項の競売請求の各要件を充足
　　するか

　［4］平25・1・23東京地判 ………………………………………… *154*
　　法59条に基づく競売請求について，共同の利益背反行為によ
　　る区分所有者の共同生活上の障害が著しいといえるか

ix

目　　次

【類型12】 管理者が区分所有者などに対し解除・引渡請求（訴訟担当）

［１］平7・11・21 東京地判 ……………………………………………… *158*
　　専有部分の居住者の野鳩の餌付け及び飼育が，区分所有者の共
　　同の利益に反する行為として，法60条1項の各要件を充足するか

【類型13】 集会で指定された区分所有者が他の区分所有者などに対し停止などを請求（訴訟担当）

［１］平24・1・17 最三判 ………………………………………………… *162*
　　名誉毀損文書の頒布などが共同利益背反行為に当たるか

［２］平9・3・26 神戸地判 ………………………………………………… *164*
　　ピロティー部分は，法定共用部分か，分譲業者の専有部分か

［３］平23・10・11 最三決 ………………………………………………… *168*
　　法59条1項に基づく訴訟の口頭弁論終結後に区分所有権及び
　　敷地利用権が譲渡され，その譲受人に対し，同訴訟の判決に基づ
　　き競売申立ができるか

【類型14】 管理者・理事長が関係業者などに対し損害賠償などを請求（訴訟担当）

［１］平29・3・31 東京地判 ……………………………………………… *170*
　　マンションの新築工事における外壁などへの石材取付工事に係
　　る不法行為の成否

［２］平11・1・27 札幌地判 ……………………………………………… *174*
　　不法行為損害賠償の訴え提起が，管理者の職務に関することと
　　いえるか

第3章　区分所有者の請求

第1節　管理組合などに対する請求

【類型15】 区分所有者が管理組合に対し権利存在確認請求

［１］平10・10・30 最二判 ……………………………………………… *178*
　　規約改正による駐車場使用料の増額が「特別の影響」に該当す
　　るか

［２］平12・3・21 最三判 ………………………………………………… *180*
　　専用に供されているが専有部分内にない排水管の枝管が共用部
　　分であることの確認請求

目　次

〔3〕平10・1・30東京地判 ………………………………………… *182*
　　分譲業者が区分所有建物と共に駐車場の専用使用権を販売し，
　これらの権利を承継取得した者が，管理組合に対して駐車場の専
　用使用権を主張することができるか

【類型16】区分所有者が管理組合に対し規約・総会決議・理事会決議の無効確認請求

〔1〕平21・9・24東京高判 ………………………………………… *186*
　　各居室の使用目的を「不定期に保養施設として」使用すること
　に限定する条項の無効確認請求

〔2〕平6・4・5福岡地小倉支判 ………………………………… *190*
　　飲食業を禁止する規約変更による「特別の影響」

〔3〕平2・11・26最二判 …………………………………………… *192*
　　理事会への代理人出席を認める規約を採択した総会決議は違法か

〔4〕平19・9・12東京高判 ………………………………………… *194*
　　建替え決議において敷地は特定されているか

〔5〕平13・1・31神戸地判 ………………………………………… *198*
　　建替え決議の無効確認請求における区分所有者の数え方の基準

〔6〕平21・2・24東京地判 ………………………………………… *200*
　　建物の建替え推進（総会）決議について，その無効確認を求め
　る訴えに，確認の利益があるか

〔7〕平29・12・18最一判 …………………………………………… *204*
　　総会で理事を選任し，理事の互選で理事長を選任する規約の管
　理組合において，互選により選任された理事長を理事の過半数
　で，理事長の職を解任できるか

〔8〕平28・1・18福岡地小倉支判 ………………………………… *208*
　　修繕積立金の一部を取り崩し各区分所有者にその居住年数に応
　じて返金する旨の総会決議を追認する総会決議が，民法90条に
　反し無効か

【類型17】区分所有者が管理組合・理事長に対し損害賠償などを請求

〔1〕平11・12・24東京地判 ………………………………………… *212*
　　立看板を設置し管理費滞納者として名前を公表したことが名誉
　毀損行為といえるか

xi

目　　次

［2］平8・9・4千葉地判 ……………………………………………… *214*
　　共有地内から生じた管理組合の収益金について個別の区分所有
　者に分配金請求権があるか

［3］平26・11・19東京地判 ………………………………………… *216*
　　管理組合が，プロパンガスのボンベ等の設置につき共用部分の
　利用方法として是認できないとしたことが違法か

［4］平15・6・17福岡高判 ………………………………………… *218*
　　管理組合がマンション出入口に設置したオートロック式ドアの
　設置の総会決議に「特別の影響」による区分所有者の承諾を要す
　るか

［5］平7・10・4神戸地判 ………………………………………… *222*
　　理事長が管理組合に損害を与えたとする損害賠償請求訴訟にお
　いて個々の区分所有者に原告適格が認められるか

［6］平4・7・29東京地判 ………………………………………… *224*
　　管理組合の元理事長に対する不法行為に基づく損害賠償請求訴
　訟が，共用部分の保存行為に当たるか

［7］平28・9・29東京地判 ………………………………………… *226*
　　立体駐車場部分が，マンション建物の構成部分となるのか，別
　棟となるのか

［8］平27・7・17東京地判 ………………………………………… *230*
　　管理組合がベランダの不具合の修補をしないことが不法行為と
　なるか

［9］平26・10・28東京地判 ………………………………………… *232*
　　1階の駐車場は，専有部分か法定共用部分か

［10］平25・2・22名古屋高判 ……………………………………… *236*
　　専有部分の水道料金について，各区分所有者が支払うべき額や
　支払方法，特定承継人に対する支払義務の承継を管理組合の規約
　で定めることができるか

［11］平24・3・28東京地判 ………………………………………… *238*
　　総会決議があるのに理事会が工事を保留し，実施していないこ
　とが，理事会の裁量権を逸脱しているか

［12］平24・1・30東京地判 ………………………………………… *240*
　　規約に明示されていない専用使用権が認められるか

目　次

［13］平 23・8・23 東京地判 ……………………………………………… 242
　　　刺青がある者のトレーニングルームの利用を制限する規約の改
　　　正が法 31 条「特別の影響を及ぼすべきとき」に該当するか

【類型 18】**区分所有者**が**管理組合**に対し閲覧請求

　［1］平 28・12・9 大阪高判 ………………………………………………… 244
　　　　組合員名簿の閲覧請求権があるか

　［2］平 14・8・28 東京高判 ………………………………………………… 248
　　　　元区分所有者が利害関係人として会計帳簿等の閲覧請求ができ
　　　るか

　［3］平 23・9・15 東京高判 ………………………………………………… 250
　　　　規約に管理組合保管の書類の閲覧請求を認める規定がある場合
　　　に，各区分所有者は，それら書類の謄写請求をすることができるか

【類型 19】**区分所有者**が**管理者**に対し解任請求

　［1］平 2・10・26 東京地判 ………………………………………………… 252
　　　　乙に管理者として職務を行うに適しない事情があるか

　［2］平 28・4・11 東京地判 ………………………………………………… 256
　　　　管理組合（権利能力なき社団）の一般の理事に対する解任請求
　　　訴訟ができるか

第 2 節　区分所有者などに対する請求

【類型 20】**区分所有者**が**前の区分所有者**に対し損害賠償などを請求

　［1］平 9・7・7 東京地判 …………………………………………………… 258
　　　　暴力団組員が居住し，組員の迷惑行為が一時的でなく，通常人
　　　にとって明らかに住み心地のよさを欠く状態に至っていることが
　　　瑕疵に該当するか

　［2］平 17・3・30 東京高判 ………………………………………………… 262
　　　　滞納管理費ある区分所有建物を競売により買い受けた区分所有
　　　者が管理組合へ滞納管理費を支払ったときの元の所有者に対する
　　　求償請求

　［3］平 1・9・7 横浜地判 …………………………………………………… 264
　　　　6 年前に縊首自殺があったことが判明したことを理由として，
　　　瑕疵担保責任により売買契約を解除することができるか

xiii

目　次

［4］平23・11・16東京高判 ‥‥‥‥‥‥‥‥‥‥‥‥‥‥‥‥‥‥‥‥ *266*
　　　区分所有建物が破産財団から放棄された後，買受人がこれを取
　　得するまでに発生した管理費等について求償が認められるか

［5］平25・3・11東京地判 ‥‥‥‥‥‥‥‥‥‥‥‥‥‥‥‥‥‥‥‥ *268*
　　　上階バルコニーのアルミ手すりの縦格子部材がルーフバルコ
　　ニーに落下したときに前区分所有者に瑕疵担保責任が認められる
　　か

【類型21】区分所有者が他の区分所有者に対し買取請求・売渡請求

［1］平14・6・21大阪高判 ‥‥‥‥‥‥‥‥‥‥‥‥‥‥‥‥‥‥‥‥ *270*
　　　復旧決議に賛成しなかった区分所有者が賛成区分所有者に対し
　　区分所有権の買取請求をしたときの時価の算定

［2］平11・6・21神戸地判 ‥‥‥‥‥‥‥‥‥‥‥‥‥‥‥‥‥‥‥‥ *276*
　　　売渡請求の時価の算定

［3］平16・2・19東京地判 ‥‥‥‥‥‥‥‥‥‥‥‥‥‥‥‥‥‥‥‥ *278*
　　　建替え参加区分所有者が不参加区分所有者に対し売渡請求権行
　　使における売渡請求の時価の算定額

【類型22】区分所有者が他の区分所有者に対し損害賠償などを請求

［1］平8・7・30東京地八王子支判 ‥‥‥‥‥‥‥‥‥‥‥‥‥‥‥‥ *280*
　　　①騒音被害・生活妨害は社会生活上の受忍限度を超え，違法なも
　　のとして不法行為損害賠償請求が成立するか
　　　②騒音被害・生活妨害は人格権侵害等に基づく差止め請求を認め
　　るほどの違法性があるか

［2］平19・10・3東京地判 ‥‥‥‥‥‥‥‥‥‥‥‥‥‥‥‥‥‥‥‥ *284*
　　　階上の子供の騒音が一般社会生活上甲が受忍すべき限度を超え
　　るものであったか

［3］平17・12・14東京地判 ‥‥‥‥‥‥‥‥‥‥‥‥‥‥‥‥‥‥‥‥ *286*
　　　賃借人のライブハウスから発生する騒音等について，賃借人と
　　ともに区分所有者（賃貸人）に対して，共同不法行為が成立する
　　か

［4］平26・3・25東京地判 ‥‥‥‥‥‥‥‥‥‥‥‥‥‥‥‥‥‥‥‥ *290*
　　　①所有権侵害の具体的なおそれがあるか
　　　②発声による作曲活動が，受忍限度を超える騒音となるか

［5］平 24・3・15 東京地判 ･･･ *292*
　　階上の部屋の子供による騒音につき，受忍限度を超えるものか

［6］平 9・10・15 東京地判 ･･･ *294*
　　居室改装工事について，受忍限度を超えた騒音が発生したか，
　　発生したことにつき工事を設計・監理した 1 級建築士及び工事を
　　施行した業者が階下の住人に対して不法行為責任を負うか

［7］平 6・5・9 東京地判 ･･ *296*
　　居室をフローリング床にしたことによる騒音が，受忍限度を超
　　える騒音か

［8］平 24・12・13 名古屋地判 ････････････････････････････････････ *298*
　　階下のタバコの煙が居室内へ流入することによる生活上の利益
　　の侵害が違法となるか

［9］平 27・9・18 最二判 ･･ *300*
　　区分所有者が，共用部分を賃貸して収益金を得た他の区分所有
　　者に対し不当利得返還請求できるか

［10］平 29・4・19 東京高判 ･･･ *304*
　　区分所有者が管理者解任請求訴訟で支出した弁護士報酬につい
　　て，他の区分所有者又は管理組合を事務管理の本人として，他の
　　区分所有者に対して，有益費償還請求ができるか

［11］平 28・10・13 東京地判 ･････････････････････････････････････ *308*
　　区分所有建物の共有敷地の競売・代金分割請求が権利の濫用と
　　なるか

第 3 節　関係業者に対する請求

【類型 23】区分所有者が管理業者に対して損害賠償などを請求

［1］平 5・1・28 東京地判 ･･ *314*
　　管理業者に事務管理者として善管注意義務違反があるか

［2］平 2・1・30 東京地判 ･･ *316*
　　管理業者に対し，管理費の不払を理由とする給湯停止が違法と
　　なるか

［3］平 5・2・12 最二判 ･･ *318*
　　管理人室が共用部分か専有部分か

xv

目　次

［4］平25・2・28東京地判 ·· *320*
　　駐車場管理業者が緊急出動義務に違反したため，台風により機
　械式駐車場が浸水して区分所有者が自動車を廃車にした場合，同
　人に対して駐車場管理業者の不法行為責任が認められるか

【類型24】区分所有者が分譲業者に対して損害賠償などを請求

［1］平26・1・23大阪高判 ·· *322*
　　分譲業者は，購入を勧誘するに当たり，隣接マンション建設予
　定の説明義務があるか

［2］平8・2・5東京地判 ·· *326*
　　分譲業者の値引き販売に，違法性があるか

［3］平17・12・5東京地判 ·· *328*
　　区分所有者がシックハウスを理由に瑕疵担保責任による売買契
　約の解除・損害賠償請求ができるか

［4］平22・4・22札幌地判 ·· *330*
　　耐震基準を満たさない分譲だったことによる売買契約の錯誤無効

［5］平2・6・26東京地判 ·· *334*
　　リゾート・マンションにおける眺望等阻害による瑕疵担保責任

［6］平18・3・9福岡高判 ·· *336*
　　共用部分の瑕疵が補修後も交換価値を低下させているとき，瑕
　疵担保責任によりその交換価値低下分の損害賠償請求が認められ
　るか

［7］平27・9・3東京地判 ·· *338*
　　補修工事を経て瑕疵が全て補修された後に損害があるか

［8］平11・9・17大阪高判 ·· *340*
　　売主が建築前の契約成立前に居室からの眺望についてした説明
　が，完成後の状況と異なるとき，買主は契約を解除することがで
　きるか

［9］平18・8・30東京高判 ·· *342*
　　①分譲業者が防火戸の電源スイッチが切られて作動しない状態で
　　引き渡したことにつき，隠れた瑕疵があったといえるか
　　②売主から委託を受け，専有部分の販売に関する一切の事務を
　　行っていた宅地建物取引業者に，専有部分内に設置された防火
　　戸の操作方法等につき，買主に信義則上の説明義務があるか

xvi

目　　次

　　［10］平 26・2・14 東京地判 ……………………………………… *346*
　　　　①目隠しの設置を求める内容が特定されているか
　　　　②日照，採光，通風，眺望について受忍限度を超えているか

　　［11］平 24・3・27 大阪地判 ……………………………………… *348*
　　　　隣接地にマンションが新築され，眺望が遮られたことが違法と
　　　　なるか

　　［12］平 19・4・13 大阪高判 ……………………………………… *350*
　　　　公社の値下げ販売が違法となるか

　　［13］昭 56・6・18 最一判 ………………………………………… *352*
　　　　共用設備が設置されている車庫が専有部分に当たるか

【類型 25】区分所有者が宅地建物取引業者に対して損害賠償などを請求

　　［1］平 20・4・28 東京地判 ……………………………………… *354*
　　　　①宅地建物取引業者に飛び降り自殺があったことを告知，説明す
　　　　べき義務があるか
　　　　②損害額につき民訴法 248 条適用の可否

　　［2］平 23・3・8 福岡高判 ……………………………………… *358*
　　　　①専有部分が相当長期間にわたって性風俗特殊営業に使用されて
　　　　いたことが隠れた瑕疵に当たるか
　　　　②宅地建物取引業者は，この説明をしなかったことにより債務不
　　　　履行による損害賠償責任を負うか
　　　　③損害額について，民訴法 248 条適用の可否

【類型 26】区分所有者が建築施工業者に対して損害賠償などを請求

　　［1］平 19・7・6 最二判，平 23・7・21 最一判 ………………… *360*
　　　　建物としての基本的な安全性を損なう瑕疵か

　　［2］平 24・12・7 静岡地判 ……………………………………… *364*
　　　　①設計・構造設計を受託した業者の不法行為責任
　　　　②市の建築確認が国家賠償責任の違法に当たるか

　　［3］平 24・1・31 横浜地判 ……………………………………… *368*
　　　　①指定確認検査機関である業者が賠償責任を負うか
　　　　②地方公共団体は，指定確認検査機関が行った建築確認につい
　　　　て，賠償責任を負うか

xvii

目　次

[4] 平 23・5・25 東京地判 ……………………………………… *372*
　構造計算書の偽装が見逃され，耐震性が不足することとなった
ことについて，建築確認を行った業者及び地方公共団体の損害賠
償責任の可否

第4節　近隣住民などに対する請求

【類型27】区分所有者全員が近隣住民に対し建物敷地の境界確定請求

[1] 平 11・11・9 最三判 ……………………………………… *374*
　境界確定の訴えを提起することに同調しない共有者をも被告と
することにより訴え提起ができるか

第4章　関係業者の請求

【類型28】管理業者などが管理組合などに対し管理料などを請求

[1] 平 15・5・21 東京地判 …………………………………… *378*
　管理組合によるエレベーター保守管理契約の期間途中の解除が
「不利な時期」の解約に該当するか

[2] 平 27・7・8 東京地判 …………………………………… *382*
　一般法人法 77 条 4 項及び 5 項により，又は，民法 110 条によ
り，管理組合が報酬支払義務を負うか

[3] 平 21・2・27 札幌高判 …………………………………… *384*
　管理組合が，電気通信事業者との間で屋上に携帯電話の基地局設
置目的の賃貸借契約を締結する総会の決議は普通決議で足り得るか

[4] 平 25・5・14 東京地判 …………………………………… *388*
　ドーベルマン犬にかまれた賃借人が退去し賃料収入を得られな
くなった損害（間接損害）について，乙の行為との相当因果関係
又は乙に過失があるか

[5] 平 28・1・19 東京高判 …………………………………… *392*
　乙らが民法 656 条，651 条 1 項に基づき管理契約を解除したこ
とにより，解除後の管理費の支払義務が消滅するか

[6] 平 22・2・16 東京高判 …………………………………… *394*
　乙らが民法 656 条，651 条 1 項に基づき管理契約を解除したこ
とにより，解除後の管理費の支払義務が消滅するか

掲載判例索引 …………………………………………………………… *396*

xviii

■ キーワード検索 ■

＝あ行＝

閲覧・謄写請求権

管理組合保管書類の閲覧・謄写請求権 …………………………【類型18】-［1］

元区分所有者による会計帳簿等の閲覧・謄写請求 ……………【類型18】-［2］

閲覧請求権の他に当然に謄写請求も認められるか。…………【類型18】-［3］

＝か行＝

過失相殺

会計担当理事の横領（理事長・監事の過失）…………………【類型 4】-［1］

理事長の横領（管理業者の過失と管理組合法人の過失）………【類型 5】-［4］

駐車場の浸水（管理業者の過失と区分所有者の過失）…………【類型23】-［4］

可分債権

建築業者に対する損害賠償請求権（共用部分の瑕疵）…………【類型 5】-［3］

区分所有者の損害賠償請求権（外壁石材の落下）………………【類型14】-［1］

区分所有者の分配金請求権（管理組合の駐車場の収益金）………【類型17】-［2］

区分所有者の分配金請求権（共用部分の賃貸の収益金）…………【類型22】-［9］

管理業者との管理契約

管理組合理事長が管理費を横領したときの管理業者の責任…【類型 5】-［4］

緊急出動の遅れによる浸水被害 …………………………………【類型23】-［4］

管理組合がエレベーター保守管理契約を途中解除 ……………【類型28】-［1］

集会決議に基づかない建物調査診断等の委託契約 ……………【類型28】-［2］

管理組合・管理組合法人

権利能力なき社団としての管理組合となるか。………………【類型 1】-［1］

管理組合を法人化するメリットと実情 ……………【類型 6】-［2］（コラム）

キーワード検索

管理組合法人の法的措置請求 ………………………【類型 6】-［1］,［2］,［3］
管理組合法人の訴訟担当 ……………………………………【類型 7】-［1］

管理者・理事長・理事の解任 •———————————

理事長解任の理事会決議の無効確認 ……………………【類型 16】-［7］
管理者解任の訴え ………………………………………………【類型 19】-［1］
理事解任の訴え …………………………………………………【類型 19】-［2］
管理者解任請求訴訟における弁護士費用の分担 ………【類型 22】-［10］

管理者・理事長・理事の職務 •———————————

会計理事の横領による理事長・監事の損害賠償責任 ………【類型 4】-［1］
管理者の権限と義務 ……………………………………………【類型 9】-［1］
管理者の職務 ……………………………………………………【類型 14】-［2］
理事長の標規上の職務 …………………………………………【類型 16】-［7］

管理費等の請求 •———————————————

非法人の管理費請求 ……………………………………………【類型 1】-［1］
将来の管理費の請求 ……………………………………………【類型 1】-［2］
弁護士費用を加算 ………………………………………【類型 1】-［3］,［4］
特定承継人の責任（競売で取得） ……………………………【類型 1】-［5］
特定承継人の責任（中間取得者） ……………………………【類型 1】-［6］
前所有者の管理組合に対する責任 ……………………………【類型 1】-［7］
特別の影響（住民活動協力金の負担） ………………………【類型 1】-［12］
特別の影響（駐車場専用使用権の有償化） …………………【類型 1】-［13］
特別の影響（管理費等増額） …………………………………【類型 1】-［14］
管理費請求権を受働債権とする相殺 …………………………【類型 1】-［15］
消滅時効の中断（特定承継人に対する主張） ………………【類型 1】-［16］
消滅時効の中断（滞納管理費の一部を弁済） ………………【類型 1】-［17］
団地管理組合の分譲業者に対する敷地管理費の請求 ………【類型 5】-［1］
管理費滞納分を支払った特定承継人による求償請求 ………【類型 20】-［2］
別荘地管理費（管理契約解除無効） …………………………【類型 28】-［5］
別荘地管理費（管理契約解除有効） …………………………【類型 28】-［6］

キーワード検索

管理費等の長期滞納

管理費の長期滞納者に対する使用禁止請求 …………………… 【類型 10】−［ 2 ］

管理費の長期滞納者に対する競売請求（認容）………………… 【類型 11】−［ 1 ］

管理費の長期滞納者に対する競売請求（棄却）………………… 【類型 11】−［ 2 ］

管理費滞納者記載の立看板設置に対する損害賠償請求 ……… 【類型 17】−［ 1 ］

管理費の長期滞納者に対する給湯停止 ………………………… 【類型 23】−［ 2 ］

管理費等の負担

共有居室の管理費等の不可分債務性 …………………………… 【類型 1 】−［ 4 ］

衡平負担の原則（インターネット非利用者）………………… 【類型 1 】−［ 9 ］

衡平負担の原則（居住外目的用途者）………………………… 【類型 1 】−［10］

衡平負担の原則（修繕積立金の返還）………………………… 【類型 16】−［ 8 ］

規約事項と集会決議事項

規約事項 ……………………………………… 【類型 16】−［ 1 ］，［ 6 ］

集会決議事項 …………………………………………………… 【類型 9 】−［ 2 ］

集会の特別決議事項 …………………………………………… 【類型 16】−［ 6 ］

規約遵守義務

規約違反行為の差止め請求（猫の飼育）……………………… 【類型 2 】−［ 1 ］

規約違反行為の差止め請求（規約改正・犬の飼育）………… 【類型 2 】−［ 2 ］

規約違反行為の差止め請求（犬の飼育）……………………… 【類型 2 】−［ 3 ］

規約違反の工作物の撤去請求 ………………………………… 【類型 2 】−［ 4 ］

規約違反行為に対する損害賠償請求 ………………………… 【類型 3 】−［ 1 ］

境界確定

境界確定訴訟の原告適格 ……………………………………… 【類型 27】−［ 1 ］

共同利益背反行為

税理士事務所として使用 ……………………………………… 【類型 6 】−［ 1 ］

看板設置 ………………………………………………………… 【類型 6 】−［ 2 ］

シェアハウスとして使用 ……………………………………… 【類型 9 】−［ 1 ］

カラオケスタジオとして使用 ………………………………… 【類型 9 】−［ 2 ］

xxi

キーワード検索

託児所として使用 ……………………………………… 【類型 9】−［3］

専用使用庭に建造物設置 ……………………………… 【類型 9】−［4］

居酒屋の深夜営業 ……………………………………… 【類型 9】−［5］

民泊行為 ………………………………………………… 【類型 9】−［6］

ピロティーに外壁を設置 ……………………………… 【類型 9】−［7］

管理組合役員に対する誹謗中傷 ……………………… 【類型 13】−［1］

ピロティーに壁，保存登記 …………………………… 【類型 13】−［2］

大量のゴミ放置者に対する使用禁止請求 …………… 【類型 10】−［1］

管理費の長期滞納者に対する使用禁止請求 ………… 【類型 10】−［2］

競売請求（暴力団組事務所）………………………… 【類型 6】−［3］

管理費の長期滞納者に対する競売請求（認容）…… 【類型 11】−［1］

管理費の長期滞納者に対する競売請求（棄却）…… 【類型 11】−［2］

使用借人の騒音などに対する競売請求，解除引渡請求 ……… 【類型 11】−［3］

競売請求（暴力団組事務所）………………………… 【類型 11】−［4］

競売請求（言渡後の譲渡）…………………………… 【類型 13】−［3］

占有者による野鳩の餌付けに対する解除・引渡請求 ………… 【類型 12】−［1］

共用部分の管理 ●━━━━━━━━━━━━━━━━━

一部共用部分の管理 …………………………………… 【類型 1】−［11］

玄関扉の破損 …………………………………………… 【類型 3】−［1］

共用部分の天井から盗電 ……………………………… 【類型 3】−［2］

管理組合のガスボンベ設置承認が遅れた違法性 …… 【類型 17】−［3］

管理組合が出入口にオートロック式ドアを設置 …… 【類型 17】−［4］

保存行為（元理事長に対する損害賠償の訴求）…… 【類型 17】−［6］

ベランダの手すりガラスの瑕疵修補 ………………… 【類型 17】−［8］

専有部分の水道料金について規約で規定 …………… 【類型 17】−［10］

共用部分である地下汚水槽の通常管理費用の負担 … 【類型 17】−［12］

外壁の賃貸による収益金の帰属 ……………………… 【類型 22】−［9］

管理業者の管理業務の範囲 …………………………… 【類型 23】−［1］

エレベーター保守点検契約の途中解除 ……………… 【類型 28】−［1］

基地局のアンテナ設置・共用部分の第三者使用 …… 【類型 28】−［3］

xxii

キーワード検索

近隣生活紛争 •───────────

規約違反の猫の飼育 ···【類型 2】−[1]

改正された規約に違反する犬の飼育 ····················【類型 2】−[2]

規約違反の犬の飼育 ···【類型 2】−[3]

厨房換気ダクト・深夜営業 ·································【類型 9】−[5]

階下のベランダからの煙草の煙 ························【類型22】−[8]

近隣騒音 •───────────

カラオケスタジオのカラオケ ·······························【類型 9】−[2]

専有部分内の騒音・振動・叫び声 ····················【類型11】−[3]

フローリング床に改装したことによる騒音 ·········【類型22】−[1]

上階の子供の飛び跳ねなどの騒音 ····················【類型22】−[2]

ライブハウスの演奏 ···【類型22】−[3]

発声による作曲活動 ···【類型22】−[4]

階上の住戸の子供による騒音 ······························【類型22】−[5]

居室改装工事 ···【類型22】−[6]

フローリング床に改装したことによる騒音（棄却）··············【類型22】−[7]

区分所有法改正の経緯 •───────────

昭和58年改正 ····························【類型22】−[11]（コラム）

平成14年改正 ····························【類型28】−[3]（コラム）

契約不適合責任・瑕疵担保責任 •───────────

暴力団組員の居住・契約不適合責任の概要 ·········【類型20】−[1]

売主の妻の自殺 ··【類型20】−[3]

手すりが下階バルコニーに落下 ··························【類型20】−[5]

シックハウス ···【類型24】−[3]

外壁タイルの剥落 ···【類型24】−[6]

眺望 ···【類型24】−[8]

性風俗特殊営業に使用 ··【類型25】−[2]

建築確認・耐震強度 •───────────

耐震強度不足による錯誤無効 ······························【類型24】−[4]

xxiii

キーワード検索

耐震強度不足（建築設計業者と地方公共団体の責任）………………【類型 26】−［ 2 ］

耐震強度不足（指定確認検査機関と地方自治体の責任）…【類型 26】−［ 3 ］，［ 4 ］

個々の区分所有者の訴訟追行権

理事長の組合業務不履行による損害賠償請求………………………【類型 17】−［ 5 ］

保存行為としての損害賠償請求訴訟…………………………………【類型 17】−［ 6 ］

保存行為としての明渡請求訴訟………………………………………【類型 23】−［ 3 ］

＝さ行＝

先取特権

特定承継人の責任の対象債権＝先取特権の被担保債権………【類型 1】−［ 5 ］

競売請求の要件…………………………………………………………【類型 11】−［ 1 ］

錯誤・詐欺

耐震強度不足……………………………………………………………【類型 24】−［ 4 ］

眺望………………………………………………………………………【類型 24】−［ 5 ］

敷地

団地管理組合の分譲業者に対する敷地管理費の請求…………【類型 5】−［ 1 ］

駐車場の分譲代金………………………………………………………【類型 5】−［ 2 ］

建替え決議における敷地の特定………………………………………【類型 16】−［ 4 ］

共有敷地の競売，代金分割請求………………………………………【類型 22】−［11］

境界確定訴訟の原告適格………………………………………………【類型 27】−［ 1 ］

集会（総会）

集会決議が必要とされる事項…………………………………………【類型 9】−［ 2 ］

集会の特別決議事項……………………………………………………【類型 16】−［ 6 ］

消滅時効

管理費等請求権の消滅時効の中断（特定承継人に主張）………【類型 1】−［16］

管理費等請求権の消滅時効の中断（一部を弁済）………………【類型 1】−［17］

契約不適合責任の消滅時効……………………………………………【類型 20】−［ 1 ］

キーワード検索

説明義務 •————

分譲業者の説明義務（隣接マンション建設予定）…………………【類型 24】－［ 1 ］

分譲業者の説明義務（値下げ販売の可能性）………………………【類型 24】－［ 2 ］

分譲業者の説明義務（眺望）…………………………………………【類型 24】－［ 8 ］

分譲業者の説明義務（防火戸の電源スイッチ）……………………【類型 24】－［ 9 ］

宅地建物取引業者の説明義務（自殺）………………………………【類型 25】－［ 1 ］

宅地建物取引業者の説明義務（性風俗特殊営業）…………………【類型 25】－［ 2 ］

専有・共用部分の区別 •————

ピロティー……………………………………【類型 9 】－［ 7 ］，【類型 13】－［ 2 ］

屋内駐車場（ピロティー兼通路）……………………………………【類型 17】－［ 9 ］

排水管の枝管……………………………………………………………【類型 15】－［ 2 ］

管理人室…………………………………………………………………【類型 23】－［ 3 ］

1 階車庫…………………………………………………………………【類型 24】－［13］

相殺禁止 •————

管理費等請求権を受働債権とする相殺………………………………【類型 1 】－［15］

＝た行＝

大規模修繕 •————

大規模修繕工事の対象範囲（立体駐車場部分）……………………【類型 17】－［ 7 ］

大規模修繕工事の実施を理事会で一部保留…………………………【類型 17】－［11］

復旧との違い…………………………………………【類型 21】－［ 1 ］（コラム）

代理出席 •————

理事会への代理出席……………………………………………………【類型 16】－［ 3 ］

建替え決議 •————

建替え決議における敷地の特定………………………………………【類型 16】－［ 4 ］

建替え決議における区分所有者の数え方の基準……………………【類型 16】－［ 5 ］

建替え推進決議の無効確認……………………………………………【類型 16】－［ 6 ］

売渡請求の有効性………………………………………………………【類型 8 】－［ 1 ］

xxv

キーワード検索

建替え不参加者の供託金留保付き還付請求 ················ 【類型 8】−[2]

売渡請求における時価の算定 ··················· 【類型 21】−[2]，[3]

建物としての基本的な安全性を損なう瑕疵

外壁石材の落下 ·· 【類型 14】−[1]

外壁の亀裂 ·· 【類型 26】−[1]

団地管理組合

団地管理組合が分譲業者に対する敷地管理費の請求 ··········· 【類型 5】−[1]

団地内建物の一括建替え ··· 【類型 8】−[2]

管理費滞納者記載の立看板設置に対する損害賠償請求 ········ 【類型 17】−[1]

団地内区分所有者による駐車場収益金分配請求 ················ 【類型 17】−[2]

駐車場・専用使用権

駐車場使用料有償化の総会決議 ····························· 【類型 1】−[13]

駐車場の分譲代金 ··· 【類型 5】−[2]

駐車場使用料増額の規約改正 ··································· 【類型 15】−[1]

区分所有権譲渡による駐車場専用使用権の消滅 ··············· 【類型 15】−[3]

団地内区分所有者による駐車場収益金分配請求 ··············· 【類型 17】−[2]

立体駐車場部分が大規模修繕工事の対象となるか。 ········· 【類型 17】−[7]

屋内駐車場（ピロティー兼通路） ····························· 【類型 17】−[9]

電気・水道の供給

一括供給契約 ··· 【類型 1】−[8]

専有部分の水道料金（規約事項） ···························· 【類型 17】−[10]

管理費滞納による給湯停止 ······································ 【類型 23】−[2]

当事者適格

給付訴訟の原告適格 ··· 【類型 2】−[4]

管理組合法人が本来的当事者となる場合 ····················· 【類型 7】−[1]

法 57 条停止請求等の当事者適格 ······························ 【類型 9】−[3]

法 60 条解除・引渡請求の当事者適格 ························· 【類型 12】−[1]

集会で指定された区分所有者の任意的訴訟担当 ··············· 【類型 13】−[3]

キーワード検索

管理者の不法行為損害賠償請求の任意的訴訟担当 ……………【類型 14】−［ 1 ］
境界確定訴訟の当事者適格 …………………………………………【類型 27】−［ 1 ］

特定承継人の責任 ●────────

競売で取得 …………………………………………………………………【類型 1 】−［ 5 ］
中間取得者の責任 ………………………………………………………【類型 1 】−［ 6 ］
前所有者の管理組合に対する責任 ………………………………【類型 1 】−［ 7 ］
管理費滞納分を支払った特定承継人による求償請求 ………【類型 20】−［ 2 ］
破産者の特定承継人の求償請求 …………………………………【類型 20】−［ 4 ］

特別の影響 ●────────

「住民活動協力金」を定める規約改正の総会決議 ……………【類型 1 】−［12］
駐車場専用使用料有償化の総会決議 ……………………………【類型 1 】−［13］
管理費等増額 ……………………………………………………………【類型 1 】−［14］
動物飼育禁止の規約改正 ……………………………………………【類型 2 】−［ 2 ］
駐車場使用料増額の規約改正 ……………………………………【類型 15】−［ 1 ］
駐車場専用使用権の消滅 ……………………………………………【類型 15】−［ 3 ］
「不定期に保養施設として」に制限の規約改正 ………………【類型 16】−［ 1 ］
飲食業禁止の規約改正 ………………………………………………【類型 16】−［ 2 ］
オートロックドアの撤去（共用部分の変更の総会決議）…………【類型 17】−［ 4 ］
刺青がある者のトレーニングルーム利用制限 ………………【類型 17】−［13］

＝な行＝

値下げ分譲 ●────────

分譲業者による値下げ …………………………………………………【類型 24】−［ 2 ］
公社による値下げ ………………………………………………………【類型 24】−［12］

＝は行＝

バルコニー・ベランダ ●────────

ベランダの手すりガラスの瑕疵 …………………………………【類型 17】−［ 8 ］
上階バルコニーの手すりが下階バルコニーに落下 …………【類型 20】−［ 5 ］

xxvii

キーワード検索

バルコニーの手すりのぐらつき ································· 【類型26】-［1］

ピロティー

共用部分か専有部分か。 ································· 【類型 9】-［7］
法定共用部分か分譲業者の専有部分か。 ················· 【類型13】-［2］
屋内駐車場が法定共用部分か。 ························· 【類型17】-［9］

復旧決議

買取請求における時価の算定 ························· 【類型21】-［1］

分離処分禁止の原則

分離処分できる規約があるときの共有敷地分割請求 ·········· 【類型22】-［11］

ペット飼育

規約違反の猫の飼育について差止め請求 ················· 【類型 2】-［1］
改正規約に基づく犬の飼育禁止請求 ····················· 【類型 2】-［2］
規約違反の犬の飼育について差止め請求 ················· 【類型 2】-［3］
犬に咬まれた賃借人の退去による損害賠償請求 ············· 【類型28】-［4］

補修工事後の損害の発生

外壁タイル剝落の補修工事後も交換価値が下落 ············· 【類型24】-［6］
調停成立後の交換価値の下落 ························· 【類型24】-［7］

＝ら行＝

理事会決議

理事会の職務・規約違反行為に対する差止め請求 ··········· 【類型 2】-［3］
規約違反行為に対する損害賠償請求 ····················· 【類型 3】-［1］
理事長解任決議の無効確認 ························· 【類型16】-［7］

隣接地のマンション建設

隣接マンション建設予定（分譲業者の説明義務） ············· 【類型24】-［1］
住環境の悪化 ····································· 【類型24】-［10］
眺望 ··· 【類型24】-［11］

第1章　管理組合 の請求

第1章　管理組合の請求

【類型1】**管理組合**が**区分所有者**に対し管理費等を請求

【類型2】**管理組合**が**区分所有者**に対し規約違反行為の差止めなど
　　　　を請求

【類型3】**管理組合**が**区分所有者**に対し損害賠償などを請求

【類型4】**管理組合**が**管理者など**に対し損害賠償などを請求

【類型5】**管理組合**が**関係業者**に対し損害賠償などを請求

【類型6】**管理組合法人**が**区分所有者**に対し共同の利益に反する行
　　　　為の停止等・使用禁止・競売を請求

【類型7】**管理組合法人**が**区分所有者**に対し損害賠償などを請求
　　　　（訴訟担当）

【類型8】**建替組合**が**区分所有者**に対し売渡請求

第2章　区分所有者全員の請求（管理者などによる訴訟担当）

第3章　区分所有者の請求

第4章　関係業者の請求

第 1 章　管理組合の請求

【類型 1】 管理組合が区分所有者に対し管理費等を請求

[1] 事例　　　　　　　　　　　　　　　　　　　　　　　【類型 1】-[1]

> 甲は，兜マンション管理組合
> 乙は，兜マンション 110 号室の区分所有者
> 甲は，総会を開催し，組織運営に関する諸事項を決議したが，管理規則として書面化しないで 5 年近く放置し，また，理事 2 名と監事を選任したものの，その後約 5 年間定時総会を開催せず，役員の任期満了後も改選されていない。管理費等を入金するための固有の口座も開設されず，毎年度の会計報告が行われることもなかったなどの事情がある。
> 甲は，自身を，権利能力のない社団であるとして，乙に対し，管理費・修繕積立金及び総会決議に基づく負担金を請求した。（請求棄却）

論点　総会を開催し，組織運営に関する諸事項を決議したが，管理規則として書面化しない，管理費等を入金するための固有の口座も開設されず，毎年度の会計報告が行われることもなかったなどの事情がある管理組合が権利能力なき社団に該当するか

出典　平 27・2・18 東京地判（平 26 年(ワ)215 号/判時 2288 号 70 頁）

判旨　いわゆる権利能力のない社団として，その構成員に総有的に権利義務が帰属するという法的効果を受けるためには，団体としての組織を備え，多数決の原則が行われ，構成員の変更にもかかわらず団体そのものが存続し，その組織において代表の方法，総会の運営，財産の管理その他団体としての主要な点が確定していることを要する（最高裁第一小法廷昭和 39 年 10 月 15 日判決・民集 18 巻 8 号 1671 頁）。ただし，これらのうち財産的側面については，固定資産ないし基本的財産を有していなくても，団体として，内部的に運営し，対外的に活動するのに必要な収入を得る仕組みが確保され，かつその収支を管理する体制が備わっているなど，他の事情と併せて総合的に観察した結果，権利能力のない社団に当たるというべき場合もあるものと解される（最高裁第二小法廷平成 14 年 6 月 7 日判決・民集

2

56巻5号899頁）。

　甲は，本件総会を開催し，組織運営に関する諸事項を出席者の多数決により決議したものの，その内容を管理規則として書面化することをせず，法30条5項に違反した状態を5年近く放置していた。さらに，甲は，平成26年6月に至って管理規約を書面化したものの，その内容は，甲と管理者Bの一体的関係を前提としたものとなっており，Bが本件ビルの区分所有者でなくなった場合，甲が上記管理規約の定めにのっとった団体として存続することは著しく困難な内容となっている。

　甲は，本件総会で，理事2名と監事を選任したものの，その後約5年間定時総会を開催せず，役員の任期満了後も改選がされないままとなっているなど，甲固有の組織は当初から全く形骸化しており，法や規約に基づき甲が自律的に運営されることは期待できない状況にある。また，甲は，区分所有者による多数決原理で運営する体裁をとっているものの，Bは，甲設立直前に，専有部分を3分割してC及びDに譲渡するという手法により，区分所有者数を2名から4名に増やしており，定時総会が一度も開催されない中，多数決は，B，Aが必要な都度開催する臨時総会でのみ機能している。

　甲では，設立から約5年間，管理費等を入金するための固有の口座は開設されず，毎年度の会計報告が行われることもなかった。この間，Bは，乙以外の区分所有者の管理費等については，賃貸物件の管理委託契約を利用した相殺処理によって管理費等の収入の会計処理を行うなどして，現実にはいずれの区分所有者からも金銭の支払を受けることなく，さらに，甲名義の預金口座が開設されてBと財産の分離が行われた直後に，その預金の大半は，透明性の乏しい経費の名目でBに対して支払われてしまっている。そうすると，甲においては，これまで長期間，管理者と一部の区分所有者の人的関係に基づき透明性の低い会計処理が行われるとともに，説明責任の果たされた収支管理を行う体制も確立されていなかったものということができる。

　以上で検討したところを総合すると，甲は，前記1の基準に照らして，権利能力のない社団として存立していると評価するに足りる団体としての

第1章　管理組合の請求

実体を備えたとはいえず，その構成員に総有的に権利義務が帰属するという法的効果を受けることはできない。

解説　非法人の管理組合が管理費等を請求したところ，管理組合が権利能力なき社団であることを否定された事例

類型1は，管理費等請求のケースである。

1　管理組合の意義

(1)　「区分所有者の団体」

　管理組合とは，建物並びにその敷地及び附属施設の管理を行うための団体（法3条）である。

　区分所有法は，「区分所有者は，全員で，建物並びにその敷地及び附属施設の管理を行うための団体を構成」（同条）すると規定し，「管理組合」という概念を用いることなく，「区分所有者の団体」が建物などの管理を行うとしている。ただし，この「区分所有者の団体」が，登記をすることによって法人となることを認め（法47条1項），この法人は，管理組合法人と称するとしている（同条2項）こと，管理適正化法は，マンションの定義とともに「管理組合」の概念を用いて，マンションの管理を行う区分所有法3条に規定する団体を管理組合としている（管理適正化法2条3号）ことから，本書では，法3条の区分所有者の団体を管理組合と表記している。

(2)　管理組合の成立

　区分所有関係が生じたときに，当然に管理組合が成立する。管理組合は，設立の手続なしに成立し，区分所有者は，区分所有関係が存続する限り，管理組合から脱退することはできない。区分所有者が，全員で，構成する（法3条）。

(3)　管理組合の目的

　管理組合は，あくまで区分所有者が所有し，共有する区分建物などを「管理」するための団体（法3条）であって，自らが，区分建物などを「所有」することを目的とする団体ではない。また，管理組合が行うことができる「管理」とは，法18条（共用部分の管理）の「管理」が，「変更」，「保存」を含めて規定していることからして，広義の管

4

理（保存，狭義の管理，変更）を意味する。

(4) 管理組合の種類

　　法律上当然に成立した管理組合も，実質的に機能するためには，集会を開き，規約を定め，業務執行者（管理者）を置く必要がある。しかし，管理組合が集会，規約，管理者を置くかどうかはあくまで任意であって，法3条も，これらを置くことができるとしているにとどまる。他方，管理組合としての実態を備えたものは，登記をすれば法人となることができる（法47条1項）。これらのことからすれば，法律上当然に成立した管理組合も，①法律上当然に成立しただけの，権利能力なき社団ともいえない管理組合，②集会，規約，管理者が置かれた権利能力なき社団としての管理組合（規約により理事会制度が採られていることが多い。），③管理組合法人の3つの形態が存在することになる。そして，区分所有法上当然に成立したにすぎない管理組合（法3条）についていえば，更に①集会すら開催されていない団体，②集会は開催されたが規約が制定されていない団体，③規約が存在するが管理者が置かれていない団体に分けることができる。集会決議もできない状態においては，管理組合としての意思決定も行動もできず，各区分所有者は，管理組合のために，区分所有者としての固有の権限に基づき，共用部分の管理行為（保存行為）ができる（法18条1項）にとどまる。

(5) 業務執行者

　ア　法律上当然に成立しただけの管理組合

　　　区分所有者（共有者）が行う（民法252条）。

　イ　権利能力なき社団としての管理組合

　　　管理者が，その職務として，集会決議を実行し，規約で定めた行為をする（法26条1項）。また，管理者は，その職務に関し，区分所有者を代理する（同条2項）。管理組合が権利能力なき社団だといっても，その実態は多様であると考えられるから，管理業務の主体を管理組合法人に対応して管理組合とすることなく，管理組合の集会決議や規約の定めるところに基づいて，管理者が行うとした。

　　　規約により理事会制度が採られた権利能力なき社団としての管理

第1章　管理組合の請求

組合の場合には，理事長は，管理者（標規38条2項）の職務として，集会決議を実行し，規約で定めた行為をする（法26条1項）。また，理事長は，管理者の職務に関し，区分所有者を代理する（同条2項）。

ウ　管理組合法人

権利能力なき社団としての管理組合について，法26条1項は，管理者が，集会決議を実行すると定めるが，管理組合法人においては，法52条1項本文は，「管理組合法人の事務は，この法律に定めるもののほか，すべて集会の決議によつて行う。」と定めるものの，これを受けて，理事が集会決議を実行するとの規定を欠く。また，法26条2項は，「管理者は，その職務に関し，区分所有者を代理する。」としているが，管理組合法人については，これに対応する法47条6項は，「管理組合法人は，その事務に関し，区分所有者を代理する。」と規定している。これらのことからすると，管理組合法人における業務執行者は，管理組合自体と考えるべきである。

(6)　管理組合の代表者

ア　法律上当然に成立しただけの管理組合

社団としての実態もなく，実質的にも「組合」である。代表者の観念もないというべきだろう。

イ　権利能力なき社団としての管理組合

規約によって代表者を定めることができる。標準管理規約においては，理事会制度が採られ，理事長を管理組合の代表者としている（標規38条1項）。

ウ　管理組合法人

管理組合法人には理事を置かなければならず（法49条1項），理事が管理組合法人を代表する（同条3項）。理事が数人あるときは，各自管理組合法人を代表する（同条4項）。また，規約若しくは集会の決議によって，管理組合法人を代表すべき理事を定め，若しくは数人の理事が共同して管理組合法人を代表すべきことを定め，又は規約の定めに基づき理事の互選によって管理組合法人を代表すべき理

【類型 1】管理組合が区分所有者に対し管理費等を請求

事を定めることができる（同条 5 項）。

2　管理組合（権利能力なき社団）の当事者能力

(1)　意義

　　管理組合による管理費等の請求事件は，マンション関係訴訟の中で，最も頻繁に提起される紛争類型である。この場合，管理費を請求するマンション管理組合が，非法人であって，権利能力なき社団であるケースが圧倒的に多く，管理組合の当事者能力がまず問題となる。

　　管理組合が権利能力なき社団の場合には，管理組合が，実体法上権利義務の帰属主体となることはできない。実体法上の権利義務は，構成員全体に総有的に帰属する（昭 32・11・14 最一判/民集 11 巻 12 号 1943 頁）。

(2)　民訴法 29 条による当事者

　　民訴法 29 条は，法人でない社団であっても，代表者又は管理人の定めがあれば，その社団の名において，訴え，又は訴えられることができるとする。これによれば，訴訟物である実体法上の権利義務が，管理組合に実質的に帰属するときには，権利能力なき社団たる管理組合が訴訟当事者となることができる。

　　管理組合に代表者又は管理人の定めもないときは，もはや管理組合の名をもって訴訟上の当事者となることはできず，管理組合の実体法上の権利義務は，構成員の共有（準共有）に属するというほかないから，訴訟上は共有者全員が当事者となる。

　　民訴法 29 条により，区分所有法上の管理者（法 3 条）が訴えを提起する場合，管理者は，業務執行者であって，当然に代表者となる者でない。ただし，代表者ではなくても，「管理人」には該当するから，管理者の定めしかない管理組合であっても，訴訟上の当事者とはなり得る。この場合，訴状等においては，

　　　　　　「原　　　告　　　兜マンション管理組合」

とのみ記載することになる。管理者を管理組合の代表者とするには，（標準管理規約にあるような）理事会制度を採用して，あるいは採用しないまま代表者として委任することが必要である。

7

第 1 章　管理組合の請求

[2] 事例　　　　　　　　　　　　　　　　　　　　　【類型 1】-[2]

> 甲は，兜マンション管理組合
> 乙は，兜マンション 110 号室の区分所有者
> 乙は，平成 7 年 11 月以降，管理費等の支払を遅滞してきた。遅滞期間は，訴え提起時から口頭弁論終結時まででも 1 年半に及んだ。甲は，乙に対し，滞納管理費等の支払を求めるとともに，将来発生する（履行期未到来）管理費等についても期限ごとの支払を求めた。(請求認容)

| 論点 | 将来発生する管理費について，将来請求の必要性があるか

| 出典 | 平 10・4・14 東京地判（平 9 年(ワ)19529 号/判時 1664 号 72 頁）

| 判旨 | 乙の管理費等の支払義務は継続的に月々確実に発生するものであること，本件マンションは戸数 10 戸の比較的小規模なマンションであり，乙 1 人の管理費等の滞納によっても，甲はその運営や財政に重大な支障を来すおそれが強いこと，将来分をも含めて乙の管理費等支払拒絶の意思は相当に強く，将来分の管理費についても乙の即日の履行が期待できない状況にあることなどが認められ，以上の事実によれば，将来の履行期未到来の管理費等（有線使用料を含む）の支払請求も認められる。

| 解説 | 管理組合が，管理費等について，未払分のみならず，履行期未到来の将来発生する分についても支払を求め，これが認められた事例

1　将来請求の必要性

(1)　将来の給付を求める訴えにおける将来請求の必要性

　　将来の給付を求める訴えは，あらかじめその請求をする必要がある場合に限り，提起することができる（民訴法 135 条）。将来請求の必要性については，厳格に解されている（昭 56・12・16 最大判/民集 35 巻 10 号 1369 頁）。例えば，「将来発生すべき債権についても，その基礎となる事実関係及び法律関係が既に存在し，その継続が予測されるとともに，右債権の発生・消滅及びその内容につき債務者に有利な将来にお

8

ける事情の変動が予め明確に予測し得る事由に限られ，しかもこれについて請求異議の訴えによりその発生を証明してのみ強制執行を阻止し得るという負担を債務者に課しても，当事者間の衡平を害することがなく，格別不当とはいえない場合には，これにつき将来の給付の訴えを提起することができるものと解するのが相当である。」(昭63・3・31最一判/判時1277号122頁)。

(2) 管理費等の滞納による将来請求の必要性

これまでの管理費等の滞納状況などから，将来請求の必要性を認めている下級審の裁判例も少なくない。この場合の判断要素として，次の点を挙げることができる。(判タ1385号46頁諸問題(2)参照)

①滞納期間の長さ

②従前の滞納の有無

③管理組合の規模，管理費滞納が組合運営に及ぼす影響

(3) 将来給付の終期

将来給付の終期については，被告が本件建物の区分所有権を喪失するまでとするものが多い。

2 管理費と修繕積立金

(1) 管理費

区分所有法上，管理費を定義した規定はなく，区分所有者が管理費を負担することを明らかにした規定もない。しかし，法19条は，区分所有者は，その持分に応じて，共用部分の負担に任じるとしているので，この「共用部分の負担」に，区分所有者の管理費負担の法的根拠を求めることができる。標準管理規約では，25条1項に「管理費」として，区分所有者が負担すべきことを明確に定めている。

(2) 修繕積立金

区分所有法には，修繕積立金を定義する規定がなく，標準管理規約上は，次の特別の管理に要する経費に充当すべき積立金とされている(標規28条1項)。すなわち，①一定年数の経過ごとに計画的に行う修繕，②不測の事故その他特別の事由により必要となる修繕，③敷地及び共用部分等の変更，④建物の建替え及びマンション敷地売却(建替

第1章　管理組合の請求

え等）に係る合意形成に必要となる事項の調査，⑤その他敷地及び共用部分等の管理に関し，区分所有者全体の利益のために特別に必要となる管理である。なお，標準管理規約では，管理費と修繕積立金を合わせて「管理費等」と定義している（標規25条1項）。

3　管理費等の支払の確保

管理費等の支払を確保する手段として，将来発生すべき管理費の請求を捉えたとき，この他にも，(1)先取特権による物上代位権行使の方法，(2)法59条の競売請求などが考えられる。

(1)　先取特権（法7条）

　ア　被担保債権

　　①管理者又は管理組合法人がその職務又は業務を行うにつき区分所有者に対して有する債権（法7条1項後段）

　　②区分所有者が，共用部分，建物の敷地若しくは共用部分以外の建物の附属施設につき他の区分所有者に対して有する債権（同項前段）

　　③区分所有者が，規約若しくは集会の決議に基づき他の区分所有者に対して有する債権（同項前段）

　イ　目的物

　　債務者の区分所有権（共用部分に関する権利及び敷地利用権を含む。）及び建物に備え付けた動産（法7条1項前段）

　ウ　優先権の順位及び効力

　　共益費用の先取特権（民法307条）とみなされる（法7条2項）。

　エ　物上代位

　　先取特権には，物上代位が認められる（民法304条1項）。物上代位は，上記目的物の売却代金や賃料等から管理費等を回収するものである。管理組合が，先取特権に基づいて当該目的物を競売に付し，換価された売却代金から管理費等を回収する方法が採られることが多い。この場合には，債務名義を取得しておく必要がない。

(2)　区分所有権の競売の請求（法59条）

　法57条1項に規定する場合において，法6条1項に規定する行為

【類型1】管理組合が区分所有者に対し管理費等を請求

による区分所有者の共同生活上の障害が著しく，他の方法によっては
その障害を除去して共用部分の利用の確保その他の区分所有者の共同
生活の維持を図ることが困難であるときは，他の区分所有者の全員又
は管理組合法人は，集会の決議（特別決議）に基づき，訴えをもっ
て，当該行為に係る区分所有者の区分所有権及び敷地利用権の競売を
請求することができる（法59条1項）。

　使用禁止の請求（法58条）においては，法6条1項に規定する行為
による区分所有者の共同生活上の障害が著しく，「法57条1項に規定
する請求によつては」その障害を除去して共用部分の利用の確保その
他の区分所有者の共同生活の維持を図ることが困難であることを必要
とする。競売の請求（法59条）においては，「他の方法によっては」
困難であることが必要である。「他の方法によっては」とは，法57条
1項に規定する請求のみならず，法58条1項に規定する請求によっ
ても，困難であることを意味する。

4　当事者適格

　甲は，将来発生分を含めた管理費等請求権が，実法上自らに帰属する
と主張し，乙が支払義務を負うと主張しているのであるから，甲に原告
適格が認められ，乙に被告適格が認められる（平23・2・15最三判【類型
2】-〔4〕，昭61・7・10最一判/判時1213号83頁）。

コメント

　出典判例は，滞納期間が2年に及ぶこと，小規模マンションであり，管
理費滞納が組合運営に及ぼす影響が大きいことなどを主たる理由として，
将来請求の必要性を認めた。妥当な判断であろう。

第1章　管理組合の請求

[3] 事例

【類型1】-[3]

> 甲は，兜マンション管理組合
> 乙は，兜マンション110号室の区分所有者
> 兜マンションの規約には，弁護士費用を違約金として請求できるように定められている。
> そこで，甲は，乙に対し，規約に基づき，滞納管理費等の他，弁護士費用の支払を求めた。

論点
①違約金として弁護士費用を加算できるか
②加算できる範囲

出典
平26・4・16東京高判（平25年㈱6530号/平26年㈱432号/判時2226号26頁）

判旨
マンション標準管理規約は，管理費等の徴収について，組合員が期日までに納付すべき金額を納付しない場合に，管理組合が，未払金額について，「違約金としての弁護士費用」を加算して，その組合員に請求することができると定めているところ，本件規約もこれに依拠するものである。そして，違約金とは，一般に契約を締結する場合において，契約に違反したときに，債務者が一定の金員を債権者に支払う旨を約束し，それにより支払われるものである。債務不履行に基づく損害賠償請求をする際の弁護士費用については，その性質上，相手方に請求できないと解されるから，管理組合が区分所有者に対し，滞納管理費等を訴訟上請求し，それが認められた場合であっても，管理組合にとって，所要の弁護士費用や手続費用が持ち出しになってしまう事態が生じ得る。しかし，それは区分所有者は当然に負担すべき管理費等の支払義務を怠っているのに対し，管理組合は，その当然の義務の履行を求めているにすぎないことを考えると，衡平の観点からは問題である。そこで，本件規約36条3項により，本件のような場合について，弁護士費用を違約金として請求することができるように定めているのである。このような定めは合理的なものであり，違約金の性格は違約罰（制裁金）と解するのが相当である。したがって，違約金としての弁護士費用は，上記の趣旨からして，管理組合が弁護士に支払義務を負う一切の費用と解される。

12

【類型1】管理組合が区分所有者に対し管理費等を請求

> **解説** 管理組合が，規約に基づき，未払管理費等の他，違約金として，弁護士費用の支払を求め，この場合の弁護士費用として，管理組合が弁護士に支払義務を負う一切の費用が認められた事例

1 弁護士費用の加算

標準管理規約は次のとおり規定している（標規60条2項）。

「2　組合員が前項の期日までに納付すべき金額を納付しない場合には，管理組合は，その未払金額について，年利○%の遅延損害金と，違約金としての弁護士費用並びに督促及び徴収の諸費用を加算して，その組合員に対して請求することができる。」

規約で弁護士費用の加算が規定されていない場合，最高裁は，金銭債務の不履行に基づく損害賠償請求に弁護士費用の損害を認めていない（昭48・10・11最一判/判時723号44頁）ので，管理費等の滞納を不法行為で構成する必要がある。平4・3・16東京地判（判時1453号142頁）は，不払に対する説得を無視し続けたなどの行為により訴えの提起を余儀なくさせた不法行為であるとして，訴訟の提起に要した弁護士費用の負担を認めた。

2 マンション標準管理規約

マンション標準管理規約は，各管理組合で作成する管理規約の雛型及び指針として，国土交通省によって作成された。昭和57年5月21日通達による「中高層共同住宅標準管理規約」を端緒とする。多くの管理組合が，標準管理規約に概ね準拠して規約を作成している実情にある。

3 当事者適格

甲は，実体法上，管理費等請求権及び弁護士費用相当損害金が自らに帰属すると主張し，乙が支払義務を負うと主張しているのであるから，甲に原告適格が認められ，乙に被告適格が認められる（平23・2・15最三判【類型2】-[4]，昭61・7・10最一判/判時1213号83頁）。

> **コメント**

出典判例は，違約金としての弁護士費用は，管理組合が弁護士に支払義務を負う一切の費用と解される，としているが，過大な請求と見受けられる事例が少なくない。どのように歯止めをかけていくかが課題といえよう。

第 1 章　管理組合の請求

[4] 事例 　　　　　　　　　　　　　　　　　　　　　　【類型 1】－[4]

> 甲は，兜マンション管理組合
> 乙は，兜マンション 110 号室の区分所有者（共有持分 2 分の 1）
> A は，乙と 110 号室を共有している。（共有持分 2 分の 1）
> 乙と A は，平成 21 年 11 月から平成 25 年 9 月までの管理費・修繕積立金，専用使用料を遅滞し，甲は，乙に対し，これらの管理費等及び遅延損害金，違約金としての弁護士費用等の支払を求めた。（請求認容）

| 論点 | ①共有する居室の管理費等が不可分債務に該当するか |
| | ②違約金としての弁護士費用の算定額 |

出典　平 25・11・13 東京地判（平 25 年(ワ)13118 号/2013WLJPCA11138001）

判旨　**1　本件管理費等が不可分債務に該当するか**

　　管理費（本件マンションの管理規約 26 条）は，共用部分の清掃，保守，修繕，防犯及び組合の運営などの区分所有者に対する不可分的な利益の対価であると認められる。その他の修繕費（同 27 条）も，共用部分の将来の修繕という不可分的な利益を享受するための積立てであり，使用料（同 28 条）も共用部分の使用という不可分的な利益の対価であると認められる。そして，遅延損害金はこれらに付随するものであるし，本件弁護士費用等も不可分的給付の対価の不履行によって生じる違約金（損害賠償請求権）である。これらの事情によれば，本件管理費等並びに遅延損害金及び本件弁護士費用等は，いずれも不可分的給付の対価として，性質上不可分の不可分債務（民法 430 条）に該当するというべきである。

2　本件弁護士費用等の額

　　本件弁護士費用等条項は，違約金としての弁護士費用並びに督促及び徴収の諸費用を請求できるとするのみであって，弁護士費用の算定方法を明らかにしていないから，相当な弁護士費用を請求できることを定めた規定と解するのが相当である。

　　確かに，弁護士会の旧報酬会規は，弁護士報酬の算定の参考となるも

【類型 1】管理組合が区分所有者に対し管理費等を請求

のである。しかしながら，本件請求には，複雑な法律問題及び困難な事実認定上の争点がないことから，旧報酬会規による着手金8%，報酬金16%を基準として算定した報酬は，高額であるといわざるを得ない。

そこで，弁護士会の旧報酬会規を参照する一方で，一般に不法行為における損害賠償請求において不法行為と相当な因果関係を有する弁護士費用が損害額の10%とされていることも参照して，請求額の15%相当の額をもって，相当な弁護士費用と認める。そうすると，本件管理費等及び確定遅延損害金の合計額197万9241円の15%に相当する29万6886円が相当な弁護士費用と認められる。甲が主張する経費1万9800円程度の経費が必要となることは明らかであるので，弁論の全趣旨により，これを認める。したがって，本件弁護士費用等の額は，以上の合計である31万6686円となる。

解説 管理組合が，専有部分を共有する区分所有者に対し，滞納管理費等を請求し，不可分債務であることが認められた事例

1 管理費等の債務が不可分債務か

出典判例は，管理費等は，いずれも共用部分の清掃，保守，修繕，防犯及び組合の運営などの区分所有者に対する不可分的な利益の対価であるから，性質上不可分の不可分債務であるとする。

2 当事者適格

甲は，立替払した管理費等の求償請求権が自らに帰属すると主張し，乙とAのうち，乙が支払義務を負うと主張しているのであるから，甲に原告適格が認められ，乙に被告適格が認められる（平23・2・15最三判【類型2】-[4]，昭61・7・10最一判/判時1213号83頁）。

コメント

管理費などの支払の確保するために，法は，先取特権を認め（法7条1項），特定承継人の責任を認める（法8条）。区分所有権が共有の場合に，管理費などが不可分債務かどうかというのも，この延長線上の問題として捉えることができる。

第 1 章　管理組合の請求

[5]　事例　　　　　　　　　　　　　　　　　　　　【類型 1】-［5］

> 甲は，兜マンション管理組合
> 乙は，兜マンション 110 号室の現在の区分所有者
> 乙は，根抵当権実行による競売で前所有者 A から区分所有権を取得した。A は，規約に定められた管理費等，専用使用料を滞納していた。甲が，乙に対し，A が遅滞していた管理費等，専用使用料及び本訴の弁護士費用などの支払を求めた。（請求認容）

論点　競売による区分所有権の買受人が特定承継人の義務を負うか

出典　平 9・6・26 東京地判（平 8 年㈠ 22305 号/判時 1634 号 94 頁）

判旨　法 8 条が，法 7 条に定める規約若しくは集会の決議に基づき他の区分所有者に対して有する区分所有者の債権につき特定承継人に対しても行うことができると規定したのは，建物等の適正な維持管理のために最も確保される必要があるのは，区分所有における団体的管理のための経費にかかる団体的債務の履行であり，その確保のために特定承継人の責任を定めたものと解釈するのが相当である。団体的債務の履行が滞っている区分所有者が他の債権者から強制執行，担保権の実行としての競売を申し立てられるのは，通常よくあることであって，この場合に，右競売による買受人に団体的債務が承継されないなら，法 8 条による団体的債務の履行の確保は著しく実効性のないものになってしまい団体的債務の履行の確保という立法趣旨に著しく反することになる。

　更に，法 8 条が，特定承継人の責任を定めたのは，特定の区分所有者が管理費，修繕積立金等の経費にかかる債務を支払わないまま区分所有権を譲渡した場合，他の区分所有者が出捐したこれらの経費は，既にその目的のために費消されていれば建物等の全体の価値に，すなわち債務の履行をしない区分所有者の有する区分所有権の価値にも化体しているのであるし，未だ費消されずにいればそれは団体的に帰属する財産を構成しているのであるから，区分所有者の特定承継人がその支払責任を負うのが相当であるからであるとの趣旨とも理解されるが，右趣旨からすれば，贈与，売

16

【類型 1】管理組合が区分所有者に対し管理費等を請求

買等の契約による譲受人と強制執行，担保権の実行として競売による買受人とを別異に扱う理由はない。

| 解説 | 管理組合が，競売で取得した区分所有者に対し，前所有者の滞納管理費等の支払を求め，これが認められた事例 |

1 区分所有者の特定承継人の責任（法8条）の意義

法7条1項に規定する債権（先取特権の被担保債権）は，債務者たる区分所有者の特定承継人に対しても行うことができる（法8条）。区分所有者が弁済しないまま区分所有権を譲渡した場合であっても，その特定承継人に対してこれを行使することができる。法8条の区分所有者の特定承継人の責任は，法7条の先取特権とともに，債務者たる区分所有者に対して有する債権の支払を確保するために設けられたものである。

2 法8条の対象債権（法7条1項の先取特権の被担保債権）

①区分所有者が，共用部分，建物の敷地若しくは共用部分以外の建物の附属施設につき他の区分所有者に対して有する債権（法7条1項前段）

②区分所有者が，規約若しくは集会の決議に基づき他の区分所有者に対して有する債権（同項前段）

③管理者又は管理組合法人がその職務又は業務を行うにつき区分所有者に対して有する債権（同項後段）

規約若しくは集会の決議で各区分所有者が負担すると定めた管理費，修繕積立金などの債権は，権利能力なき社団である管理組合の場合，区分所有者に総有的に帰属することになるから，上記②に該当する。

3 特定承継人と滞納した前区分所有者の関係

両者の債務は，不真正連帯債務の関係にある（平17・3・30東京高判【類型20】-[2]）。

両者の負担割合については，特定承継人の責任は，二次的，補完的なものに過ぎないから，滞納者が全部負担すべきであり，特定承継人が滞納分を弁済したときは，滞納者に対して全額を求償できる（平17・3・30東京高判【類型20】-[2]）。

17

第1章　管理組合の請求

[6] 事例 【類型1】-[6]

> 甲は，兜マンション管理組合
> 乙は，兜マンション110号室の現在の区分所有者
> 丙は，前の区分所有者
> Aは，110号室を所有していたが，管理費等を滞納し，滞納したまま，110号室は，競売で売却された。これを丙が買い受けたが，丙は，乙に売却した。
> 甲が，乙及び丙に対し，Aが滞納した管理費等の支払を求めた。（請求認容）

論点 区分所有権を譲渡した中間取得者は特定承継人の義務を免れるか

出典 平21・3・12大阪地判（平20年(ワ)4352号/判タ1326号275頁）

判旨 区分所有法8条が新設されたのは，共用部分やその共有に属する附属部分等に関する適正な維持管理を図るという上記改正の目的に則り，単に共有物についての共有者間の債権の保護を図るにとどまらず，区分所有における団体的管理のための経費にかかる債権について，広くその履行の確保を図る必要があったことによるものと解される。

かかる同条が新設された趣旨に加え，区分所有建物の管理費等は，建物及び敷地の現状を維持・修繕する等のために使用されるものであり，当該建物等の全体の価値に化体しているということができ，中間取得者といえども，その所有にかかる期間中は上記価値を享受しているのであるし，また，中間取得者においては，売買等による換価処分の際，上記建物等に化体した価値に対応する利益を享受しているのであるから，かかる債権の行使を中間取得者に対し認めたとしても必ずしも不当とはいえない。

さらには，同条の文言は「区分所有者の特定承継人」と規定するのみで，その善悪等の主観的態様はもちろん，現に区分所有権を有している特定承継人に限定しているわけではないし，一方で，中間取得者が上記「特定承継人」に該当しないとすると，訴訟中，あるいは，敗訴判決確定後に，区分所有権を譲渡すれば，中間取得者はその責任を免れることにな

【類型1】管理組合が区分所有者に対し管理費等を請求

り，管理組合等の管理費の負担者側の実質的保護に欠けることになりかねない。

以上によれば，中間取得者であっても，区分所有法8条に定める「区分所有者の特定承継人」に当たるというべきである。

なお，現在及び前の区分所有者の債務は，不真正連帯債務の関係になると解される。

解説 管理組合が，管理費等を滞納した前々所有者から取得し，現所有者に売却した中間取得者に対しても，管理費等の支払を求め，これが認められた事例

1　中間特定承継人の責任

区分所有権がA→丙→乙と譲渡された場合，法8条によればAの滞納管理費等債務を乙が負担することになる。この場合，既に所有関係から離脱した中間特定承継人丙も，そのまま債務を負担するのか，言い換えれば，法8条の特定承継人について，かつての特定承継人だった者も含まれるのかが問題となる。

かつては，含むとする判例と含まないとする判例に分かれていたが，現在では，含むと解されていると言ってよい。マンションが転々と譲渡された場合の中間取得者も，特定承継人として責任を負う。特定承継人がさらに譲渡したからといって責任を免れるものではない。譲渡した特定承継人も，建物の転売等による換価処分の際，建物価値に対応した利益を享受しているからである。

2　当事者適格

甲は，実体法上管理費等請求権が自らに帰属すると主張し，乙及び丙が支払義務を負うと主張しているのであるから，甲に原告適格が認められ，乙及び丙に被告適格が認められる（平23・2・15最三判【類型2】-［4］，昭61・7・10最一判/判時1213号83頁）。

19

第1章　管理組合の請求

[7] 事例　　　　　　　　　　　　　　　　　　　　【類型1】−[7]

> 甲は，兜マンション管理組合
> 乙は，兜マンション 110 号室の前区分所有者
> 　乙は，110 号室を区分所有していたが，管理費等を滞納し，滞納したまま，110 号室は競売で売却され，Aが，買い受けた。
> 　甲は，乙に対し，乙の滞納管理費等の支払を求めた。（請求認容）

論点　管理費等を滞納したまま区分所有権が競売で売却され特定承継人が生じているとき，前区分所有者に対し，滞納管理費請求ができるか

出典　平 25・6・25 東京地判（平 25 年㈠ 3511 号/2013WLJPCA06258012）

判旨　区分所有法 8 条は，区分所有法 7 条 1 項に規定する区分所有者間の債権について，その保護を図るため，債務者たる区分所有者の特定承継人に対しても行使できることを定めたものであり，本来の債務者である前区分所有者の責任を免除する規定ではないから，110 号室が競売により売却されたことは，これらの専有部分に係る乙の滞納管理費等の支払義務を免れさせるものではない。乙の上記主張は採用することができない。

そうすると，乙は，未払管理費等明細記載のとおり，平成 25 年 2 月分までの未払の管理費等の支払義務がある。

解説　管理組合が，競売により売却された後に，前区分所有者に対し，滞納管理費を請求し，これが認められた事例

1　競売により専有部分を売却した前区分所有者に対する請求

管理費等を滞納し，競売により売却された後に，前区分所有者に対し，滞納管理費等の支払を求めるケースとしては，①請求者が管理組合である場合と，②買い受けた現在の区分所有者である場合があり得る。本事例は①のケースである。

2　買い受けた現在の区分所有者の請求

買い受けた者が，管理組合に支払った滞納管理費を前区分所有者に求償する②のケースについて，平 17・3・30 東京高判【類型 20】−[2] は，法 8 条の趣旨に照らせば，当該区分所有者と競売による特定承継人

【類型1】管理組合が区分所有者に対し管理費等を請求

相互間の負担関係については，特定承継人の責任は，当該区分所有者に
比して二次的，補完的なものに過ぎないから，当該区分所有者がこれを
全部負担すべきものであり，特定承継人には負担部分はないものと解す
るのが相当である。したがって，弁済に係る全額を前区分所有者に対し
て求償することができるとした。

コメント

出典判例は，管理費など共益的費用の確保を重視する最近の判例の動向
と方向性を同じくする。

①平21・3・12大阪地判【類型1】−[6]

管理組合による区分所有権を譲渡した中間取得者に対する滞納管理費
請求を認めた。

②平25・6・25東京地判【類型1】−[7]（出典判例）

管理組合による前区分所有者に対する滞納管理費請求を認めた。

③平9・10・15東京高判【類型1】−[15]

管理費等請求権を受働債権とする相殺が認められなかった。

④平28・1・19東京高判【類型28】−[5]

民法651条1項による管理委託契約解除後の別荘地管理費請求を認めた。

⑤平8・9・4千葉地判【類型17】−[2]

共有地から生じた管理組合の収益金に対する個別区分所有者の分配金
請求を否定した。

⑥平27・9・18最二判【類型22】−[9]

共用部分から生じた区分所有者の収益金に対する他の区分所有者の分
配金請求を否定した。

21

第1章　管理組合の請求

[8] 事例　　　　　　　　　　　　　　　　　　　　【類型1】−[8]

> 甲は，兜マンション管理組合
> 乙は，兜マンション 110 号室の区分所有者
> 乙は，競売により 110 号室の区分所有権を買い受けた。
> 甲は，乙に対し，前区分所有者が滞納した未払管理費等の他，規約に基づき，市水道局との間で一括契約をして供給を受け，立替払した水道料金，同じく電力会社との間で一括契約をして供給を受け，立替払した電気料金の各支払を求めた。

論点　管理組合が規約により立替払した専有部分の水道光熱費について特定承継人が責任を負うか

出典　平 20・4・16 大阪高判（平 20 年(ツ)7 号/判時 2018 号 19 頁）

判旨　各専有部分の水道料金や電気料金は，専ら専有部分において消費した水道や電気の料金であり，共用部分の管理とは直接関係がなく，区分所有者全体に影響を及ぼすものともいえない事柄であるから，特段の事情のない限り，区分所有法 7 条 1 項，8 条で債務者たる区分所有者の特定承継人に対しても行うことができる旨規約で定め得る債権の範囲に含まれないと解すべきである。

　本件マンションでは，①甲が，市水道局から水道水を一括して供給を受け，親メーターで計測された水道使用量を基に算出された全戸分の使用料金を一括して立替払した上，各専有部分に設置した子メーターにより計測された使用量を基にして算出した各専有部分の使用料金を各区分所有者に請求していることとしているが，これは本件水道局取扱いの下では，本件マンションの各専有部分について各戸計量・各戸収納制度を実施することができないことに原因し，②甲が，電力会社から電力を一括して供給を受け，親メーターで計測された電気使用量を基に算出された全戸分の使用料金を一括して立替払した上，各専有部分の面積及び同部分に設置した子メーターにより計測された使用量を基にして算出した各専有部分の使用料金を各区分所有者に請求しているが，これは本件マンションの動力の想定負荷が低圧供給の上限を超えており，また，本件マンションには純住宅が

【類型 1】管理組合が区分所有者に対し管理費等を請求

2軒以上なく電気室供給もできないため，電力会社と本件マンションの各専有部分との間で，電気供給につき戸別契約（低圧契約）を締結することができないことに原因するというのであるから，本件マンションにおける水道料金等に係る立替払とそれから生じた債権の請求は，各専有部分に設置された設備を維持，使用するためのライフラインの確保のため必要不可欠の行為であり，当該措置は建物の管理又は使用に関する事項として区分所有者全体に影響を及ぼすということができる。

そうであれば，管理組合の各区分所有者に対する各専有部分に係る水道料金等の支払請求権については，前記特段の事情があるというべきである。

解説 管理組合は，市水道局，電力会社との間で締結した一括契約により一括供給を受け，立替払した前区分所有者の未納水道料金，未納電気料金について，競売により買い受けた特定承継人である現区分所有者に支払を求め，これが認められた事例

1 一括立替払契約方式

(1) 水道料金

管理組合が，水道局との間で一括契約を締結して水道水の供給を受け，親メーターで計測された水道使用量を基に全戸分の使用料金を一括して立替払し，その上で，各専有部分に設置した子メーターにより計測された使用量を基に各専有部分の使用料金を算出し，各区分所有者の管理組合に対する同使用料金の支払義務を定める規約に基づいて各区分所有者に請求する方式

(2) 電気料金

管理組合が，電力会社との間で一括契約を締結して電力の供給を受け，全戸分の使用料金を一括して立替払した上で，各専有部分の使用料金を算出し，各区分所有者の甲に対する同使用料金の支払義務を定める規約に基づいて各区分所有者に請求する方式

近時，割安な高圧電力のメリットを享受するとして，後発的にこの方式に切り替える例が散見される。

2 特定承継人の責任（対象債権）

本事例は，乙が，法8条の特定承継人の責任を負うかが問題となって

第1章　管理組合の請求

いる。すなわち，甲の債権が，同条の対象債権（法7条1項で規定する債権）に該当するかが問題である。

法8条（法7条1項）が規定する対象債権は，次のとおりである。

①区分所有者が，共用部分，建物の敷地若しくは共用部分以外の建物の附属施設につき他の区分所有者に対して有する債権（法7条1項前段）

②区分所有者が，規約若しくは集会の決議に基づき他の区分所有者に対して有する債権（同項前段）

③管理者又は管理組合法人がその職務又は業務を行うにつき区分所有者に対して有する債権（同項後段）

専有部分で使用した水道料金，電気料金の支払については，基本的には，各区分所有者がその責任において対応すべき事柄であるから，法30条1項の規約事項に該当するものではない。しかし，それが，同項の規約事項に該当する特段の事情がある場合であれば，規約で定めることにより，上記②又は③に該当し，乙に請求できると考えられる。

同項は，「建物又はその敷地若しくは附属施設の管理又は使用に関する区分所有者相互間の事項」について，規約で定めることができるとしている。一括方式の場合，滞納者分を立替払しなければ，滞納者以外の水道・電気の供給に影響を与えてしまうことになる。管理組合以外に滞納者分を負担する者がいないとすれば，同項の事項に該当し，規約で定めることができると解される。

3　共用部分の水道料金・電気料金の負担

共用部分の水道料金・電気料金については，管理費で賄うことになる。

管理費は，敷地及び共用部分等を管理するために要する経費に充てるの費用であり，区分所有者に，管理組合に対する納入義務が課せられている（標規25条1項）。

管理費は，標規27条で，次の①から⑪の通常の管理に要する経費に充当すべきものとされている。すなわち，①管理員人件費，②公租公課，③共用設備の保守維持費及び運転費，④備品費，通信費その他の事務費，⑤共用部分等に係る火災保険料，地震保険料その他の損害保険料，⑥経常的な補修費，⑦清掃費，消毒費及びごみ処理費，⑧委託業務

【類型1】管理組合が区分所有者に対し管理費等を請求

費，⑨専門的知識を有する者の活用に要する費用，⑩管理組合の運営に要する費用，⑪その他標規32条に定める業務に要する費用である。

4 競売による区分所有権の買受人が特定承継人の義務を負うか

出典判例は，競売による買受人についても，法8条の特定承継人の責任を認める。この点について，平9・6・26東京地判【類型1】-[5]がある。建物等の適正な維持管理のために，その経費にかかる債務の支払の確保が重要であることを理由とする。

コメント

一括払い方式の場合，滞納者分を立て替えて支払わなければ，一括して供給を受けるシステム全体に支障を生じ，滞納者以外の水道・電気の供給に影響を与えてしまうことになりかねない。そこで，管理組合としては，この滞納者分を立て替えて支払わざるを得ず，法30条1項の事項に該当すると解される。

しかし，この場合，一括払い方式を採ることの前提として，同方式を採ることに合理的理由があるのか，あるいは一括払い方式を採らざるを得ない事情があるのかなどの点を押さえておく必要がある。出典判例は，水道料金について，市水道局取扱いの下では，各専有部分について各戸計量・各戸収納制度を実施することができないことを挙げる。また，電気料金については，電力会社から電力を一括して供給を受け，一括して立替払している事情として，電力会社と本件マンションの各区分所有者との間で，電気供給につき戸別契約（低圧契約）を締結することができないことを挙げている。

第 1 章　管理組合の請求

[9] 事例
【類型 1】−[9]

> 甲は，兜マンション管理組合
> 乙は，兜マンション 110 号室の区分所有者
> 甲は，乙に対し，乙がインターネットを利用しない者であるにもか
> かわらず，インターネット利用料金を含む滞納管理費等を請求する。
> 管理費等の内訳は，管理費，インターネット利用料金，セキュリティ
> システム利用料金，修繕積立金，駐車場使用料である。加えて，支払
> 委託契約に基づき水道使用料，兜マンション管理規約に基づき弁護士
> 費用を請求した。

| 論点 | インターネットを利用しない者もインターネット利用料金の支払義務を負うか |

| 出典 | 平 24・11・14 広島地判（平 24 年(レ)150 号/平 24 年(レ)169 号/判時 2178 号 46 頁） |

| 判旨 | 乙の主張は，インターネットサービスの利用の有無にかかわらずインターネット利用料金の支払を負担すべき旨規定している管理 |

規約 26 条 1 項 2 号及び附則 10 条 4 号は，区分所有者間の利害の衡平が図
られていないから無効であるという趣旨と解される。

　本件マンションの各戸に対してインターネットサービスを提供するため
に締結されたインターネット接続回線契約やプロパイダ契約に基づき発生
する費用は，インターネットを実際に利用していない者にとって負担すべ
き根拠がないようにも思える。しかし，そのようなサービスが本件マン
ションの全戸に一律に提供されているということは，本件マンションの資
産価値を増す方向で反映されるから，これらに要する費用についても，本
件マンションの資産価値の維持ないし増大に資するものといえ，その観点
からは，各区分所有者が，本件インターネットサービスの利用の有無にか
かわらず，その費用支出による利益を受けているといえる。

　また，規約で，インターネットサービスの利用の有無を考慮して戸別に
利用料金を定めることになれば，インターネットサービスの利用状況を戸
別に確認する必要が生じることになるが，そのために新たな人的，物的コ
ストが発生してしまうことを避けられない。さらには，その確認に要する

【類型1】管理組合が区分所有者に対し管理費等を請求

コストを誰にどのように負担させるべきかという問題や，いわゆるただ乗りをする区分所有者への対処という派生的な問題が新たに発生するおそれがある。そうすると，このようなコストや種々の問題の発生（その処理のために発生する費用は，各区分所有者の負担となる。）を回避するという意味では，インターネットサービスの利用の有無を問わず，インターネット利用料金を一律に徴収する旨を定めることには一定の合理性があるといえる。

加えて，管理規約26条1項2号の「インターネット利用料金」は，月額2835円であって，これには，インターネット接続回線契約に要する費用だけではなく，本件マンションのインターネット設備の保守，管理に要する費用も含まれていることからすれば，インターネットサービスを利用していない区分所有者にとってみても，不相当に高額であるとはいえない。

これらの事情を総合すれば，管理規約26条1項2号及び附則10条4号は，法30条3項の趣旨に照らしてみても，区分所有者間の利害の衡平が図られていない故に無効であるとまではいえない。

|解説| 管理組合は，インターネットを利用しない区分所有者に対して，インターネット利用料金を含む滞納管理費等を請求し，これが認められた事例

1 管理費等の負担割合の決め方

(1) 衡平負担の原則

　　管理費等の負担は，各区分所有者の専有部分の床面積に比例し，単位床面積当たりでは，各区分所有者の負担は平等であるのが原則である。

　　各共有者は，規約に別段の定めがない限り，その持分に応じて共用部分の負担に任じ，共用部分から生ずる利益を収取する（法19条）。

　　各共有者の持分割合は，各共有者が有する専有部分の床面積の割合による（法14条1項）から，管理費等の負担は，単位床面積当たりでは平等である。平28・1・18福岡地小倉支判【類型16】-[8]は，修繕積立金の一部を取り崩して各区分所有者に対しその居住年数に応じて返金する旨の総会決議が無効とされ，特別決議により取り崩しできる旨規約改正して改めて追認決議したが，民法90条に違反し無効で

27

第1章　管理組合の請求

あることを確認した。

(2)　規約の衡平性

　　規約で，管理費など管理又は使用に関する事項を定める場合，規約は，専有部分若しくは共用部分又は建物の敷地若しくは附属施設（建物の敷地又は附属施設に関する権利を含む。）につき，これらの形状，面積，位置関係，使用目的及び利用状況並びに区分所有者が支払った対価その他の事情を総合的に考慮して，区分所有者間の利害の衡平が図られるように定めなければならない（法30条3項）。

　ア　形状，面積

　　「形状，面積とは，床面積や容積その他の外形的要素であり，各区分所有者が有する専有部分のこれらの要素の大小に応じた共有部分の負担などについて異なる割合が定められる場合があることを念頭においた」（一問一答37頁）ものである。

　イ　位置関係

　　「位置関係とは，専有部分と共有部分との位置関係等を示し，1階の区分所有者が近接した敷地の一部を専用庭などとして使用権が設定されている場合があることを念頭に置いた」（一問一答38頁）ものである。

　ウ　使用目的

　　「使用目的とは，専有部分を商業用や居住用に定める場合における用途の定め等を示し，専有部分の用途の違いによって，共用部分の負担について異なる割合が定められる場合があることを念頭に置いた」（一問一答38頁）ものである。

　エ　利用状況

　　「利用状況とは，共用部分等の具体的な利用方法やその頻度等を指し，各区分所有者の集会室の利用頻度の違いに応じて，その維持に要する費用負担について異なる割合が定められる場合があることを念頭においた」（一問一答38頁）ものである。

　オ　区分所有者が支払った対価

　　「特定の区分所有者が共用部分を専用使用する権利の設定を受け

るなど，その利用について特別の利益を得ている場合には，これに関連して対価が支払われていることが少なくなく，こうした対価の有無およびその多寡についても，規約の内容の衡平性を判断する場合の重要な考慮要素になることを明らかにしたもの」（一問一答38頁）ものである。

(3) ネット利用料金一律徴収の合理性

出典判例は，①インターネット接続回線契約やプロバイダ契約に基づくサービスが全戸に一律に提供されていることは，本件マンションの資産価値を増す方向で反映されるから，インターネットサービスの利用の有無にかかわらず，利益を受けていること，②規約で，インターネットサービスの利用の有無を考慮して戸別に利用料金を定めることになれば，そのために新たな人的，物的コストが発生してしまうことなどを理由として，インターネット利用料金を一律に徴収する旨を定めることには一定の合理性があるといえるとした。

法30条3項は，平成14年の法改正により新設された。従前，規約が区分所有者間の利害の衡平を図る内容になっていない場合に，公序良俗違反となるか問題にされてきたところを参考として，衡平性を判断するときの考慮要素が列挙されている。

2 規約事項

規約の対象となる事項は，建物又はその敷地若しくは附属施設の管理又は使用に関する区分所有者相互間の事項である（法30条1項）。これは，管理組合が，建物並びにその敷地及び附属施設の管理を行うための団体であるところ，区分所有者の団体の私的自治の観点から，区分所有法は，区分所有者相互間の事項については，広く規約で定めることを認めたものである。

第 1 章　管理組合の請求

[10] 事例　　　　　　　　　　　　　　　　　　　　　【類型 1】- [10]

> 甲は，兜マンション管理組合
> 乙は，兜マンション 110 号室の区分所有者
> 110 号室は，乙が代表者を務める会社の事務所として利用されていた。甲は，住居目的以外の用途に使用する者に管理費の倍額を請求できる原規約 23 条 3 項及び平成元年理事会決定による事業用物件の管理費額を倍額とする規定（本件倍額規定）に基づき，乙に対し管理費を請求した。(請求棄却)

論点　管理費倍額規定が法 30 条 3 項（規約の衡平性）に反しないか

出典　平 27・12・17 東京地判（平 26 年㈰ 24611 号/平 27 年㈰ 2094 号/判時 2307 号 105 頁）

判旨　1　原規約 23 条 3 項及び平成元年決定の有効性

　　　　法 30 条 3 項は，建物又はその敷地若しくは附属施設の管理又は使用に関する区分所有者相互間の事項を規約で定めるに当たっては，これらの形状，面積，位置関係，使用目的及び利用状況並びに区分所有者が支払った対価その他の事情を総合的に考慮して，区分所有者間の利害の衡平が図られるように定めなければならない旨を規定しており，上記要件が充たされていない場合には規約の当該部分は無効になるものと解される。

(1)　本件倍額規定は，当該居室の使用目的が居住用であるか事業用であるかによって管理費額に差を設けるものであるところ，営利目的の事業用物件については当該居室からの収益が想定されるものの，このことから管理費の負担能力の高さまでが当然に基礎付けられるものとは認められない。

(2)　また，本件居室の利用状況が共用部分の使用頻度の観点から通常の居住用物件と大きく異なるものであるとは考え難い。なお，本件居室以外の事業用物件についても，上記観点から居住用物件と大きく異なるような利用状況にあることをうかがわせる証拠はない。

(3)　乙は，本件居室の所有権を取得した後，平成 24 年末頃までの相当

30

【類型1】管理組合が区分所有者に対し管理費等を請求

長期間にわたり本件倍額規定の適用を前提とした管理費等を支払っており，上記時期までにこれについて特段の異議を述べたこともなかった。

　もっとも，乙に交付された重要事項説明書には本件倍額規定の存在を示す記載がなかったこと，本件倍額規定について書面の形での規約改正はされておらずその周知の程度には疑問があること，乙は本件居室の管理費等を口座引落しの方法により一括して支払っていたことなどの事情に照らせば，乙は本件倍額規定の存在について特段意識することなく，単に請求された金額の管理費等を支払っていたものと考えるのが自然であり，このことは乙以外の事業用物件の所有者らについても同様である。これを前提とすれば，乙及び他の事業用物件所有者らが本件倍額規定を適用して算定された額の管理費等を継続的に支払っていたとの事実は，同規定の合理性を基礎付ける事情として評価することはできないというべきである。

(4)　甲は，本件倍額規定が存在しなければ赤字となり健全な運営ができなくなる旨も主張するが，仮にそのような状況にあったとしても，その解消は支出状況の改善又は居住用物件所有者らの負担割合との調整等によって実現されるべきものであり，合理的な根拠があるとは認められない本件倍額規定の存在を許容すべき理由となるものではない。

2　以上によれば，本件倍額規定は法30条3項に反するものとして，無効というべきである。

> **まとめ**　管理組合が，住居目的外使用による管理費倍額規定に基づき管理費請求したところ，衡平負担の原則に反し，倍額規定は無効とされた事例

　なお，衡平負担の原則を定める法30条3項は，平成14年改正法により新設された。以前は，衡平負担でない内容の規約については，公序良俗違反（民法90条）として無効になるかという形で争われてきた。例えば，平2・7・24東京地判（判時1382号83頁）がある。

第1章　管理組合の請求

［11］事例

【類型1】-［11］

> 甲は，兜マンション管理組合
> 乙は，兜マンション1階110号室の区分所有者
> 兜マンションは，1階は店舗，2階ないし6階は住居として分譲され，建物にはエレベーターが1基設置されている。水道の給排水管は，1階部分と2階以上の部分とは別系統で，メーターも別になっている。
> 甲が，乙に対し，110号室の管理費等を請求したところ，乙は，エレベーター及び2階以上の給排水設備などの部分は2階以上の区分所有者の一部共用部分であると主張した。（甲の請求を認容）

論点　① エレベーター及び2階以上の給排水設備などが，2階以上の区分所有者の一部共用部分か

② 1階部分の管理費を2階以上と同様に，専有部分の面積に応じて算定することが合理的か

出典　平5・3・30東京地判（平3年(ワ)17250号/判時1461号72頁）

判旨　本件建物は，鉄骨造りの6階建ての建物であり，1階はエントランス，エレベーターホールのほか，3戸の区分所有建物があり，2階ないし6階はいずれも各階4戸の居住用の区分所有建物となっている。右1階の3戸の区分所有建物は，分譲時にはいずれも店舗として分譲され，現在は乙が歯科医院等に使用している。本件建物にはエレベーターが1基設置されている。また，水道の給排水管は，1階部分と2階以上の部分とは別系統になっており，メーターも別になっている。

　甲では，昭和63年6月の改定前の規約第2条で共用部分の定めがなされており，共用のエレベーター，給排水衛生設備，水道設備及び専有部分内のものを除くその配管が共用部分である旨の規定がある。また，改定後の規約においても第6条及び別表1で，エレベーター設備，給水設備，排水設備，配線・配管等専有部分に属さない建物の付属物を共用部分と定めており，いずれも一部共用部分である旨の規定はない。なお，右規約の改定の手続は法の定める要件を充たす有効なものである。

32

【類型1】管理組合が区分所有者に対し管理費等を請求

　以上のとおり，エレベーター並びに給排水設備及びその配管は規約で共用部分と定められており，また，本件建物の構造や右設備の性質等に鑑みても一部共用部分と認めることはできない。確かに，1階の区分所有者である乙が本建物のエレベーターを使用する程度は2階以上の区分所有者のそれに比較して極めて少ないことが推認されるが，屋上の利用等のため使用する可能性が全くないとは言えず，また，給排水設備及びその配管についても，1階部分及び2階以上の部分とも本件と一体となった設備であり，その維持や補修に際しては本件建物の共用部分にも影響を及ぼすことなどに鑑みると，いずれも一部共用部分ということはできない。

　一律に各区分所有者の専有部分及び専用使用部分の面積に応じて管理費を負担することは合理的な方法であるということができる。

解説 　管理費請求に対して，1階区分所有者が，エレベーターなどが2階以上の区分所有者の一部共用部分であると主張したが，この主張が認められなかった事例

1　共用部分の意義

(1)　共用部分の定義

　　共用部分とは，①専有部分以外の建物の部分，②専有部分に属しない建物の附属物，③規約共用部分（法4条2項）とされた附属の建物（法2条4項）である。一棟の建物（区分所有建物）は，専有部分と共用部分のみによって構成され，このうち，専有部分以外の建物の部分が共用部分となる。建物の附属物とは，建物に附属し，構造上・効用上その建物と不可分の関係にあるものをいう。共用部分となるのは，専有部分に属しない建物及び附属の建物の，附属物である。附属の建物は，法4条2項の規定により，規約により共用部分とされたとき，共用部分となる（法2条4項）。建物の敷地は共用部分とはならない。

(2)　法定共用部分

　　法4条1項は，「数個の専有部分に通ずる廊下又は階段室その他構造上区分所有者の全員又はその一部の共用に供されるべき建物の部分は，区分所有権の目的とならないものとする。」と規定し，これらの建物部分が専有部分とならない，すなわち共用部分となることを定め

33

る。例えば，玄関ポーチ，ロビー，電気室，機械室，エレベーター室，屋上，バルコニー，柱などがこれに該当する。

　法定共用部分については，構造上又は利用上独立していないので，登記をすることができない。民法177条の規定は，法定共用部分には適用されない（法11条3項）。

(3)　規約共用部分

　規約共用部分とは，専用部分及び附属の建物を規約により共用部分としたものである（法4条2項）。これにより，利用上の独立性を欠き，専用部分ではなくなる。例えば，集会室，倉庫，管理人室などがこれに当たる。規約共用部分を第三者に賃貸すること（共用部分の第三者使用）もできる。

2　共用部分の帰属

　共用部分は，区分所有者全員の共有に属する（法11条1項本文）。区分所有者全員に総有的に帰属する。また，専有部分を所有するためには，建物の敷地（法2条5号）に，所有権，賃借権等の敷地を利用するための敷地利用権（同条6号）が必要であり，区分所有者は，マンションについて，専有部分に対する区分所有権，共用部分に対する共有持分権，敷地に対する敷地利用権を併せ持っていることになる。

3　一部共用部分の意義及び帰属

(1)　共用部分のうち，一部の区分所有者のみの共用に供されるべきことが明らかな共用部分は一部共用部分であって（法3条後段），一部共用部分は，原則として，一部共用部分を共用すべき区分所有者の共有に属する（法11条1項ただし書）。

　法11条1項の原則に対しては，規約で別段の定めができる（同条2項本文）。

(2)　各共有者の持分は，その有する専有部分の床面積の割合による（法14条1項）。床面積を有する一部共用部分があるときの専有部分の床面積の割合については，一部共用部分の床面積を共用すべき各区分所有者の専有部分の床面積の割合により配分して，それぞれの区分所有者の専有部分の床面積に算入する（同条2項）。床面積は，壁その他の

区画の内側線で囲まれた部分の水平投影面積による（法14条3項）。

4　共用部分の管理（広義）

　法は，共用部分の管理（広義）を①保存，②管理（狭義），③変更に分けて規定する（法17条1項，18条1項本文，同項ただし書）。

(1)　保存

　　保存とは，共用部分の現状を維持する行為である。保存行為は，例えば，玄関のガラスや階段の欠損の修理など共用部分の現状を維持するための必要最小限の行為，緊急を要する行為などが該当する。

　　保存行為ができるのは，①管理組合（法18条1項本文），②管理者（法26条1項），③管理組合法人の理事（法52条2項），④各区分所有者も，規約で別段の定めをしない限り，保存行為を単独で行うことができる（法18条1項ただし書，2項）。

(2)　管理（狭義）

　　管理（狭義）とは，共用部分の物の性質を変えないで，これを利用し，改良することである。管理（広義）から保存と変更を除いた概念とされる。例えば，敷地の一部を賃貸して賃料を得る，廊下や階段に夜間灯を設置する，外壁塗装の塗り替えなどがこれに当たる。

　　管理（狭義）については，集会の普通決議で決する（法18条1項本文）。ただし，専有部分の使用に特別の影響を及ぼすべきときは，その専有部分の区分所有者の承諾を得なければならない（同条3項）。承諾を得ない限り，その決議は効力がない。

(3)　変更（法17条1項）

　　変更とは，その形状又は効用を変えることである。①形状及び効用に著しい変更を伴わない変更のときは，管理（狭義）とともに，集会の普通決議があれば行うことができる（法18条1項）。例えば，計画修繕工事として外壁塗装工事，屋上防水工事などがこれに当たる。②形状又は効用に著しい変更を伴うときは，集会の特別決議が必要となる（法17条1項）。この特別決議は，区分所有者（頭数）及び議決権の各4分の3以上の多数で決する。形状又は効用に著しい変更を伴う例としては，階段からエレベーターに変更するなどの場合が該当する。

第1章 管理組合の請求

　　共用部分の変更が専有部分の使用に特別の影響を及ぼすべきとき
　は，その専有部分の所有者の承諾を得なければならない（同条2項）。
　承諾を得ない限り，その決議は効力がない。
(4)　共用部分の処分
　　共用部分の変更にとどまらない処分行為については，区分所有者全
　員による合意が必要である。
(5)　共用部分の管理の準用
　　管理組合は，建物並びにその敷地及び附属施設の管理を行うための
　団体（法3条）であるから，共用部分には該当しない次のものについ
　ても，法17条ないし19条の共用部分に関する管理の規定が準用さ
　れ，管理組合が，この限りにおいて，当然に管理を行う（法21条）。
　ア　建物敷地について，共有の敷地
　イ　共用部分以外の附属施設について，共有の附属施設

5　一部共用部分の管理（広義）

　　一部共用部分の管理のうち，区分所有者全員の利害に関係する事項
　は，区分所有者全員が管理し，全員の規約によって定める（法16条）。
　区分所有者全員の利害に関係しない事項でも，全員の規約による定めが
　あるものについては区分所有者全員で管理する（同条）。
　　区分所有者全員の利害に関係しない事項で，かつ，区分所有者全員の
　規約によって定められていない事項は，一部の区分所有者のみで管理
　し，一部の区分所有者の規約で定めることができる（同条）。この場合，
　区分所有者は，管理を行うための団体を組織し，集会の開催，規約の制
　定，管理者の設置等を決めることができる。ただし，一部の区分所有者
　で定めた規約事項は，区分所有者全員で定めた規約により，変更・廃止
　できると解されている。

6　専有部分

　　共用部分を定義するには専有部分の定義が不可欠なので，専有部分の
　説明を加える。専有部分とは，区分所有権の目的たる建物の部分をいう
　（法2条3項）。区分所有者は，専有部分については所有権を有し，これ
　を自由に使用，収益，処分することができる（民法206条）。専有部分の

【類型1】管理組合が区分所有者に対し管理費等を請求

管理は各区分所有者が行い，居室の中の床板，天井板などの専有部分の修繕を行うについて，集会決議を経る必要はなく，他の区分所有者の共同の利益に反しない限り（法6条1項）何らの制約もない。そして，他の区分所有者と共に，共用部分を用法に従って使用することができる（法13条）。

　建物の附属物や附属の建物があるときは，これらも専有部分に含まれることがある（法2条4項）。建物の附属物とは，建物に附属し，構造上・効用上その建物と不可分の関係にあるものをいう。例えば，専有部分に附属する電気配線，ガスの配管，上下水道の配管などが当たる。附属の建物は，区分所有権の目的たる建物とは別個の不動産であり，別個の所有権，区分所有権が成立するが，原則として，専有部分の処分に従う関係になる（民法87条2項）。

［コメント］

　出典判例は，1階の区分所有者が，屋上の利用等のため本建物のエレベーターを使用する可能性が全くないとは言えないことを指摘して，乙の主張のエレベーター部分などが，実質的に見ても，一部共用部分とはいえないとしたものである。

第 1 章　管理組合の請求

[12] 事例　　　　　　　　　　　　　　　　　　　　【類型 1】-[12]

> 甲は，兜マンション管理組合
> 乙は，兜マンション 110 号室の区分所有者
> 甲は，総会において，自らその専有部分に居住しない区分所有者が負担すべき「住民活動協力金」（1 戸当たり月額 2500 円）を定める規約及び同施行細則を特別決議により可決した。
> 甲が，乙に対し，集会決議により変更された規約に基づき，「住民活動協力金」の支払を請求した。これに対し，乙は，この規約変更決議は法 31 条の「特別の影響」に該当し，乙の同意がないから無効であると主張した。

論点　「住民活動協力金」を定める規約改正の総会決議が「特別の影響」に該当するか

出典　平 22・1・26 最三判（平 20 年㊤ 666 号/判タ 1317 号 137 頁）

判旨　管理組合を運営するに当たって必要となる業務及びその費用は，本来，その構成員である組合員全員が平等にこれを負担すべきものであって，多数の不在組合員が生じている状況の下で，管理組合が，その業務を分担することが一般的に困難な不在組合員に対し，規約変更により一定の金銭的負担を求め，本件マンションにおいて生じている不在組合員と居住組合員との間の不公平を是正しようとしたことには，その必要性と合理性が認められないものではない。

　そして，不在組合員が受ける不利益は，月額 2500 円の住民活動協力金の支払義務の負担であるところ，管理費等と住民活動協力金とを合計した不在組合員の金銭的負担は，居住組合員の負担の約 15％増しの月額 2 万円にすぎない。

　規約変更の必要性及び合理性と不在組合員が受ける不利益の程度を比較衡量すると，規約変更は，住民活動協力金の額も含め，不在組合員において受忍すべき限度を超えるとまではいうことができず，区分所有法 31 条 1 項後段にいう「区分所有者の権利に特別の影響を及ぼすべきとき」に該当しない。

【類型1】管理組合が区分所有者に対し管理費等を請求

解説 管理組合が「住民活動協力金」の支払を求めたところ，乙は，これを設けた規約変更決議は「特別の影響」に該当し，乙の同意がないから無効と主張したが，「特別の影響」に該当しないとされた事例

1 規約

区分所有者は，全員で，建物並びにその敷地及び附属施設の管理を行うための団体（管理組合）を構成し，管理組合は，区分所有法の定めるところにより，集会を開き，規約を定め，及び管理者を置くことができる（法3条）。管理組合が建物並びにその敷地及び附属施設の管理を行うに当たっては，区分所有者間で様々な利害調整を図らなければならない。そのため，区分所有者が相互に従うべき規範が必要となる。そこで，法30条1項は，建物又はその敷地若しくは附属施設の管理又は使用に関する区分所有者相互間の事項について，規約を定めることができるとした。

2 規約の設定，変更

規約の設定，変更は，区分所有者及び議決権の各4分の3以上の多数による集会の決議によってする（法31条1項前段）。集会決議は，区分所有者及び議決権の各過半数で決する普通決議（法39条1項）では足りず，区分所有者及び議決権の各4分の3以上の多数による特別決議が必要である。

3 「特別の影響を及ぼすべきとき」

ただし，規約の設定，変更又は廃止が一部の区分所有者の権利に特別の影響を及ぼすべきときは，区分所有者及び議決権の各4分の3以上の多数による特別決議では足りず，当該一部の区分所有者の承諾を得なければならないと規定する（法31条1項後段）。

「特別の影響を及ぼすべきとき」に該当するのはいかなる場合か。平10・10・30最二判【類型15】-[1]は，「規約の設定，変更等の必要性及び合理性とこれによって一部の区分所有者が受ける不利益とを比較衡量し，当該区分所有関係の実態に照らして，その不利益が区分所有者の受忍すべき限度を超えると認められる場合をいうものと解される。」としている。そして，この判断基準を踏まえて，判例の蓄積がなされている。

39

第 1 章　管理組合の請求

[13] 事例 　　　　　　　　　　　　　　　　　　【類型 1】– [13]

> 　甲は，兜マンション管理組合
> 　乙は，兜マンション 110 号室の区分所有者
> 　甲は，規約の定めに基づき，駐車場の専用使用権を有償化し，使用
> 料を月額 10 万円とする旨総会で特別決議した。甲は，この総会決議
> に基づき，乙に対し，専用使用料月額 10 万円を請求した。これに対
> し，乙は，この総会決議は法 31 条の「特別の影響」に該当し，乙の
> 同意がないから無効であると主張した。

論点　駐車場専用使用を有償化する総会決議が「特別の影響」に該当するか

出典　平 10・11・20 最二判（平 8 年(オ)1362 号/裁民 190 号 291 頁）

判旨　区分所有法 31 条 1 項後段の「特別の影響を及ぼすべきとき」とは，規約の設定，変更等の必要性及び合理性とこれによって一部の区分所有者が受ける不利益を比較衡量し，当該区分所有者関係の実態に照らして，その不利益が区分所有者の受忍すべき限度を超えると認められる場合をいうものと解される。そして，直接に規約の設定，変更等による場合だけでなく，規約の定めに基づき，集会決議をもって専用使用権を消滅させ，又はこれを有償化した場合においても，同法 31 条 1 項後段の規定を類推適用して区分所有者間の利害の調整を図るのが相当である。

　従来無償とされてきた専用使用権を有償化し，専用使用権者に使用料を支払わせることは，一般的に専用使用権者に不利益を及ぼすものであるが，有償化の必要性及び合理性が認められ，かつ，設定された使用料が当該区分所有関係において社会通念上相当な額であると認められる場合には，専用使用権者は専用使用権の有償化を受忍すべきであり，そのような有償化決議は専用使用権者の権利に「特別の影響」を及ぼすものではないというべきである。また，設定された使用料がそのままでは社会通念上相当な額とは認められない場合であっても，その範囲内の一定額をもって社会通念上相当な額と認めることができるときは，特段の事情がない限り，その限度で，有償化決議は，専用使用権者の権利に「特別の影響」を及ぼ

40

すものではなく，専用使用権者の承諾を得ていなくとも有効なものであると解するのが相当である。

解説 管理組合が，駐車場専用使用権を有償化する総会決議に基づき同使用料を請求し，乙が同決議は「特別の影響」に該当すると主張したが，この主張が認められなかった事例

1 「特別の影響を及ぼすべきとき」

「特別の影響を及ぼすべきとき」に該当するかどうかの判断基準について，平10・10・30最二判【類型15】−[1]は，「規約の設定，変更等の必要性及び合理性とこれによって一部の区分所有者が受ける不利益とを比較衡量し，当該区分所有関係の実態に照らして，その不利益が区分所有者の受忍すべき限度を超えると認められる場合をいうものと解される。」としている。そして，これを踏まえて，判例の蓄積がなされている。

出典判例は，直接に規約の設定，変更等による場合だけでなく，規約の定めに基づき，集会決議をもって専用使用権を消滅させ，又はこれを有償化した場合においても，法31条1項後段の規定を類推適用して区分所有者間の利害の調整を図るのが相当であるとした。

2 「特別の影響を及ぼすべきとき」が争われた事例

①平22・1・26最三判【類型1】−[12]

不在区分所有者に対する「住民活動協力金」の負担

②平10・11・20最二判【類型1】−[13]（出典判例）

駐車場専用使用権の有償化

③平23・6・30東京地判【類型1】−[14]

特定の区分所有者に対する管理費等の増額

④平6・8・4東京高判【類型2】−[2]

動物飼育を禁止

⑤平10・10・30最二判【類型15】−[1]

駐車場専用使用料の増額

⑥平10・1・30東京地判【類型15】−[3]

駐車場専用使用権の消滅

第 1 章　管理組合の請求

⑦平 21・9・24 東京高判【類型 16】−［1］

　　不定期使用の義務化

⑧平 6・4・5 福岡地小倉支判【類型 16】−［2］

　　飲食業の禁止

⑨平 15・6・17 福岡高判【類型 17】−［4］

　　オートロックドアの設置

⑩平 23・8・23 東京地判【類型 17】−［13］

　　刺青がある者のトレーニングルーム利用制限

3　専用使用権

　専用使用権には，共有者が，共用部分をその用法に従って使用し（法 13 条），敷地を持分に応じて使用することができる（民法 249 条）から，共有者の持分権を制限するという側面と，特定の区分所有者が排他的に使用できる使用権という側面がある。

(1)　持分権の制限的側面

　　共用部分の管理に関する事項として集会決議が必要である（法 18 条 1 項）。建物の敷地又は共用部分以外の附属施設（これらに関する権利を含む。）が区分所有者の共有に属する場合にも，法 18 条 1 項が準用される（法 21 条）から，区分所有者の共有に属する敷地，附属建物に専用使用権が設定される場合にも，集会決議が必要である。また，「建物又はその敷地若しくは附属施設の管理又は使用に関する区分所有者相互間の事項」として，規約で定めることができる（法 30 条 1 項）。さらに，区分所有者全員の書面による合意があったときは，書面による決議があったものとみなされ（法 45 条 2 項），分譲業者による分譲による場合には，この方式が採られることが多い。

(2)　使用権の権利的側面

　　駐車場については，最近では，ほとんどの場合に，管理組合と特定の区分所有者との間で賃貸借契約を締結している（賃貸方式）。かつては，①分譲方式又は②留保方式が採られていた。①分譲方式では，分譲の際に，専有部分とは別に駐車場専用使用権を購入者に分譲し，専用使用権の対価は分譲業者に帰属する（平 10・10・22 最一判【類型 5】−

[2])。②留保方式は，分譲業者又は旧地主などが専用使用権を留保し，自ら利用しあるいは賃貸する。法的性質について，使用貸借類似の無名契約であるとされた。①，②の方法による専用使用は，駐車場を利用できる区分所有者が固定される結果となる。そこで，建設省は，「分譲業者が共有敷地等に専用使用権を設定してその使用料を得る等の例は，取引の形態としては好ましくないので，原則として，このような方法は避けること」との通知を発出した（昭和54年12月15日建設省計動発第116号，建設省住指発第257号）。

4 当事者適格

甲は，実体法上駐車場専用使用料請求権が自らに帰属すると主張し，乙が支払義務を負うと主張しているのであるから，甲に原告適格が認められ，乙に被告適格が認められる（平23・2・15最三判【類型2】-[4]，昭61・7・10最一判/判時1213号83頁）。

コメント

専用使用権といわれるものは，典型例としてよく取り上げられるベランダの使用権をみればよく分かるとおり，共有物を共有者が利用するときに，その特定の部分を特定の共有者に専用させる共有者間の取決めによる「利用権」のことである。この合意は，マンション建物やその敷地においては，管理組合の規約という形を取ることになる。管理組合との使用貸借契約や賃貸借契約が上乗せされることも多いが，付随契約というべきであろう。区分所有権が譲渡されたときは，専用使用権は，区分所有権の移転に伴って当然に移転し，管理組合と区分所有権の譲受者は，使用貸借契約や賃貸借契約の締結義務を負う。この場合，区分所有権の譲受者の専用使用権を消滅させようとすれば，規約の改正が必要となり，この改正は，法31条の「一部の区分所有者の権利に特別の影響を及ぼすべきとき」に当たり，その者の承諾を得ることが必要となる（【類型15】-[3]参照）。

第 1 章　管理組合の請求

[14] 事例　　　　　　　　　　　　　　　　　　　　　【類型 1】 – [14]

> 甲は，兜マンション管理組合
> 乙は，兜マンション 110 号室の区分所有者
> 　乙を含む特定の区分所有者の管理費及び修繕積立金について，管理組合の臨時総会において原始規約を変更して増額する旨の規約変更決議がされた。甲は，新たな規約に基づき，滞納管理費等と確定遅延損害金の合計額の支払を求めた。（請求認容）

論点　特定の区分所有者のみに対する管理費等増額の規約変更決議が法 31 条 1 項の「特別の影響を及ぼすべきとき」に該当するか

出典　平 23・6・30 東京地判（平 20 年㋻ 408 号/判時 2128 号 52 頁）

判旨　管理費等は，本件マンションの敷地及び建物共用部分の管理に要する経費であり，乙の前所有者である A は，本件売買契約において，他のワンルーム購入者と同様の範囲の建物共用部分や共用設備を取得しているのであり，その範囲の管理を当時の管理会社に対し，委託する旨の本件管理委託契約を締結しているのであって，同契約において，その管理に必要な業務を行うための経費を負担する旨が合意されているのである。

　乙の主張は，畢竟，110 号室の使用状況等をことさら強調して，事実上玄関ホール，ロビー，廊下，エレベーター室を使用することがほとんどないという事実状態を理由として，管理費等が平米当たり他の区分所有者よりも低い金額に設定されていることの合理性を主張するものにほかならないが，例えば 1 階の区分所有者がエレベーターを使用することはほとんどないにもかかわらず，エレベーターの維持管理のための費用も負担していることからすれば，合理性のある主張であるということはできない。また，乙が，110 号室を独立の区画として使用しており，本件マンションの 1 階及び 2 階の共用部分は原則として使用していない旨主張している点についても，1 階共用便所は，乙が賃貸している理容店の従業員や客が使用することもあり，管理会社の管理員が清掃消毒をしていること，110 号室の 2 階の学習塾に通う小中学生の中には，人数は多くないものの，本件マ

44

【類型1】管理組合が区分所有者に対し管理費等を請求

ンションの裏口から入り，廊下や玄関ホールを経て一旦同マンションの表に出た後，110号室の専用出入口から入る者もいること，同学習塾に通う小中学生の中には，自転車で来る者も少なくはなく，その場合，本件マンションの表側の道路に自転車を駐輪するため，管理会社の管理員がその整頓を行っていること，同管理員は，その他に，上記理容店及び学習塾の出入口前の通路を清掃していること，上記学習塾宛てに送られてくる郵便物を同管理員が同学習塾に個別に配達していること，本件マンションの2階の110号室の区画の外側の共用部分に同室の空調室外機が置かれていることが認められる。そうすると，乙は，110号室の独立の区画だけでなく，本件マンションの1，2階部分全体の共用部分の管理についても恩恵を受けていることが明らかである。

　以上によれば，110号室の管理費等が合理的理由もなく低額に定められていたことは明らかであり，それが本件総会決議がされるまで約27年間も放置されていたことになる。そして，その不均衡を本件総会決議により増額変更したものであり，また，その内容を見ても，増額の結果他の一般区分所有者の平米当たりの平均単価と同額の管理費等の額にしたものであり，社会通念上相当な額であると認められる。そうすると，本件総会決議は，法30条3項に定める区分所有者間の利害の衡平が図られるように定めたものにほかならないから，乙の権利に特別の影響を及ぼすものとは認められず，したがって，本件総会決議の効力が発生するために乙の同意を要するものとはいえない。

| まとめ | 乙は，共用部分の使用が制限的であることを理由として，低く抑えられてきた区分所有者の管理費等を増額した規約変更決議 |

を「特別の影響を及ぼすべきとき」に該当すると主張したが，これが認められなかった事例

　なお，共用部分の使用が制限的であることから管理費等の負担を争った事例として，平5・3・30東京地判【類型1】-[11]がある。

45

第1章　管理組合の請求

[15] 事例 【類型1】-[15]

> 甲は，兜マンション管理組合
> 乙は，兜マンション110号室の区分所有者
> 甲は，乙に対し，滞納管理費等を請求した。
> ところで，兜マンションにおいては，隣地庭園の樹木の枝が兜マンションの敷地にはみ出し，通風障害，害虫被害等の支障を及ぼし，放置し得ない状況になっていた。規約では，敷地及び共用部分の管理については，専用使用権を有する者が行うとされているものを除き，管理組合がその責任と負担において行う旨定められている。
> 乙は，口頭弁論において，隣地庭園の樹木の枝が兜マンションの敷地にはみ出している部分について，自ら業者に注文して剪定作業を行い，これによる費用償還請求権を自働債権，管理費等請求権を受働債権として対当額で相殺する旨の意思表示をした。

論点　管理費等請求権を受働債権とする相殺の可否

出典　平9・10・15東京高判（平8年㈱716号・平8年㈱2647号/判時1643号150頁）

判旨　区分所有者がした樹木剪定作業は，真に必要であった限りにおいて管理組合がする義務のあるものを区分所有者が代わってしたということができるから，管理組合は区分所有者に対しその費用を償還する義務がある。

しかし，マンションの管理費等は，マンションの区分所有者の全員が建物及びその敷地等の維持管理という共通の必要に供するため自らを構成員とする管理組合に拠出すべき資金であり，右拠出義務は管理組合の構成員であることに由来し，その内容は管理組合がその規約に定めるところによるものである。また，マンションの維持管理は区分所有者の全員が管理費等を拠出することを前提として規約に基づき集団的，計画的，継続的に行われるものであるから，区分所有者の一人でも現実にこれを拠出しないときには建物の維持管理に支障を生じかねないことになり，当該区分所有者自身を含む区分所有者全員が不利益を被ることになるのであるし，更には管理組合自体の運営も困難になりかねない事態が生じ得る。このような管

46

【類型 1】管理組合が区分所有者に対し管理費等を請求

理費等拠出義務の集団的，団体的な性質とその現実の履行の必要性に照らすと，マンションの区分所有者が管理組合に対して有する金銭債権を自働債権とし管理費等支払義務を受働債権として相殺し管理費等の現実の拠出を拒絶することは，自らが区分所有者として管理組合の構成員の地位にあることと相容れないというべきであり，このような相殺は，明示の合意又は法律の規定をまつまでもなく，その性質上許されないと解するのが相当である。

解説 管理組合は，乙に対して，滞納管理費等の支払を請求するところ，乙は，隣地庭園の樹木の枝が兜マンションの敷地にはみ出している部分について，規約上管理組合の負担とされている剪定作業を行い，これによる費用償還請求権を自働債権，管理費等請求権を受働債権として対当額で相殺する旨の意思表示をしたが，相殺が認められなかった事例

1 相殺の許容性

2 人が互いに同種の目的を有する債務を負担する場合において，双方の債務が弁済期にあるときは，各債務者は，その対当額について相殺によってその債務を免れることができる（民法 505 条 1 項）。

2 相殺が例外的に許されない場合

(1) 債務の性質が相殺を許さない場合（民法 505 条 1 項ただし書）

(2) 当事者の意思表示により禁止される場合

改正前の民法 505 条 2 項は，「当事者が反対の意思を表示した場合」としていたが，改正民法 505 条 2 項は，「当事者が相殺を禁止し，又は制限する旨の意思表示をした場合」とする。

(3) 法律によって禁止されている場合（民法 509 条ないし 511 条）

ア 不法行為等により生じた債権を受働債権とする相殺の禁止

改正前の民法 509 条では，「債務が不法行為によって生じたときは，その債務者は，相殺をもって債権者に対抗することができない。」としていたが，改正民法 509 条では，「次に掲げる債務の債務者は，相殺をもって債権者に対抗することができない。ただし，その債権者がその債務に係る債権を他人から譲り受けたときは，この限りでない。

47

第1章 管理組合の請求

一 悪意による不法行為に基づく損害賠償の債務

二 人の生命又は身体の侵害による損害賠償の債務（前号に掲げるものを除く。）」とした。

2号は，受働債権が債務不履行による債権である場合にも相殺禁止すべき場合があることを認めた上で，相殺禁止の対象を限定した。

イ 差押禁止債権を受働債権とする相殺の禁止

債権が差押えを禁じたものであるときは，その債務者は，相殺をもって債権者に対抗することができない（民法510条）。

ウ 差押えを受けた債権を受働債権とする相殺の禁止

改正前の民法511条は，「支払の差止めを受けた第三債務者は，その後に取得した債権による相殺をもって差押債権者に対抗することができない。」としていたが，改正民法511条1項は，「差押えを受けた債権の第三債務者は，差押え後に取得した債権による相殺をもって差押債権者に対抗することはできないが，差押え前に取得した債権による相殺をもって対抗することができる。」とした。この規定は，昭45・6・24最大判（民集24巻6号587頁）の判例法理を明文化したものである。

3 管理費等請求権を受働債権とする相殺の許容性

出典判例は，①管理費等拠出義務の集団的，団体的な性質と，②その現実の履行の必要性から，債務の性質上，相殺が許されないとした。すなわち，①マンションの維持管理は区分所有者の全員が管理費等を拠出することを前提として規約に基づき集団的，計画的，継続的に行われるものであり，②区分所有者の一人でも現実にこれを拠出しないときには建物の維持管理に支障を生じかねないことになり，区分所有者全員が不利益を被ることになるし，更には管理組合自体の運営も困難になりかねない，とする。

コメント

1 出典判例は，管理費等の現実の履行を確保することの必要性等を重視し，反対債権を有する区分所有者による相殺を否定したものである。管理費など共益的費用の確保を重視する最近の判例の動向と方向性を同じ

【類型 1】管理組合が区分所有者に対し管理費等を請求

くする。しかし，管理組合が何らの金銭債務も負担していない場合ならともかく，区分所有者が反対債権を有する場合にも，管理組合の管理費等の支払の確保を優先させる合理性がどこまであるのか議論が分かれるところであろう。

2　共益的費用の確保を重視する最近の判例として，出典判例の他，例えば次の判例がある。

①平 21・3・12 大阪地判【類型 1】− [6]

　管理組合による区分所有権を譲渡した中間取得者に対する滞納管理費請求を認めた。

②平 25・6・25 東京地判【類型 1】− [7]

　管理組合による前区分所有者に対する滞納管理費請求を認めた。

③平 8・9・4 千葉地判【類型 17】− [2]

　共有地から生じた管理組合の収益金に対する個別区分所有者の分配金請求を否定した。

④平 27・9・18 最二判【類型 22】− [9]

　共用部分から生じた区分所有者の収益金に対する他の区分所有者の分配金請求を否定した。

第 1 章　管理組合の請求

[16] 事例　　　　　　　　　　　　　　　　　　　【類型 1】-［16］

> 甲は，兜マンション管理組合
> 乙は，兜マンション 110 号室の現在の区分所有者
> Aは，前の区分所有者
> 甲が，Aの滞納管理費等の債務について，Aの特定承継人となった乙に対し，支払を請求したが，乙は，消滅時効を援用した。これに対し，甲は乙に対し，Aに対する時効中断（債務の承認）を主張した。（請求認容）

論点　特定承継人に消滅時効中断の効力が及ぶか

出典　平 21・7・24 大阪地判（平 20 年㈠ 10021 号/平 20 年㈠ 16059 号/判タ 1328 号 120 頁）

判旨　平成 18 年 2 月 17 日，Aの破産申立代理人である弁護士が，管理組合に対し，本件専有部分の管理費滞納分があることを認め債権調査票の作成を依頼している。この事実によれば，債権調査票の作成依頼に当たって管理費滞納分の内容を特定していないが，それ以前からの請求の経緯等も勘案すれば，その依頼をした平成 18 年 2 月 17 日には，Aは，包括的にその時点における一切の未払管理費等の債務を承認したものと認めるのが相当である。

　Aの特定承継人として，区分所有法 8 条により，Aの債務を履行する義務を負うことになった乙は，債務の履行を確保するために同じ債務について履行責任を負う者を広げようとする同条の立法趣旨に照らし，民法 148 条により時効中断の効力が及ぶ承継人に当たる。

解説　特定承継人に対する滞納管理費等の請求において，管理組合は，前区分所有者に対する消滅時効中断事由（債務の承認）を主張したところ，これが認められた事例

1　管理費等請求権の消滅時効期間

(1)　改正前の民法における定期金債権の消滅時効

　ア　基本権としての定期金債権の消滅時効

　　定期金の債権は，第 1 回の弁済期から 20 年間行使しないとき

は，消滅する。最後の弁済期から10年間行使しないときも，同じである（改正前民法168条1項）。

　イ　支分権としての定期給付債権の消滅時効

　　　年又は年より短い時期を定めた金銭その他の物の給付を目的とする債権は，5年間行使しないときは消滅する（改正前民法169条）。

(2)　改正前の民法における管理費等の債権の消滅時効

　　平16・4・23最二判（民集58巻4号959頁）は，管理費等の債権は，民法169条の支分権としての定期給付債権として，消滅時効期間を5年とした。すなわち，本件の管理費等の債権は，規約の規定に基づいて，区分所有者に対して発生するものであり，その具体的な額は総会の決議によって確定し，月ごとに所定の方法で支払われるものである。このような本件の管理費等の債権は，基本権たる定期金債権から派生する支分権として，民法169条所定の債権に当たるというものである。

(3)　改正民法による債権の消滅時効期間

　ア　債権の原則［5年間－10年間］

　　　債権は，①債権者が権利を行使することができることを知った時から5年間行使しないとき，又は②権利を行使することができる時から10年間行使しないときは，時効によって消滅する（改正民法166条1項）。

　イ　定期金債権［10年間－20年間］

　　　定期金債権（基本権たる定期金債権）は，①債権者が定期金の債権から生ずる金銭その他の物の給付を目的とする各債権（基本権たる定期金債権から派生する支分権としての債権）を行使することができることを知った時から10年間行使しないとき，又は②①の各債権を行使することができる時から20年間行使しないときは，時効によって消滅する（改正民法168条1項）。

(4)　改正民法による消滅時効の障害事由（時効の更新と完成猶予）

　ア　改正民法においては，改正前の民法における時効の「中断」が「更新」，「停止」が「完成猶予」に置き換えられた。「更新」は，事

第1章　管理組合の請求

　　由が終了したときから新たに進行を始め，「完成猶予」は，事由が
　　終了するまでの間は，時効は完成しない。
　イ　裁判上の請求，支払督促，和解，調停，破産手続などの参加
　　　事由が終了するまでは，完成猶予（改正民法147条1項）
　　　確定判決によって権利が確定したときは，更新（同項）
　ウ　強制執行，担保権の実行など
　　　事由が終了するまでは，完成猶予（改正民法148条1項）
　　　事由終了したときは更新（同条2項）
　エ　仮差押え，仮処分
　　　事由が終了した時から6か月を経過するまでは，完成猶予（改正
　　民法149条）
　オ　催告
　　　催告の時から6か月を経過するまでの間は，完成猶予（改正民法
　　150条1項）
　カ　協議を行う旨の合意
　　　権利についての協議を行う旨の合意が書面でされたときは，次の
　　時まで，完成猶予（改正民法151条1項）
　　　①合意があった時から1年を経過した時，②合意によって協議期
　　間を定めたときはその期間経過時，③協議続行拒絶通知書面があっ
　　たときは通知時から6か月経過時のいずれか早い時
　キ　承認
　　　権利の承認があったときは，その時に更新（改正民法152条）
(5)　改正民法における管理費等の債権の消滅時効
　　改正前の民法169条（支分権たる定期給付債権の短期消滅時効）の規定は
　削除された。したがって，支分権としての定期給付債権としての管理
　費等債権には，改正民法166条1項（債権の原則規定）［5年間－10年
　間］が適用される。なお，改正民法168条1項は，改正前の民法168
　条1項に対応する規定であり，基本権としての定期金債権の消滅時効
　の規定である［10年間－20年間］。

2 消滅時効中断の効力が特定承継人に及ぶか

　　乙の法8条による債務とAの債務は，不真正連帯債務の関係（平17・3・30東京高判【類型20】-[2]）にあり，Aの債務の消滅時効の中断の効力は，当然には乙の債務に影響を及ぼさないとも解される。しかし，債務の履行を確保するために同じ債務について履行責任を負う者を広げようとする法8条の立法趣旨に照らすと，改正前の民法148条により，時効中断の効力が及ぶ承継人に当たると考えられる。

コメント

　　本出典判例も，管理費など共益的費用の確保を重視する最近の判例の動向と方向性を同じくするものということができる。

第 1 章　管理組合の請求

[17] 事例　　　　　　　　　　　　　　　　　　　　【類型 1】-[17]

> 甲は，兜マンション管理組合
> 乙は，兜マンション 110 号室の前の区分所有者
> 丙は，兜マンション 110 号室の現在の区分所有者（乙の会社代表者）
> 　乙は，平成 20 年 11 月 7 日，競売により A が所有していた 110 号室を取得し，丙は，平成 21 年 1 月 9 日，乙から 110 号室を売買により取得した。
> 　A は，平成 20 年 11 月 10 日，同年 7 月分駐車場使用料の一部を弁済したが，平成 20 年 7 月分から 11 月分までの管理費等を遅滞した。甲は，乙に対し，平成 25 年 8 月 10 日，滞納管理費等全額の支払を催告し，その後，支払督促を申立したところ，異議申立があった。甲は，丙に対し，平成 26 年 7 月，訴え提起した。事件は併合され，乙と丙は，消滅時効を援用した。

論点　各月分の滞納管理費等の一部を支払ったことにより，滞納管理費全体が時効中断するか

出典　平 27・7・16 東京地判（平 27 年(レ)78 号/判時 2283 号 51 頁）

判旨　1　A には平成 20 年 7 月分から 11 月分までの管理費等につき滞納が生じており，A が滞納した管理費等は，合計 19 万 9670 円である。そして，区分所有法 8 条及び本件規約 34 条によれば，管理組合が管理費等について有する債権に関しては，これに対する遅延損害金を含め，区分所有者の特定承継人もその支払義務を負うこととされているところ，丙は乙の，乙は A のそれぞれ特定承継人であるから，乙及び丙は，A が滞納した滞納管理費等合計 19 万 9670 円及び遅延損害金につき，連帯して支払義務を負うことになる。

2　本件居室の管理費等の債権は，民法 169 条所定の定期給付債権に当たり，その消滅時効の期間は 5 年である（最高裁平成 14 年(受)第 248 号同 16 年 4 月 23 日第二小法廷判決・民集 58 巻 4 号 959 頁参照）。

　そこで，時効中断の有無について検討するに，甲は，乙に対し，本件居室の平成 20 年 7 月分から 11 月分までの滞納管理費等合計 19 万 9670 円全額を支払うことを催告する平成 25 年 8 月 8 日付け管理費等支払催

54

告書を送付し，同書面が同月 10 日に乙に到達したこと，同日から 6 か月以内である平成 26 年 2 月 6 日，甲は，乙及び A に対し，上記金員の支払を求める支払督促を東京簡易裁判所に申し立てたことが認められる。そして，A には平成 20 年 7 月分から 11 月分までの管理費等につき滞納が生じており，上記各月分の債権の消滅時効は各支払期限の翌日である各月 11 日からそれぞれ進行していたところ，同年 7 月分の滞納管理費等の債権の消滅時効については，同年 11 月 10 日の A による支払のうち 7150 円が同年 7 月分の滞納管理費等のうち駐車場使用料の一部に充当されたことにより中断し，上記支払日の翌日である同年 11 月 11 日から再度進行を開始した。

　そうすると，平成 20 年 7 月分から 11 月分までの上記滞納管理費等の債権は，上記催告がされた平成 25 年 8 月 10 日時点でいずれも 5 年間の消滅時効期間が満了しておらず，その全てにつき時効が中断したといえる。

3　甲の丙に対する適時の権利行使を著しく困難ならしめた要因は丙の行動にあったといわざるを得ない。そうすると，丙が消滅時効を援用することは，信義則に反し，権利の濫用として許されないというべきである。

まとめ 　甲が，法 8 条により，乙丙に対し，A の滞納管理費等残額を請求したところ，乙丙は消滅時効を援用したが，乙に対しては滞納管理費等の一部弁済により時効中断となり，丙に対しては時効の援用が信義則違反とされ，甲の乙，丙に対する請求が認められた事例

　なお，弁済は，改正前民法 156 条，改正民法 152 条 1 項の「承認」に該当する。7 月分管理費等のうちの駐車場使用料の弁済は，7 月分から 11 月分の滞納管理費等全体の消滅時効の中断事由となる。

第1章　管理組合の請求

【類型2】 管理組合が区分所有者に対し規約違反行為の
　　　　差止めなどを請求

[1] 事例　　　　　　　　　　　　　　　　　　　【類型2】−[1]

> 　甲は，兜マンション管理組合
> 　乙は，兜マンション（タウンハウス）110号室の区分所有者
> 　Aらは，兜マンション111号室などの区分所有者ら
> 　甲規約8条は，一般的禁止事項として，次のとおり定めている。
> 「1. 略（多量の引火性物品等の搬入等の禁止）
> 　2. 略（共用部分の占有の禁止）
> 　3. 他の居住者に迷惑を及ぼすおそれのある動物を飼育しないこと
> （以下「動物飼育禁止条項」という。）。」
> 　乙は，猫1匹を屋内飼育し，また，複数の猫に継続的に餌やりを行
> い，Aらに糞尿等による被害を生じさせた。甲は，乙の行為が，動物
> 飼育禁止条項に違反すると主張して，同規約に基づき，タウンハウス
> の敷地及び110号室内での猫への餌やりの差止めを求めた。（請求認容）

論点　猫の飼育が規約の動物飼育禁止条項に違反するか

出典　平22・5・13東京地立川支判（平20年(ワ)2785号/判時2082号74頁）

判旨　**1　猫1匹の屋内飼育**
　　　　　甲の動物飼育禁止条項は，一律に動物の飼育を禁止している
ものではなく，「他の居住者に迷惑を及ぼすおそれのある」動物を飼育
しないことと定めているものではあるが，このような限定は，小鳥や金
魚の飼育を許す趣旨は含んでいるとしても，小型犬や猫の飼育を許す趣
旨も含むものとは認められない。

　確かに，動物は家族の一員，人生のパートナーとしてますます重要と
なっている時代趨勢にあるが，他方，区分所有法の対象となるマンショ
ン等には，アレルギーを有する人も居住し，人と動物の共通感染症に対
する配慮も必要な時代であるから，時代の趨勢に合わせて犬や猫の飼育
を認めるようにすることは，マンション等の規約の改正を通じて行われ

56

【類型 2】管理組合が区分所有者に対し規約違反行為の差止めなどを請求

るべきである。

したがって，猫 1 匹の屋内飼育であっても，動物飼育禁止条項に違反すると認められる。

2　屋外での餌やり

屋外での 4 匹の猫への餌やりは，段ボール箱等の提供を伴って住みかを提供する飼育の域に達しており，それらの猫は A らに対し様々な被害を及ぼしているから，動物飼育禁止条項に違反するものといわなければならない。

| 解説 | 区分所有者の 1 人が，猫を屋内飼育し，また，複数の猫に継続的に餌やりを行い，他の区分所有者に糞尿等による被害を生じさせた。管理組合は，この行為が，規約の禁止条項に違反するとして，規約に基づき猫の飼育の差止めを請求したところ，これが認められた事例

類型 2 は，区分所有者の規約違反行為の差止めなどを求めるケースである。

1　規約遵守義務

(1)　区分所有者の規約遵守義務

区分所有者は，円滑な共同生活を維持するため，この規約及び総会の決議を誠実に遵守しなければならない（標規 3 条 1 項）。

(2)　規約遵守義務違反に対する措置

ア　理事長の勧告・指示・警告（標規 67 条 1 項）

イ　区分所有者の同居人等に対する措置（同条 2 項）。

ウ　管理組合の法的措置（同条 3 項本文）

2　規約に基づく管理組合の法的措置

(1)　法的措置の内容

区分所有者等（区分所有者若しくはその同居人又は専有部分の貸与を受けた者若しくはその同居人をいう（標規 67 条 1 項）。）が，次の①ないし③のいずれかの事由に該当するときは，管理組合は，（理事会の決議を経て）次の法的措置をとることができる（同条 3 項本文）。

[事由]

①区分所有者等が，規約若しくは使用細則等に違反したとき

第1章　管理組合の請求

　②区分所有者等が敷地及び共用部分等において不法行為を行ったとき

　③区分所有者等以外の第三者が敷地及び共用部分等において不法行為を行ったとき

［法的措置］

　行為の差止め，排除又は原状回復のための必要な措置の請求に関し，訴訟その他法的措置を追行すること（標規67条3項1号）。

(2)　区分所有法に基づく停止等の請求（法57条1項）との比較

　ア　法57条1項は，「区分所有者が第6条第1項に規定する行為をした場合又はその行為をするおそれがある場合には，他の区分所有者の全員又は管理組合法人は，区分所有者の共同の利益のため，その行為を停止し，その行為の結果を除去し，又はその行為を予防するため必要な措置を執ることを請求することができる。」と規定する。

　イ　法57条1項の場合には，①共同の利益に反する行為をした場合又は②共同の利益に反する行為をするおそれがあることが必要であるが，標規67条3項1号の場合には，単に規約若しくは使用細則等に違反があればよい。

　ウ　また，法57条1項によれば，予防するため必要な措置を執ることを請求することができるが，標規67条3項1号では，予防するための必要な措置を執ることはできない。

　エ　法57条1項の場合，訴え提起するためには，集会の決議が必要である（同条2項）。これに対し，標規67条3項1号では，理事会決議で足りる。

　オ　原告適格について，法57条1項では，①権利能力なき社団の場合の区分所有者全員，又は②管理組合法人に認められる。これに対し，標規67条3項1号では，管理組合である。

3　標規67条3項1号に基づく差止め等の訴えを提起するときの当事者適格

　差止めを求める訴えは給付訴訟であり，甲は，規約に基づく差止めを求める権利を有すると主張し，乙が差止めの義務を負うと主張しているのであるから，甲に原告適格が認められ，乙に被告適格が認められる

【類型 2】管理組合が区分所有者に対し規約違反行為の差止めなどを請求

（平 23・2・15 最三判【類型 2】–［4］，昭 61・7・10 最一判/判時 1213 号 83 頁）。

コメント

1　屋外での 4 匹の猫への餌やりは，飼育の域に達しており，それらの猫は，現実に A らに対し様々な被害を及ぼしていることが認められるから，動物飼育禁止条項に違反するものとして，餌を与えることを禁止した判旨は，正当といえよう。

2　これに対し，屋内飼育の猫 1 匹については疑問がないわけではない。すなわち，動物飼育禁止条項は，一律に動物の飼育を禁止しているものではなく，「他の居住者に迷惑を及ぼすおそれのある」動物を飼育しないことと定めているにすぎない。判旨は，このような限定は，小鳥や金魚の飼育を許す趣旨は含んでいるとしても，小型犬や猫の飼育を許す趣旨も含むものとは認められないとするが，動物飼育禁止条項の趣旨からすれば，当該猫の大きさや専有部分から出入りの有無などの点についても，認定があっても良かったのではないかと思われる。

第1章　管理組合の請求

[2] 事例　　　　　　　　　　　　　　　　　　　　【類型2】-[2]

> 甲は，兜マンション管理組合
> 乙は，兜マンション110号室の区分所有者
> 乙は，犬（イングリッシュ・ビーグルなど）を居室内で飼育していたところ，甲は，規約を改正し，兜マンションの居住者は犬，猫，小鳥等のペット・動物類を飼育することが禁止された。
> 甲は，改正後の規約により犬の飼育が禁止されるに至ったとして，乙に対し，右犬の飼育の禁止を求めた。乙は，規約改正について法31条1項の「特別の影響」があり，乙の承諾なくして行われた規約改正は無効であると主張した。

論点　犬飼育禁止規約が，「特別の影響」がある場合に該当するか

出典　平6・8・4東京高判（平3年㈱4490号/判時1509号71頁）

判旨　マンション内での動物の飼育を規約で一律に禁止することは，区分所有法の許容するところであり，具体的な被害の発生する場合に限定しないからといって当該規定が当然に無効となるものではない。

　乙は，本件マンションにおける動物の飼育の全面的禁止を定める本件規約改正は乙の権利に特別の影響を及ぼすから，区分所有法31条1項により乙の承諾が必要であり，右承諾なくして行われた本件規約改正は無効であると主張する。

　しかしながら，マンション等の集合住宅においては，入居者が同一の建物の中で共用部分を共同利用し，専用部分も相互に壁一枚，床一枚を隔てるのみで隣接する構造で利用するという極めて密着した生活を余儀無くされるものであり，戸建ての相隣関係に比してその生活形態が相互に及ぼす影響が極めて重大であって，他の入居者の生活の平穏を保障する見地から，規約等により自己の生活にある程度の制約を強いられてもやむを得ないところであるといわねばならない。もちろん，飼い主の身体的障害を補充する意味を持つ盲導犬の場合のように何らかの理由によりその動物の存在が飼い主の日常生活・生存にとって不可欠な意味を有する特段の事情が

60

【類型2】管理組合が区分所有者に対し規約違反行為の差止めなどを請求

ある場合には，たとえ，マンション等の集合住宅においても，右動物の飼育を禁止することは飼い主の生活・生存自体を制約することに帰するものであって，特段の影響を及ぼすものというべきであろう。

　これに対し，ペット等の動物の飼育は，飼い主の生活を豊かにする意味はあるとしても，飼い主の生活・生存に不可欠のものというわけではない。動物である以上は，その行動，生態，習性などが他の入居者に対し不快感を招くなどの影響を及ぼすおそれがあること等の事情を考慮すれば，マンションにおいて認容し得るペットの飼育の範囲をあらかじめ規約により定めることは至難の業というほかなく，本件規約のように動物飼育の全面禁止の原則を規定しておいて，例外的措置については管理組合総会の議決により個別的に対応することは合理的な対処の方法というべきである。

　乙の本件犬の飼育はあくまでペットとしてのものであり，特段の事情があることを認めるに足りる証拠はない。したがって，本件規約改正は乙の権利に特別の影響を与えるものとはいえない。

| 解説 | 　管理組合は，犬（イングリッシュ・ビーグルなど）を居室内飼育して |

いた乙に対し，規約改正により犬の飼育が禁止されたとして，犬の飼育の禁止を求めたところ，乙は，「特別の影響」があり，乙の承諾がない規約改正は無効であると主張したが，管理組合の請求が認められた事例

1　規約遵守義務

(1)　区分所有者の規約遵守義務

　区分所有者は，円滑な共同生活を維持するため，この規約及び総会の決議を誠実に遵守しなければならない（標規3条1項）。

(2)　規約遵守義務違反に対する管理組合の措置

　区分所有者等が①この規約若しくは使用細則等に違反したとき，又は，②区分所有者等若しくは③区分所有者等以外の第三者が，敷地及び共用部分等において不法行為を行ったときは，理事長は，理事会の決議を経て，行為の差止め，排除又は原状回復のための必要な措置の請求に関し，管理組合を代表して，訴訟その他法的措置を追行することができる（標規67条3項1号）。

61

第1章　管理組合の請求

2　理事会の職務

規約に基づく管理組合の法的措置については，理事会の決議が必要である。理事会の職務は，次のとおりである。

①規約若しくは使用細則等又は総会の決議により理事会の権限として定められた管理組合の業務執行の決定（標規51条2項1号）

②理事の職務の執行の監督（同項2号）

③理事長，副理事長及び会計担当理事の選任（同項3号）

3　特別の影響を及ぼすべきとき

法31条1項後段は，規約変更等の集会決議において，「規約の設定，変更又は廃止が一部の区分所有者の権利に特別の影響を及ぼすべきときは，その承諾を得なければならない。」と規定する。

「特別の影響を及ぼすべきとき」に該当するのはいかなる場合か。平10・10・30最二判【類型15】-〔1〕は，「規約の設定，変更等の必要性及び合理性とこれによって一部の区分所有者が受ける不利益とを比較衡量し，当該区分所有関係の実態に照らして，その不利益が区分所有者の受忍すべき限度を超えると認められる場合をいうものと解される。」としている。そして，この判断基準を踏まえて，判例の蓄積がなされている。

4　「特別の影響を及ぼすべきとき」に該当しないとされた事例

①平22・1・26最三判【類型1】-〔12〕

不在区分所有者に「住民活動協力金」の負担

②平10・11・20最二判【類型1】-〔13〕

駐車場専用使用権の有償化（有償化の必要性及び合理性があり，使用料が相当な額なら，該当しない。）

③平23・6・30東京地判【類型1】-〔14〕

特定の区分所有者に対する管理費等の増額

④平6・8・4東京高判【類型2】-〔2〕（出典判例）

動物飼育を禁止

⑤平10・10・30最二判【類型15】-〔1〕

駐車場専用使用料の増額

【類型2】管理組合が区分所有者に対し規約違反行為の差止めなどを請求

⑥平6・4・5福岡地小倉支判【類型16】-[2]

　　飲食業を禁止

⑦平15・6・17福岡高判【類型17】-[4]

　　オートロックドアの設置

⑧平23・8・23東京地判【類型17】-[13]

　　刺青がある者のトレーニングルーム利用制限

5　管理組合が，標規67条3項1号に基づいて，差止め等の訴えを提起する場合の当事者適格

　　規約に基づく差止め請求権を有すると主張する管理組合に原告適格が認められ，原告が，差止め義務者と主張する乙に被告適格が認められる（平23・2・15最三判【類型2】-[4]，昭61・7・10最一判/判時1213号83頁）。

コメント

　本事例は，管理規約によりマンションにおける動物の飼育行為を一般的に共同の利益に反する行為として禁止した事例であり，出典判例はこのような一般的禁止も有効であるとした。規約による一般的禁止は特別の事情のない限り無効であるとする説もあるが，出典判例の判旨は正当であろう。

第1章　管理組合の請求

[3] 事例　　　　　　　　　　　　　　　　　　【類型 2】-[3]

> 甲は，兜マンション管理組合
> 乙は，兜マンション 110 号室の区分所有者
> 　規約では，「他の区分所有者に，迷惑又は危害を及ぼすような動物（犬，猫，猿等）を飼育すること」を禁止しているところ，乙は，居室内で，体長 30 センチないし 40 センチ，体重 5 キロないし 7 キロの小さなシーズー犬 3 匹を飼育している。他の区分所有者からは次のとおり指摘されている。
> 　①共用廊下及び室内排気口から異臭が発生している。
> 　②異臭により，隣接住居宅の玄関扉及び居室窓が開放できない。
> 　③廊下及び排水溝にペットの毛が飛散している。
> 　甲は，乙に対し，管理規約に基づき，兜マンション内における犬の飼育の差止めを求めた。（請求認容）

論点　区分所有者が飼育している犬が，規約で禁止される動物に該当するか

出典　平 23・12・16 東京地判（平 22 年(ワ)38264 号/2011WLJPCA12168021）

判旨　乙は，本件マンションの使用細則は単純に犬や猫を飼育することを禁止するものではなく，他の区分所有者に迷惑又は危害を及ぼす犬や猫（例えば，猛犬など）をその対象としたものに限られるべきであり，乙が飼育している犬は体長 30 センチないし 40 センチ，体重 5 キロないし 7 キロの小さなシーズー犬 3 匹であって人に危害を加えるおそれもないことなどから，本件マンションの使用細則で飼育が禁止されている犬には該当しない旨主張する。

　しかし，本件マンションの使用細則第 1 条 1 号では「他の区分所有者に，迷惑または危害を及ぼすような動物（犬，猫，猿等）を飼育すること」を禁止しているところ，これを素直に読めば一般的・抽象的に他の区分所有者に迷惑又は危害を及ぼす動物として犬，猫，猿を列挙しているものであり，特に猛犬などに限定している趣旨とは解されないし，実際，ある特定の犬，猫等が他の区分所有者に迷惑又は危害を及ぼすかどうかを個別具体的に判断することは困難であり，それによってマンションの住民間で紛

64

【類型 2】管理組合が区分所有者に対し規約違反行為の差止めなどを請求

争を生ずるおそれもあることから，上記使用細則を乙主張のように解することは相当でない。

| 解説 | 乙が，居室内で，体長 30 センチないし 40 センチ，体重 5 キロないし 7 キロのシーズー犬 3 頭を飼育しているのに対し，管理組合は，規約に基づき，犬の飼育の差止めを求めたところ，これが認められた事例

1 区分所有者の規約遵守義務

区分所有者は，円滑な共同生活を維持するため，この規約及び総会の決議を誠実に遵守しなければならない（標規 3 条 1 項）。

2 規約遵守義務違反に対する管理組合の措置

区分所有者等が①この規約若しくは使用細則等に違反したとき，又は，②区分所有者等若しくは③区分所有者等以外の第三者が，敷地及び共用部分等において不法行為を行ったときは，理事長は，理事会の決議を経て，行為の差止め，排除又は原状回復のための必要な措置の請求に関し，管理組合を代表して，訴訟その他法的措置を追行することができる（標規 67 条 3 項 1 号）。

3 理事会の職務

規約に基づく管理組合の法的措置については，理事会の決議が必要である。理事会の職務は，次のとおりである。

①規約若しくは使用細則等又は総会の決議により理事会の権限として定められた管理組合の業務執行の決定（標規 51 条 2 項 1 号）

②理事の職務の執行の監督（同項 2 号）

③理事長，副理事長及び会計担当理事の選任（同項 3 号）

4 管理組合が，標規 67 条 3 項 1 号に基づいて，差止め等の訴えを提起する場合の当事者適格

規約に基づく差止め請求権を有すると主張する管理組合に原告適格が認められ，原告が，差止め義務者と主張する乙に被告適格が認められる（平 23・2・15 最三判【類型 2】−〔4〕，昭 61・7・10 最一判/判時 1213 号 83 頁）。

65

第1章　管理組合の請求

[4] 事例　　　　　　　　　　　　　　　　　　　【類型2】−[4]

> 　甲は，兜マンション管理組合（権利能力なき社団）
> 　乙は，兜マンション110号室の区分所有者
> 　甲は，乙が兜マンションの1階出入口を含む共用部分につき，甲の承諾を得ることなく改造工事等を行ったなどと主張して，乙に対する規約66条2項に基づく原状回復請求として，改造工事等によって設置された工作物の撤去を請求した。

論点　給付の訴えにおける原告適格

出典　平23・2・15最三判（平21年㊺627号/裁民236号45頁）

判旨　給付の訴えにおいては，自らがその給付を請求する権利を有すると主張する者に原告適格があるというべきである。本件各請求は，甲が，乙に対し，甲自らが本件各請求に係る工作物の撤去又は金員の支払を求める権利を有すると主張して，その給付を求めるものであり，甲が，本件各請求に係る訴えについて，原告適格を有することは明らかである。

　以上と異なる原審の判断には，判決に影響を及ぼすことが明らかな法令の違反がある。論旨はこの趣旨をいうものとして理由があり，原判決は破棄を免れない。そして，本件各請求の全てにつき，甲の代表者が本件訴訟を追行する権限を有するか否かを含め，更に審理を尽くさせるため，本件を原審に差し戻すこととする。

解説　管理組合が規約に基づいて工作物の撤去又は損害賠償を請求したところ，原審では原告適格がないとして却下されたのに対し，出典判例は，原告適格があるとして原判決を破棄し，原審に差し戻した事例

1　当事者適格の意義

　当事者適格とは，訴訟物たる特定の権利又は法律関係について，当事者として訴訟を追行し，本案判決を求め得る資格である。訴訟物は，実体法上の権利主張であるから，実体法上の権利主張する者に裁判上の当事者となる資格，当事者適格が認められるのが原則である。

66

【類型2】管理組合が区分所有者に対し規約違反行為の差止めなどを請求

2　給付訴訟の当事者適格

　給付訴訟についていえば，訴訟物となるのは，給付を求め得る実体法上の権利主張であるから，自らがその給付を請求する権利を有すると主張する者に原告適格が認められる（出典判例）。また，原告が給付義務者であると主張する者に被告適格が認められる（昭61・7・10最一判/判時1213号83頁）。

　甲は，規約によれば，①甲の承諾を得ることなく共用部分に改造工事を行った乙は，甲に違約金を支払い，自らの費用で速やかに原状に復帰しなければならないこと，②原状回復のための必要な措置等の請求に関し，理事長は管理組合を代表して，訴訟その他法的措置を追行することができることなどが定められていることを根拠として，乙に対し，規約違反工事の原状回復を求めているのであるから，甲に原告適格が認められ，甲が工作物の撤去の義務者と主張する乙に被告適格が認められることになる。

　これに対し，当事者本人でなく，訴訟担当として当事者適格が認められる場合には，訴訟担当の資格があるかどうかが問題となり，これは職権調査事項である。

3　標準管理規約上の規約遵守義務違反に対する管理組合の措置

　標規では，法的措置について，次のとおり規定されている。区分所有者等が①規約若しくは使用細則等に違反したとき，又は，②区分所有者等若しくは③区分所有者等以外の第三者が，敷地及び共用部分等において不法行為を行ったときは，理事長は，理事会の決議を経て，行為の差止め，排除又は原状回復のための必要な措置の請求に関し，管理組合を代表して，訴訟その他法的措置を追行することができる（標規67条3項1号）。

67

第1章　管理組合の請求

【類型3】管理組合が区分所有者に対し損害賠償などを請求

[1]　事例
　　　　　　　　　　　　　　　　　　　　　　　【類型3】−[1]

> 　甲は，兜マンション管理組合（権利能力なき社団）
> 　乙は，兜マンション 110 号室の区分所有者
> 　A は，110 号室の賃借人
> 　A は，規約違反行為により 111 号室の玄関扉を破損するなどした。
> 　甲は，乙に対し，乙が A に規約を遵守させる義務に違反した不法行
> 為により，甲に，玄関扉の交換工事費用などの損害を発生させたとし
> て，損害賠償を請求した。（請求認容）

論点　区分所有者が，専有部分の賃借人に規約の禁止事項を遵守させな
かったことにより生じた損害について，賠償責任を負うか

出典　平 11・1・13 東京地判（平 10 年㋗ 25323 号／判時 1676 号 75 頁）

判旨　訴外 A がむやみに警報機を鳴らしたり，111 号室の玄関扉をバッ
トで叩いたりする行為が使用細則 1 条後段⑵に違反するものであ
ることは明らかである。

　そして，事実経過に照らすと，乙は，自己の専有部分の賃借人 A に使
用細則の定める禁止事項を遵守させなかったものと認めることができる。
したがって，乙は，規約 19 条 7 項に基づいて，訴外 A の右行為によって
生じた損害について賠償の責任を負う。

解説　賃借人が隣室の玄関扉を破損させるなどして玄関扉の交換工事費
用などの損害を発生させたとして，管理組合が区分所有者に対し，
規約違反の不法行為損害賠償請求をしたところ，これが認められた事例
　類型3は，損害賠償などを求めるケースである。

1　規約の効力の人的範囲

　規約は，区分所有者全員に効力が及ぶが，区分所有者のみならず，そ
の特定承継人に対しても，その効力を生ずる（法 46 条 1 項）。また，占有
者は，建物又はその敷地若しくは附属施設の使用方法につき，区分所有
者が規約又は集会の決議に基づいて負う義務と同一の義務を負う（同条

68

【類型3】管理組合が区分所有者に対し損害賠償などを請求

2項)。

2　規約遵守義務

(1)　区分所有者の規約遵守義務

区分所有者は，円滑な共同生活を維持するため，この規約及び総会の決議を誠実に遵守しなければならない（標規3条1項）。

(2)　占有者等の規約遵守義務

ア　占有者は，建物又はその敷地若しくは附属施設の使用方法につき，区分所有者が規約又は集会の決議に基づいて負う義務と同一の義務を負う（法46条2項）。

イ　区分所有者等（区分所有者の同居人又は専有部分の貸与を受けた者若しくはその同居人）が，法令，規約又は使用細則等に違反したとき，又は対象物件内における共同生活の秩序を乱す行為を行ったときは，理事長は，勧告などを行うことができる（標規67条1項）が，この規定は，区分所有者等に，規約遵守義務などがあることを前提とする。

(3)　区分所有者の同居者等に規約を遵守させる義務

ア　区分所有者は，同居する者に対してこの規約及び総会の決議を遵守させなければならない（標規3条2項）。

イ　区分所有者は，その専有部分を第三者に貸与する場合には，この規約及び使用細則に定める事項をその第三者に遵守させなければならない（標規19条1項）。

ウ　区分所有者は，その同居人又はその所有する専有部分の貸与を受けた者若しくはその同居人が前項の行為を行った場合には，その是正等のため必要な措置を講じなければならない（標規67条2項）。

3　管理組合の不法行為による損害賠償請求権

111号室の玄関扉は共用部分であり，区分所有者全員の共有に帰属する。したがって，区分所有者の一人による共有物に対する侵害という構成を採るのであれば，損害賠償請求権は残りの区分所有者全員に帰属し，本来的当事者適格は残りの区分所有者全員に認められることになる。この場合，管理者は，その職務に関し，原告又は被告となることができる（法26条4項）（任意的訴訟担当）。

第1章　管理組合の請求

　共用部分である玄関扉について，規約で管理組合に玄関扉の交換工事義務が課せられている場合には，管理組合に対する不法行為として，管理組合に損害が発生することになる。この場合には，損害賠償請求訴訟では，管理組合が本来的当事者となる。

4　規約に基づく管理組合の法的措置

　区分所有者等（標規67条1項）が，次の①ないし③のいずれかの事由に該当するときは，理事長は，（理事会の決議を経て）次の法的措置をとることができる（標規67条3項本文）。

　①区分所有者等が，規約若しくは使用細則等に違反したとき

　②区分所有者等が敷地及び共用部分等において不法行為を行ったとき

　③区分所有者等以外の第三者が敷地及び共用部分等において不法行為を行ったとき

[法的措置]

　敷地及び共用部分等について生じた損害賠償金又は不当利得による返還金の請求又は受領に関し，区分所有者のために，訴訟において原告又は被告となること，その他法的措置をとること（標規67条3項2号）

　これは，規約遵守義務違反，不法行為などにより，区分所有者に損害などが発生したとき，本来的当事者適格は，自らに請求権が帰属することを主張する区分所有者に認められるところ，規約により「区分所有者のために」，理事長が訴訟において原告又は被告となることを認めたもので，任意的訴訟担当である。これは，区分所有者全員が訴訟当事者とならなければ紛争の抜本的解決が図れないとの観点から，理事長に任意的訴訟担当を認めるものである。

　上記の理事長に任意的訴訟担当を認めることについて，これを法によらず，規約で定めることになることに問題はないのか。法30条1項は，「建物又はその敷地若しくは附属施設の管理又は使用に関する区分所有者相互間の事項は，この法律に定めるもののほか，規約で定めることができる。」としているので，上記事由の①，②については，区分所有者相互間の事項として，法30条1項を介することにより容認される。③については，対象となるのが，「区分所有者等以外の第三者」の不法

【類型3】管理組合が区分所有者に対し損害賠償などを請求

行為であっても，①その不法行為が，敷地及び共用部分等において行われたものに限定されていること，②敷地及び共用部分等の管理を管理組合が行うことは，法で認められている事項であること（法18条1項，21条），③理事長の任意的訴訟担当は，理事会の決議を経て組合の業務執行として行われるものであること，これらの点からすると，この範囲で任意的訴訟担当を認めることは例外的に許されると考える。標規67条3項1号は，同じく，規約違反行為等に対する差止め等の請求について，管理組合に任意的訴訟担当を認めるが，これについても同様に考えられる。

　なお，本事例は，管理組合が規約上玄関扉の交換義務を負っていて，管理組合に損害が発生した場合である。区分所有者に，管理組合に対する不法行為責任が生じた事例であり，同項2号の適用場面ではない（管理組合に本来的当事者適格が認められる。）。

5　当事者適格

　甲は，不法行為による損害賠償請求権が自らに帰属すると主張し，乙が支払義務を負うと主張しているのであるから，甲に原告適格が認められ，乙に被告適格が認められる（平23・2・15最三判【類型2】−[4]，昭61・7・10最一判/判時1213号83頁）。

6　賃借人又はその同居人の不法行為について，賃貸人である区分所有者に損害賠償責任が認められた事例

① 　賃借人に規約を遵守させる義務を定める規約に基づき，区分所有者の不法行為損害賠償責任を認めた事例（平11・1・13東京地判【類型3】−[1]）（出典判例）

② 　民法415条の「債務者の責めに帰すべき事由」には，債務者の故意過失だけでなく，信義則上これと同視すべきものとして，履行補助者の故意過失をも含むとして，区分所有者に損害賠償責任を認めた事例（平24・11・12宮崎地判【類型3】−[2]）

③ 　賃借人の共同利益背反行為を放置したことが不作為の不法行為に当たるとして，区分所有者に損害賠償責任を認めた事例（平17・12・14東京地判【類型22】−[3]）

71

第 1 章　管理組合の請求

［2］事例　　　　　　　　　　　　　　　　　　　　　　　【類型 3】- ［2］

> 甲は，兜マンション管理組合（権利能力なき社団）
> 乙は，兜マンション 110 号室の区分所有者
> A は，110 号室の賃借人
> B は，A の同居人
> B は，盗電目的で，兜マンションの 110 号室前の共用廊下の天井灯
> から同室に電気を引き込み，兜マンション全階の共用廊下及び東側外
> 部階段灯を停電させた。これにより，甲は，作業代金相当額の損害を
> 被ったとして損害賠償を請求した。（請求認容）

論点　区分所有者が賃借人の同居人による盗電行為について損害賠償責
任を負うか

出典　平 24・11・12 宮崎地判（平 24 年(レ)89 号/判タ 1386 号 344 頁）

判旨　民法 415 条の「債務者の責めに帰すべき事由」とは，債務者の故
意過失だけでなく，信義則上これと同視すべきものとして，履行
補助者の故意過失をも含むものと解すべきである。

　区分所有者が，管理共有物の使用につき組合員の共同の利益に反する行
為をしてはならないという規約の遵守義務を負っている場合，区分所有者
からその所有部分を賃借した者やその同居人も，同部分を使用収益する以
上は，区分所有者の上記義務の履行を補助する関係にあるとみることがで
きる。区分所有者は，その所有部分を賃貸して収益を得ている以上，賃借
人ないしその同居人が他の区分所有者に対して損害を被らせた場合に，自
らに故意過失がない限りこれを賠償する責任を負わないと解するのは妥当
でない。そうすると，区分所有者からその所有部分を賃借した者ないしそ
の同居人は，上記義務の履行について区分所有者の履行補助者に当たると
いうべきであり，区分所有者は自らに故意過失がない場合であっても，賃
借人やその同居人の故意過失に基づく上記義務違反行為によって生じた損
害を賠償すべき責任を負うと解するのが相当である。

　本件マンションの区分所有者である乙は，旧規約 16 条 1 項に基づき，
管理共有物の使用に関して組合員の共同の利益に反する行為をしてはなら

72

【類型3】管理組合が区分所有者に対し損害賠償などを請求

ない義務を負っていたところ，乙の区分所有部分を賃借したＡの同居人であるＢが故意に本件盗電行為に及んだこと，本件盗電行為は上記義務違反に該当するものであることが認められる。

　そうすると，本件盗電行為は，乙の履行補助者であるＢによる上記義務違反行為ということができるから，乙は，民法415条に基づき，それによって管理組合たる甲に生じた損害を賠償すべき責任を負うというべきである。

| 解説 | 賃借人の同居人が，盗電目的で，自室前の共用廊下の天井灯から電気を引き込み，全階の共用廊下などを停電させたので，管理組 |

合が，区分所有者に対し，作業代金相当額の損害賠償を請求し，これが認められた事例

1　規約の遵守義務

　民法415条の「債務者の責めに帰すべき事由」とは，債務者の故意過失だけでなく，信義則上これと同視すべき履行補助者の故意過失をも含むと解される。管理組合において規約の遵守義務は，契約類似の債権債務関係とみることができ，賃借人及びその同居人は，専有部分を使用収益する以上，規約遵守義務の履行を補助する関係にあるということができる。

2　管理組合の損害賠償請求権及び当事者適格

　盗電という規約遵守義務違反行為によって，甲に作業代金相当額の損害が発生したというのであるから，損害賠償請求訴訟では，甲が本来的当事者となる。甲は，債務不履行による損害賠償請求権が自らに帰属すると主張し，乙が支払義務を負うと主張しているのであるから，甲に原告適格が認められ，乙に被告適格が認められる（平23・2・15最三判【類型2】－[4]，昭61・7・10最一判/判時1213号83頁）。

73

第1章　管理組合の請求

【類型4】 管理組合が管理者などに対し損害賠償などを請求

［1］事例
【類型4】-［1］

> 　甲は，兜マンション管理組合法人（甲は，平成20年1月に成立，権利能力なき社団である管理組合「兜自治会」の権利義務を承継した。兜自治会は，区分所有権を有する正自治会員と占有使用権を有する準自治会員の全員で構成された。）
> 　乙は，事件当時の理事長
> 　丙は，事件当時の監事
> 　Aは，事件当時の会計担当理事
> 　Aは，平成10年2月9日から平成19年9月6日までの間，本件預金口座から預金の払戻しを行うことにより，合計1億1528万0600円を着服横領した。甲は，乙及び丙に対し，損害賠償請求をした。（一部認容）

論点
①元会計担当理事の着服横領について元理事長・監事が善管注意義務違反による損害賠償責任を負うか
②元理事長・監事の責任減免事由があるか

出典 　平27・3・30東京地判（平26年(ワ)10492号/判時2274号57頁）

判旨
1　乙・丙の善管注意義務違反
　偽造された残高証明書を安易に信用し，Aが保管し，その確認が容易である本件預金口座の預金通帳によって残高を確認しようとしなかった丙には，甲に対する善管注意義務違反があったと認めざるを得ない。

　乙は，理事長として，前年度の収支決算報告書を作成して総会で報告する義務を負っていたものである。したがって，たとえ会計については会計担当理事であるAに委託し，Aによる収支決算報告に対しては会計監査役員である丙による会計監査が行われていたとしても，乙が最終的な責任者であることに照らすと，Aが作成した収支決算報告書を確認・点検して適正に行われていることを確認すべき義務があったといわざるを得ない。Aによる会計業務の内容について十分な確認をしないままとしていた乙には，理事長として，甲に対する善管注意義務違反が

【類型 4】管理組合が管理者などに対し損害賠償などを請求

あったと認めざるを得ない。

2 乙・丙の責任を減免すべき事由の存否

①乙及び丙は，別に仕事に就いており，夜間や休日に時間の都合を付けて，多様な業務に関わらざるを得ない役員の職務を分担してきたものであること，②自治会員の会計を含めた管理組合の管理運営への関心は高くなく，大多数の自治会員は管理運営について役員に任せるままであったと考えられること，③平成 13 年度定期総会において，総会への出席がしやすくなるのかを各自治会員が考え，提案をしてもらいたいとの意見が出されたがその後も総会における本人出席が少ない状況が続いたこと，④Ａは，偽造した本件預金口座の残高証明書を丙に提示し，乙に対しても会計について説明しており，乙・丙は一定のチェックはしていたことの事情が存在する。

理事長を含めた役員の選任・監督については各自治会員も責任を負っているにもかかわらず，甲の管理運営への関心が高くなく，役員に任せるままであったことも，Ａの横領行為が継続して行われた原因の一つであるといわざるを得ない。

以上の諸事情によると，Ａの横領行為による損害を乙及び丙にのみに負担させることはできないというべきであって，損害の衡平な分担の見地から，過失相殺の法理を類推し，乙及び丙の責任を 9 割減ずるのが相当である。

> **まとめ** 管理組合法人に承継された管理組合（権利能力なき社団）の元会計担当理事の横領について，元理事長及び元監事の損害賠償責任が認められた事例

類型 4 は，管理者，理事長などに対する請求のケースである。

なお，管理組合法人の成立については【類型 6】－[1] 参照。

75

第 1 章　管理組合の請求

【類型 5】 管理組合が関係業者に対し損害賠償などを請求

[1] 事例　　　　　　　　　　　　　　　　　　　　【類型 5】-[1]

> 甲は，団地管理組合
> 乙は，分譲業者
> 　一筆の共有土地上に数棟の区分所有建物が建築されて分譲される計画の下に，その一部の区分所有健物は既に完成して分譲されているが，その残部の区分所有建物は，建築工事完了後，内装関係が未施行の状態にあるため，未だ分譲が開始されていない。
> 　分譲済み建物の団地管理組合が，分譲業者に対し，未分譲建物の敷地部分について管理費の支払を請求した。

論点　未分譲建物の敷地部分についても団地関係が成立するか

出典　平 15・2・13 福岡高判（平 12 年㈱472 号/判時 1828 号 36 頁）

判旨　区分所有法 65 条が，団地建物所有者全員による団体を構成させることとした目的は，同団体の意思に基づいて，共有に係る土地，附属施設の管理等を行わせることにあることは明らかである。すなわち，一定の要件の下に団地関係の成立が法的に強制されるのは，団地建物所有者全員にとって共通の利害関係を有すると考えられる事項の管理について，全員を構成員とする団体の意思によってこれを決定，実行させようとすることにあるといえる。

　本件マンションは，約 2 万 8700 平方メートルの敷地に建物 9 棟（総住戸数 390 戸）が，順次建てられたものであり，8 号棟及び 9 号棟については内装関係の工事が未施工のままとなっていることが認められる。

　このような広範囲な敷地に多数の棟のマンションの建築がなされる場合には，それが一筆の土地上に建築されるものであったとしても，土地全体の利用状況からみると，建築工事が完了して入居者のある棟の敷地に供されている土地部分の利用形態と，現に建築工事が続行中の土地部分の利用状況との間には大きな隔たりが存在し，前者の敷地部分が主としてマン

76

【類型5】管理組合が関係業者に対し損害賠償などを請求

ション居住者によって利用されるのに対し，後者の土地部分は専らマンション建築の施主により工事専用に利用されるものといえ，各土地を管理するためになすべき事柄や管理に必要な費用も大きく異なることは経験則上明らかというべきである。

完成したマンションの住戸部分の所有者と本件マンションの施主である乙とは，本件土地の管理上工事区域部分については利害関係を共通にするとはいえないことに照らして考えると，各棟の建物の建築が完了してそれぞれその分譲が開始されるまでは，分譲開始前の建物敷地部分に関して，区分所有法65条の適用の前提となる既存の本件マンション住戸部分の所有者と乙との間の共有に属するとの要件を実質的に充足せず，団地関係は成立しないと解するのが相当である。

解説 分譲済み建物の団地管理組合が，分譲業者に対し，未分譲建物の敷地部分について管理費の支払を請求したところ，団地関係の成立が否定され，請求が認められなかった事例

類型5は，関係業者に対する請求のケースである。

1 団地関係

法65条は，「一団地内に数棟の建物があつて，その団地内の土地又は附属施設（これらに関する権利を含む。）がそれらの建物の所有者（専有部分のある建物にあつては，区分所有者）の共有に属する場合には，それらの所有者（以下「団地建物所有者」という。）は，全員で，その団地内の土地，附属施設及び専有部分のある建物の管理を行うための団体を構成し，この法律の定めるところにより，集会を開き，規約を定め，及び管理者を置くことができる。」と規定する。法は，「団地」を正面から定義していないが，一定の区域の土地に，数棟の建物とその建物所有者全員が共有する土地又は附属施設があるとき，区分所有者が区分所有建物の共用部分等を管理するときと類似の管理形態を認めている。このように，数棟の建物とその建物所有者全員が共有する土地又は附属施設があるとき，その数棟の建物所有者間で成立する関係を「団地関係」ということができ（法律実務253頁参照），団地関係が生じ得る一定の区域の土地を「団地」ということができる。

77

第1章　管理組合の請求

2　団地関係の成立要件 (法65条)

(1)　一団地内に数棟の建物があること

　　団地内の建物は，区分所有の建物に限定されない。一戸建ての建物であっても構わない。したがって，①区分所有の建物だけで成り立つ団地，②区分所有の建物と一戸建ての建物の両方が混在している団地，③一戸建ての建物だけから成り立つ団地があり得る。

(2)　その団地内の土地又は附属施設 (これらに関する権利を含む。) がそれらの建物の所有者 (専有部分のある建物にあっては，区分所有者) の共有に属すること

　　各棟の建物所有者と，団地内の土地又は附属施設の共有者とが完全に一致する必要はない。各棟の建物所有者の中に，団地内の土地又は附属施設の共有者となっていない者がいる場合や，数棟の建物所有者と建物所有者以外の第三者が，団地内の土地又は附属施設を共有している場合などが考えられる。

3　「団地建物所有者の団体」(団地管理組合) の成立

　　団地建物所有者は，全員で，団地内の土地，附属施設及び専有部分のある建物の管理を行うための団体を構成し，集会を開き，規約を定め，管理者を置くことができる (法65条)。団地管理組合は，団地建物所有者間に団地関係があれば，設立手続を経なくても当然に成立する。これは，区分所有建物について区分所有者の団体 (管理組合) が当然に成立すること (法3条前段) と同様の関係である。構成員は団地管理組合に所属することを拒否することはできないし，脱退・除名も認められない。

　　団地関係が成立する場合，法66条は，共用部分の負担に関する法19条を準用しているので，団地管理組合が，管理費等を請求することができることになる。

4　団地管理組合の管理の対象物

　　団地管理組合の管理の対象物は，「その団地内の土地，附属施設及び専有部分のある建物」であるが，その全てが当然に団地管理組合の管理の対象となるわけではない。団地内の数棟の建物の所有者が共有・準共有する土地，附属施設は当然に団地管理組合の管理の対象となるが，団

【類型5】管理組合が関係業者に対し損害賠償などを請求

地内の区分所有建物，及び団地内の数棟の建物所有者の共有（又は準共有）ではない土地及び附属施設は，法68条の規定に従って定める団地規約に基づいて初めて団地管理組合の管理の対象物となる（法コンメ456頁）。一部の団地建物所有者の共有に属する土地及び附属施設は，当該共有者が管理する（例えば，A棟の敷地がA棟の区分所有者の共有に属するときには，A棟の区分所有者（管理組合）がA棟の敷地を管理する。(法律実務261頁))。

5 規約によって団地管理組合の管理の対象物となるもの
 (1) 一団地内の土地又は附属施設が，当該団地内の一部の建物の所有者の共有に属する場合における当該土地又は附属施設（法68条1項1号）
 (2) 団地内の専有部分のある建物（同項2号）

　　これらの土地や附属施設などは，団地管理組合の共有者全員が共有するものではないから，当然に団地関係が成立し管理対象となるものではない。

　　団地管理組合が，規約により各棟を管理対象とするときは，各棟の管理組合はその管理ができなくなるが，管理組合自体はなお存続する。そして，団地管理組合の管理対象となっていない物を管理し，また，団地管理組合に準用されていない規定に基づく規約の設定・変更・廃止や集会決議を行うことになる。

6 当然に成立する団地関係の具体的態様

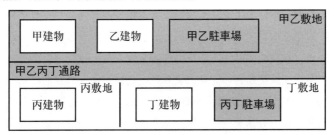

　土地又は附属施設の共有は，①甲乙敷地・駐車場，②甲乙丙丁通路，③丙丁駐車場であり，甲ないし丁は，各々団地内に建物を所有しているから，①甲乙敷地・駐車場に甲・乙の団地関係が，②甲乙丙丁通路に甲・乙・丙・丁の団地関係が，③丙丁駐車場に丙・丁の団地関係が認められる。

79

第 1 章　管理組合の請求

[2] 事例 　　　　　　　　　　　　　　　　　　　　　　【類型 5】-[2]

> 甲は，兜マンション管理組合
> 乙は，分譲業者
> 乙が，区分所有者の共有となるべきマンション敷地の一部に駐車場を設け，マンション購入者のうち駐車場の使用を希望する者に対して，右駐車場の専用使用権を分譲して対価を受領した。この対価について，甲が乙に対し，駐車場専用使用権分譲の分譲代金の返還請求をした。

論点　マンション駐車場の専用使用権分譲の対価が，分譲業者と管理組合のいずれに帰属するか

出典　平 10・10・22 最一判（平 8 年(オ)1559 号/民集 52 巻 7 号 1555 頁）

判旨　兜マンションの管理委託契約書には，購入者は，乙に本件マンションの管理等を委託するが，乙は，本件マンション竣工後 6 か月以内，又は入居者が 80 パーセント以上となったとき，区分所有法に基づいて区分所有者全員で構成する管理組合に管理業務を引き継ぎ，管理委託契約を解除する旨が規定されている。本件駐車場の専用使用権は，本件マンションの分譲に伴い，乙が特定の区分所有者に分譲したものである。

　乙が，購入者の無思慮に乗じて専用使用権分譲代金の名の下に暴利を得たなど，専用使用権の分譲契約が公序良俗に反すると認めるべき事情も存しない。なお，本件のように，マンションの分譲に際し乙が専用使用権を分譲して対価を取得する取引形態は，好ましいものとはいえないが，このことのゆえに右契約の私法上の効力を否定することはできない。

　そして，右売買契約書の記載によれば，乙は，営利の目的に基づき，自己の利益のために専用使用権を分譲し，その対価を受領したものであって，専用使用権の分譲を受けた区分所有者もこれと同様の認識を有していたと解されるから，右対価は，売買契約書に基づく専用使用権分譲契約における合意の内容に従って乙に帰属するものというべきである。

解説　分譲業者が，敷地の一部につき，原始規約等で，駐車場として専用使用権を設定する方法で留保し，その専用使用権を建物の区分

80

所有権とは別に分譲した。管理組合が駐車場専用使用権分譲の分譲代金返還請求をしたが，認められなかった事例

1 分譲方式の問題点

駐車場専用使用権を設定し，分譲していく取引は，不公正な取引で好ましくないが，解釈論的には限界があるとされる。なお，平成14年の区分所有法の改正に当たり，法制審議会で審議されたが，分譲業者に対する直接的な規制を設けることは見送られ，法30条3項が新設されるにとどまった。

2 規約の衡平性

「前2項に規定する規約は，専有部分若しくは共用部分又は建物の敷地若しくは附属施設（建物の敷地又は附属施設に関する権利を含む。）につき，これらの形状，面積，位置関係，使用目的及び利用状況並びに区分所有者が支払つた対価その他の事情を総合的に考慮して，区分所有者間の利害の衡平が図られるように定めなければならない。」（法30条3項）

3 当事者適格

分譲代金の返還請求権が自己に帰属すると主張する甲に原告適格が認められ，甲が，支払義務があると主張する乙に被告適格が認められる（平23・2・15最三判【類型2】-[4]，昭61・7・10最一判/判時1213号83頁）。

コメント

平成14年の区分所有法の改正により，規約の設定に当たっては，区分所有者間の利害の衡平が図られるように定めなければならないこと（法30条3項）となった。改正後は，分譲業者が原始規約等を設定する場面では，法30条3項に留意せざるを得ず，不当な取引については，規約設定の場面において法30条3項の解釈，適用の問題とすることができる。

第 1 章　管理組合の請求

[3] 事例 　　　　　　　　　　　　　　　　　　　　　　【類型 5】－[3]

> 甲は，兜マンション管理組合
> 乙は，兜マンションの建物を建築した業者
> 丙は，兜マンションを分譲した業者
> 甲は，乙，丙の行為によって，兜マンションの共用部分にひび割れ
> が生じ，その補修に要する費用相当額の損害を受けたとして不法行為
> による損害賠償を請求した。

論点　共用部分の瑕疵により建築業者等に対して生じた損害賠償請求権
は，各区分所有者に帰属する可分債権か

出典　平 8・12・26 東京高判（平 8 年(ネ) 3595 号/判時 1599 号 79 頁）

判旨　甲が乙，丙に対し，乙丙の行為によって本件建物の共用部分に瑕
疵が生じ，その補修に要する費用相当額の損害を受けたとして不
法行為による損害賠償を請求するものである。

　原判決は，建物の区分所有等に関する法律 26 条 4 項により本件につい
て当事者適格を有する旨の甲の主張を斥けて，本件訴えを却下しているの
で検討するに，同法 26 条 4 項の規定により訴訟担当が許されるのは，同
法の規定する管理者に限られるから，管理組合である甲がその名において
同法 26 条 4 項の管理者の権限を行使することが許されない。しかし，甲
は，本件損害賠償請求権は甲の組合員である区分所有者全員に総有的に帰
属するとも主張しているところ，本件訴訟において権利能力なき社団であ
る甲が自ら原告となるのが相当かどうかは，甲の主張する本件損害賠償請
求権が甲の組合員である区分所有者全員に総有的に帰属するかどうかとい
う本件訴訟における本案の問題にほかならず，本件訴訟において，甲は本
件損害賠償請求権は甲の組合員である区分所有者全員に総有的に帰属する
と主張しているのであるから，その主張に理由があるか否かにかかわら
ず，甲には本件訴訟の当事者適格はあるというべきであり，ただ甲の右主
張が理由のない場合には，甲の請求は棄却すべきものということになると
いうべきである。

　甲の主張は，乙丙の行為により，本件建物の共用部分にひび割れ等の瑕

【類型 5】管理組合が関係業者に対し損害賠償などを請求

疵が生じたことによる損害の賠償を求めるというにあるから，本件損害賠
償請求権は，本件建物の共用部分の共有者である各区分所有者に帰属する
のであり，しかも，右損害賠償請求権は可分債権であるから，各区分所有
者にその共有持分割合に従って分割して帰属するものと解するのが相当で
あって，本件損害賠償請求権が甲の組合員である区分所有者全員に総有的
に帰属する旨の甲の前記主張は採用し難い。したがって，甲の請求は理由
がなく，棄却すべきものである。

解説 　管理組合が，建築業者，分譲業者の行為によって本件建物の共用
部分にひび割れの瑕疵が生じ，その補修に要する費用相当額の損
害を受けたとして不法行為による損害賠償請求をしたところ，これが認め
られなかった事例

1　給付訴訟の原告適格

　実体法上の請求権，本事例では，共用部分に瑕疵が生じたことによる
損害賠償請求権が自らに帰属すると主張する甲に原告適格が認められる
（平 23・2・15 最三判【類型 2】－[4]）。

2　建物の共用部分に瑕疵が生じたことによる損害賠償請求権の帰属

　建物の共用部分は，区分所有者全員の共有に属する（法 11 条 1 項）か
ら，建物にひび割れが生じ，損害賠償請求権に形を変えた場合にも，損
害賠償請求権は区分所有者に帰属することになる。訴えを提起する場合
には，区分所有者が，当事者となって損害賠償請求権を行使することに
なる。区分所有者が自らに損害賠償請求権が帰属することを主張すれ
ば，当事者適格も認められる。

3　損害賠償請求権の総有的帰属

　区分所有者が損害賠償請求権を行使する場合に，損害賠償請求権も区
分所有者に総有的に帰属する（本事例における甲の立場）と考えると，損害
賠償請求権は全体的に行使すべきことになり，区分所有者全員で損害賠
償請求権を行使すべきことはもとより，法 26 条 4 項により，管理者が
訴訟当事者として原告となることができる（任意的訴訟担当）。また，標
規 67 条 3 項 2 号により，理事長が訴訟当事者として原告となることが
できる（任意的訴訟担当）。

第1章　管理組合の請求

　出典判例は，損害賠償請求権が区分所有者全員に総有的に帰属するかどうかは，本案の問題であるが，管理組合が，損害賠償請求権が区分所有者全員に総有的に帰属することを主張すれば，当事者適格は認められるとした。

4　可分債権としての帰属

　損害賠償請求権が可分債権であれば，損害賠償請求権は，各区分所有者に帰属することになる。出典判例は，損害賠償請求権は可分債権であるから各区分所有者にその共有持分割合に従って分割して帰属するものと解するのが相当であるとした。

　ただし，共有物が，損害賠償請求権として形を変え，可分債権となったとしても，このことから直ちに，各区分所有者が個別に具体的請求権を行使できるということにはならないと考えられる。この点については，共有物からの収益に対する個別区分所有者の分配金請求を認めなかった次の判例が参考になる。

　平27・9・18最二判【類型22】－[9]は，区分所有者の一人乙が，集会決議を経ず，規約の定めを逸脱し，共用部分を携帯電話会社に賃貸し賃料を得ていたところ，別の区分所有者甲が，不当利得返還請求権に基づき，乙が得た賃料のうち，共用部分に係る甲の持分割合相当額の支払を求めたが，これが認められなかった事例である。最二判は，賃貸して得た賃料のうち，各区分所有者の持分割合に相当する部分の不当利得返還請求権は各区分所有者に帰属するが，管理組合のみがこの返還請求権を行使できる旨の集会の決議又は規約の定めがあるときは，各区分所有者は上記請求権を行使することができず，管理者が共用部分の管理を行い，共用部分を使用させることができる旨の集会の決議又は規約の定めがある場合には，この集会の決議又は規約の定めは，管理組合のみが上記請求権を行使することができる旨を含むものと解されるとした。

　この他に，平8・9・4千葉地判【類型17】－[2]がある。この判例は，共有地内から生じた収益金について，団体的な意思形成とこれに基づく業務執行を経て得られるものであるから，団体的拘束を受けていったん管理組合に合有的に帰属し，区分所有者は，集会決議等により具体

【類型 5】管理組合が関係業者に対し損害賠償などを請求

的分配が定められた後に具体的請求権を行使できるとしたものである。

第1章　管理組合の請求

[4] 事例　　　　　　　　　　　　　　　　　　　　　【類型5】-[4]

> 甲は，兎マンション管理組合法人
> 乙は，兎マンション管理業者
> 　甲の理事長を務めていた A は，平成 12 年 12 月 21 日から平成 15 年
> 6 月 7 日までの間，管理費等が入金される甲名義の預金口座から，理
> 事長が，管理費等が入金されていた銀行口座について，通帳の紛失届
> を提出して銀行から通帳の再発行を受ける方法により，15 回にわたり
> 合計 3520 万 0634 円を引き出して自己の借入金の返済に充てた。甲
> は，A の横領行為により被った損害を，甲との間で管理委託契約を締
> 結していた乙に対し，乙の管理義務違反によって生じた損害であると
> して，債務不履行に基づき損害賠償請求した。（一部認容）

| 論点 | 管理組合法人の代表者が管理費等を横領し，管理組合法人が損害を被ったときの管理業者の善管注意義務違反 |

| 出典 | 平 17・9・15 東京地判（平 15 年(ワ)26646 号／2005WLJPCA09150004） |

| 判旨 | 乙は，本件管理契約に基づき，甲名義の預金通帳を管理する義務，あるいは甲名義の預金口座から不正な支出を阻止し管理費等 |

を適正に保管管理する義務を負うか。

　乙は，本件管理契約に基づき善管注意義務を負っているところ，平成
14 年 4 月初めに A が預金通帳の紛失届を提出して再発行を受けたことを
知った時点以降は，A が疑念を抱かせる行動をとったのであるから，善管
注意義務に基づき，乙自身が保管する預金通帳が再発行されないよう配慮
する義務が生じており，第 2 口座だけでなく，乙が預金通帳を保管する第
1 口座についても，定期的に残高を確認し，紛失届が提出されていないか
確認すべき義務を負っていたと認めるのが相当である。また，乙が A に
よる横領行為を知った後も，A の依頼を受けて 1 か月以上，理事に A の
横領行為を報告しなかったことも，明らかに善管注意義務違反を構成する。

　一方，規約の定めと異なり，管理費等の保管，支出を業務としている会
計担当理事がほとんど任務を遂行しておらず，理事長が管理費等を保管し
支出するという取扱いになっていたこと及び監事による監査が全くなされ

【類型 5】管理組合が関係業者に対し損害賠償などを請求

ていなかったことが，Aの長期間，多数回，多額にわたる横領行為を防止
できず，甲の損害の拡大を招いた大きな要因であることは明白である。

したがって，民法 418 条に基づき，損害の公平な分担という観点からか
かる甲側の過失を斟酌し，乙は，損害額のうち，その 4 割を負担し，甲が
その 6 割を負担するのが相当である。

| 解説 | 管理組合法人の代表者が管理費等を横領し，管理組合法人が損害を被ったときの管理業者の善管注意義務違反に対して，管理組合法人の過失（過失相殺）が問われた事例

1 民法 418 条の改正

過失相殺について，改正前の民法 418 条は，「債務の不履行に関して
債権者に過失があったときは，裁判所は，これを考慮して，損害賠償の
責任及びその額を定める。」とし，債務の不履行についての債権者の過
失のみを規定していたが，改正民法 418 条は，債務の不履行「又はこれ
による損害の発生若しくは拡大」に関して債権者に過失があったとき
は，裁判所は，これを考慮して，損害賠償の責任及びその額を定めると
した。

2 当事者適格

乙の債務不履行による損害賠償請求権が自らに帰属すると主張する甲
に原告適格が認められ，甲が賠償金の支払義務があると主張する乙に被
告適格が認められる（平 23・2・15 最三判【類型 2】-[4]，昭 61・7・10 最一
判/判時 1213 号 83 頁）。

第1章　管理組合の請求

【類型6】 管理組合法人が区分所有者に対し共同の利益に反する行為の停止等・使用禁止・競売を請求

[1] 事例 　　　　　　　　　　　　　　　　　　　　　　　　　【類型6】－[1]

> 甲は，兜マンション管理組合法人
> 乙は，兜マンション510号室の区分所有者
> 兜マンション管理規約には，1階の一部を除き，区分所有者はその専有部分を専ら住宅として使用するものとし，他の用途に供してはならないとのいわゆる住居専用規定がある。
> 乙が510号室を税理士事務所として使用していることから，甲は，510号室を「税理士事務所として使用する」ことの禁止を求めて訴え提起した。

論点 専有部分を税理士事務所として使用していることが法57条1項にいう「区分所有者の共同の利益に反する行為」に当たるか

出典 平23・11・24東京高判（平23㈹3590号/判タ1375号215頁）

判旨
1　住居専用規定の規範性について

　　昭和58年に住居専用規定が設けられた当時，本件マンションの2階以上の階において，皮膚科医院及び歯科医院として使用されていた区分所有建物が各1戸あったが，いずれも遅くとも平成6年ころまでに業務を廃止し，住居として使用されるに至っていることが認められる。住居専用規定が設けられて以降，甲は，新たに本件マンションの区分所有権を取得した者に対し，本件管理規約の写しを交付してその周知を図り，住居専用規定に反すると考えられる使用方法がある場合には，住居専用規定に反する使用方法とならないよう努め，乙が税理士事務所としての使用を継続して，住居専用規定の効力を争っているのを除き，順次住居専用規定に沿った使用方法になるよう使用方法が変化してきていることが認められる。

　上記の認定事実に照らせば，住居専用規定が乙主張のように規範性を欠如しているものとは認め難い。

【類型6】管理組合法人が区分所有者に対し共同の利益に反する行為の停止等・使用禁止・競売を請求

2　共同の利益に反しないかどうかについて

　　乙は，本件建物部分を税理士事務所として使用していることが区分所有法57条にいう「区分所有者の共同の利益に反する行為」に当たるとはいえないと主張する。

　　しかし，住居専用規定は，本件マンションの2階以上において，住居としての環境を確保するための規定であり，2階以上の専有部分を税理士事務所として営業のために使用することは共同の利益に反するものと認められる。乙の上記主張は理由がない。

| 解説 |　管理規約には住居専用規定がある。乙が税理士事務所として使用していることが共同利益背反行為に当たるとして，甲は，法57条1項に基づき税理士事務所として使用することの禁止を請求したところ，これが認められた事例

　類型6は，管理組合法人が法57条ないし59条に基づく法的措置請求をするケースである。

1　専有部分の目的外使用の事例

　(1)　法57条の「区分所有者の共同の利益に反する行為」に当たるとしたもの

　　　①平6・9・9横浜地判（判時1527号124頁）

　　　　病院の看護師等の幼児保育室として使用

　　　②平18・3・30東京地判【類型9】－[3]

　　　　託児所として使用

　(2)　法58条の使用禁止請求を認めなかったもの

　　　①平17・6・23東京地判（判タ1205号207頁）

　　　　賃借人がカイロプラクティック治療院として使用し，区分所有者の共同の利益に反しているが，管理組合は，他に多数の用途違反があるのを放置していて，管理組合の請求が権利の濫用に当たる。

2　共同利益背反行為に対する法的措置

　　法は，各区分所有者に対し，共同の利益に反する行為を禁止し（法6条1項），義務違反者に対しては，法57条から60条により，管理組合法人が，停止（法57条），使用禁止（法58条），競売（法59条），引渡し（60

第1章　管理組合の請求

条）の裁判上の請求をすることが認められている。

3　管理組合法人

(1)　管理組合の法人化の手続

ア　集会の特別決議

(ア)　集会の特別決議（区分所有者及び議決権の各4分の3以上の多数）で，①法人となる旨，②法人の名称，③事務所を定める。

(イ)　管理組合法人の名称には，「管理組合法人」という文字が入っていなければならない（法48条1項）。管理組合法人でないものは，管理組合法人という名称を用いてはならない（同条2項）。

(ウ)　管理組合法人の住所は，その主たる事務所の所在地にあるものとされる（法47条10項，一般法人法4条）。

(エ)　法人化に際し，規約の作成は必要とされていない。

イ　登記

(ア)　管理組合は，主たる事務所の所在地において登記をしたとき，法人となる（法47条1項）。

(イ)　管理組合法人の登記すべき事項は，登記した後でなければ，第三者に対抗できない（同条4項）。

(2)　管理組合法人の事務

ア　管理組合法人の事務は，この法律に定めるもののほか，すべて集会の決議によって行う（法52条）。

　管理組合法人の事務とは，管理組合法人が，建物並びにその敷地及び附属施設の管理を行うための団体（法3条）であるから，これを行う上で，区分所有者の団体（管理組合）として必要な一切の事務をいう。

　その範囲は，法人格を有するか否かによって基本的に変わるところはない（法コンメ298頁）。

イ　区分所有者の代理

　管理組合法人は，その事務に関し，区分所有者を代理する（法47条6項前段）。その事務とは，建物並びにその敷地及び附属施設の管理を行うこと（法3条）である。

90

【類型6】管理組合法人が区分所有者に対し共同の利益に反する行為の停止等・使用禁止・競売を請求

ウ　管理組合法人の拡張権限

　　共用部分等（共用部分，区分所有者の共有に属する建物敷地及び附属施設）につき損害保険契約がなされたとき，これによる損害保険契約に基づく保険金並びに共用部分等について生じた損害賠償金及び不当利得による返還金の請求及び受領についても，同様に区分所有者を代理する（法47条6項後段）。これらの事項は，本来各区分所有者に帰属し，建物並びにその敷地及び附属施設の管理を行う（法3条）という管理組合法人の「職務」ではないが，法律行為をする場合には，区分所有者全員の代理人としてこれを行う。平成14年法改正により，共用部分等の損害賠償や不当利得返還についても，管理者に請求及び受領の代理権が認められたものである。権利能力なき社団である管理組合においては，これらの事項は，管理者に権限がある（法26条2項）が，管理組合法人にあっては，管理組合法人自身にこの権限がある。

エ　訴訟の当事者となる場合については，上記2参照。

(3)　管理組合法人の執行機関（理事と監事）

ア　管理組合法人には，理事及び監事を置かなければならない（法49条1項，50条1項）。理事は，管理組合法人の執行機関であり，管理組合法人を代表する（法49条3項）。監事の職務については，法50条3項1号ないし4号及び法51条を参照。

　　区分所有法には理事会の定めはない。ただし，規約で，理事会の制度を設けることはできる。また，管理組合法人には管理者の制度は適用されないので，管理組合法人が成立すると，従前の管理者の職務権限は，当然に消滅する（法47条11項，26条）。

イ　理事の選任及び解任

　　理事は，規約に別段の定めがない限り，集会の普通決議で選任又は解任する（法25条1項，49条8項）。理事の人数に制限はない。理事の任期は，原則として2年である（法49条6項）。理事に不正な行為その他その職務を行うに適しない事情があるときは，各区分所有者は，その解任を裁判所に請求することができる（法25条2項，49

第1章　管理組合の請求

条8項)。

ウ　代表理事・共同代表理事

理事が数人あるときは，各自管理組合法人を代表する（法49条4項）。ただし，①規約，集会の決議又は規約による理事の互選によって，管理組合法人を代表すべき理事を定め，若しくは②数人の理事が共同して管理組合法人を代表すべきことを定めることができる（同条5項）。

エ　管理組合法人と理事との関係

管理組合法人と理事との関係は，委任の規定に従う。規約又は集会の決議によれば，理事の代表権に制限を加えることができる。しかし，その制限は，善意の第三者に対抗することができない（法49条の2）。

管理組合法人と理事との利益が相反する場合には，当該事項については，監事が管理組合法人を代表する（法51条）。ここにいう理事は，代表権を有する理事に限られる。

理事がその職務を行うについて，第三者に加えた損害については，管理組合法人もその損害を賠償する責任を負う（法47条10項，一般法人法78条）。

(4)　管理組合法人の解散

管理組合法人は，次の事由が発生したときは解散し（法55条1項），清算手続に入る（法55条の2以下）。

ア　解散事由

①建物（一部共用部分を共用すべき区分所有者で構成する管理組合法人にあっては，その共用部分）の全部の滅失（法55条1項1号）。

②建物に専有部分がなくなったこと（同項2号）。

③集会の決議（同項3号）。

この決議は，区分所有者及び議決権の各4分の3以上の多数でする（特別決議）（同条2項）。

イ　残余財産の帰属

解散した管理組合法人の財産は，法14条に定める割合と同一の

92

【類型6】管理組合法人が区分所有者に対し共同の利益に反する行為の停止等・使用禁止・競売を請求

割合で各区分所有者に帰属する（法56条）。

(5)　区分所有者の第三者に対する責任

ア　第二次的責任

管理組合法人の債務については，権利義務の主体である法人が第一次的責任を負う。これを前提として，法は，区分所有者のいわば第二次的責任を規定している（法53条1項）。すなわち，管理組合法人が自らの財産をもって，その債務を完済することができないときは，区分所有者は，法14条に定める割合と同一の割合で，その債務の弁済の責めに任ずる。また，区分所有者は，管理組合法人の財産に対する強制執行がその効を奏しなかったときも，法53条1項の責任を負う（同条2項）。

ただし，区分所有者が，管理組合法人に資力があり，かつ，執行が容易であることを証明したときは，法53条1項の責任を負わない（同条3項）。

イ　区分所有者の特定承継人の責任

特定承継人は，その承継前に生じた管理組合法人の債務についても，その区分所有者が法53条の規定により負う責任と同一の責任を負う（法54条）。

ウ　権利能力なき社団である管理組合における区分所有者の責任

管理者がその職務の範囲内において第三者との間でした行為につき，区分所有者が負う責任（法29条1項本文）は，権利能力なき社団である管理組合が，第三者に対して，直接，債務負担するものではなく，区分所有者全員がいわば第一次的責任を負うものである。

4　当事者適格

作為・不作為を求める訴訟も給付訴訟であり，法57条1項に基づく禁止（停止）請求権を有すると主張する管理組合法人に原告適格が認められ，原告が，差止義務者と主張する乙に被告適格が認められる（平23・2・15最三判【類型2】-[4]，昭61・7・10最一判/判時1213号83頁）。

第 1 章　管理組合の請求

[2]　事例

【類型 6】-[2]

> 　甲は，兜マンション管理組合法人
> 　乙は，兜マンション 110 号室の区分所有者で，同室で歯科医院を経営する。
> 　乙は，本件看板を 110 号室内に設置し，本件看板は，兜マンションが面している○○通りから視認できるため，甲は，乙に対し，管理規約等に基づき，本件看板の撤去を求めた。(認容)
> ※甲管理組合規約 12 条 3 項
> 　「事務所部分の区分所有者は，その専有部分を事務所（医院・歯科医院等を目的とする施設を含む）として使用するものとし，他の区分所有者の迷惑になるような営業形態・営業行為をしてはならない。」
> ※甲管理組合使用細則 12 条(5)
> 　「使用者は，次の事項をしてはならない。
> ⑸　住宅・事務所等（医院・歯科医院等を目的とする施設を含む。）内の基本構造を変更したり，その外観を変更すること」

論点　看板の設置行為が使用細則の外観変更に該当し，区分所有者の共同の利益に反する行為に該当するか

出典　平 28・4・21 東京地判（平 27 年(ワ)11638 号/2016WLJPCA04218006）

判旨　乙が看板を設置しているのは，本件専有部分内であるが，本件看板は，窓ガラスを通じて外部から見える状態である。その設置態様が，容易に取り外すことができるものであるとしても，看板の目的からすれば，一時的な設置ではないと思われ，乙は，同看板の設置に当たり甲の代表理事の同意は得られなかったこと，本件マンションがガラス窓を多用した特徴的な外観を有していることに照らせば，その外観保持の観点からは，乙の本件看板の設置行為は，本件マンションの外観に相応の変更ないし影響を生じるものであるといえるから，同使用細則で定められた外観変更に当たるというべきである。

　このように考えると，本件看板の設置行為は，使用細則 12 条(5)に反する行為であり，また管理規約 12 条 3 項にも反するから，区分所有法 6 条にいう区分所有者の共同の利益に反する行為であるといえる。

【類型6】管理組合法人が区分所有者に対し共同の利益に反する行為の停止等・使用禁止・競売を請求

解説 　乙が専有部分内に看板を設置したところ，看板の設置が規約の外観変更に当たるとして，管理組合法人が看板の撤去を求め，これが認められた事例

1　区分所有権の共同の利益による制約

(1)　共同の利益による制約の意義

　区分所有者は，専有部分については所有権を有し，これを自由に使用，収益，処分することができる（民法206条）。しかし，マンションでは，1つの建物の一部を複数の人が所有し，これを使用しているのであるから，各区分所有者は，規約や集会決議を遵守していかなければならない（法46条1項）。区分所有者の専有部分に対する権利は制約を伴い，共用部分を使用する権利は，共同使用に伴う制約を受ける。

(2)　区分所有者の共同の利益に反する行為

　建物を良好な状態に維持するにつき，区分所有者全員の共同の利益に反する行為，すなわち，建物の正常な管理や使用に障害となるような行為はすることができない（法6条1項）。これは，建物の区分所有の性質上当然のことである。同項は，このような区分所有者の義務を規定上明確にしたものである。

　共同の利益に反する行為に該当するかどうかについて，昭53・2・27東京高判（金法875号31頁）は，「当該行為の必要性の程度，これによつて他の区分所有者が被る不利益の態様，程度等の諸事情を比較考量して決すべきものである。」としている。共同の利益には，生活上の共同の利益も含まれる。

(3)　保存行為のための専有部分等の使用請求権

　区分所有者は，その専有部分又は共用部分を保存し，又は改良するため必要な範囲内において，他の区分所有者の専有部分又は自己の所有に属しない共用部分の使用を請求することができる（法6条2項前段）。この場合において，他の区分所有者が損害を受けたときは，その償金を支払わなければならない（同項後段）。使用請求権が認められるのは区分所有者に限られる。専有部分の占有者（賃借人）には認められない。

第1章　管理組合の請求

(4)　管理を行う者の専有部分等への立入請求権（標規 23 条）

　　標規 21 条（敷地及び共用部分等の管理），標規 22 条（窓ガラス等の改良）により管理を行う者は，管理を行うために必要な範囲内において，他の者が管理する専有部分又は専用使用部分への立入りを請求することができる（標規 23 条 1 項）。標規 23 条 1 項により立入りを請求された者は，正当な理由がなければこれを拒否してはならない（同条 2 項）。この場合，正当な理由なく立入りを拒否した者は，その結果生じた損害を賠償しなければならない（同条 3 項）。同条 1 項ないし 3 項にかかわらず，理事長は，災害，事故等が発生した場合であって，緊急に立ち入らないと共用部分等又は他の専有部分に対して物理的に又は機能上重大な影響を与えるおそれがあるときは，専有部分又は専用使用部分に自ら立ち入り，又は委任した者に立ち入らせることができる（同条 4 項）。立入りをした者は，速やかに立入りをした箇所を原状に復さなければならない（同条 5 項）。

(5)　先取特権

　　区分所有者は，区分所有者全員の共有に属する共用部分，建物の敷地若しくは共用部分以外の建物の附属施設について，共同して維持管理する（法 11 条 1 項，18 条，21 条）。区分所有者が，これらの適正な維持管理のために経費を要し，他の区分所有者に対し債権を有する場合には，債務者の区分所有権及び建物に備え付けた動産の上に先取特権を認めて区分所有者の債権を保護する（法 7 条）のが，公平である。

　　この場合，被担保債権となるのは次の①，②，③である（法 7 条 1 項）。

①特定の区分所有者が，共用部分，建物の敷地若しくは共用部分以外の建物の附属施設につき他の区分所有者に対して有する債権

②区分所有者が，規約若しくは集会の決議に基づき他の区分所有者に対して有する債権

③管理者又は管理組合法人がその職務又は業務を行うにつき区所有者に対して有する債権

　　なお，目的物となるのは，債務者の区分所有権（共用部分に関する権

【類型6】管理組合法人が区分所有者に対し共同の利益に反する行為の停止等・使用禁止・競売を請求

利及び敷地利用権を含む。）及び建物に備え付けた動産である（法7条1
項）。

2 共同の利益に反する行為に対する措置請求

法は，区分所有者に対し，共同の利益に反する行為を禁止している
（法6条1項）が，その実効性を担保するために，他の区分所有者の全員
又は管理組合法人は，区分所有者に対し，①停止等（法57条），②使用
禁止（法58条），③競売（法59条）の3つの請求を認めている。このう
ち，①停止等の請求は，裁判外の請求の他，裁判上の請求ができるが，
②使用禁止請求及び③競売請求は，裁判上の請求による。

また，法57条4項は，区分所有者以外の占有者，例えば賃借人に対
しても，同条1項の区分所有者の義務と同様の義務を負わせ，占有者の
義務違反行為に対して，①停止等及び②引渡しの2つの裁判上の請求を
認めている（法57条4項，60条）。

3 建物の外壁などに設置された看板等の撤去が問題となった事例

平13・6・19神戸地尼崎支判【類型9】-[5]がある。

Column

【管理組合を法人化するメリットと実情】

区分所有関係が生じたときに当然に成立した管理組合も，登記をする
ことにより法人となる（法47条1項）。法人となることにより，
　①法律関係を明確にすることができる。
　②管理組合名義で銀行口座を開設できる。
　③法人名による不動産登記が可能となる。
　④取引の安全を図ることができる。
などのメリットがある。しかし，現実には，多数の管理組合は法人化さ
れることなく，権利能力なき社団として活動している。

第1章　管理組合の請求

[3] 事例　　　　　　　　　　　　　　　　　　　　　　【類型6】−[3]

> 　甲は，兜マンション管理組合法人
> 　乙は，兜マンション110号室の区分所有者（暴力団の組長）
> 　乙は，専有部分を暴力団の組事務所として使用しているところ，甲
> は，乙の110号室の使用が区分所有者の共同利益に反し，これによる
> 区分所有者の共同生活上の障害は著しく，区分所有権等の競売請求以
> 外の方法によっては共同生活の維持を図ることは困難であるとして，
> 法59条に基づき競売請求をした。（請求認容）

| 論点 | 共同生活上の障害が著しいといえるかなど，法59条の各要件に該当するか |

| 出典 | 平24・2・9福岡地判（平23年(ワ)2294号/裁判所ウェブサイト） |

| 判旨 | 1　法6条1項に規定する行為による区分所有者の共同生活上の障害が著しいといえるか |

　乙が本件専有部分を暴力団事務所として使用することによって，本件
マンションの多数の住民らは，生命・身体・財産に対する侵害の危険に
対する不安・恐怖を感じながら日常生活を送ることを強いられている状
況にあったことが認められ，本件マンションの住民らの不安・恐怖は，
単に抽象的で心理的な不安感にとどまるものとは到底いえず，本件マン
ションの住民らを萎縮させ，日常生活に具体的な支障を生じさせるに足
りるものと認めるのが相当である。

　乙が本件専有部分を暴力団事務所として使用することは，区分所有者
の生活上の利益を含む建物の管理・使用全般にわたる共同の利益に反す
る行為であり，これによる区分所有者の共同生活上の障害が著しい程度
に至っているものと認められる。

2　区分所有権等の競売請求以外の方法によっては区分所有者の共同生活
　上の障害を除去して共用部分の利用の確保その他の区分所有者の共同生
　活の維持を図ることが困難であるといえるか

⑴　法57条1項に規定する請求について

　　法57条1項に基づき，乙が本件専有部分を暴力団事務所として使

98

【類型6】管理組合法人が区分所有者に対し共同の利益に反する行為の停止等・使用禁止・競売を請求

用することを停止等するために必要な措置を執るのみで，乙による使用自体は許した場合，乙は，Ａ組組長であり，本件専有部分にＡ組の構成員又はその周辺者を自宅への訪問者と称して出入りさせることが可能となること，本件専有部分には暴力団事務所として使用するための各種備品が置かれていることなどに照らすと，乙が同条に基づく措置を潜脱して，本件専有部分を事実上暴力団事務所として使用する可能性があるといえる。したがって，法57条1項に規定する請求によっては共同生活上の障害を除去して共用部分の利用の確保その他の区分所有者の共同生活の維持を図ることが困難であると認められる。

(2) 法58条に規定する請求について

乙が本件専有部分の使用の禁止の判決確定後も本件専有部分の区分所有権等を第三者へ譲渡せず，又は譲渡できず，同判決で定められた期間経過後に再び本件専有部分を自ら使用する可能性は相当程度高度である。法58条に規定する請求に基づいて，一定期間に限り，乙による専有部分の使用を禁止することによっては，共同生活上の障害を除去して共用部分の利用の確保その他の区分所有者の共同生活の維持を図ることが困難であるといわざるを得ない。

まとめ　専有部分の暴力団組事務所としての使用が共同利益背反行為となり，これによる共同生活上の障害が著しく，競売請求以外の方法によっては共同生活の維持を図ることは困難であるとして，管理組合法人が法59条1項の競売を請求し，認められた事例

なお，共同利益背反行為に対する法的措置として，法は，競売（法59条）の他にも，共同利益背反行為者に対して，法57条から60条により，管理組合法人が，停止，使用禁止，引渡しの裁判上の請求ができることを認めている。本事例においては，暴力団組事務所としての使用自体が共同利益背反行為となるかが問題とされ，居住者に対する暴力行為などが行われていなかったが競売が認められた。

共同利益背反行為に対する競売請求について，【類型11】-[1] 参照。

99

第1章　管理組合の請求

【類型7】管理組合法人が区分所有者に対し損害賠償などを請求（訴訟担当）

[1] 事例（モデルケース）　　　　　　　　　　　　【類型7】-[1]

> 甲は，兜マンション管理組合法人
> 乙は，兜マンション110号室の区分所有者（暴力団の組長）
> 　乙は，専有部分を暴力団の組事務所として使用しているところ，乙及びその配下の組員らは，兜マンションの外壁を損壊した。甲は，乙に対し，区分所有者らが有する不法行為による損害賠償請求権に基づき，区分所有者らのために，瑕疵の修補工事費用の支払を請求した。

論点　生命・身体・財産に対し，侵害を加えるがごとき言動を日常的に繰り返していたとき，不法行為による損害賠償請求ができるか

解説　【類型6】は，管理組合法人が共同の利益に反する行為に対し，競売請求などをしたケースであるのに対し，【類型7】は，任意的訴訟担当として損害賠償などを請求したケースである。

1　不法行為による損害賠償請求権の帰属

　外壁は，共用部分であり，区分所有者の共有に帰属する（法11条1項）。外壁の損壊行為は，各区分所有者の持分権に対する侵害となる。各区分所有者に損害が発生し，損害賠償請求権が各区分所有者に認められる。

2　当事者適格

(1)　本来的原告適格

　実体法上の権利が帰属することを主張する者に原告適格が認められることからすれば，乙の区分所有者らに対する不法行為によって発生した損害賠償請求権の本来的原告適格は，区分所有者らに個別に認められることになる（平23・2・15最三判【類型2】-[4]）。

(2)　任意的訴訟担当

　法47条8項は，「管理組合法人は，規約又は集会の決議により，その事務（第6項後段に規定する事項を含む。）に関し，区分所有者のために，原告又は被告となることができる。」と規定し，管理組合法人の

100

【類型7】管理組合法人が区分所有者に対し損害賠償などを請求（訴訟担当）

任意的訴訟担当を認める。

ア　管理組合法人の事務とは，管理組合が建物並びにその敷地及び附属施設の管理を行うための団体（法3条）であることからすれば，これらの管理を行うことであるということができる。管理組合（権利能力なき社団）については，法26条4項で管理者の職務として規定されている事項である。

イ　法47条6項後段に規定する事項とは，損害保険契約に基づく保険金額，共用部分等について生じた損害賠償金及び不当利得による返還金の請求及び受領である。これらの事項は，本来各区分所有者に帰属し，管理組合法人の事務ではないが，法律行為をする場合には，区分所有者全員の代理人としてこれを行う。平成14年法改正により，共用部分等の損害賠償や不当利得返還についても，管理者に請求及び受領の代理権が認められたものである。権利能力なき社団である管理組合においては，これらの事項は，管理者に権限がある（法26条2項）が，管理組合法人にあっては，管理組合法人自身にこの権限がある。

ウ　法47条8項の規定により，区分所有者が個々に有する共有持分権に基づく実体法上の請求権を管理組合法人が団体的に行使することができる。これは，区分所有者全員が訴訟当事者とならなければ紛争の抜本的解決を図れないことから，管理者（法26条4項）又は管理組合法人（法47条8項）をそれぞれ明文で任意的訴訟担当として認めているものである。

(3)　管理組合法人の当事者適格

整理すると，次の場合に，当事者適格が認められる。

ア　管理組合法人に実体法上の権利義務が帰属し，管理組合法人がこれを行使する場合

イ　法57条ないし60条により，管理組合法人に共同利益背反行為者に対する停止等の請求権が認められ，これらの請求権を行使するときに本来的当事者適格が認められる場合

ウ　法47条8項により，任意的訴訟担当が認められる場合

第 1 章　管理組合の請求

【類型 8】 建替組合が区分所有者に対し売渡請求

[1] 事例　　　　　　　　　　　　　　　　　　　【類型 8】－[1]

> 甲は，兜マンション建替組合
> 乙は，兜マンション 110 号室の区分所有者
> 　兜マンションの建替えに当たり，乙が建替えに参加する旨の回答をしなかったため，甲は，建替え円滑化法 15 条 1 項に基づく売渡請求により，110 号室の区分所有権等を取得したと主張した。この所有権に基づき，甲から乙区分所有権等の時価相当額である 2763 万 2000 円の支払を受けるのと引換えに，乙専有部分の明渡しと所有権移転登記手続などをすることを求めた。(いずれも請求認容)

論点　マンション建替組合による建替えに参加する旨の回答をしなかった区分所有者に対する売渡請求の有効性

出典　平 27・1・26 東京地判（平 25 年(ワ)31372 号/2015WLJPCA03268018）

判旨　乙は，本件管理組合から 2 か月以内に本件建替え決議の内容により建替えに参加するか否かを回答すべき旨の催告を受けたのに対し，催告期間内に本件回答をしているが，その内容は，「参加。但し，建替決議無効の確定判決を解除条件とします。」，「区分所有法第 63 条第 2 項に基づき，建替えに参加する旨を，本書により回答致します。但し，平成 24 年 3 月 12 日付『○○○建替え決議』が無効な場合は，この限りではありません。…(中略)…近日中に，建替え決議無効の訴えを提起し，建替え決議の効力を争う所存であることを，念のため，申し添えさせていただきます。」というものである。そして，催告期間が満了した平成 24 年 5 月 20 日の時点では，乙が本件管理組合に対し提起した建替え決議無効確認訴訟は第 1 審係属中であったから，本件回答によれば，結局のところ，乙が建替えに参加するのか否かは，催告期間満了の時点では判明しないことになる。

　区分所有法は，63 条 1 項において，建替え決議があったときは，集会招集者から建替え決議に賛成しなかった区分所有者に対し，建替え決議の

内容により建替えに参加するか否かの回答を催告すべき旨を定めた上，同条2項において，催告を受けた区分所有者は2か月以内に回答をしなければならない旨を定め，同条3項において，催告期間内に回答しなかった区分所有者は，建替えに参加しない旨を回答したものとみなす旨を定めているが，その趣旨は，建替え決議に賛成しなかった区分所有者のうち，催告期間内に参加の回答をした者が建替えに参加し，それ以外の者は建替えに参加しないことを2か月の催告期間満了の時点で確定して，建替えに参加する者と建替えに参加しない者とを峻別し，建替えに参加しない者に対する売渡請求（同条4項）の手続を進めることを可能とすることにあると解される。そうすると，本件回答のように建替えに参加するのか否かが催告期間満了の時点では判明しない内容の回答をしたことをもって，乙が催告期間内に建替えに参加する旨を回答したということはできない。

　したがって，乙は，区分所有法63条3項により，建替えに参加しない旨の回答をしたものとみなされるから，「区分所有法63条4項に規定する建替えに参加しない旨を回答した区分所有者」（建替え円滑化法15条1項）に当たり，本件売渡請求は有効であって，その意思表示が乙に到達した平成25年9月21日の時点で時価による売買契約が成立し，乙区分所有権等は，乙から甲に移転したというべきである。

<u>解説</u>　建替えに参加するかを問う催告に対する回答によっても参加の意思が明らかにならないまま回答期限を徒過した場合にも，売渡請求が有効と認められた事例

　類型1から7が，管理組合（法人）が請求するケースであるのに対し，類型8は，建替組合が請求するケースである。

1　建替組合

(1)　建替え事業の主体

　建替えとは，既存の建物を取り壊し，かつ，当該建物の敷地若しくはその一部の土地又は当該建物の敷地の全部もしくは一部を含む土地に，新たに建物を建築することをいう（法62条1項）が，建替え参加者が建替えを推進していくためには，そのための事業主体が必要である。この事業主体となるのが建替組合である。管理組合は，区分所有

第 1 章　管理組合の請求

者全員で構成されるが，建替組合は，管理組合とは別個に，建替えに
参加する区分所有者によって構成される。建替えに参加するかどうか
は，あくまで各区分所有者の任意であり，管理組合が，建替え決議を
したからといって，建替えへの参加を強制されるものではない。

(2)　建替組合の成立

　　区分所有法は，①建替え決議に賛成した各区分所有者，②建替え決
議の内容により建替えに参加する旨を回答した各区分所有者，③区分
所有権又は敷地利用権を買い受けた各買受指定者（①ないし③の者の承
継人を含む。）を建替え参加者として想定し，これらの者は，建替え決
議の内容により建替えを行う旨の合意をしたものとみなした（法64
条）。

　　この合意は，建替え決議がなされたときに決議賛成者間で成立し，
参加の回答がなされると，その回答者を含めて成立する。また，建替
え不参加者全員に対して売渡請求権が行使され，建替え不参加者に帰
属する区分所有権及び敷地利用権がなくなり，建物及び敷地に関する
権利の全てが建替え参加者（合意参加者）に帰属したときに，最終的に
成立する（法コンメ444頁参照）。

(3)　建替組合の成立によって，従前の管理組合はどうなるのか

　　建替え合意の成立によって，区分所有関係は消滅するとの考え方も
あるが，管理組合法人については，「建物の全部滅失」を明確に解散
事由としている（法55条1項1号）ことからすると，権利能力なき社
団たる管理組合と管理組合法人との整合性を取る上からも，建物の取
壊しまでは区分所有関係は存在していると考えるべきであろう。この
結果，建替え決議から建物の取壊しまでは，管理組合と建替組合が併
存することになる。建物の取壊しによって従前の管理組合は解散とな
り，清算手続が行われる。（以上，上手な対処法363頁参照）

2　売渡請求権の意義

　　建替え決議がなされる（法62条1項）と，その法的効果として，売渡
請求権が成立する（法63条）。建替え決議は，区分所有者の全員に建替
えを強制する決議ではなく，売渡請求権を成立させるための決議であ

【類型8】建替組合が区分所有者に対し売渡請求

る。建替えの実行が，建替えに参加する区分所有者により構成される建替組合によって行われるため，管理組合から，少数の建替え反対者を除外し，多数者を建替えを目的を有する集団に組み替える必要がある。そのための手段として，建替え不参加者に対する売渡請求権がある。

3 催告による不参加者の確定（法63条1項ないし3項）

建替え決議後，（遅滞なく）招集者から，賛成者以外の者（承継人を含む。）に対し，参加するか否か，2か月以内に回答すべき旨を書面で催告する。2か月の再考期間を設けて，建替え決議に賛成しなかった区分所有者に，改めて，建替え決議の内容で参加する機会を与えるものである。

2か月の期間内に回答しなかった者は，不参加の回答をしたとみなされる（法63条3項）。賛成者以外の者に建替え決議の内容で参加する機会を与えるという趣旨からすれば，一旦不参加の回答をした場合であっても，期間内であればこれを撤回して建替えに参加することできるが，参加の回答をした場合にはもはやこれを撤回することはできないと解する。

4 売渡請求権の行使

(1) 売渡請求権を行使できる者（法63条4項）

①建替え決議に賛成した各区分所有者（これらの者の承継人を含む。）

②建替え決議の内容により建替えに参加する旨を回答した各区分所有者（これらの者の承継人を含む。）

③①，②の者の全員の合意により区分所有権及び敷地利用権を買い受けることができる者として指定された者（買受指定者）

買受指定者は，区分所有者以外の例えばデベロッパーであってもよく，建替え事業に参加するデベロッパーが買受指定者として売渡請求をしている例は多い。

(2) 被請求者（法63条4項）

建替えに参加しない旨を回答した区分所有者（その承継人を含む。）

2か月の期間内に回答しなかった者は，不参加の回答をしたとみなされる（法63条3項）。

(3) 行使期間（法63条4項）

催告から2か月が経過すると，売渡請求権が発生し，2か月以内に

105

第1章　管理組合の請求

売渡請求がない場合には，2か月経過により売渡請求権が消滅する。

(4)　行使方法（法63条4項）

区分所有権及び敷地利用権を時価で売り渡すべきことを請求する。

(5)　売渡請求権行使の効果（売買契約の成立）

売渡請求権は形成権であるから，売渡請求がなされると，売渡請求した者とその相手方との間で，売買契約が成立する。この場合，売買代金は，売渡請求がなされた時点における時価となる（時価の意義及び算定方法については，平16・2・19東京地判【類型21】‐［3］参照）。売渡請求権が競合した場合，権利の帰属は，売渡請求の意思表示の到達の先後による。売渡請求の相手方から専有部分を買い受けた第三者との関係では，対抗関係となる（民法177条）。

5　建替え円滑化法15条1項の売渡請求権

(1)　建替え円滑化法の立法趣旨

区分所有法は，建替え決議後，建替えをどう進めていくのか明確に定めていない。区分所有法では，建替組合に法人格が認められないと解されていたから，①建替え工事業者は，建替え参加者ごとに個別に契約せざるをえないなど，請負や融資の契約が円滑に進められないという問題が生じていた。また，②建替えのため，従前の建物を取り壊すためには，借家人や抵当権者などの同意や建設する建物に移行するための措置が必要になるところ，個別処理では，これらについて円滑に進められず，建替え事業に自体に影響を及ぼす事態が生じていた。そこで，建替え円滑化法を制定して，建替え参加者の団体に法人格を与え，権利変換手続により権利関係の円滑な移行ができるようにして，建替え事業が円滑に進められるようにした。

(2)　マンション建替組合

区分所有法64条によりマンションの建替えを行う旨の合意をしたものとみなされた者は，5人以上共同して，定款及び事業計画を定め，都道府県知事等の認可を受けてマンション建替組合を設立することができる（建替え円滑化法9条1項）。マンション建替組合は，法人とされる（建替え円滑化法6条1項）。

【類型 8】建替組合が区分所有者に対し売渡請求

(3) 売渡請求権

　認可されたマンション建替組合は，都道府県知事等の認可公告の日から 2 か月以内に，区分所有法 63 条 4 項に規定する建替えに参加しない旨を回答した区分所有者に対し，区分所有権及び敷地利用権を時価で売り渡すべきことを請求することができる（建替え円滑化法 15 条 1 項前段）。建替え決議等があった後に当該区分所有者から敷地利用権のみを取得した者の敷地利用権についても，同様である（同項後段）。

　同法 15 条 1 項による売渡請求は，建替え決議等の日から 1 年以内にしなければならない（同条 2 項本文）。ただし，この期間内に請求することができなかったことに正当な理由があるときは，この限りでない（同項ただし書き）。

6　明渡等請求訴訟の当事者適格

　訴訟物は明渡請求及び所有権移転登記手続請求であり，給付訴訟であるから，建替え円滑化法 15 条 1 項の売渡請求権行使による明渡等請求権が帰属することを主張する建替組合に原告適格が認められ，原告が，明渡し等の義務者と主張する乙に被告適格が認められる（平 23・2・15 最三判【類型 2】-［4］，昭 61・7・10 最一判/判時 1213 号 83 頁）。

107

第 1 章　管理組合の請求

[2]　事例 　　　　　　　　　　　　　　　　　　　【類型 8】-[2]

> 　甲は，兜団地マンション建替組合（兜団地内建物の一括建替えに当たり，建替え円滑化法 9 条 1 項に基づいて設立認可された。）
> 　乙は，兜団地の区分所有者（法 70 条 1 項に基づく団地内建物の一括建替え決議に反対し，建替えに参加しない旨を回答した。）
> 　甲が，乙に対し，乙の区分所有権及び敷地利用権を建替え円滑化法 15 条 1 項に基づく売渡請求によって取得したとして，売渡請求による売買契約又は本件建物の区分所有権等に基づき，明渡し，所有権移転登記手続及び明渡済みまでの賃料相当遅延損害金の支払を求めた。
> 　甲は，本件売渡請求に基づく売買契約の代金を乙の受領拒絶を理由として供託した。（請求認容）

論点　建替えに参加しない回答した区分所有者が，供託金の留保付き還付請求をしたとき，建替え決議又は売渡請求の無効の主張は権利濫用となるか

出典　平 24・12・27 東京地判（平 22 年㋺ 38641 号／判時 2187 号 51 頁）

判旨　　1　乙の建替え決議又は売渡請求の無効の主張は権利濫用に当たるか

(1)　乙は，①供託所に対して供託を受諾する旨の意思表示をした上，（仮差押部分を除く）本件供託金 5622 万 2980 円について還付請求をしてこれを受領したこと，②ただし，甲に対しては，別件甲に対する不法行為に基づく慰謝料請求権と損害賠償請求権の一部として（仮差押部分を除く）本件供託金の還付請求をし，これを受領した旨の通知をしたことを認めることができる。

(2)　本来弁済供託とは，債務者が債務の本旨に従って弁済の目的物を供託所に寄託して債務を免れる制度である。したがって，債権者が，供託所に対し，供託を受諾する旨の意思表示をして還付請求をし，これを受領することは，一方で，債権者が当該債務の本旨に従った弁済として供託金を受領し，他方で，債務者が当該債務を確定的に免れることになるのが原則である。被告が（仮差押部分を除く）本件供託金を，

【類型8】建替組合が区分所有者に対し売渡請求

供託を受諾する旨の意思表示をした上で還付請求して受領すること
は，原則として，甲が供託原因とする本件建替え決議を前提とする本
件売渡請求に基づく売買契約の売買代金を弁済として受領することで
あって，本件売渡請求及びその前提である本件建替え決議が有効であ
ることを自認する行為であると解されることになる。

　これに対し，例外的に，供託原因について留保付きで還付請求をす
ることが正当でありこれが許される場合があることも否定できない。
例えば，賃貸人による賃貸借契約の解除の有効性が争われている場合
に，賃借人が賃料として供託した金銭を，賃貸人が賃料相当損害金と
して受領するとの留保を付けてこれを受領することなどのように，還
付請求をする者が当該法的な紛争の成否によっていずれかの請求権を
選択的に有することになる場合などはその例であろう。

　しかしながら，本件のように，本件売渡請求の有効性と直接関連性
を有しない別個の損害賠償請求権の一部として受領することは，上記
例外的事例とは異なる。このような留保付きの還付請求が許されると
すれば，還付請求をする者が供託原因と何ら関係ない原因を主張して
還付請求を自由になし得ることになり，供託原因を特定して供託をし
てこれによって債務者がその債務を免れるという供託制度の趣旨に反
し，供託者の利益を著しく害することになるからである。

(3)　そうすると，乙の仮差押部分を除く本件供託金の受領は，本件売渡
請求及びその前提である本件建替え決議が有効であることを前提とす
る行為であって，乙が本件訴訟において本件建替え決議及び本件売渡
請求の有効性を争うことは，権利を濫用するものであって許されない
と解すべきである。

| 解説 | 　建替えに参加しない回答した区分所有者が，売渡請求した甲の供託金につき，留保付き還付請求し，受領したときは，乙がその有効性を争うことは，権利濫用となるとされた事例 |

1　団地内建物の建替え

(1)　団地内建物の建替えに必要な集会決議

　団地内の特定建物を建て替えるには，特定建物の建替え決議と土地

第1章　管理組合の請求

についての建替え承認決議の両方が必要である。建替え承認決議は，団地を形成している土地共有者の集会において，土地の共有者・準共有者が，土地上の特定建物の建替えを認めるかどうかを決める決議である。平成14年改正により，土地の共有者・準共有者の議決権の4分の3以上の多数決によって，建物の建替えを承認することが可能になった（法69条1項）。建替え承認決議により，当該特定建物の団地建物所有者は，当該特定建物を取り壊し，かつ，当該土地又はこれと一体として管理若しくは使用をする団地内の土地に新たに建物を建築することができることになる（同項）。

(2)　建替えが承認される条件

　　ア　団地内にある数棟の建物（団地内建物）の全部又は一部が専有部分のある建物であること（法69条1項）。

　　イ　アに加えて，特定建物の所在する土地が，団地内建物の団地建物所有者の共有・準共有に属していること（同項）。

　　ウ　当該特定建物が専有部分のある建物である場合には，特定建物の建替え決議，又は特定建物の区分所有者の全員の同意があること（同項1号）。

　　エ　当該特定建物が専有部分のある建物以外の建物（単独所有の建物）である場合には，その所有者の同意があること（同項2号）。

(3)　建替え承認決議の議決要件

　　特定建物の所在する土地の共有者・準共有者である当該団地内建物の団地建物所有者で構成される法65条に規定する団地管理組合又は団地管理組合法人の集会において議決権の4分の3以上の多数による承認の決議が必要である（法69条1項）。この場合，団地建物所有者の頭数は要件とはされていない。

2　団地内建物の一括建替え決議

(1)　意義

　　団地内に存在する建物については，建替えを必要とする事情が共通している場合が多く，平成14年改正により，一括建替えにより，例えば，高層化して住戸数を増やすこともできるようになった。

【類型8】建替組合が区分所有者に対し売渡請求

一括建替え決議は，団地管理組合の集会において，団地内建物の全部を取り壊し（一部を残すことはできない。），再建団地内敷地に，新たに建物を建築する旨の決議である。

(2) 一括建替え決議ができる団地

①団地内建物の全部が専有部分のある建物であること（法70条1項）

②当該団地内建物の敷地が当該団地内建物の区分所有者の共有・準共有に属すること（同項）。

③当該団地内建物について，団地管理規約が定められていること。

(3) 一括建替え決議の議決

団地内建物の区分所有者および議決権の各5分の4以上の特別多数決議が必要である（法70条1項本文）。頭数と議決権の両方の要件を満たさなければならない。この点，1棟の区分所有建物の建替え決議（法62条1項）と同様であり，建替え承認決議の場合（法69条2項）と異なる。

この場合，当該集会において，当該各団地内建物ごとに，それぞれその区分所有者の3分の2以上の者であって法38条に規定する議決権の合計の3分の2以上の議決権を有するものがその一括建替え決議に賛成した場合でなければならない（法70条1項ただし書）。いずれかの棟で反対が多数であれば，そのような場合にまで，一括建替えを強制することは行き過ぎだからである。

一括建替え決議を行う場合，その議決権割合は，建物が所在する土地の持分の割合による（法69条2項，70条2項）。団地管理組合の規約で，議決権に関する別段の定めがあったとしても，規約に基づく議決権割合の定めによるのではなく，土地の持分の割合が議決権割合による（法69条2項，70条2項）。

111

第2章 区分所有者全員 の請求
（管理者など による訴訟担当）

第1章　管理組合の請求

第2章　区分所有者全員の請求（管理者などによる訴訟担当）

【類型　9】**管理者**が**区分所有者**に対し共同の利益に反する行為の停止等を請求（訴訟担当）

【類型 10】**管理者**が**区分所有者**に対し専有部分の使用禁止請求（訴訟担当）

【類型 11】**管理者**が**区分所有者**に対し競売請求（訴訟担当）

【類型 12】**管理者**が**区分所有者など**に対し解除・引渡請求（訴訟担当）

【類型 13】**集会で指定された区分所有者**が**他の区分所有者など**に対し停止などを請求（訴訟担当）

【類型 14】**管理者・理事長**が**関係業者など**に対し損害賠償などを請求（訴訟担当）

第3章　区分所有者の請求

第4章　関係業者の請求

第 2 章　区分所有者全員の請求（管理者などによる訴訟担当）

【類型 9】 管理者が区分所有者に対し共同の利益に反する
　　　　　　　行為の停止等を請求（訴訟担当）

［1］ 事例　　　　　　　　　　　　　　　　　　　　　　　　　【類型 9】-［1］

> 　甲は，兜マンション管理組合の管理者
> 　乙は，兜マンション 110 号室の区分所有者
> 　乙は，専有部分に多くの間仕切りを設置して多数の者を居住させて
> いる（いわゆるシェアハウス）。この行為が共同の利益に反するとして，
> 甲が乙に対し，法 57 条 1 項に基づき，行為の禁止，間仕切りの撤去
> 等を求めた。（一部認容）

論点　シェアハウス行為が共同の利益に反する行為に当たるか

出典　平 27・9・18 東京地判（平 26 年(ワ)5667 号/2015WLJPCA09188003）

判旨　本件管理規約 12 条は，「区分所有者は，その専有部分を専ら住宅
として使用するものとし他の用途に供してはならない。」と定
め，そして，使用細則 4 条 7 項は，各専有部分を事業及び営業目的のシェ
アハウスとすることを禁止する旨を定めている。

　110 号室は，玄関，便所，洗面所，浴室及び台所を除く部分が床面積各
2 畳程度の 10 区画に区切られた形に改装された上，同時並行的に締結さ
れた複数の賃貸借契約に基づき入居した者らが，それぞれ上記区画部分の
一つで寝起きし，便所，洗面所，浴室及び台所を他の入居者と共同で使用
している状態にある。110 号室の床面積（内法計算）は 44.46 平方メートル
で，玄関，便所，洗面所，浴室及び台所を除いた部分の床面積は 30 平方
メートル程度にとどまると考えられるから，本件建物に寝室その他の個室
として用いることができる区画部分の数が 3 を超えることとなる間仕切り
を設置して，これを複数の使用契約の契約者らに使用させる場合には，常
に本件管理規約 12 条違反というべき使用態様に当たることとなるといえ
る。

　甲は，区分所有法 57 条 1 項に基づく請求をするが，この請求が認めら

114

【類型9】管理者が区分所有者に対し共同の利益に反する行為の停止等を請求（訴訟担当）

れるとしても，認容することができる範囲は，個室として用いることができる区画部分の数が3を超えることとなる間仕切りの限度にとどまる。

解説 乙は，専有部分に多くの間仕切りを設置して多数の者を居住させている。この行為が共同の利益に反するとして，甲が行為の禁止などを求めたところ，区画部分の数が3を超えるとき，禁止されるシェアハウスとなり，共同利益背反行為となるとされた事例

類型9は，管理者による法57条の法的措置請求のケースである。

1 原告適格

共同利益背反行為をする区分所有者の他の区分所有者の全員は，区分所有者の共同の利益に反する行為に対し，停止等の請求ができる（法57条1項）。この場合，管理者には，原告適格（任意的訴訟担当）が認められている（法57条3項）。甲は，兜マンション管理組合の理事長兼管理者であり，本件管理規約及び本件管理組合の総会決議に基づき，区分所有者らのために，本件訴訟を提起し訴訟を追行する。

なお，共同の利益に反する行為については【類型9】－[2] 参照。

2 管理者の権限

(1) 管理者の職務（基本権限）（法26条1項）

ア 共用部分等の保存

イ 集会の決議の実行

ウ 規約で定めた行為の実行

(2) 代理権

管理者は，その職務に関し，区分所有者を代理する（法26条2項前段）。管理組合法人においては，管理者に関する規定が適用されず（法47条11項），管理組合法人は，その事務に関し，区分所有者を代理する（同条6項）。

(3) 管理者の拡張権限

管理者は，次の事項に関しても権限を有する（法26条2項後段）。これらの事項は，管理者の「職務」（同条1項）ではないが，区分所有者全員の権利義務において行為する必要があり，区分所有者全員の代理人としてこれを行う。管理組合法人についても，次の事項に関して，

第2章 区分所有者全員の請求（管理者などによる訴訟担当）

拡張代理権が認められている（法47条6項）。

①共用部分等（共用部分，区分所有者の共有に属する建物敷地及び附属施設である（法26条1項））につき損害保険契約をした（法18条第4項）ときの損害保険契約に基づく保険金額の請求及び受領

②共用部分等について生じた損害賠償金の請求及び受領

③不当利得による返還金の請求及び受領

(4) 訴訟追行

　管理者は，規約又は集会の決議により，その職務に関し，区分所有者のために，原告又は被告となることができる（法26条4項）。「その職務」には，法26条1項に定める基本権限のほか，拡張権限すなわち，同条2項後段に規定する事項も含まれる。管理組合法人についても，同様に訴訟追行権が認められている（法47条8項）。

　原告又は被告となることができるとは，原告又は被告として当事者適格を有するということである。法26条2項は，管理者の職務などについて，権利義務の主体が区分所有者であり，管理者は区分所有者の代理人であることを定めているから，管理者が原告又は被告となるときは，任意的訴訟担当による訴訟追行だということになる。

　訴えを提起し又は応訴するには，規約又は集会の決議が必要である。この集会決議は，普通決議で足りる（法26条4項）。なお，民訴法29条の適用が考えられる。この点については，【類型1】-［1］参照のこと。

3　管理者の義務

(1) 管理者は，その職務として，共用部分等を保存し，集会の決議を実行し，並びに規約で定めた行為をする権利を有するが，これは，同時に義務を伴うものである（法26条1項）。

(2) 管理者は，法26条2項後段の事項（損害保険契約に基づく保険金の請求及び受領，共用部分等の損害賠償金や不当利得返還金の請求及び受領）に関し

【類型9】管理者が区分所有者に対し共同の利益に反する行為の停止等を請求（訴訟担当）

ても，その職務（同条1項で定められた事項）と同様に義務を負う（同条2項後段）。

コメント

判旨は，寝室その他の個室として用いることができる区画部分（玄関，便所，洗面所，浴室，台所を除く。）の数が3を超える場合は禁止されるシェアハウスとするが，シェアハウスとなるかどうかはその使用実態によるべきであって，形式的な区画数によるべきものではないと思われる。

第2章　区分所有者全員の請求（管理者などによる訴訟担当）

[2] 事例
【類型9】-[2]

> 　甲は，兜マンション管理組合の管理者
> 　乙は，兜マンション110号室の賃借人
> 　乙は，110号室に12個の個室を設けていわゆるカラオケスタジオを営んでいる。
> 　兜マンションは，国道○号線に面しており，北側には△△駅が，南側には首都高速○号線と▲▲駅が存する。1階は店舗，2階ないし9階は住居となっている。本件スタジオの営業時間は，午前11時頃から翌日午前3時頃までとされていたが，来店客は夜間に多く，特に休日の前日は遅い時間帯の利用が多かった。
> 　甲は，乙に対し，110号室を午前0時から午前4時までの間，カラオケスタジオとして使用してはならないことを求めた（仮処分申立）。

| 論点 | 居住用のマンション1階店舗部分におけるカラオケスタジオの営業が，共同の利益に反する行為に当たるか |

| 出典 | 平4・1・30東京地決（平3年㊂13838号/判時1415号113頁） |

| 判旨 | 仮処分命令による乙の本件スタジオの使用禁止は，マンションの住人らが被っている被害が受忍限度を超えている場合に認められるものである。そして，右共同の利益及び受忍限度を判断するに当たっては，本件マンションの存する地域の状況，本件マンションの利用状況，乙の本件スタジオの営業状況，当事者間の交渉経過等をも総合考慮すべきであると考えられる。 |

　睡眠・休息は人間生活にとって不可欠であることはいうまでもなく，その睡眠・休息の場である住居における平穏な生活状態は最大限尊重されなければならない。他方，店舗等の営業あるいはこれによる経済的利益も保護されるべきではあるが，区分所有建物においては，そのうち大部分が居住用に充てられ店舗としての利用が一部に限定されていて，その営業の種類・態様等によって居住用部分の住人らの平穏な生活が脅かされるような場合には共同の利益に反する行為となり，更にそれが受忍限度を超えるときは，仮処分命令によってその営業の全部又は一部が禁止されることがあるというべきである。

【類型9】管理者が区分所有者に対し共同の利益に反する行為の停止等を請求（訴訟担当）

　本件マンションは，○○街道に面していてもともと閑静な住居とまでは
いえないものの，住居地域に位置する主として居住用の建物であり，実際
に甲のほか多数の者が居住しているのであって，本件スタジオのように，
住居とは異質な娯楽施設で公共性が乏しく，不特定多数の者が出入り可能
な店舗の営業が本件マンションの一階部分で深夜にわたって行われること
は，本件マンションの住人らの享受してきた従前の居住環境の変化，風紀
及び治安状態の悪化をもたらし，睡眠・休息を妨げて平穏な生活を阻害す
るものであり，これが無限定に行われるときは区分所有者の共同の利益に
反する行為となり，かつ，受忍限度を超えるものというべきである。

　原決定は，一律に深夜午前0時から午前4時までの間の営業を禁止した
が，右時間帯の営業は，乙にとって売上の大きな部分を占める重要なもの
であり，特に休日の前日から翌日にかけての時間は来店客が多く，他の日
と全く同様に営業を午前0時以降禁止することは，乙に与える打撃がきわ
めて大きく酷である。また，乙は，睡眠・休息の妨害となるような自動車
の駐発車音の防止のため来店客の駐車場の位置を変更するなど，住人らの
平穏な生活を維持するための改善措置を一部実施し，更に最大限の努力を
誓約し，原決定を遵守している。これらのことからすれば，休日の営業に
限って原決定の禁止時間を一時間短縮すること，すなわち，休日の前日か
ら継続している本件スタジオの営業使用を他の日より一時間延長すること
としても，住人らに受忍限度を超える被害を与えるものとはいえないと考
えられ，右の限度で原決定を変更するのが相当である。

解説　カラオケスタジオとしての使用が，日曜日及び祝祭日は午前1時
から午前4時までに緩和されたものの，区分所有者の共同の利益
に反することを理由に午前0時から午前4時までの使用禁止が認められた
事例

1　共同の利益に反する行為

　乙が，マンション建物の保存に有害な行為その他マンション建物の管
理又は使用に関し，区分所有者の共同の利益に反する行為をした又はす
るおそれがあることが要件となる（法57条1項）。共同の利益に反する行
為に該当するかどうかについて，昭53・2・27東京高判（金法875号31

119

第2章　区分所有者全員の請求（管理者などによる訴訟担当）

頁）は，「当該行為の必要性の程度，これによつて他の区分所有者が被る不利益の態様，程度等の諸事情を比較考量して決すべきものである」としている。共同の利益には，生活上の共同の利益も含まれる。

2　当事者適格

　　法57条1項の停止請求権の帰属を主張する他の区分所有者全員に原告適格が認められ，管理者又は集会において指定された区分所有者は，原告となることができる（任意的訴訟担当）（同条3項）。そして，原告によって停止義務者とされる共同利益背反行為をした区分所有者に，被告適格が認められる（同条1項）。

3　訴訟提起のための集会決議

　　甲が訴訟を提起するについては，集会の決議（普通決議）が必要である（法57条2項，4項）。この場合，規約で別段の定めができない。

4　法57条2項，4項以外に，区分所有法で集会の決議が必要とされている事項

①共用部分の変更（その形状又は効用の著しい変更を伴わないものを除く。）（法17条1項本文）

②共用部分の管理（狭義）（法18条1項本文）

③区分所有者の共有に属する建物の敷地又は共用部分以外の附属施設の変更（その形状又は効用の著しい変更を伴わないものを除く。）（法17条1項本文，21条）

④区分所有者の共有に属する建物の敷地または共用部分以外の附属施設の管理（狭義）（法18条1項本文，21条）

⑤管理者の選任・解任（法25条1項）

⑥規約の設定・変更・廃止（法31条1項前段）

⑦議長の選任（法41条）

⑧管理組合法人の成立（法47条1項）

⑨管理組合法人の理事・監事の選任・解任（法25条1項，49条8項，50条4項）

⑩管理組合法人の事務（法52条1項本文）

⑪管理組合法人の解散（法55条1項3号，2項）

【類型 9】 管理者が区分所有者に対し共同の利益に反する行為の停止等を請求（訴訟担当）

⑫共同利益背反行為をした区分所有者に対する専有部分の使用禁止請求 （法 58 条 1 項，2 項）

⑬共同利益背反行為をした区分所有者に対する競売請求（法 59 条 1 項，2 項）

⑭共同利益背反行為をした占有者に対する引渡請求（法 60 条 1 項，2 項）

⑮管理者等に対する訴訟追行権の授権（法 57 条 3 項，4 項，58 条 4 項，59 条 2 項，60 条 2 項）

⑯小規模滅失の場合の復旧（法 61 条 3 項）

⑰大規模滅失の場合の復旧（法 61 条 5 項）

⑱建替え決議（法 62 条 1 項）

⑲団地内の専有部分のある建物について，団地規約の制定（法 68 条 1 項 2 号）

⑳団地内の建物の建替え承認決議（法 69 条 1 項，7 項）

㉑団地内の建物の一括建替え決議（法 70 条 1 項）

第 2 章　区分所有者全員の請求（管理者などによる訴訟担当）

[3] 事例　　　　　　　　　　　　　　　　　　　　【類型 9】–[3]

> 甲は，兜マンション管理組合（権利能力なき社団）
> 乙は，兜マンション 502 号室で託児所を経営
> 甲が，託児所の経営者と区分所有者に対して，託児所としての使用は専有部分を住居の目的以外に使用することはできないとする規約に違反し，さらに区分所有者の共同の利益にも反するとして，法 57 条 1 項に基づき，託児所としての使用の停止を求めた。（請求認容）

論点　専有部分を託児所として使用することが共同の利益に反する行為となるか

出典　平 18・3・30 東京地判（平 16 年㈠ 14689 号/判時 1949 号 55 頁）

判旨　本来住居目的とされている 502 号室において本件託児所を営業することは，他の区分所有者に対して一方的に深刻な騒音等の被害を及ぼしながら，乙は管理組合からの働きかけに対して真摯に具体的な改善策を提示することもせず，あまつさえサミット乱入事件をはじめ警察官の臨場を招くような事態を引き起こして居住者の不安を招き，近時にはある程度の改善はみられるものの，いまだ十分とはいえないものであり，何よりも乙の利益のために本件マンションの居住者が一方的な犠牲を強いられて居住用マンションとしての居住環境を損なわれることは相当でないことは明らかであり，さらに，火災等の災害時には生命身体への危険も考えられなくもないのであって，こうした状態をもたらした本件託児所の経営は，区分所有法 6 条 1 項に規定する「区分所有者の共同の利益に反する行為」であるというべきである。

解説　住居専用の専有部分を託児所として使用し，管理組合が，共同の利益に反する行為として，法 57 条 1 項に基づき託児所としての使用の停止を求めたところ，これが認められた事例

1　区分所有法 57 条 1 項の停止請求

　区分所有法は，各区分所有者に対し，共同の利益に反する行為を禁止し（法 6 条 1 項），義務違反者に対しては，法 57 条から 60 条により，停止（法 57 条），使用禁止（法 58 条），競売（法 59 条），引渡し（60 条）の裁

122

【類型9】管理者が区分所有者に対し共同の利益に反する行為の停止等を請求（訴訟担当）

判上の請求が認められている。ただし，訴訟を提起する場合には，集会の決議が必要である（法57条2項）。

2　共同の利益に反する行為

共同の利益に反する行為に該当するかどうかについて，昭53・2・27東京高判（金法875号31頁）は，「当該行為の必要性の程度，これによって他の区分所有者が被る不利益の態様，程度等の諸事情を比較考量して決すべきものである」として，一般的基準を示している。共同の利益に反する行為には，財産的観点からの共同の利益だけでなく，いわゆる生活上の共同の利益も含まれる。

3　当事者適格

(1)　本来的当事者適格

法57条以下の法的措置請求権が帰属すると主張する他の区分所有者全員（権利能力なき社団）又は管理組合法人に原告適格が認められる（法57条1項，58条1項，59条1項，60条1項）（平23・2・15最三判【類型2】-[4]）。

そして，原告が，法57条以下の法的措置請求の義務者と主張する法6条1項に規定する行為を行う区分所有者（法57条1項，58条1項，59条1項），占有者（法57条1項，4項，60条1項）に被告適格が認められる（昭61・7・10最一判/判時1213号83頁）。

(2)　任意的訴訟担当

訴訟を提起するときは，権利能力なき社団たる管理組合においては，①管理者又は②集会において指定された区分所有者は，集会の決議により，他の区分所有者全員のために，原告（任意的訴訟担当）となることができる（法57条3項，58条4項，59条2項，60条2項）。

管理者が選任されているときには（法25条1項），管理者は，区分所有者を代理する（法26条2項）から，区分所有者に代わって裁判外の請求することができる。

(3)　管理組合の当事者適格

規約（標規67条3項1号）に基づく差止め請求によれば，管理組合

第2章　区分所有者全員の請求（管理者などによる訴訟担当）

（権利能力なき社団）に当事者適格が認められる[※]。

4　規約に基づく管理組合の法的措置

(1)　法的措置の内容

区分所有者等（区分所有者若しくはその同居人又は専有部分の貸与を受けた者若しくはその同居人をいう（標規67条1項）。）が，次の①ないし③のいずれかの事由に該当するときは，管理組合は，（理事会の決議を経て）次の法的措置をとることができる（同条3項本文）。

［事由］

①区分所有者等が，規約若しくは使用細則等に違反したとき

②区分所有者等が敷地及び共用部分等において不法行為を行ったとき

③区分所有者等以外の第三者が敷地及び共用部分等において不法行為を行ったとき

［法的措置］

行為の差止め，排除又は原状回復のための必要な措置の請求に関し，訴訟その他法的措置を追行すること（標規67条3項1号）。

(2)　区分所有法に基づく停止等（法57条1項）の請求と規約に基づく差止め請求（標規67条3項）との比較

ア　区分所有法に基づく停止等の請求

法57条1項の場合には，①共同の利益に反する行為をした場合又は②共同の利益に反する行為をするおそれがあることが必要であるが，標規67条3項1号の場合には，単に規約若しくは使用細則等に違反があればよい。

イ　法57条1項によれば，共同の利益に反する行為を停止し，結果を除去することのほか，予防するため必要な措置を執ることを請求することができる。これに対し，標規67条3項1号では，行為の差止め，排除又は原状回復のための必要な措置の請求に関し，訴訟その他法的措置を追行することにとどまり，予防するため必要な措

[※]本事例（出典判例）は，原告が管理組合であるが，管理者であれば原告適格が認められる。しかし，論点が，原告が管理者であるか管理組合であるかに直接関係しないので，【類型9】に分類した。

【類型9】管理者が区分所有者に対し共同の利益に反する行為の停止等を請求（訴訟担当）

　置を執ることはできない。

　ウ　法57条1項の場合，訴え提起するためには，集会の決議が必要
　　である（同条2項）。これに対し，標規67条3項1号では，理事会
　　決議で足りる。

　エ　原告適格について，法57条1項では，①権利能力無き社団の場
　　合の区分所有者全員，又は②管理組合法人に認められる。これに対
　　し，標規67条3項1号では，管理組合である。

　　　また，法57条1項では，管理組合が権利能力なき社団の場合に
　　ついて，原告適格は，他の区分所有者の全員であるが，管理者又は
　　集会において指定された区分所有者も，集会の決議により，原告適
　　格（任意的訴訟担当）が認められる（同条3項）。

5　当事者の表示

　(1)　管理者が個人の場合

　　「　　　　　　　兜マンション管理組合管理者

　　　原　　告　甲　野　　一　　郎」

　(2)　管理者が法人の場合

　　「　　　　　　　兜マンション管理組合管理者

　　　原　　告　鎧　管　理　株　式　会　社

　　　　　　　　同代表者代表取締役　甲野一郎」

コメント

　法57条以下の措置請求は，共用部分に対する管理行為そのものではな
いが，その延長線上で捉えるなら，管理組合が法人であれば管理組合法人
が請求権者となるのが適当である。非法人の場合には，管理組合の実態が
多様であるため，他の区分所有者の全員で，団体的に行使すべきものとさ
れた。

第2章　区分所有者全員の請求（管理者などによる訴訟担当）

[4] 事例　　　　　　　　　　　　　　　　　　　【類型9】-[4]

> 甲は，兜マンション管理組合（権利能力なき社団）
> 乙は，兜マンション502号室の区分所有者
> 甲が，専用使用権の設定された専用使用庭に建造物①と建造物②を
> 設置している乙に対し，各建造物の設置が規約に違反し，区分所有建
> 物の保存に有害な行為その他建物の管理又は使用に関し区分所有者の
> 共同の利益に反する行為であるとして，法57条1項に基づき，その
> 撤去を求めた。（請求認容）

論点　専用使用庭に建造物を設置していることが共同の利益に反する行
為となるか

出典　平22・2・22東京地判（平20年(ワ)38372号/2010WLJPCA02228014）

判旨　　1　本件マンションの専用使用部分の使用方法については，本件
規約11条3項において，「専用使用部分の利用については，本
来の目的のみに使用するものとし，構築物等を築造及び設置してはなら
ない。但し，美観を損なわない形状及び色彩で物置程度の仮設物を定置
することができる。」と規定されているところ，本件建造物①の構造，
大きさ及び内部の状況によれば，本件建造物①は，「物置程度の仮設物」
との文言に合致する程度のものであるということは困難であるし，本件
マンションの他の専用使用庭に本件建造物①と同程度の規模のものは設
置されていないことも併せ考えれば，本件建造物①は上記「物置程度の
仮設物」には該当せず，その設置は本件規約に違反するものであるとい
うことができる。

2　そして，本件建造物②については，それ自体の大きさは本件マンショ
ンの◇◇号室及び▽▽号室に設置されている物置と同程度のものである
としても，本件建造物②が設置された際，本件建造物①の東側の壁が撤
去されて本件建造物①②の内部は繋がった構造になっているのであるか
ら，それらは一体のものとして評価すべきものであるところ，これが上
記「物置程度の仮設物」に該当するものでないことは，上記1に検討し
たところから明らかである。

126

【類型9】管理者が区分所有者に対し共同の利益に反する行為の停止等を請求（訴訟担当）

3　そして，本件マンションの住民の多くが，乙が本件建造物①②を撤去
　することを望んでおり，乙のみが本件規約に反する建造物を本件マン
　ションの専用使用庭に設置していることは，他の住民との関係において
　著しく公平に反する状況になっているといえること，本件建造物①②が
　設置されているため，本件専用使用庭の北側部分がほぼ塞がれた状態に
　なっており，また，本件建造物②が本件マンションの建物に近接して
　建っていることにより，災害時等及び防犯面における住民の不安が大き
　くなっていることから，甲としても早急な対処を求められていることな
　どが認められ，以上によれば，乙による本件建造物①②の設置は，本件
　マンションの保存に有害な行為その他建物の管理又は使用に関し区分所
　有者の共同の利益に反する行為に当たるものといわざるを得ない。

【解説】　規約に違反して専用使用庭に建造物①と同②を設置している区分
　　　　所有者に対し，管理組合が，共同の利益に反する行為として，法
57条1項に基づき建造物①②の撤去を求めたところ，認められた事例

1　判旨は，本件建造物①②が設置されているため，本件専用使用庭の北
　側部分がほぼ塞がれた状態になっており，また，本件建造物②が本件マ
　ンションの建物に近接して建っていることにより，災害時等及び防犯面
　における住民の不安が大きくなっていることから，甲としても早急な対
　処を求められていることなどの点を挙げて，乙の行為が共同の利益に反
　する行為だという。

2　法57条1項の停止請求権が帰属することを主張する他の区分所有者
　全員に原告適格が認められ，管理者に任意的訴訟担当が認められる（同
　条3項）。また，原告が停止義務者と主張する共同利益背反行為を行う乙
　に被告適格が認められる（同条1項）。管理組合（権利能力なき社団）に
　は，標規67条3項1号に基づく排除請求であれば，原告適格が認めら
　れる※。

※本事例（出典判例）は，原告が管理組合であるが，管理者であれば原告適格が認められる。
　しかし，論点が，原告が管理者であるか管理組合であるかに直接関係しないので，【類型9】
　に分類した。

127

第2章　区分所有者全員の請求（管理者などによる訴訟担当）

[5] 事例

【類型9】-[5]

> 甲は，兜マンション管理組合（権利能力なき社団）
> 乙は，兜マンション110号室で居酒屋を経営する賃借人
> 丙は，兜マンション110号室の区分所有者で賃貸人
> 　居酒屋の営業に関し，規約に違反し，区分所有者の共同の利益に反する行為であるとして，法57条1項，4項に基づき，甲が，乙，丙に対して，厨房換気ダクト等の撤去，乙に対して，深夜営業の禁止を求めた。
> （認容，ただし，丙に対する撤去請求は棄却）

論点　厨房換気ダクト等を設置し深夜まで居酒屋を営業することが共同の利益に反する行為となるか

出典　平13・6・19神戸地尼崎支判（平11年㋻863号/判時1781号131頁）

判旨　**1　ダクト等の撤去について**

　(1)　ダクトの設置が区分所有者の共同の利益に反しているか否か

　区分所有法57条は，区分所有者が同法6条1項に規定する行為をした場合またはその行為をするおそれがあり，区分所有者の共同の利益に反する場合にはその行為の結果の除去等を請求することを定めると同時にその訴訟の要件及び手続を定めている。そして，同法6条1項にいう区分所有者の共同の利益に反する行為には，他人の財産や健康にとって有害，迷惑，不快となるような生活妨害（ニューサンス。騒音，臭気，振動など。）を含むと解される。そして，○○○や▲▲▲の営業中に異臭を感じている住民は大多数に上っていること，しかもその分布状況は本件マンション全域に及んでいること，臭気のため暑くても南側窓を開けられない，窓を閉めていても換気口から臭気が部屋に入ってくる，○○○や▲▲▲の営業時間中はベランダに洗濯物を干せないなどの迷惑，不快感を感じている住民が多数いること，実際，本件ダクト等の設置場所付近の住民の中には，洗濯物に臭いがついたり，ベランダの油汚れを感じている者もいることなどが認められる。これらによれば，本件マンションの住民が，本件ダクト等が店舗南側

【類型9】 管理者が区分所有者に対し共同の利益に反する行為の停止等を請求（訴訟担当）

に設置されていることによって，本件ダクト等から排出される油煙や臭気のため迷惑，不快感を示していることが認められるのであって，本件ダクト等の設置は区分所有者の共同の利益に反していると認めることができる。

(2)　丙がダクト等の撤去ないし移設義務を負うか否か

丙が，乙に本件管理規約を遵守させる義務を負っていることは甲の主張のとおりである。しかしながら，本件ダクト等は，丙から本件建物を賃借した乙が設置したもので，同人の所有に属するものであることは争いがない。そして，賃貸人といえども，賃借人の所有物をその意思にかかわらず自ら処分することは違法であるから，丙に本件ダクト等の撤去ないし移設義務を負わせることは，丙に不可能を強いることになる。そうすると，丙は，自ら本件ダクト等を撤去ないし移設する義務までは負わないというべきである。したがって，甲の丙に対する本件ダクト等の撤去ないし移設請求は理由がない。

2　午後10時以降深夜までの営業の制限の可否

飲食の客が店舗の前で大騒ぎしたり，店員か客と思われる若者がバイクを空ぶかししたりするなど夜間の騒音が気になるとする住民は多数に上っていること，その結果，住民は，しばしば安眠を妨げられたり，平穏な生活を妨害されている。また，本件マンションでは，本件使用細則に騒音について特段の配慮が明記され，「苦情が出ない程度」という特に厳しい基準をもって対処するものとされている。以上からすれば，○○○や▲▲▲の深夜1時までの営業は，区分所有者の共同の利益に反するものといえる。そうすると，住民の51名の者が午後10時までの営業を可としていること，本件マンションの立地条件，乙の営業上の利益を総合考慮すると，午後11時以降の夜間の居酒屋営業を制限するのが相当である。

解説　専有部分の賃借人の居酒屋の営業に関し，規約に違反し，区分所有者の共同の利益に反する行為であるとして，法57条1項に基づき，管理者が賃借人などに対して，厨房換気ダクト等の撤去，深夜営業の禁止を求めたところ，これが認められた事例

129

第2章　区分所有者全員の請求（管理者などによる訴訟担当）

1 「共同の利益に反する行為」に該当する事情

(1) ダクト等の撤去について

　　法6条1項にいう区分所有者の共同の利益に反する行為には，他人の財産や健康にとって有害，迷惑，不快となるような生活妨害を含むと解される。本件マンションの住民が，本件ダクト等が店舗南側に設置されていることによって，ダクト等から排出される油煙や臭気のため迷惑，不快感を示していることが認められ，本件ダクト等の設置は区分所有者の共同の利益に反している。

(2) 深夜営業の制限について

　　深夜1時までの営業は，区分所有者の共同の利益に反するものといえるが，住民の51名の者が午後10時までの営業を可としていること，本件マンションの立地条件，乙の営業上の利益を総合考慮すると，午後11時以降の夜間の居酒屋営業を制限するのが相当である。

2 賃貸人がダクト等の撤去ないし移設義務を負うか

　　ダクト等の設置は共同の利益に反する行為であるが，賃貸人といえども，賃借人の所有物を勝手に処分することは違法であるから，賃貸人は，自ら本件ダクト等を撤去ないし移設する義務までは負わないとして，請求は棄却された。

3 区分所有法57条1項，4項に基づく停止請求

　　法は，区分所有者又は占有者に対し，共同の利益に反する行為（法6条1項，3項）の停止を請求し，また，義務違反者に対して，停止，結果の除去等の裁判上の請求をすることを認めている（法57条1項，4項）。

4 当事者適格

　　法57条1項，4項の停止請求権が帰属することを主張する他の区分所有者全員に原告適格が認められ，管理者に任意的訴訟担当が認められる（同条3項，4項）。また，原告が停止義務者であると主張する共同利益背反行為を行う区分所有者又は占有者に被告適格が認められる（法57条1項，4項）。（平23・2・15最三判【類型2】−[4]，昭61・7・10最一判/判時1213号83頁）。

　　管理組合（権利能力なき社団）には，標規67条3項1号に基づく差止め

130

【類型 9】管理者が区分所有者に対し共同の利益に反する行為の停止等を請求（訴訟担当）

請求の原告適格が認められる※。

[コメント]

1 区分所有者（賃貸人）にダクト等の撤去義務があるかについて

　法 57 条 1 項, 4 項は, 共同利益背反行為を行った区分所有者, 占有者に対して停止等の請求を認めているのであるから, 占有者が行った（共同利益背反行為となる）ダクトの設置行為について, その除去, すなわち, ダクトの移設・撤去を求めるには, 占有者に対して請求するしかないであろう。判旨は, 占有者が行ったダクトの設置について, 区分所有者に撤去義務があるかどうかを問題とするが, それには, 区分所有者が占有者の設置行為に加担した事実が必要となるというべきである。

2 区分所有者（賃貸人）の損害賠償責任

　ただし, 標規（67 条 2 項）によれば, 区分所有者は, 専有部分の貸与を受けた者が規約違反行為を行った場合には, その是正のため必要な措置を講じなければならないとされているから, 有効な措置が講じられていないとすれば, 結果的に違法な状態が発生しているということができ, 損害賠償責任が生じることは考えられる。

※本事例（出典判例）は, 原告が管理組合であるが, 管理者であれば原告適格が認められる。しかし, 論点が, 原告が管理者であるか管理組合であるかに直接関係しないので,【類型 9】に分類した。

第2章　区分所有者全員の請求（管理者などによる訴訟担当）

[6] 事例　　　　　　　　　　　　　　　　　　【類型9】-[6]

> 　甲は，兜マンション管理組合の管理者
> 　乙は，兜マンション110号室の区分所有者
> 　乙は，110号室において，規約上禁止されている不特定の者を宿泊させる営業（民泊営業）を行っている。甲は，その際の鍵の管理が不適切であってマンションの安全性が害されている等の事実を挙げ，これらは区分所有者の共同の利益に反するものであると主張して，法57条1項により民泊営業の停止等を求め，あわせて，本件訴訟に関し弁護士費用を支出することになったのは，乙の不法行為による損害であるとしてその損害賠償を求めた。甲の訴え提起後，乙は，110号室を売却した。（停止請求棄却，弁護士費用相当額の損害賠償請求を認容）

論点　①訴え提起後に専有部分を売却した区分所有者に法57条1項の停止請求の被告適格があるか

②共同利益背反行為（民泊行為）が不法行為となり，停止請求に係る弁護士費用相当額の損害が発生するか

出典　平29・1・13大阪地判（平28年(ワ)715号/2017WLJPCA01336008）

判旨　1　法57条1項の請求の被告適格について

　　　　法57条1項は，「区分所有者」である行為者等を請求の相手方とするものであるから，区分所有権を失った者に対し同項に基づく請求をすることはできない。

　　乙が，平成28年10月21日に新所有者に対して本件建物を売却し，本件建物の区分所有権を失ったことは，前提事実から容易に認められる。

2　弁護士費用請求に係る不法行為の成否及び管理者の権限の有無

　　　管理者は，規約又は集会の決議によりその職務に関し区分所有者のために原告又は被告となることができる（法26条1項，2項，4項）。また，規約には，管理規約違反の行為に対する差止め請求等について，費用償還ないし損害賠償を求めることもできる旨定められている。したがって，損害賠償請求に関する甲の主張は，乙の管理規約違反の行為に関する主張をしていることが明らかであるから，甲に，本件訴訟における損

132

【類型9】管理者が区分所有者に対し共同の利益に反する行為の停止等を請求（訴訟担当）

害賠償請求の当事者適格を認めることができる。

　乙の行っていた賃貸営業は，実質的には，インターネットを通じた募集の時点で不特定の外国人旅行者を対象とするいわゆる民泊営業そのものであり，約1年9か月の営業期間を通じてみると，現実の利用者が多数に上ることも明らかである。これについては，旅館業法の脱法的な営業に当たるおそれがあるほか，本件マンションの管理規約12条1項に明らかに違反する。

　乙の行っていた民泊営業のために，区分所有者の共同の利益に反する状況（鍵の管理状況，床の汚れ，ゴミの放置，非常ボタンの誤用の多発といった，不当使用や共同生活上の不当行為に当たるものが含まれる。）が現実に発生し，甲としては管理規約12条1項を改正して趣旨を明確にし，乙に対して注意や勧告等をしているにもかかわらず，乙は，あえて本件建物を旅行者に賃貸する営業を止めなかったため，管理組合の集会で乙に対する行為停止請求等を順次行うことを決議し，弁護士に委任して本件訴訟を提起せざるを得なかった。そうすると，本件建物における民泊営業は，区分所有者に対する不法行為に当たり，乙は弁護士費用相当額の損害賠償をしなければならない。

まとめ　共同利益背反行為について，専有部分の売却により目的を失って，法57条1項の停止請求は，理由がなくなるが，民泊行為の不法行為について，停止請求に係る弁護士費用相当額の損害が発生したとされた事例

　なお，停止請求権の帰属を主張する他の区分所有者全員に原告適格があり（法57条1項），管理者に任意的訴訟担当が認められる（同条3項）。そして，管理者が停止義務者と主張する乙に，停止請求の被告適格が認められ（同条1項），また，停止請求に係る弁護士費用相当額の損害賠償請求権は，停止請求した他の区分所有者全員に帰属するから，管理者が区分所有者のために原告となることができる（法26条4項）（任意的訴訟担当）。

第2章　区分所有者全員の請求（管理者などによる訴訟担当）

[7] 事例 【類型9】-[7]

> 甲は，兜マンション管理組合の管理者
>
> 乙は，兜マンション110号室の区分所有者
>
> 地上6階建てマンション1階にあり，マンションの完成以後10年以上にわたって自転車置場，通路等として利用されてきたトンネル状の吹き抜け部分（1棟の建物全体を支える柱2本の間に設置された当該建物最西端の外壁と，1階110号室の西側外壁とに挟まれ，上部が2階210号室の床面となっており，下部にはコンクリートが敷かれている。南側及び北側は通り抜けができる空地部分約30㎡。通り抜け可能部分の幅員は約3.27㎡）につき，乙が，同室の増築名目でこの吹き抜け部分の南側と北側とに外壁等を設置する工事をするなどした。
>
> 甲は，法57条1項に基づき，乙に対し，外壁等の撤去，当該部分の明渡しを請求した。

論点　ピロティーの部分は共用部分か専有部分か

出典　平7・2・28東京高判（平3年㈱4148号/平3年㈱4194号/判時1529号73頁）

判旨　本件1階吹き抜け部分は，兜マンションの建物のうちの他の区分所有建物と区別され，それ自体が独立の建物としての用途に供することができる外形を有するものではなく，また，利用上も独立していない部分であって，実際にも，自治会（管理組合）の集会で確認された利用方法により建物と建物の間にできた空間部分として，右部分の地上に自転車を置くなどして右マンション各室の区分所有者全員の共用に供せられるべき部分として都合10年余利用されてきた。

そして，昭和63年に乙が本件1階吹き抜け部分に○○に依頼して，110号室の増築工事と称する前示規模の設置物を設置させた後の右吹き抜け部分の状態，次いで，乙が他の区分所有者らによる自転車置場等の共用を完全排除して右吹き抜け部分を単独で占有しだした時期における本件1階吹き抜け部分上の設置物の状態は，いずれの時点でも当該部分だけでは独立の建物といえるものではなく，110号室に構造上附合した，したがって110号室と運命を共にするといった意味で同室の構成物となったものとみ

134

【類型 9】管理者が区分所有者に対し共同の利益に反する行為の停止等を請求（訴訟担当）

ることもできない。

　以上によれば，110 号室の現区分所有者である乙は，兜マンションの共用部分である本件 1 階吹き抜け部分をほしいままに使用・占有して，兜マンションの使用に関し区分所有者の共同の利益に反する行為をしているものということができるから，法 57 条により，区分所有者らに対し，本件 1 階吹き抜け部分に設置したベニヤ・タル木製外壁などを撤去して，同部分を明け渡す義務があり，甲の乙に対する本訴請求は理由があるというべきである。

| 解説 |

　乙が，ピロティー部分に外壁を設置し，物置として独占的に占有するに至ったとき，管理者が乙に対し，法 57 条 1 項に基づき，外壁等の撤去，ピロティー部分の明渡しを求め，これが認められた事例

1　ピロティー

　ピロティーとは，2 階以上を支える柱ないし壁，2 階床板と地表の床に囲まれた建物内の 1 階の吹き抜け部分をいう。

2　ピロティーは専有部分か共用部分か

(1)　専有部分として認められた事例

　　平 9・3・26 神戸地判【類型 13】−[2]

(2)　共用部分として認められた事例

　　平 7・2・28 東京高判【類型 9】−[7]（出典判例）

　　平 26・10・28 東京地判【類型 17】−[9]

3　当事者適格

　停止請求権の帰属を主張する他の区分所有者全員に原告適格が認められ（法 57 条 1 項）（平 23・2・15 最三判【類型 2】−[4]），管理者に任意的訴訟担当が認められる（同条 3 項）。そして，原告が，停止義務者と主張する共同利益背反行為を行う区分所有者に被告適格が認められる（同条 1 項）（昭 61・7・10 最一判/判時 1213 号 83 頁）。

第2章　区分所有者全員の請求（管理者などによる訴訟担当）

【類型 10】 管理者が区分所有者に対し専有部分の
　　　　　　使用禁止請求（訴訟担当）

[1] 事例　　　　　　　　　　　　　　　　　　　【類型 10】-[1]

> 　甲は，兜マンション管理組合
> 　乙は，兜マンション 110 号室の区分所有者
> 　110 号室のベランダ全体にゴミがあふれかえっていて，ベランダの
> 窓ガラスの内側（専有部分）にもゴミが散乱している。兜マンションで
> は，乙が放置しているゴミのために，異臭が生じているほか，ゴキブ
> リの被害も増え続けていて，このことが本件マンションの区分所有権
> の財産的価値を低減させる要因にまでなっている。
> 　乙が，その専有部分に大量のゴミを放置していることにより，他の
> 区分所有者の共同生活に著しい障害が生じているなどと主張して，甲
> が，法 58 条 1 項に基づき，110 号室の使用禁止を求めた。（請求認容）

論点　専有部分に大量のゴミを放置した場合に，法 58 条 1 項の要件に
　　　　該当するか

出典　平 23・1・25 東京地判（平 22 年(ワ)32169 号/2011WLJPCA01258025）

判旨　1　①乙は，前訴の和解において，ゴミ撤去の最終期限とされた
　　　　　　平成 20 年 11 月 30 日までに，本件居室内のゴミを撤去するこ
とができなかったため，甲は，前訴の和解調書に基づき，強制執行（代
替執行）により本件居室内のゴミを撤去することを検討したが，ゴミの
範囲が特定されていないなどの問題点が指摘され，これを断念したこ
と，②平成 22 年 7 月 21 日及び同年 8 月 8 日に，甲が本件マンションの
外から本件ベランダのゴミの状況を確認したところ，いずれも，本件ベ
ランダ全体にゴミがあふれかえっており，本件ベランダの窓ガラスの内
側（本件居室部分）にもゴミが散乱していることが見て取れる状態であっ
たこと，③乙は，本件訴訟提起後，本件ベランダの一部にあったゴミを
片付けて，その部分のみを撮影した写真を証拠として提出したが，ゴミ
の片付けがされた範囲は，本件ベランダの 3 分の 1 にも満たない程度で

136

【類型 10】管理者が区分所有者に対し専有部分の使用禁止請求（訴訟担当）

あり，その余の部分については，上記②とほぼ同様の状態であったこと，④本件マンションでは，乙が放置しているゴミのために，異臭が生じているほか，ゴキブリの被害も増え続けており，このことが本件マンションの区分所有権の財産的価値を低減させる要因にまでなっていること，⑤前訴の和解で定められた違約金もこれまで支払われていないこと，以上の事実が認められる。

　以上の認定事実によれば，乙による大量のゴミの放置が「区分所有者の共同の利益に反する行為」（法6条1項）に該当することは明らかであり，かつ，これによる区分所有者の共同生活上の障害は著しいといえる程度にまで達しているものと認められる。

　また，法 57 条 1 項に規定する請求によっては，乙が放置しているゴミを撤去して共同生活の維持を図ることが困難であることも，また明らかである。さらに，法 58 条 1 項ないし 3 項に規定する手続要件も充足されているものと認められる。以上によれば，甲の法 58 条 1 項に基づく請求は，その要件をいずれも充足しているものと認められる。

2　法 58 条 1 項では，同項の要件を充たす場合の効果として，「相当の期間」当該区分所有者の専有部分の使用禁止を求めることができるものとされていることから，以下では，この点について検討する。

　本件について，同項に基づき本件居室等の使用を禁止した場合には，これ以上ゴミが増えることはないものの，現在あるゴミについては，使用禁止期間中，そのままの状態で放置されることになるのであって，かえって異臭等の被害が拡大するおそれすら懸念されること等に照らすと，同項に基づく使用禁止請求だけでは，本件居室等のゴミ問題を抜本的に解決するのは困難であり，その意味では，同項に基づく使用禁止は，本件マンションの区分所有者の共同の利益に反する行為を継続したことに対する制裁的な要素が強いものといわなければならない（なお，法 58 条 1 項において，同項に基づく請求の内容として，「専有部分の明渡し」ではなく，「専有部分の使用の禁止」との文言が用いられていること等に照らせば，使用禁止期間内に，義務者において家財道具等を運び出す必要はないものと解するのが相当である。）。そうすると，本件において，本件居室等の使用禁止期間

第2章　区分所有者全員の請求（管理者などによる訴訟担当）

を甲が主張するような長期のものとするのは相当でなく，同項に定める「相当の期間」は3か月とするのが相当である。

【解説】　区分所有者が，その専有部分に大量のゴミを放置しているところ，管理者が，他の区分所有者の共同生活に著しい障害が生じているなどと主張し，法58条1項に基づき，2年間の使用禁止を求めたが，3か月間の使用禁止が認められた事例

類型10は，管理者による法58条の法的措置請求のケースである。

1　専有部分使用禁止請求の要件の充足

(1)　法58条1項の実体的要件

本事例では，次のとおり法58条1項の実体的要件を充足している。

ア　乙による大量のゴミの放置が「区分所有者の共同の利益に反する行為」（法6条1項）に該当すること

イ　アによる区分所有者の共同生活上の障害は著しいといえる程度にまで達していること

ウ　法57条1項の停止請求によっては，乙が放置しているゴミを撤去して共同生活の維持を図ることが困難であること

(2)　手続的要件

ア　区分所有者及び議決権の各4分の3以上の特別決議が必要である（法58条2項）。

イ　請求は，訴えによる（同条4項）。

2　専有部分使用禁止期間の制限

甲は，法58条1項の使用禁止の相当期間を2年間として請求をしたが，裁判所は，使用禁止期間を長期のものとするのは相当でなく，同項に定める「相当の期間」は3か月とするのが相当であるとした。すなわち，居室等の使用を禁止した場合には，これ以上ゴミが増えることはないものの，現在あるゴミについては，使用禁止期間中，そのままの状態で放置されることになる。そうすると，かえって異臭等の被害が拡大するおそれがある。

このことからすると，使用禁止請求だけで本件居室等のゴミ問題を抜本的に解決することは困難である。その意味では，使用禁止は，区分所

138

【類型 10】管理者が区分所有者に対し専有部分の使用禁止請求（訴訟担当）

有者の共同の利益に反する行為を継続したことに対する制裁的な要素が
強いものといわなければならない。

3　当事者適格

　　使用禁止請求権が帰属すると主張する他の区分所有者全員に原告適格
が認められ（法 58 条 1 項）（平 23・2・15 最三判【類型 2】- [4]），管理者に任
意的訴訟担当が認められる（法 57 条 3 項，58 条 4 項）※。そして，原告が，
使用禁止義務者と主張する共同利益背反行為を行う区分所有者に被告適
格が認められる（法 58 条 1 項）（昭 61・7・10 最一判/判時 1213 号 83 頁）。

　　標規 67 条 3 項 1 号によれば，管理組合は，「行為の差止め，排除又は
原状回復のための必要な措置の請求」ができるが，専用部分の使用禁止
請求は認められていない。

[コメント]

　法 57 条 1 項の停止請求によっては，乙が放置しているゴミを撤去して
共同生活の維持を図ることが困難であると思われ，一方で，法 59 条の競
売請求することも行き過ぎであると考えられるから，本事例で専有部分の
使用禁止を認めることが制裁的意味合いが強いものとなるとしても，やむ
を得ないところであろう。

※本事例（出典判例）は，原告が管理組合であるが，管理者であれば原告適格が認められる。
　しかし，論点が，原告が管理者であるか管理組合であるかに直接関係しないので【類型 10】
　に分類した。

第2章　区分所有者全員の請求（管理者などによる訴訟担当）

[2] 事例
【類型10】- [2]

> 　甲は，兜マンション管理組合の管理者
> 　乙は，兜マンション 110 号室の区分所有者
> 　乙は平成 3 年 9 月分から管理費等の滞納があり，滞納額は平成 13 年 2 月末日時点で 1348 万 5561 円に達している。甲は，乙に対し，滞納管理費等の支払のほか，管理費等の滞納が区分所有者の共同の利益に反する行為であるとして，法 58 条 1 項に基づき，当該区分所有者の専有部分の使用禁止を求めた。

| 論点 | 管理費等の長期滞納に対する措置として使用禁止（請求）は有効か |

| 出典 | 平 14・5・16 大阪高判（平 13 年(ネ)3322 号/判タ 1109 号 253 頁）|

| 判旨 | 　区分所有法 58 条による専有部分の使用禁止請求について，管理費等の滞納の場合に適用があるかを検討すると，同条の規定は，共同の利益に反する行為をする区分所有者に対し，相当の期間，専有部分の使用を禁止するというものであるが，専有部分の使用を禁止することにより，当該区分所有者が滞納管理費等を支払うようになるという関係にあるわけではなく，他方，その区分所有者は管理費等の滞納という形で共同の利益に反する行為をしているにすぎないのであるから，専有部分の使用を禁止しても，他の区分所有者に何らかの利益がもたらされるというわけでもない。そうすると，管理費等の滞納と専有部分の使用禁止とは関連性がないことは明らかであって，管理費等を滞納する区分所有者に対し専有部分の使用禁止を認めることはできないと解するのが相当である。

| 解説 | 　管理者が，管理費等の長期，多額の滞納区分所有者に対し，法 58 条 1 項により使用禁止請求したところ，これが認められなかった事例

1　区分所有者に対する使用禁止の請求（法 58 条 1 項）

　法 57 条 1 項に規定する場合（共同利益背反行為がある場合）において，共同利益背反行為による区分所有者の共同生活上の障害が著しく，法 57 条 1 項に規定する請求によってはその障害を除去して共用部分の利

【類型 10】管理者が区分所有者に対し専有部分の使用禁止請求（訴訟担当）

用の確保その他の区分所有者の共同生活の維持を図ることが困難である
ときは，他の区分所有者の全員又は管理組合法人は，集会の決議（特別
決議）に基づき，訴えをもって，相当の期間の当該行為に係る区分所有
者による専有部分の使用の禁止を請求することができる（法58条1項）。

2　滞納者に対する法58条適用の可否

原審（平13・9・5大阪地判/判時1785号59頁）は，法58条の適用を肯定
したが，控訴審は，上記のとおり適用を否定した。管理費等の滞納の場
合は，共同利益背反行為の態様が，騒音，悪臭，不良入居者等の積極的
な行為を伴う事例とは異なり，積極的作為ではないことから元々法58
条の射程の範囲外であること，法58条の効果は，権利の大幅な制限と
なること等から制限的な解釈を採ったものと考えられる（上手な対処法
214頁）。

3　当事者適格

使用禁止請求権が帰属すると主張する他の区分所有者全員に原告適格
が認められ（法58条1項）（平23・2・15最三判【類型2】−[4]），管理者（又
は集会において指定された区分所有者）に任意的訴訟担当が認められる（法57
条3項，58条4項）。そして，原告が，使用禁止義務者と主張する共同利
益背反行為を行う区分所有者に被告適格が認められる（法58条1項）（昭
61・7・10最一判/判時1213号83頁）。

コメント

管理費等の滞納の場合は，共同利益背反行為の態様が納付しないという
不作為であり，法57条1項の措置が意味がないところ，法58条1項の措
置も，必ずしも有効とはいえない。

141

第2章　区分所有者全員の請求（管理者などによる訴訟担当）

【類型 11】 管理者が区分所有者に対し競売請求（訴訟担当）

[1] 事例　　　　　　　　　　　　　　　　　　【類型 11】- [1]

> 甲は，兜マンション管理組合の管理者
> 乙は，兜マンション 110 号室の区分所有者
> 乙は，管理費等を滞納し続け，その額は 5 年 6 か月間で 938 万 0405 円に達している。この滞納は共同利益背反行為に当たり，法 59 条 1 項に基づく区分所有権の競売請求以外の方法によっては，乙の共同生活上の障害を除去して共用部分の利用の確保その他の区分所有者の共同生活の維持を図ることが困難であるとして，甲が同項に基づき乙の専有部分について競売を請求した。（請求認容）

論点　管理費等の長期滞納区分所有者に対して，競売請求以外の方法によっては，区分所有者の共同生活上の障害を除去して共用部分の利用の確保その他の区分所有者の共同生活の維持を図ることが困難であるといえるか

出典　平 19・11・14 東京地判（平 18 年㈦17090 号/判タ 1288 号 286 頁）

判旨　本件未払金の額は，平成 19 年 8 月 23 日現在で，938 万 0405 円に達している。本件マンションの総戸数は 12 戸であることからすれば，そのうちの 1 戸の住民である乙による管理費等の滞納が本件マンションの維持管理に与える影響は看過できない。

　本件マンションは必要な改修工事が実施できない状況にあることが認められ，乙の管理費等の滞納により区分所有者に実害が生じているといえる。以上の事情に鑑みれば，乙の本件管理費等の滞納は，共同利益背反行為に当たり，管理費等の未払によって，区分所有者の共同生活上の障害が著しくなっている。

　管理組合が，本件区分所有権について本件債務名義に基づき強制競売の申立てをしたとしても，同手続は民執法 63 条 2 項に基づき無剰余取消しとなる状態であって，本件区分所有権から本件未払管理費等を回収することはできない。

【類型 11】管理者が区分所有者に対し競売請求（訴訟担当）

　管理組合が本件区分所有権に対して本件先取特権に基づき担保不動産競売の申立てをしたとしても，その申立ては民執法 188 条，63 条 2 項に基づき取り消される可能性が極めて高い。仮に，上記申立てが取り消されなかったとしても，本件先取特権に優先する上記根抵当権の現在の被担保債権額及び上記滞納租税の額に鑑みれば，管理組合が本件区分所有権から本件未払管理費等を回収することはできないというべきである。

　この他にも，乙は，他に本件未払金の弁済に充てるに足りる財産を有していないことが認められることに照らせば，管理組合が現実に乙の財産に対する強制執行を行っていないことは，区分所有法 59 条 1 項の要件該当性を否定するものではない。

　以上によれば，本件マンションの他の区分所有者らは，法 59 条 1 項に基づく本件区分所有権の競売請求以外の方法によっては，区分所有者の共同生活上の障害を除去して共用部分の利用の確保その他の区分所有者の共同生活の維持を図ることが困難である。

| 解説 | 管理費等の長期滞納者に対して，管理者が法 59 条 1 項の競売請求をしたところ，これが認められた事例 |

　類型 11 は，管理者による法 59 条の法的措置請求のケースである。

1　法 59 条 1 項の競売請求権の法的性質

　法 59 条による競売の申立ては，競売請求訴訟の認容判決があって，はじめて認められる権利である。この判決により区分所有権等の競売権の発生を求める訴えは，判決によって新たな権利関係が作出されることを目的とするもの（執行を残さないもの）であるから形成訴訟である。競売権の発生には，判決の確定が必要であり，認容判決に仮執行宣言を付すことはできない（法律実務 192 頁）。

2　法 59 条 1 項の競売請求の実体的要件

(1)　共同利益背反行為があった，又はそのおそれがあること

(2)　区分所有者の共同生活上の障害が著しいこと

(3)　他の方法によってはその障害を除去して共用部分の利用の確保その他の区分所有者の共同生活の維持を図ることが困難であること

　　法 58 条 1 項の専有部分の使用禁止請求では，「法 57 条 1 項に規定

第2章　区分所有者全員の請求（管理者などによる訴訟担当）

する請求によつては」目的を達することができないことが要件とされているのに対し，法59条1項では，「他の方法によつては」目的を達することができないことが要件となっている。

「他の方法」とは，民事上の他の法的方法（法57条1項の停止請求，58条1項の使用禁止請求，7条の先取特権の実行）に限られる。ただし，法57条1項，58条1項の請求は，訴訟などの請求を経ていなければならないということはない。また，法7条により，他の区分所有者の全員又は管理組合は，先取特権を有し，その実行として競売をすることができるから，先取特権の実行としての競売によっても，債権の満足を得ることができない場合であることを要するが，この場合においても，担保権が不動産の価値以上に設定されている，いわゆるオーバーローンの状態であれば，剰余主義（民執法63条2項）が適用されて同競売の実効性はないから，これを経なければならないということはない。

3　先取特権の実行

(1)　意義

区分所有者は，区分所有者全員の共有に属する共用部分，建物の敷地若しくは共用部分以外の建物の附属施設について，共同して維持管理する（法11条1項，18条，21条）。区分所有者が，これらの適正な維持管理のために経費を要し，他の区分所有者に対し債権を有する場合には，債務者の区分所有権及び建物に備え付けた動産の上に先取特権を認めて区分所有者の債権を保護する（法7条）のが，公平である。

(2)　被担保債権（法7条1項）

①特定の区分所有者が，共用部分，建物の敷地若しくは共用部分以外の建物の附属施設につき他の区分所有者に対して有する債権

②区分所有者が，規約若しくは集会の決議に基づき他の区分所有者に対して有する債権

③管理者又は管理組合法人がその職務又は業務を行うにつき区分所有者に対して有する債権

【類型11】管理者が区分所有者に対し競売請求（訴訟担当）

(3) 目的物（法7条1項）

　　債務者の区分所有権（共用部分に関する権利及び敷地利用権を含む。）及び建物に備え付けた動産

(4) 優先権の順位及び効力（法7条2項）

　　一般先取特権の「共益費用」の先取特権（民法307条）とみなされ，優先弁済権（同法303条）行使と物上代位権（同法304条1項）行使が認められる。

4　法59条1項の競売請求の手続的要件

(1) 集会決議

　　区分所有者及び議決権の各4分の3以上の多数による集会決議が必要であり，また，この決議をするには，あらかじめ，当該区分所有者に対し，弁明する機会を与えなければならない（法58条3項，59条2項）。

(2) 訴えの提起

　　この訴訟は，判決によって新たな権利関係が作出されることを目的とするものであるから形成訴訟である。

5　当事者適格

　　競売請求訴訟は形成訴訟であるから，法59条1項に基づき，原告適格は，他の区分所有者の全員に認められ，管理者に任意的訴訟担当が認められる（法57条3項，59条2項）。

　　同じく，法59条1項に基づき，被告適格は，共同利益背反行為を行う区分所有者に認められる。

第2章　区分所有者全員の請求（管理者などによる訴訟担当）

[2] 事例
【類型11】－[2]

> 甲は，兜マンション管理組合の管理者
> 乙は，兜マンション110号室の区分所有者
> 　乙の平成14年9月分以降の管理費等の滞納額は，平成20年5月1日時点で合計183万4252円に達している。乙とその家族は，従来110号室の本件居室前の廊下などに多数のビラを貼ったり，ダンボールなどの私物を置いたりし，平成19年10月頃からは，居室のバルコニーに，「○！放火は重罪　しらばっくれないで　真犯人を自首させなさい」などと記載したビラを貼ったりしていた。甲は，法59条1項の競売を請求した。（請求棄却）

論点　管理費等の滞納などによって生じた他の区分所有者の共同生活上の障害の程度が，著しいものといえるか

出典　平22・5・21東京地判（平20年(ワ)900号/2010WLJPCA05218001）

判旨
1　管理費等の滞納について
　　乙は，現在まで，管理費等の一部（平成20年5月1日時点で合計183万4252円）を滞納しており，その滞納額や滞納期間に照らすと，この滞納は本件マンションの管理又は使用に関し区分所有者の共同の利益に反する行為に当たるといえるものの，その滞納額の本件マンション全体の管理費等における割合や，乙による管理費等の滞納によって本件マンションの区分所有者に生じた実害を認めるに足りる的確な証拠はないのであって，乙の上記滞納が本件マンションの管理上重大な支障となっており，本件マンションの区分所有者の共同生活上の障害が著しいものとまでは認め難い。

2　工事への協力拒絶について
　本件居室に関しては，乙の拒絶により，雑排水管清掃工事が平成16年5月以降行われておらず，本件マンションの大規模修繕工事に伴う本件居室部分の修繕工事も，同様の理由で，平成19年3月以降行われていないのであって，乙のこのような工事への協力拒絶は，本件マンション全体の雑排水関係設備や建物の機能を害し，又は，その美観を損なう

【類型11】管理者が区分所有者に対し競売請求（訴訟担当）

ものとして，本件マンションの管理又は使用に関し区分所有者の共同の
利益に反する行為に当たるといえる。

しかし，雑排水管清掃工事や大規模修繕工事が行われないことによっ
て本件マンションの設備等に具体的な不具合が生じたことはうかがわれ
ないのであって，区分所有者の共同生活上に生じた障害の程度が著しい
ものとまでは認め難い。

甲の指摘する乙の行為については，いずれも本件マンションの管理又
は使用に関し区分所有者の共同の利益に反する行為には当たり得るとし
ても，それらによる区分所有者の共同生活上の障害が著しいとも，競売
以外の方法によってはその障害を除去して共用部分の維持を図ることが
困難であるとも認めることはできず，甲による競売の請求は，区分所有
法59条1項所定の要件を具備するものとは認められない。

| 解説 | 管理費等の滞納などに対して，管理者が法59条1項の競売請求をしたところ，これが認められなかった事例 |

1 法59条1項の競売請求権の法的性質

法59条による競売の申立ては，競売請求訴訟の認容判決があって，
はじめて認められる権利である。この判決により区分所有権等の競売権
の発生を求める訴えは，判決によって新たな権利関係が作出されること
を目的とするものであるから形成訴訟である（法律実務192頁）。競売権
の発生には，判決の確定が必要となる。

2 法59条1項の競売請求の実体的要件

(1) 共同利益背反行為があった，又はそのおそれがあること

(2) 区分所有者の共同生活上の障害が著しいこと

(3) 他の方法によってはその障害を除去して共用部分の利用の確保その
他の区分所有者の共同生活の維持を図ることが困難であること

法58条1項の専有部分の使用禁止請求では，「法57条1項に規定
する請求によっては」目的を達することができないことが要件とされ
ているのに対し，法59条1項では，「他の方法によっては」目的を達
することができないことが要件となっている。

「他の方法」は，民事上の他の法的方法（法57条1項の停止請求，58条

147

第2章　区分所有者全員の請求（管理者などによる訴訟担当）

1項の使用禁止請求，7条の先取特権の実行）に限られる。

3　法59条1項の競売請求の手続的要件

(1)　集会決議

　　区分所有者及び議決権の各4分の3以上の多数による集会決議が必要であり（法58条2項，59条2項），また，この決議をするには，あらかじめ，当該区分所有者に対し，弁明する機会を与えなければならない（法58条3項，59条2項）。

(2)　訴えの提起

　　この訴訟は，判決によって新たな権利関係が作出されることを目的とするものであるから形成訴訟である。

4　当事者適格

　　競売請求訴訟は形成訴訟であるから，法59条1項に基づき，原告適格は，他の区分所有者の全員に認められ，管理者に任意的訴訟担当が認められる（法57条3項，59条2項）。

　　同じく，法59条1項に基づき，被告適格は，共同利益背反行為を行う区分所有者に認められる。

5　管理費等の長期滞納者に対する法57条以下の措置の請求があった例

(1)　法58条1項の使用禁止請求が棄却された事例

　　平14・5・16大阪高判【類型10】-[2]

(2)　法59条1項の競売請求が認容された事例

　　平19・11・14東京地判【類型11】-[1]

(3)　法59条1項の競売請求が棄却された事例

　　平22・5・21東京地判【類型11】-[2]（出典判例）

6　競売請求訴訟の認容判決による競売の手続

(1)　競売申立ての期限

　　競売の申立ては，判決が確定した日から6か月を経過したときは，することができない（法59条3項）。

(2)　買受け申出の制限

　　競売を申し立てられた区分所有者又はその者の計算において買い受けようとする者は，買受けの申出をすることができない（法59条4項）。

【類型 11】管理者が区分所有者に対し競売請求（訴訟担当）

⑶　民執法 63 条 2 項（剰余主義）の適用について

　平 16・5・20 東京高決（判タ 1210 号 170 頁）は，法 59 条に基づく競売は，当該区分所有者の区分所有権を売却することによって当該区分所有者から区分所有権を剥奪することを目的とし，競売の申立人に対する配当を全く予定していないものであるから，同条に基づく競売においては，そもそも配当を受けるべき差押債権者が存在せず，競売の申立人に配当されるべき余剰を生ずるかどうかを問題とする余地はないとして，法 59 条に基づく競売については，民執法 63 条 2 項の無剰余取消しの規定は適用されないとした。

第2章　区分所有者全員の請求（管理者などによる訴訟担当）

[3] 事例　　　　　　　　　　　　　　　　　　　　　　　【類型11】-[3]

> 甲は，兜マンション管理組合の管理者
> 乙は，兜マンション110号室の区分所有者
> 丙は，使用貸借して居住している乙の子
> 甲は，丙の専有部分内における騒音・振動・叫び声等を発生させる行為や各種設備の点検拒否等異常な行動等が区分所有者の共同の利益に反する行為に当たると主張して，法60条1項に基づき，使用貸借契約の解除及び専有部分の引渡し，併せて，法59条1項に基づき区分所有権及び敷地権の競売を請求した。（いずれも認容）

【論点】使用借人の異常な行動等に対し，法60条の使用貸借契約の解除，専有部分の引渡し，法59条1項の競売請求の各要件を充足するか

【出典】平17・9・13東京地判（平16年(ワ)13271号/判時1937号112頁）

【判旨】丙による本件専有部分内における騒音・振動・叫び声等を発生させる行為や各種設備の点検拒否等は，本件マンションの区分所有者の共同の利益に反する行為であり，その行為による区分所有者の共同生活上の障害が著しく，引渡し以外の方法によってはその障害を除去して共用部分の利用の確保その他区分所有者の共同生活の維持を図ることが困難な場合に当たる。

　以上によれば，区分所有法60条に基づき，丙による本件専有部分の引渡しと，その前提となる使用貸借契約の解除を認めるのが相当である。

　本件競売請求は，区分所有権を強制的に奪うという重大な結果を招くものであり，その要件を満たしているか否かについては慎重に判断すべきものではあるが，この点を考慮してもなお，以上のような丙と乙との一体性，乙の自主的に本件の問題を解決しようとする意思及び能力の欠如からすれば，同人が本件専有部分等を所有し続けることは，必然的に本件マンションの区分所有者の共同の利益に反することになると認めざるを得ないし，これによって，区分所有者の共同生活上の障害が著しく，区分所有権及び敷地利用権の競売以外の方法によってはその障害を除去して共用部分

【類型11】管理者が区分所有者に対し競売請求（訴訟担当）

の維持を図ることが困難であると認めるのが相当である。したがって，甲の区分所有法59条1項に基づく区分所有権及び敷地権の競売請求も理由がある。

解説 丙の専有部分内における騒音・振動・叫び声等を発生させる行為などの行為が共同利益背反行為であり，区分所有者の共同生活上の障害が著しいなどとして，管理者が，法59条1項の競売請求，法60条1項の解除・引渡請求をするところ，これらの請求が認められた事例

1 法59条1項の請求，60条1項の請求の法的性質

いずれの請求も，訴えの提起が必要であり（法59条1項，60条1項），このうち，法59条1項の競売請求，法60条1項の契約解除請求は，判決によって新たな権利関係が作出されることを目的とするものであるから形成訴訟である。同項の引渡請求は，給付訴訟である。

2 法59条1項の請求，60条1項の請求の実体的要件

法59条1項の請求，60条1項の請求のいずれについても，次の各要件を充足することが必要である。

(1) 共同利益背反行為があった，又はそのおそれがあること

(2) 区分所有者の共同生活上の障害が著しいこと

(3) 他の方法によってはその障害を除去して共用部分の利用の確保その他の区分所有者の共同生活の維持を図ることが困難であること

法58条1項の専有部分の使用禁止請求と，法59条1項，60条1項の請求とでは，実体的要件が重なるが，法58条1項では，「法57条1項に規定する請求によつては」目的を達することができないことと規定されているのに対し，法59条1項，60条1項では，「他の方法によつては」目的を達することができないことと規定されている。ただし，占有者に対する引渡請求（法60条1項）においては，区分所有者に対する請求と異なり，共同利益背反行為者である占有者に対してとることができる民事上の方法としては，法57条4項の停止等の請求だけなので，「他の方法によつては」とは，「法57条1項に規定する請求によつては」という意味である（法コンメ348頁参照）。

第2章　区分所有者全員の請求（管理者などによる訴訟担当）

3　手続的要件

(1)　訴えの提起

訴えの提起が必要である（法59条1項，60条1項）。

(2)　集会の決議

訴えの提起には，集会の決議が必要である。いずれも，議決の要件は，区分所有者及び議決権の各4分の3以上の多数による特別決議である（法58条2項，60条2項）。賃貸人たる区分所有者も議決権を有する。

この決議をするには，あらかじめ，当該占有者に対し，弁明する機会を与えなければならない（法58条3項，60条2項）。この場合，賃貸人たる区分所有者には，弁明の機会を与える必要はない（昭62・7・17最二判/裁民151号583頁）。

4　当事者適格

(1)　競売請求訴訟

形成訴訟である競売請求については，原告適格は，法59条1項に基づき，「他の区分所有者の全員」に認められる。被告適格は，同項に基づき，共同利益は違反行為を行う区分所有者に認められる。

(2)　契約解除・引渡請求訴訟

占有者に権原がないときには，占有者に対して引渡しを求めれば足りるが，占有者に権原があるときには，占有者と区分所有者の両方を被告として契約の解除を求めると共に，占有者には引渡しを求めることになる。

この場合の，契約の解除を求める請求は，形成訴訟であり，必要的共同訴訟である（法コンメ350頁参照）。解除請求については，原告適格は，法60条1項に基づき，「区分所有者の全員」に認められ，被告適格は，同項に基づき，当該区分所有者及び占有者に認められる。

給付訴訟である引渡請求については，同項の引渡請求権が帰属すると主張する「区分所有者の全員」に原告適格が認められ（平23・2・15最三判【類型2】-[4]），原告が，引渡義務者であると主張する占有者に被告適格が認められる（昭61・7・10最一判/判時1213号83頁）。

【類型11】管理者が区分所有者に対し競売請求（訴訟担当）

　　本事例のように，区分所有者と占有者に契約の解除を請求し，占有者に専有部分を原告に引き渡すことを請求するときには，原告適格は「区分所有者の全員」に認められる（法60条1項）から，当該区分所有者は，「区分所有者の全員」から除外されることになる。

(3)　任意的訴訟担当

　　法59条2項及び60条2項は，いずれも，法57条3項を準用し，管理者は，他の区分所有者の全員のために訴えを提起することができる旨規定している。これは，管理者などの任意的訴訟担当を規定するものであるが，これにより，本事例においては，甲に原告適格が認められることになる。

5　判決による競売，引渡し

(1)　競売請求訴訟の認容判決によって競売を実行することになるが，競売の申立ては，判決が確定した日から6か月を経過したときは，することができない（法59条3項）。また，競売を申し立てられた区分所有者又はその者の計算において買い受けようとする者は，買受けの申出をすることができない（同条4項）。

(2)　法60条1項の規定による判決に基づき専有部分の引渡しを受けた者は，遅滞なく，その専有部分を占有する権原を有する者にこれを引き渡さなければならない（法60条3項）。

第2章　区分所有者全員の請求（管理者などによる訴訟担当）

[4] 事例

【類型11】-[4]

> 　甲は，兜マンション管理組合の管理者
> 　乙は，兜マンション 110 号室の区分所有者で暴力団組長
> 　甲が，乙に対し，乙が，その専有部分を暴力団の事務所として使用させるなどの建物の管理又は使用に関し区分所有者の共同の利益に反する行為をし，当該行為による区分所有者の共同生活上の障害は著しく，他の方法によってはその障害を除去して区分所有者の共同生活の維持を図ることが困難であるなどと主張して，区分所有法 59 条に基づき，乙の専有部分に係る区分所有権及び敷地利用権の競売を請求した。(請求棄却)

| 論点 | 法 59 条に基づく競売請求について，共同の利益背反行為による区分所有者の共同生活上の障害が著しいといえるか |

| 出典 | 平 25・1・23 東京地判（平 22 年(ワ)47228 号/判タ 1408 号 375 頁） |

判旨　乙は，本件区分所有権等を取得した後，これを自ら使用せずに，暴力団構成員を居住させたのみならず，E 組に組事務所として使用することを許していたところ，暴力団の事務所は，暴力団同士の対立抗争等が生じた場合には，襲撃の対象となる現実的可能性があるのであって，また，暴力団の活動が本件マンション内の一居室である本件専有部分で行われることにより，本件マンションの他の居住者の日常生活の平穏が害されることは明らかであり，さらに，本件専有部分について，これを対象として警察による捜索が二度行われているところ，これにより本件マンションの使用・管理上の支障が生じたことも否定できない。

　以上の点を総合すれば，乙が，平成 22 年 4 月頃から同年 11 月末頃までの間，本件専有部分を E 組に組事務所として使用させたことは，法 6 条 1 項に規定する「その他建物の管理又は使用に関し区分所有者の共同の利益に反する行為」(共同利益背反行為)に該当するものであるということができる。

　しかしながら，法 59 条に基づく競売請求が認められるためには共同利益背反行為による区分所有者の共同生活上の障害が著しいことが，口頭弁

【類型11】管理者が区分所有者に対し競売請求（訴訟担当）

論終結時において認められる必要があるところ，本件専有部分は，平成23年1月末頃にE組が組事務所としての使用を止めており，その後は，本件口頭弁論終結時に至るまでの間，空室であって，暴力団構成員の出入り等により暴力団の活動が行われていた形跡はなく，本件口頭弁論終結時において，乙の共同利益背反行為による区分所有者の共同生活上の障害が著しいとまで認めるに足る事情はないといわざるを得ない。

甲は，本件専有部分は，平成2年頃からC会の東京における活動拠点であり，暴力団対策法上の事務所として用いられてきたものであって，本件口頭弁論終結時においても，その地位は失われていない旨主張する。しかし，組事務所としての使用実態は明らかでなく，乙が本件区分所有権等を取得する以前には，暴力団関係者が出入りしていない期間も相当程度あったことを考慮すると，本件専有部分が，平成2年頃から，一貫してC会の東京進出のための活動拠点であったとまではいえず，この点においては，空室となった本件専有部分が，再び暴力団の事務所としての使用に供されるなど暴力団の活動に利用される具体的な可能性があるとまでは認められない。

解説 乙は，専有部分を暴力団の組事務所として使用しているなどの共同利益背反行為があり，区分所有者の共同生活上の障害は著しいなどとして，法59条1項の競売請求をしたところ，これが認められなかった事例

1 出典判例が請求を棄却した理由

判旨は，乙が，平成22年4月頃から同年11月末頃までの間，専有部分を暴力団組事務所として使用させたことは，共同利益背反行為に該当するが，平成23年1月末頃に暴力団組事務所としての使用を止めており，本件口頭弁論終結時に至るまでの間，空室であって，暴力団構成員の出入り等により暴力団の活動が行われていた形跡はなく，本件口頭弁論終結時において，共同利益背反行為による共同生活上の障害が著しいとまで認めるに足る事情はないとした。

155

第 2 章　区分所有者全員の請求（管理者などによる訴訟担当）

2　暴力団組事務所等として使用されている場合の競売等の請求

(1)　法 58 条の使用禁止請求

　①昭 62・5・19 福岡地判（判タ 651 号 221 頁）

　　　区分所有者の共同利益背反行為の態様や程度から，判決確定日か
　　ら 3 年間の使用禁止を認めた。

(2)　法 59 条の競売請求

　①昭 61・2・18 札幌地判（判時 1180 号 3 頁）

　　　暴力団組長である区分所有者が，他の区分所有者の共同の利益に
　　反する行為をなし，法 59 条の各要件を充足しているとして，競売
　　請求を認めた。

　②昭 62・7・27 名古屋地判（判時 1251 号 122 頁）

　　　実質的管理，処分権を賃貸していた暴力団組長に掌握されていた
　　区分所有者を被告として競売請求したところ，これが認められた。

　③平 4・10・22 京都地判（判時 1455 号 130 頁）

　　　暴力団組長である賃借人が，他の区分所有者の同意を得ないで当
　　該室を改装して暴力団事務所とし，脅迫的な言動により恐怖感を与
　　えていた。そこで，区分所有者に対しては法 59 条に基づく競売請
　　求，区分所有者と賃借人に対しては法 60 条に基づく契約解除・引
　　渡請求，法 57 条に基づく原状回復をそれぞれ求めたところ，これ
　　らの請求が認められた。

　④平 24・2・9 福岡地判【類型 6】－[3]

　　　暴力団組事務所としての使用自体が共同利益背反行為となるかが
　　問題となり，居住者に対する暴力行為や威圧行為なども行われてい
　　なかったが，競売請求が認められた。

　⑤平 25・1・23 東京地判【類型 11】－[4]（出典判例）

(3)　法 60 条の契約解除・引渡請求

　①昭 62・7・17 最二判（裁民 151 号 583 頁）

　②平 4・10・22 京都地判（判時 1455 号 130 頁）（上記(2)③）

【類型 11】 管理者が区分所有者に対し競売請求（訴訟担当）

3 昭 62・7・17 最二判 (裁民 151 号 583 頁)

(1) 事案

甲は，管理組合の管理者であり，区分所有者全員のために，賃貸人である区分所有者と居住する賃借人乙（暴力団組長）を相手方として，賃貸借契約の解除と専有部分の引渡しを請求した。

暴力団組長は組員を伴ってマンションに出入りし，他の入居者は恐怖感を覚えていたばかりでなく，暴力団間の対立抗争から暴力団組長のみならず，他の入居者もこの抗争に巻き込まれる危険性があり，生命・身体の安全を脅かされていた。

(2) 判旨

本件専有部分の賃借人である乙は，本件建物の使用に関し法 6 条 3 項によって準用される同条 1 項所定の区分所有者の共同の利益に反する行為をしたものであり，かつ将来もこれをするおそれがあって，右行為による区分所有者の共同生活上の障害が著しく，他の方法によってはその障害を除去して共用部分の利用の確保その他の区分所有者の共同生活の維持を図ることが困難であるときに該当するとした原審の判断は，正当として是認することができる。（上告棄却）

(3) 訴訟経過

一審は，甲の請求を認容し（昭 61・1・29 横浜地判/判タ 579 号 85 頁），控訴審も乙らの控訴を棄却した（昭 61・11・17 東京高判/判タ 623 号 70 頁）。上告審は，原審の認定判断を是認した。

157

第2章　区分所有者全員の請求（管理者などによる訴訟担当）

【類型 12】 管理者が区分所有者などに対し解除・引渡請求
（訴訟担当）

[1] 事例　　　　　　　　　　　　　　　　　　【類型 12】－ [1]

> 甲は，兜マンション管理組合（権利能力なき社団）
> 乙は，兜マンション 110 号室の区分所有者
> 丙は，乙の子で，110 号室を乙から使用貸借して居住している。
> 　甲が，乙及び丙に対し，丙が毎日のように 110 号室のベランダ，室内等において野鳩に餌付けをし，飼育する行動を何年間も反復し，甲及び他の区分所有者らの抗議警告にも耳を貸さないで右行為を継続し，これにより，多数の野鳩が飛来して所構わず糞等をまき散らす等，その汚損，悪臭，騒音が他の区分所有者らの共同生活に多大の被害を与える状態を生ぜしめているとして，法 60 条 1 項に基づき，乙と丙との間の使用貸借契約の解除と 110 号室の引渡しを請求した。（いずれも認容）

論点　専有部分の居住者の野鳩の餌付け及び飼育が，区分所有者の共同の利益に反する行為として，法 60 条 1 項の各要件を充足するか

出典　平 7・11・21 東京地判（平 7 年㈠ 6461 号／判時 1571 号 88 頁）

判旨　丙が数年間にわたり 110 号室において野鳩の餌付け及び飼育を反復継続していること，丙のこれらの行為（本件餌付け等）を原因として本件マンション及びその付近におびただしい数の野鳩が毎日一定の時刻ころに飛来し，そのまき散らす糞，羽毛，羽音等により本件マンションにおける共同生活に著しい障害が生じていること，本件のマンションの他の区分所有者及び甲は何とか乙，丙との交渉により丙の本件餌付け等をやめさせようと努力したが丙においては直接の話合いも，乙を介しての話合いも頑なに拒んだ上本件餌付け等を続行していることが認められ，これらの事実からすると，丙の本件専有部分の占有を利用して行う本件餌付け等は，本件マンションの区分所有者の共同の利益に反する行為であり，その行為による区分所有者の共同生活の障害が著しく，他の方法によってはその障害を除去して共用部分の利用の確保その他の区分所有者の共同生活の

158

【類型 12】管理者が区分所有者などに対し解除・引渡請求（訴訟担当）

維持を図ることが困難な場合に当たるものといわざるを得ない。

解説 専有部分の居住者の野鳩の餌付け及び飼育が，区分所有者の共同の利益に反する行為であるとして，管理者が，専有部分の区分所有者と居住者との使用貸借契約の解除と専有部分の引渡しを請求するところ，これが認められた事例

類型 12 は，管理者による法 60 条の法的措置請求のケースである。

1　法 60 条 1 項の請求の法的性質

　　法 60 条 1 項の契約解除・引渡請求は，訴えの提起が必要であるが，このうち，契約解除請求は，判決によって新たな権利関係が作出されることを目的とするものであるから形成訴訟である（法コンメ 350 頁）。引渡請求は，給付訴訟である。

2　法 60 条 1 項の請求の要件

(1)　法 60 条 1 項の請求の実体的要件

　　ア　共同利益背反行為があった，又はそのおそれがあること

　　イ　区分所有者の共同生活上の障害が著しいこと

　　ウ　他の方法によってはその障害を除去して共用部分の利用の確保その他の区分所有者の共同生活の維持を図ることが困難であること

　　　　法 58 条 1 項では，「法 57 条 1 項に規定する請求によつては」目的を達することができないことが要件とされているのに対し，法 60 条 1 項では，「他の方法によつては」目的を達することができないことが要件となっている。ただし，占有者に対する引渡請求（法 60 条 1 項）においては，区分所有者に対する請求と異なり，共同利益背反行為者である占有者に対してとることができる民事上の方法としては，法 57 条 4 項の停止等の請求だけなので，「他の方法によつては」とは，「法 57 条 1 項に規定する請求によつては」との意味である。

(2)　手続的要件

　　ア　訴えの提起が必要である（法 60 条 1 項）

　　イ　訴えの提起には，集会の決議が必要である

　　　　議決の要件は，区分所有者及び議決権の各 4 分の 3 以上の多数に

159

第2章　区分所有者全員の請求（管理者などによる訴訟担当）

よる特別決議である（法58条2項，60条2項）。賃貸人たる区分所有
者も議決権を有する。

　この決議をするには，あらかじめ，当該占有者に対し，弁明する
機会を与えなければならない（法58条3項，60条2項）。

3　当事者適格

(1)　占有者が占有について無権原であるときには，占有者のみを被告と
して引渡しを求めることになる。この場合は給付訴訟であるから，法
60条1項の引渡請求権があると主張する「区分所有者の全員」に原
告適格が認められ（平23・2・15最三判【類型2】-[4]），原告が，引渡義
務者であると主張する占有者に被告適格が認められる（昭61・7・10最
一判/判時1213号83頁）。

(2)　占有者に権原があるときには，占有者と区分所有者の両方を被告と
して契約の解除を求めると共に，占有者には引渡しを求めることにな
る。占有者が転借人であるときには，転貸人と転借人の両方を被告と
して転貸借契約の解除を求める（必要的共同訴訟）と共に，転借人占有
者に引渡しを求めることになる。賃貸人である区分所有者は被告には
ならない（法コンメ350頁）。

　この場合の，契約の解除を求める請求は，形成訴訟であり，必要的
共同訴訟である（法コンメ350頁）。解除請求については，原告適格
は，法60条1項に基づき，「区分所有者の全員」に認められ，被告適
格は，同項に基づき，当該区分所有者及び占有者に認められる。

　給付訴訟である引渡請求については，同項の引渡請求権が帰属する
と主張する「区分所有者の全員」に原告適格が認められ（平23・2・15
最三判【類型2】-[4]），原告が，引渡義務者であると主張する占有者に
被告適格が認められる（昭61・7・10最一判/判時1213号83頁）。

　本事例のように，契約の解除及び専有部分の引渡しを請求するとき
には，原告適格は「区分所有者の全員」に認められる（法60条1項）
から，当該区分所有者は，「区分所有者の全員」から除外されること
になる。

【類型12】管理者が区分所有者などに対し解除・引渡請求（訴訟担当）

(3) 任意的訴訟担当

　　法60条2項は，法57条3項を準用し，管理者（又は集会において指定された区分所有者）は，区分所有者の全員のために法60条1項の訴えを提起することができる旨規定している。これは，管理者などの任意的訴訟担当を規定するものであるが，これにより，管理者（又は集会において指定された区分所有者）に原告適格が認められることになる※。

　　標規67条3項1号によれば，管理組合は，「行為の差止め，排除又は原状回復のための必要な措置の請求」ができるが，専用部分の契約解除・引渡請求は認められていない。

4　占有者の集会出席権，意見陳述権

　　区分所有者の承諾を得て専有部分を占有する者は，会議の目的たる事項につき利害関係を有する場合には，集会に出席して意見を述べることができる（法44条1項）。例えば，法57条1項，4項の停止請求について，共同の利益に反する行為かどうかが議題となる場合（法57条2項），また，法60条1項の占有者に対する引渡請求が議題となる場合である。そのほか，占有者は，建物又はその敷地若しくは附属施設の使用方法につき，区分所有者が規約又は集会の決議に基づいて負う義務と同一の義務を負う（法46条2項）から，これらの義務が議題となる場合がある。これに対し，駐車場料金増額などの決定は，区分所有者相互間の調整に関する問題であるから，利害関係を有する場合とはいえない。占有者の賃料などに間接的に影響することがあったとしても，区分所有者と占有者との間で解決すべき問題である。

※本事例（出典判例）は，原告が管理組合であるが，管理者であれば原告適格が認められる。しかし，論点が，原告が管理者であるか管理組合であるかに直接関係しないので，【類型12】に分類した。

第 2 章　区分所有者全員の請求（管理者などによる訴訟担当）

【類型 13】 集会で指定された区分所有者が他の区分所有者などに対し停止などを請求（訴訟担当）

[1] 事例 【類型 13】-[1]

> 甲は，兜マンション 110 号室の区分所有者（他の区分所有者全員のための訴訟担当者）
> 乙は，兜マンション 120 号室の区分所有者
> 乙が，兜マンションの管理組合の役員が修繕積立金を恣意的に運用したなどの記載がある役員らをひぼう中傷する内容の文書を配布し，兜マンション付近の電柱に貼付するなどの行為を繰り返しているとして，甲が，法 57 条に基づき，これらの行為の差止めを求めた。

論点　名誉毀損文書の頒布などが共同利益背反行為に当たるか

出典　平 24・1・17 最三判（平 22 年㊤2187 号/裁民 239 号 621 頁）

判旨　法 57 条に基づく差止め等の請求については，マンション内部の不正を指摘し是正を求める者の言動を多数の名において封じるなど，少数者の言動の自由を必要以上に制約することにならないよう，その要件を満たしているか否かを判断するに当たって慎重な配慮が必要であることはいうまでもないものの，マンションの区分所有者が，業務執行に当たっている管理組合の役員らをひぼう中傷する内容の文書を配布し，マンションの防音工事等を受注した業者の業務を妨害するなどする行為は，それが単なる特定の個人に対するひぼう中傷等の域を超えるもので，それにより管理組合の業務の遂行や運営に支障が生ずるなどしてマンションの正常な管理又は使用が阻害される場合には，法 6 条 1 項所定の「区分所有者の共同の利益に反する行為」に当たるとみる余地があるというべきである。

　これを本件についてみると，甲が，乙による本件各行為は，本件管理組合の役員らに対する単なる個人攻撃にとどまらず，それにより本件管理組合の業務の遂行や運営に支障が生じているなどと主張していることは，前記のとおりである。それにもかかわらず，乙が本件各行為に及んでいる

162

【類型13】集会で指定された区分所有者が他の区分所有者などに対し停止などを請求（訴訟担当）

か，また，それにより本件マンションの正常な管理又は使用が阻害されて
いるかなどの点について審理判断することなく，法57条に基づく本件請
求を棄却すべきものとした原審の判断には，法6条1項の解釈を誤った違
法があり，この違法が判決に影響を及ぼすことは明らかである。論旨は理
由があり，原判決は破棄を免れない。そして，上告人の請求が法57条の
要件を満たしているか否かにつき更に審理を尽くさせるため，本件を原審
に差し戻すこととする。

| 解説 | 乙は，管理組合の役員らをひぼう中傷する内容の文書を配布する
などの行為を続けている。甲は，これらの行為が共同利益背反行
為に当たるとして法57条1項の停止請求をしたところ，①1，2審は，騒
音，振動，悪臭の発散等のように建物の管理又は使用に関わるものではな
いから，法6条1項所定の「区分所有者の共同の利益に反する行為」に当
たらないとしたが，②最三判は，誹謗中傷文書がマンションの正常な管
理，使用を阻害する場合には，共同の利益に反する行為に当たるとみる余
地があるとして，原判決を破棄し，原審に差し戻した。

類型13は，集会で指定された区分所有者による法的措置請求のケース
である。

1　共同の利益

通説は，法6条1項所定の「区分所有者の共同の利益」には，いわゆ
る共同生活的観点からの共同の利益も含まれると解している。

2　当事者適格

停止請求権があると主張する他の区分所有者全員に原告適格が認めら
れ，（法57条1項）（平23・2・15最三判【類型2】-[4]），原告が，停止義務
者であると主張する共同利益背反行為者に被告適格が認められる（法57
条1項）（昭61・7・10最一判/判時1213号83頁）。

3　任意的訴訟担当

法57条以下の共同利益背反行為に対する法的措置請求については，
管理者又は集会において指定された区分所有者に任意的訴訟担当が認め
られる（法57条3項，58条4項，59条2項，60条2項）。管理者に限られて
いない点に注意が必要である。

第 2 章　区分所有者全員の請求（管理者などによる訴訟担当）

[2] 事例
【類型 13】 - [2]

> 甲は，兜マンションの区分所有者（集会において指定され，集会の決議により，乙以外の区分所有者全員のために訴訟を提起する権限を授与された者）
> 乙は，兜マンションの 2 室の区分所有者で分譲業者
> 兜マンションのいわゆるピロティー部分（8 本の脚柱のある空間部分であり，東部，南部には壁面がなく，西部分にはその北側半分程にコンクリート製の壁面があり，北部のうち，ロビー部分と接している西側部分にコンクリート製の隔壁があり，鉄製の扉も設置されている。）について，外周に壁を設置する工事を行って，乙所有の専有部分として所有権保存登記をした。このため，甲は，右行為は，法 6 条 1 項にいう「区分所有者の共同の利益に反する行為」に該当すると主張し，乙に対し，壁の撤去と所有権保存登記の抹消を求めた。（いずれも請求棄却）

| 論点 | ピロティー部分は，法定共用部分か，分譲業者の専有部分か

| 出典 | 平 9・3・26 神戸地判（平 7 年(ワ)1290 号・平 7 (ワ)1627 号/判タ 947 号 273 頁）

| 判旨 | 本件マンション 1 階部分は，居住者が出入りのために利用する北西部の玄関に続くロビー部分と本件係争部分に分かれており，ロビー部分には住民のための郵便受けが設置され，2 階に出入りするための階段に続いている。右階段の下付近には本件マンション全体の機械室及び電気室があるが，ロビー部分から出入りすることができる。本件係争部分は，いわゆるピロティーであって，8 本の脚柱のある空間部分であり，東部，南部には壁面がなく，西部分にはその北側半分程にコンクリート製の壁面があり，北部のうち，ロビー部分と接している西側部分にコンクリート製の隔壁があり，鉄製の扉も設置されている。

ロビー部分は当初からタイル貼りであるのに対し，本件係争部分は，当初は舗装がなく，土のままであったが，後にコンクリート舗装されている。

乙は，本件係争部分を当初から資材置場として使用し，また，本件係争部分を含めた 1 階部分の敷地面積に応じた固定資産税・都市計画税を支払っている。

乙は，平成 6 年 10 月頃から，本件係争部分の外周に壁面を設置する工

【類型13】集会で指定された区分所有者が他の区分所有者などに対し停止などを請求（訴訟担当）

事に着工し，右工事完成後，本件係争部分を乙の専有部分として表示登記を経由した上，所有権保存登記手続をした。

以上の認定事実によれば，本件マンションの建築分譲当初，区分所有者にとって，その専有部分の所有，利用に必要である本件マンションの構造部分としては，玄関とそれに続く郵便受けの設置されたロビー部分，階段，廊下，電気室，機械室等であり，本件係争部分は，専有部分の所有，利用にとって不可欠な部分ではなかったというべきである。

本件係争部分は，その構造上，脚柱のみの開放部分が多いが，北部の西側ロビー部分に接する部分にはコンクリート製の隔壁が設けられ，西部の北側半分もコンクリート製の壁面が設置されており，ロビー部分はタイルが貼ってあるのに対し，本件係争部分は，舗装されていなかったのであって，ロビー部分と本件係争部分との境界は明確であり，住民が2階以上の専有部分への出入りのために自由に立ち入ることができる構造ではなく，一応独立の物的支配が可能な程度に他から遮断されているものといえる。

以上の認定判断によれば，本件係争部分は，乙の専有部分に属し，本件マンションの法定共用部分ではないというべきである。

解説 分譲業者が，ピロティー部分に壁を設けて，専有部分として保存登記をしたところ，集会で指定された区分所有者である甲が，法57条1項の請求として，壁の撤去と保存登記の抹消を求めたが，この請求が認められなかった事例

1 ピロティーは専有部分か共用部分か

(1) ピロティーとは何か

ピロティーとは，2階以上を支える柱ないし壁，2階床板と地表の床に囲まれた建物内の1階の吹き抜け部分をいう。

(2) 専有部分と共用部分の区別

専有部分・共用部分の区分は，構造上の独立性と利用上の独立性の要件によって判断されている。

ア 構造上の独立性

構造上の独立性とは，建物の構成部分である壁，階層等によって他の部分と遮断されていることである。構造上の独立性を認めるた

第2章　区分所有者全員の請求（管理者などによる訴訟担当）

めには，当該建物部分の周囲全てが完全に遮断されている必要はなく，建物の構成部分である隔壁，階層等により独立した物的支配に適する程度に他の部分と遮断され，その範囲が明確であることをもって足りる（昭56・6・18最一判/民集35巻4号798頁）。

イ　利用上の独立性

利用上の独立性とは，独立して建物の用途に供することができることである。直接又は共用部分を通って外部に通じる出入り口があることがメルクマールになる。これによれば，廊下，階段室，エレベーター室などには利用上の独立性が認められない（法4条1項）。

(3)　ピロティーは専有部分か共用部分か

ピロティーについては，専有部分とした①出典判例，②昭56・8・3東京地判（判タ465号128頁）と，共用部分とした①平3・2・26東京地判（判タ768号155頁），②平7・2・28東京高判【類型9】-[7]がある。

平7・2・28東京高判【類型9】-[7]は，地上6階建マンション（居室40室）1階にあり，マンションの完成以後10年以上にわたって自転車置場，通路等として利用されてきたトンネル状の吹き抜け部分（1棟の建物全体を支える柱2本の間に設置された当該建物最西端の外壁と，1階○号室の西側外壁とに挟まれ，上部が2階▲号室の床面となっており，下部にはコンクリートが敷かれているが，南側及び北側は通り抜けが可能となっている空地部分約30㎡。通り抜け可能部分の幅員は約3.27㎡）につき，○号室の区分所有者となった者が，同室の増築名目で上記吹き抜け部分の南側と北側とに外壁等を設置する工事をするなどしたことから，上記吹き抜け部分が共用部分であるか専有部分であるかが争われることとなった事案で，上記吹き抜け部分には，構造上の独立性及び利用上の独立性がなく，共用部分に当たるとした。

2　法57条1項の停止などの請求

(1)　共同の利益に反する行為（法6条1項）を行う区分所有者に対しては，他の区分所有者の全員（権利能力なき社団の場合）又は管理組合法人は，法57条から60条により，停止・除去・予防（法57条），使用禁

【類型13】集会で指定された区分所有者が他の区分所有者などに対し停止などを請求（訴訟担当）

止（法58条），競売（法59条），解除・引渡し（法60条）の裁判上の請求ができる。

(2)　他の区分所有者の全員が，停止等の訴訟を提起するには，集会の決議によらなければならない（法57条2項）。訴訟を提起するための集会の決議は，普通決議，すなわち，区分所有者及び議決権の各過半数による決議（法39条1項）で行う。

3　当事者適格

法57条1項の請求について，訴えを提起するときは給付訴訟である。同項の撤去請求権などがあると主張する他の区分所有者の全員に原告適格が認められ（法57条1項）（平23・2・15最三判【類型2】-[4]），集会において指名された区分所有者（又は管理者）に任意的訴訟担当が認められる（法57条3項）。そして，原告が，撤去義務があると主張する共同利益背反行為を行う区分所有者に被告適格が認められる（法57条1項）（昭61・7・10最一判/判時1213号83頁）。

コメント

出典判例は，ピロティーの構造，従来の利用状況などから専有部分であるとした。しかし，その判断内容は，微妙なところである。

第2章　区分所有者全員の請求（管理者などによる訴訟担当）

[3] 事例　　　　　　　　　　　　　　　　　　　　　　　【類型 13】-[3]

> 甲は，兜マンション 110 号室の区分所有者（集会において指定され，集会の決議により，乙以外の区分所有者全員のために訴訟を提起する権限を授与された者）
>
> 乙は，兜マンション 510 号室の区分所有者
>
> A は，兜マンション 510 号室を譲渡した前区分所有者
>
> A は，兜管理組合法人に対し，多額の管理費等を滞納したので，兜管理組合法人は，A を被告として，管理費等債務の支払を求める訴訟を提起し，滞納管理費等の支払を命じる判決が言い渡された。同判決は確定したが，A は，その後も，滞納管理費等の支払をしなかった。
>
> A 以外の区分所有者全員は，兜管理組合法人の集会決議により，甲を原告として A に対し，法 59 条 1 項に基づき，競売請求の訴訟を提起した。甲は，認容判決を得たが，その判決の言い渡し後確定前に，A が乙に対し，510 号室の区分所有権を譲渡した。甲は，この判決により，乙に対し，法 59 条の競売の申立てをしたが，執行裁判所は申立てを却下，抗告審も甲の抗告を棄却した。

論点　法 59 条 1 項に基づく訴訟の口頭弁論終結後に区分所有権及び敷地利用権が譲渡され，その譲受人に対し，同訴訟の判決に基づき競売申立ができるか

出典　平 23・10・11 最三決（平 23 年㈠8 号/判時 2136 号 36 頁）

判旨　区分所有法 59 条 1 項の競売の請求は，特定の区分所有者が，区分所有者の共同の利益に反する行為をし，又はその行為をするおそれがあることを原因として認められるものであるから，同項に基づく訴訟の口頭弁論終結後に被告であった区分所有者がその区分所有権及び敷地利用権を譲渡した場合に，その譲受人に対し同訴訟の判決に基づいて競売を申し立てることはできないと解すべきである。

　これと同旨の原審の判断は，正当として是認することができる。論旨は採用することができない。

解説　出典判例は，法 59 条の競売は，特定の区分所有者のした行為を原因として認められるものであるから，同条 1 項に基づく訴訟に

【類型13】集会で指定された区分所有者が他の区分所有者などに対し停止などを請求（訴訟担当）

勝訴したとしても，口頭弁論終結後に区分所有権が譲渡されれば，その譲受人に対しては，その判決に基づいて競売を申し立てることができないとした。

1　法59条の競売請求の趣旨

　法59条の競売は，共同の利益に背反する区分所有者を区分所有関係から排除することを目的とするものである。この趣旨からすると，口頭弁論終結後であっても区分所有者が交代することは，競売の目的を達したともいえるものである。そうしてみると，譲受人である新しい区分所有者に対し，あえて認容判決に基づいて競売を申し立てることはできないと解することができよう。

2　当事者適格

　法59条の競売請求は形成訴訟である（法律実務192頁）。本来の原告適格は，他の区分所有者の全員又は管理組合法人に認められる（同条1項）が，管理者又は集会において指定された区分所有者は，集会の決議（普通決議）により他の区分所有者の全員のために，同項の訴えの提起ができる（法57条3項，59条2項）。これは，管理者又は集会において指定された区分所有者に，原告適格（任意的訴訟担当）を認めるものである。

　なお，集会において指定された区分所有者が訴え提起できるのは，権利能力なき社団である管理組合の場合が通例であろうが，これに限定されているわけではない。管理組合法人の場合にも，管理組合法人でなく，他の区分所有者全員が当事者となることもできると解される（法コンメ325頁）。

　被告となるのは，法6条1項に規定する行為を行う区分所有者（法59条1項）とされる者である。

コメント

　本判決の考え方は，既に通説的見解ともいえるもので，最高裁がこれを確認した意義は大きい。

第 2 章　区分所有者全員の請求（管理者などによる訴訟担当）

【類型 14】 管理者・理事長が関係業者などに対し損害賠償などを請求（訴訟担当）

[1] 事例　　　　　　　　　　　　　　　　　　　　　　　【類型 14】-[1]

> 甲は，兎マンション管理組合の管理者
> 乙は，兎マンション建物の建築施工業者
> 　本件建物南側外壁の 410 号室出窓の窓台に取り付けられた外壁石材が剥落し，直下にある 110 号室に落下するなどの事故が発生した。
> 　甲は，窓の上下などに取り付けられた外壁石材について，建物としての基本的な安全性を損なう瑕疵があると主張して，乙に対し，区分所有者らが有する不法行為による損害賠償請求権に基づき，区分所有者らのために，瑕疵の補修工事費用の支払を請求した。（請求認容）

論点　マンションの新築工事における外壁などへの石材取付工事に係る不法行為の成否

出典　平 29・3・31 東京地判（平 26 年(ワ)15039 号/判タ 1441 号 134 頁）

判旨　建物は，そこに居住する者，そこで働く者，そこを訪問する者等の様々な者によって利用されるとともに，当該建物の周辺には他の建物や道路等が存在しているから，建物は，これらの建物利用者や隣人，通行人等の生命，身体又は財産を危険にさらすことがないような安全性を備えていなければならず，このような安全性は，建物としての基本的な安全性というべきである。そうすると，建物の建築に携わる施工者は，建物の建築に当たり，契約関係にない居住者等に対する関係でも，当該建物に建物としての基本的な安全性が欠けることがないように配慮すべき注意義務を負うと解するのが相当である。そして，施工者がこの義務を怠ったために建築された建物に建物としての基本的な安全性を損なう瑕疵があり，それにより居住者等の生命，身体又は財産が侵害された場合には，当該施工者は，不法行為の成立を主張する者が上記瑕疵の存在を知りながらこれを前提として当該建物を買い受けていたなど特段の事情がない限り，これによって生じた損害について不法行為による賠償責任を負うというべ

170

【類型 14】管理者・理事長が関係業者などに対し損害賠償などを請求（訴訟担当）

きである（最高裁平成 17 年㈷第 702 号同 19 年 7 月 6 日第二小法廷判決・民集 61 巻 5 号 1769 頁参照）。

　ここでいう「建物としての基本的な安全性を損なう瑕疵」とは，居住者等の生命，身体又は財産を危険にさらすような瑕疵をいい，建物の瑕疵が，居住者等の生命，身体又は財産に対する現実的な危険をもたらしている場合に限らず，当該瑕疵の性質に鑑み，これを放置するといずれは居住者等の生命，身体又は財産に対する危険が現実化することになる場合には，当該瑕疵は，建物としての基本的な安全性を損なう瑕疵に該当すると解するのが相当である（最高裁平成 21 年㈷第 1019 号同 23 年 7 月 21 日第一小法廷判決・裁判集民事 237 号 293 頁参照）。

　本件外壁石材のような外壁材を 1 階分の階高以上の高低差をもって通行人の上に落下し得るような場所の躯体に取り付ける場合に関しては，①一般的合理的施工方法に則しているときには，原則として，剥落等防止措置義務の違反はないというべきであるが，②一般的合理的施工方法に則していないときには，原則として，当該義務の違反があり，建物としての基本的な安全性を損なう瑕疵があるということができる。ただし，②のときであっても，施工方法が，一般的合理的施工方法と同等又はそれ以上の効用を有すると認めることができるならば，上記義務を怠ったということはできない。本件外壁石材の施工内容は，当該外壁石材の剥落・落下の防止に関して，当該一般的合理的施工方法と同等又はそれ以上の効用を有すると認めることはできない。以上によれば，施工者たる乙には，剥落等防止措置義務を怠った，すなわち，居住者等の生命又は身体を危険にさらすことがないように配慮すべき注意義務の違反が認められる。

解説　マンションの外壁石材が剥落し落下する事故が発生，管理者が，建築施工業者に対し，建物の基本的な安全性が欠ける瑕疵があるとして，不法行為による損害賠償を請求したところ，認められた事例

　類型 14 は，管理者による法 26 条 4 項の請求などのケースである。

1　損害賠償請求権の帰属

　外壁は，共用部分であり，区分所有者の共有に帰属する。外壁の施工瑕疵は，各区分所有者の持分権に対する侵害となり，各区分所有者に損

171

第 2 章　区分所有者全員の請求（管理者などによる訴訟担当）

害が発生する。したがって，損害賠償請求権は，各区分所有者に属する。

2　外壁工事によって外壁に取り付けられた物が落下して損害賠償責任が問題となった事例

本事例の他に，外壁タイルが剥離・落下し，その補修工事はなされたが，補修後も交換価値を低下させているとき，交換価値下落分につき，瑕疵担保責任による損害賠償請求が認められた事例（平 18・3・9 福岡高判【類型 24】- [6]）がある。

3　管理者の職務権限

管理者が選任された（法 25 条 1 項）ときは，管理者は，共用部分等を保存し，集会の決議を実行し，並びに規約で定めた行為をする権利を有し，義務を負う（法 26 条 1 項）。管理者が職務を行うためには，集会で決議し，又は規約の定めが必要である。そして，管理者が職務権限を有するときは，共用部分等について生じた損害賠償金及び不当利得による返還金の請求及び受領についても権限を有するものと解される（同条 2 項参照）。

4　管理者の請求についての当事者適格

法 26 条 4 項は，「管理者は，規約又は集会の決議により，その職務（第 2 項後段に規定する事項を含む。）に関し，区分所有者のために，原告又は被告となることができる。」と規定する。同項の規定により，区分所有者が個々に有する共有持分権に基づく実体法上の請求権を管理者が団体的に行使することができる。これは，区分所有者全員が訴訟当事者とならなければ紛争の抜本的解決を図れないことから，管理者を明文で任意的訴訟担当として認めているものである。

管理者は，「区分所有者のために」，すなわち，区分所有者全員のために訴訟を追行するのであり，区分所有者の一部の者のためにのみ訴訟追行を担当することは許されない（法コンメ 166 頁）。

管理者は，「規約」により原告又は被告となったときは，遅滞なく，区分所有者にその旨を通知しなければならない（法 26 条 5 項）。これに対し，「集会の決議」により管理者に授権がなされ原告又は被告となったときは，通知は必要ない。区分所有者は，管理者に授権がなされたこと

【類型 14】管理者・理事長が関係業者などに対し損害賠償などを請求（訴訟担当）

を容易に知り得るからである。

　管理者が，原告又は被告として訴訟追行するために必要となる費用又は必要となって支出した費用は，各区分所有者に対して，前払い請求又は償還請求することができる（法28条，民法649条，650条）。この費用には弁護士費用が含まれる。

5　標準管理規約による理事長の任意的訴訟担当

　①標規67条3項本文は，「区分所有者等がこの規約若しくは使用規則等に違反したとき，又は区分所有者等（中略）が敷地及び共用部分等において不法行為を行ったときは，理事長は，理事会の決議を経て，次の措置を講ずることができる。」と規定し，②同項2号は，「敷地及び共用部分等について生じた損害賠償金又は不当利得による返還金の請求又は受領に関し，区分所有者のために，訴訟において原告又は被告となること，その他法的措置をとること」と規定する。

　これは，理事長が，訴訟において原告又は被告となることを認めたもので，任意的訴訟担当である。ここに，区分所有者等とは，区分所有者若しくはその同居人又は専有部分の貸与を受けた者若しくはその同居人を指す（標規67条1項）。

第2章　区分所有者全員の請求（管理者などによる訴訟担当）

[2] 事例

【類型14】−[2]

> 甲は，兜マンション110号室の区分所有者であり，兜マンション管理組合の管理者（理事長）
>
> 乙は，兜マンションを建築し，分譲した業者
>
> 兜マンションの屋上の防水層は，二層仕様の絶縁露出工法（SA-4H工法）で施工され，竣工図に屋上防水層として記載されているアスファルト密着露出防水（三層）工法（C-2工法）で施工されてはいなかった。
>
> 甲は，乙が，本件マンションの屋上防水層を竣工図どおりに行わなかったことが各区分所有者に対する不法行為に当たるとして，甲が，各区分所有者のために建物診断費用相当額の損害賠償を求めた。（訴え却下）

論点 不法行為損害賠償の訴え提起が，管理者の職務に関することといえるか

出典 平11・1・27札幌地判（平9年(ワ)2855号／判タ1054号267頁）

判旨 区分所有法が，26条4項によって，管理者に区分所有者のための訴訟担当を認めたのは，例えば共用部分について第三者と修繕契約の締結等の取引をした場合の第三者との法律関係や集会の決議や規約の定めに基づき管理費の支払を各区分所有者に請求する場合の法律関係などは，区分所有者全体に団体的に帰属する法律関係であるから，管理者による訴訟追行を認めるのが適当である。

　ところで，甲は，乙が，本件マンションの屋上防水層を竣工図どおりにC-2工法で施工しないまま，区分所有権を販売したことを不法行為として損害の賠償を求めているものと解されるが，仮に，右の乙の行為が不法行為を構成するとしても，この不法行為は，各区分所有者が本件マンションの区分所有権を購入する際に各区分所有者に対して加えられたものであり，その損害賠償請求権は各区分所有者個人に帰属するものである。

　そして，このような，各区分所有者に個別に帰属する損害賠償請求権を管理者が代理して請求することは，共用部分の保存行為には含まれないし，各区分所有者による損害賠償請求権の行使は，区分所有者全体の権利

【類型 14】管理者・理事長が関係業者などに対し損害賠償などを請求（訴訟担当）

に影響するものでもない。加えて，区分所有法 26 条 4 項によれば，管理者に訴訟追行させるか否かは集会の決議により決定されることになるところ，各区分所有者個人に帰属する損害賠償請求権の行使の方法を集会における多数決原理によって決定するのも相当ではない。

以上によれば，乙に対する前記の不法行為に基づく損害賠償請求につき，甲に当事者適格はないのであるから，本件請求は不適法というべきである。

解説 マンションを建築し施工した乙は，竣工図に屋上防水層として記載されているアスファルト密着露出防水（三層）工法（C-2 工法）で施工しなかった。管理者は，乙が，これが各区分所有者に対する不法行為に当たるとして損害賠償を請求したが，訴えが却下された事例

1 損害賠償請求権の帰属

屋上の防水層は，共用部分であり，区分所有者の共有に帰属する。屋上の防水層の施工瑕疵は，各区分所有者の持分権に対する侵害となり，各区分所有者に損害が発生するから，損害賠償請求権は各区分所有者に属する。

2 管理者の職務権限

管理者は，共用部分並びに法 21 条に規定する場合における当該建物の敷地及び附属施設（法 26 条 2 項及び法 47 条 6 項において「共用部分等」という。）を保存し，集会の決議を実行し，並びに規約で定めた行為をする権利を有し，義務を負う（法 26 条 1 項）。

3 原告適格

実体法上の請求権が自己に帰属することを主張する者に原告適格が認められる（平 23・2・15 最三判【類型 2】-[4]）。各区分所有者が，乙の屋上防水層の施工瑕疵により損害賠償請求権が発生し，その帰属を主張するのであれば，各区分所有者が，本来的に原告適格を有するということになる。

この場合，管理者は，規約又は集会の決議により，その職務（2 項後段に規定する事項を含む。）に関し，区分所有者のために，原告又は被告となることができる（法 26 条 4 項）（任意的訴訟担当）。

第 2 章　区分所有者全員の請求（管理者などによる訴訟担当）

4　管理者の「職務」について

　管理者が法 26 条 4 項により原告となるためには，管理者の職務に関することでなければならない。そして，ここでいう「職務」とは，法 26 条 2 項後段に規定する事項が含まれる（同項）。2 項後段については，平成 14 年改正で，「第 18 条第 4 項（第 21 条において準用する場合を含む。）の規定による損害保険契約に基づく保険金額」の後に，「並びに共用部分等について生じた損害賠償金及び不当利得による返還金」が加えられた。これにより，共用部分等について生じた損害賠償金の請求及び受領についても，管理者の職務に含まれることが明確になった。

コメント

　平成 14 年の法改正後は，共用部分等について生じた損害賠償金の請求が管理者の職務に入ることが明らかになった。本事例のように，竣工図のとおりに施工しなかったことによる損害賠償請求も管理者の職務に関することとして，管理者に，原告適格が認められることになる。

176

第3章 区分所有者 の請求

第1章　管理組合の請求

第2章　区分所有者全員の請求（管理者などによる訴訟担当）

第3章　区分所有者の請求

　第1節　管理組合などに対する請求

　【類型15】**区分所有者**が**管理組合**に対し権利存在確認請求

　【類型16】**区分所有者**が**管理組合**に対し規約・総会決議・理事会
　　　　　決議の無効確認請求

　【類型17】**区分所有者**が**管理組合・理事長**に対し損害賠償などを
　　　　　請求

　【類型18】**区分所有者**が**管理組合**に対し閲覧請求

　【類型19】**区分所有者**が**管理者**に対し解任請求

　第2節　区分所有者などに対する請求

　【類型20】**区分所有者**が**前の区分所有者**に対し損害賠償などを請求

　【類型21】**区分所有者**が**他の区分所有者**に対し買取請求・売渡請求

　【類型22】**区分所有者**が**他の区分所有者**に対し損害賠償などを請
　　　　　求

　第3節　関係業者に対する請求

　【類型23】**区分所有者**が**管理業者**に対して損害賠償などを請求

　【類型24】**区分所有者**が**分譲業者**に対して損害賠償などを請求

　【類型25】**区分所有者**が**宅地建物取引業者**に対して損害賠償など
　　　　　を請求

　【類型26】**区分所有者**が**建築施工業者**に対して損害賠償などを請求

　第4節　近隣住民などに対する請求

　【類型27】**区分所有者全員**が**近隣住民**に対し建物敷地の境界確定
　　　　　請求

第4章　関係業者の請求

第3章　区分所有者の請求／第1節　管理組合などに対する請求

第1節　管理組合などに対する請求

【類型 15】区分所有者が管理組合に対し権利存在確認請求

[1] 事例　　　　　　　　　　　　　　　　【類型 15】-[1]

> 甲は，兜マンションの区分所有者
> 乙は，兜マンション管理組合
> 　乙は，敷地に設けられた駐車場の専用使用権に係る使用料の額を，総会決議による細則の制定，改正により増額した。乙は，甲に増額後の使用料の支払を求めたが，甲が拒否したため，駐車場使用契約を解除した。そこで，甲が乙に対し，駐車場専用使用権存在・増額駐車場使用料の支払義務不存在の確認を求めた。

論点　規約改正による駐車場使用料の増額が「特別の影響」に該当するか

出典　平 10・10・30 最二判（平 8 年(オ) 258 号/民集 52 巻 7 号 1604 頁）

判旨　「特別の影響を及ぼすべきとき」とは，規約の設定，変更等の必要性及び合理性とこれによって一部の区分所有者が受ける不利益とを比較衡量し，当該区分所有関係の実態に照らして，その不利益が区分所有者の受忍すべき限度を超えると認められる場合をいうものと解される。

　使用料の増額は一般的に専用使用権者に不利益を及ぼすものであるが，増額の必要性及び合理性が認められ，かつ，増額された使用料が当該区分所有関係において社会通念上相当な額であると認められる場合には，専用使用権者は使用料の増額を受忍すべきであり，使用料の増額に関する規約の設定，変更等は専用使用権者の権利に「特別の影響」を及ぼすものではないというべきである。

　また，増額された使用料がそのままでは社会通念上相当な額とは認められない場合であっても，その範囲内の一定額をもって社会通念上相当な額と認めることができるときは，特段の事情がない限り，その限度で，規約の設定，変更等は，専用使用権者の権利に「特別の影響」を及ぼすものではなく，専用使用権者の承諾を得ていなくとも有効なものであると解する

【類型15】区分所有者が管理組合に対し権利存在確認請求

のが相当である。

　そして，増額された使用料が社会通念上相当なものか否かは，当該区分所有関係における諸事情，例えば，(1)当初の専用使用権分譲における対価の額，その額とマンション本体の価格との関係，(2)分譲当時の近隣における類似の駐車場の使用料，その現在までの推移，(3)この間のマンション駐車場の敷地の価格及び公租公課の変動，(4)専用使用権者がマンション駐車場を使用してきた期間，(5)マンション駐車場の維持・管理に要する費用等を総合的に考慮して判断すべきものである。

解説

　乙は，駐車場の使用料を規約改正の総会決議で増額したが，甲が支払わないので使用契約を解除した。甲は，使用料増額は「特別の影響」に該当するとして，乙に対し，駐車場専用使用権存在・増額駐車場使用料の支払義務不存在の確認を求めたが，認められなかった事例

　類型15は，区分所有者が権利確認を求めるケースである。

1　「特別の影響を及ぼすべきとき」の判断基準

　法31条1項は，「規約の設定，変更又は廃止は，区分所有者及び議決権の各4分の3以上の多数による集会の決議によつてする。この場合において，規約の設定，変更又は廃止が一部の区分所有者の権利に特別の影響を及ぼすべきときは，その承諾を得なければならない。」と規定する。「特別の影響を及ぼすべきとき」については，出典判例の「規約の設定，変更等の必要性及び合理性とこれによって一部の区分所有者が受ける不利益とを比較衡量し，当該区分所有関係の実態に照らして，その不利益が区分所有者の受忍すべき限度を超えると認められる場合をいう」とした判断基準に従って，判例が蓄積されている。

2　当事者適格

　確認訴訟においては，当事者間に確認の利益があるとき，当事者適格が認められる。甲は，使用契約を解除され，乙に対して，駐車場専用使用権の存在確認を求めるのが有効かつ適切であるから，甲に原告適格が，乙に被告適格が認められる。

179

第3章　区分所有者の請求／第1節　管理組合などに対する請求

[2] 事例
【類型 15】－[2]

> 甲は，兜マンション 707 号室の区分所有者
> 乙は，兜マンション管理組合
> 甲は，階下の 607 号室の天井裏を通っている排水管から発生した漏水事故について，607 号室の区分所有者らから損害賠償の請求を受け，右排水管の修理を余儀なくされた。規約には，共用部分の修理又は取替えに関する業務は管理組合が行うこととされている。
> そこで，乙に対し，①右排水管が兜マンションの区分所有者全員の共用部分であることの確認と②右修理に要した費用の求償を求めた。

論点　専用に供されているが専有部分内にない排水管の枝管が共用部分であることの確認請求

出典　平 12・3・21 最三判（平 9 年(オ)1927 号／民集 58 巻 4 号 959 頁）

判旨　本件建物の 707 号室の台所，洗面所，風呂，便所から出る汚水については，同室の床下にあるいわゆる躯体部分であるコンクリートスラブを貫通してその階下にある 607 号室の天井裏に配された枝管を通じて，共用部分である本管（縦管）に流される構造となっているところ，本件排水管は，右枝管のうち，右コンクリートスラブと 607 号室の天井板との間の空間に配された部分である。

　本件排水管には，本管に合流する直前で 708 号室の便所から出る汚水を流す枝管が接続されており，707 号室及び 708 号室以外の部屋からの汚水は流れ込んでいない。

　本件排水管は，右コンクリートスラブの下にあるため，707 号室及び 708 号室から本件排水管の点検，修理を行うことは不可能であり，607 号室からその天井板の裏に入ってこれを実施するほか方法はない。右事実関係の下においては，本件排水管は，その構造及び設置場所に照らし，区分所有法 2 条 4 項にいう専有部分に属しない建物の附属物に当たり，かつ，区分所有者全員の共用部分に当たると解するのが相当である。

解説　甲は，共用部分である排水管から発生した漏水事故について，他の区分所有者から損害賠償の請求を受け，管理組合が行うべき右

180

【類型15】区分所有者が管理組合に対し権利存在確認請求

排水管の修理を余儀なくされたので，管理組合に対し，右排水管が区分所有者全員の共用部分であることの確認と右修理費用の求償を求め，これが認められた事例

1 排水管等の配管・配線設備が専有部分に属するか

(1) 本管共用部分・枝管専有部分説（従来の多数説）

本管は共用部分であるが，本管から分岐して各専有部分に通ずる枝管は専有部分に属する。

(2) (1)の修正説（出典判例）

原則として本管は共用部分，専有部分の専用に供されている枝管は専有部分に属するが，専有部分の専用に供されていても，専有部分の内部に存在しないものについては共用部分である（法コンメ17頁など）。

2 当事者適格

(1) 排水管が共用部分であることの確認請求について

共用部分の修理，取替義務を負う管理組合に対して，排水管の枝管が共用部分であることの確認を求めることが紛争解決に有効かつ適切であり，これを求める甲に原告適格が認められ，義務を負う管理組合に被告適格が認められる。

(2) 求償金請求について

求償金請求権の帰属を主張する甲に原告適格が認められ，甲が，支払義務があると主張する乙に被告適格が認められる。

第3章　区分所有者の請求／第1節　管理組合などに対する請求

[3] 事例 　　　　　　　　　　　　　　　　　　　【類型15】−[3]

> 甲は，兜マンション110号室の区分所有者
> 乙は，兜マンション管理組合
> Aは，兜マンション110号室の前区分所有者
> 　分譲業者が区分所有建物（兜マンション110号室）と共に駐車場専用使用権を販売し，甲は，これを購入した者からAを経てこれらの権利を取得した。しかし，乙は，甲に対し，Aが売却した場合には駐車場は乙に返還され，甲がこれを使用するには，乙と新たに契約を締結することが必要である旨通知した。
> 　甲は，乙に対し，駐車場の専用使用権があることの確認を求めた。
> （請求認容）

| 論点 | 分譲業者が区分所有建物と共に駐車場の専用使用権を販売し，これらの権利を承継取得した者が，管理組合に対して駐車場の専用使用権を主張することができるか |

| 出典 | 平10・1・30東京地判（平8年(ワ)20554号／判タ1014号209頁） |

判旨　本件駐車場の専用使用権は，民法上のいずれの物権にも該当しないものであり，債権的利用権にすぎないというべきである。しかし，本件規約（駐車場専用使用契約）においてその存在が認められ（本件規約8条），区分所有者は規約に定める権利義務の一切を継承する旨規定されているから（同規約6条），○○○から分譲によって区分所有権の譲渡を受けた本件マンションの区分所有者は，全てこのような専用使用権の負担のついた共有部分の存在を認めざるを得ないことになる。

　他方，債権は，原則として譲渡が可能であり，また，本件規約その他においてその譲渡性を否定する旨の約定はないから，本件専用使用権は，▲▲から順次移転して甲に至ったというべきである。本件設定契約6条の規定は，専用使用権を区分所有者以外に譲渡することを禁じているが，これは区分所有者以外の者に専用使用権を譲渡することによって，専用使用権のみが区分所有権と無関係に移転し，区分所有者以外の者が専用使用権を取得して共用部分を利用することを避けようとしたものであると考えられ

【類型 15】区分所有者が管理組合に対し権利存在確認請求

るから，専用使用権を区分所有者に譲渡することを妨げるものではなく，また，その際の区分所有者とは，専用使用権と共に区分所有権を有する者であれば足りるから，専用使用権を譲り受ける際に既に区分所有者である者のみならず，専用使用権の譲受けと共に区分所有権を取得して区分所有者となった者も含むというべきである。本件設定契約 7 条は，区分所有権が譲渡されたとき専用使用権が消滅する旨定めるが，右にみたような同契約 6 条の趣旨に鑑みれば，専用使用権者が区分所有権のみを第三者に譲渡して，区分所有権なしに専用使用権のみを保有する状態を避けることを意図した規定であり，このような場合に専用使用権が消滅する旨を定めたものと解すべきである。

本件専用使用権は，現在においては，甲と本件駐車場の共有者である本件マンションの区分所有者全員との間の債権的権利関係であるから，これらの者の合意によってその権利内容を変更することは可能である。しかし，本件専用使用権の譲渡性を遡って否定することは，甲の有する本件専用使用権を剥奪し，その取得に要した資金を譲渡によって回収することを不可能にするものである。本件規約 10 条は，共用部分の変更により専用使用権に特別の影響を及ぼすおそれがあるときは，専用使用権者の承諾を得なければならない旨規定しており，また，区分所有法 17 条 2 項，31 条 1 項の規定もあわせ考慮すれば，本件専用使用権の譲渡性を遡って否定する内容の合意は，区分所有者全員の合意によるか，専用使用権者の承諾を必要とすると解すべきである。しかし，本件において右のような合意がされたことを認めるに足りる証拠はない。

なお，乙は，平成 8 年 2 月 25 日の総会で管理規約を改正したと主張し，その効力の発生日は，同年 8 月 25 日であるとされているが，右改正後の規約によれば，駐車場の利用権が専用使用権の対象から除かれており，右は駐車場の専用使用権を有する区分所有者の権利に特別の影響を及ぼす規約の変更であるというべきところ，右変更に当たり区分所有法 31 条 1 項による決議がされたか否かは明らかでないから，右規約を本件に適用することはできない。

第3章　区分所有者の請求／第1節　管理組合などに対する請求

解説　管理組合は，区分所有者に対し，区分所有権が譲渡された場合には駐車場は乙に返還され，譲受者がこれを使用するには管理組合と新たに契約を締結することが必要である旨通知した。甲は，管理組合に対し，駐車場の専用使用権があることの確認を求めたところ，これが認められた事例

1　駐車場専用使用権の譲渡

本件設定契約6条の規定は，専用使用権を区分所有者以外に譲渡することを禁じ，同7条は，区分所有権が譲渡されたとき専用使用権が消滅する旨定める。判旨は，同6条が，専用使用権を区分所有者以外に譲渡することを禁じているのは，区分所有者以外の者に専用使用権を譲渡することによって，専用使用権のみが区分所有権と無関係に移転し，区分所有者以外の者が専用使用権を取得して共用部分を利用することを避けようとしたもの，同7条が，区分所有権が譲渡されたとき専用使用権が消滅する旨定めるが，これは，専用使用権者が区分所有権のみを第三者に譲渡して，区分所有権なしに専用使用権のみを保有するような場合に専用使用権が消滅する旨を定めたものと解すべきであるとした。

2　専用使用権

専用使用権とは，敷地，共用部分等の一部について，特定の区分所有者が排他的に使用できる権利（標規2条8号）をいう。区分所有法には専用使用権の規定はない。専用使用権は，駐車場の他にも，例えば，バルコニー，庭，屋上広告塔に設定されていることが多い。

専用使用権には，共有者が共用部分をその用法に従って使用し（法13条），敷地を持分に応じて使用することができる（民法249条）ことから，共有者の持分権を制限するという側面と，特定の区分所有者が排他的に使用できる使用権という側面がある。

(1) 持分権の制限的側面

共用部分の管理に関する事項として集会決議が必要である（法18条1項）。また，「建物又はその敷地若しくは附属施設の管理又は使用に関する区分所有者相互間の事項」として，規約で定めることができる（法30条1項）。

【類型 15】区分所有者が管理組合に対し権利存在確認請求

(2) 使用権の権利的側面

　　専用使用権の使用権としての法的性質については，使用貸借（賃貸借）又はこれに類似の無名契約とされている。駐車場については，ほとんどの場合に，管理組合と特定の区分所有者との間で賃貸借契約を締結されている（賃貸方式）。かつては，①分譲方式又は②留保方式が採られていた。①分譲方式では，分譲の際に，専有部分とは別に駐車場専用使用権を購入者に分譲し，専用使用権の対価は分譲業者に帰属する（平 10・10・22 最一判【類型 5】-[2]）。②留保方式は，分譲業者又は旧地主などが専用使用権を留保し，自ら利用しあるいは賃貸する。法的性質について，使用貸借類似の無名契約であるとされた（昭 56・1・30 最二判/判時 996 号 56 頁）。

3　当事者適格

　　甲は，乙から駐車場専用使用権が消滅したことを通知され，乙との間で，駐車場専用使用権の存在を確認することが紛争解決に有効かつ適切である。これを求める甲に原告適格が認められ，消滅を主張する乙に被告適格が認められる。

コメント

　　専用使用権には，管理組合との使用貸借契約や賃貸借契約が上乗せされることも多いが，付随契約というべきだろう。専用使用権は，区分所有権の移転に伴って当然に移転し，管理組合と区分所有権の譲受者は，使用貸借契約や賃貸借契約の締結義務を負う。この場合，区分所有権の譲受者の専用使用権を消滅させようとすれば，規約の改正が必要となり，この改正は，法 31 条の「一部の区分所有者の権利に特別の影響を及ぼすべきとき」に当たり，その者の承諾を得ることが必要となる。

第3章　区分所有者の請求／第1節　管理組合などに対する請求

【類型16】区分所有者が管理組合に対し規約・総会決議・理事会決議の無効確認請求

[1] 事例 　　　　　　　　　　　　　　　　　　　　　【類型16】-[1]

> 甲は，兜マンション110号室の区分所有者
>
> 乙は，兜マンション管理組合
>
> Aは，110号室の無償使用者
>
> 兜マンションは，各居室が不定期に保養施設として使用されていたが，Aが110号室に居住し始めた後にも，他に2，3世帯が本件マンションを長期間に渡って使用していた。使用者はいずれも区分所有者本人ではなく，その親戚又は借家人であった。
>
> 各居室につき定住使用が禁止されていなかったところ，乙が，新たに居室の使用目的を原則として「不定期に保養施設として」使用することに限定する規約を制定した。
>
> 甲は，乙に対して，改正された規約条項の無効確認を請求した。

論点　各居室の使用目的を「不定期に保養施設として」使用することに限定する条項の無効確認請求

出典　平21・9・24東京高判（平21年㈹2205号/判時2061号31頁）

判旨　マンションの区分所有者が各居室の所有権並びに共用部分，共用施設及び敷地賃借権の共有持分権を買い受け，敷地所有者から駐車場を無償使用する権利を与えられていること及び各居室が住居用のものであることから，甲は，区分所有者の一人として自己又は第三者をして，居室を住居用のものとして使用収益することができる地位にあったと認めることができる。そして，本件規約の設定されるまで本件居室につき定住使用が禁止されていたと認めることができない。

しかるに，本件規約は，各居室の定住を含む継続使用を原則として禁止することにより，甲の上記法的地位を侵害するものといわざるを得ない。そして，所有者がその所有物を本来の用法に従って使用収益することは所有権の本質的内容であるから，本件規約は，甲の本件居室所有権の本質的内容に制約を加えるものと認めることができ，この規定を定めなければ他

186

【類型16】区分所有者が管理組合に対し規約・総会決議・理事会決議の無効確認請求

の居室所有者の権利が著しく害されることが避けられないなどの特段の事情がない限り，甲に受忍限度を超える不利益を与えるものと認めることができる。そして，本件全証拠によっても，上記特段の事情があると認めることはできない。

　そうすると，本件規約の設定は，「一部の区分所有者の権利に特別の影響を及ぼすべきとき」（法31条1項後段）に該当する。

解説 兜マンションは，不定期に滞在する保養施設として使用されてきたが，3，4世帯は定住使用していた。管理組合が，新たに居室の使用目的を原則として「不定期に保養施設として」使用することに限定する規約を制定したところ，甲が改正された規約条項の無効を確認請求した事例

　類型16は，区分所有者が規約などの無効確認を求めるケースである。

1　規約の設定・変更・廃止

(1)　集会の特別決議

　規約の設定，変更又は廃止は，区分所有者及び議決権の各4分の3以上の多数による集会の決議（特別決議）が必要である（法31条1項前段）。集会を開催せず，書面の持回りで賛成を得ても，集会の決議があったことにはならない。ただし，次の①公正証書規約（法32条）と②書面又は電磁的方法による決議（法45条1項）の例外が認められている。①最初に建物の専有部分の全部を所有する者は，公正証書により，法4条2項，5条1項並びに22条1項ただし書及び2項ただし書の規約を設定することができる（法32条）。また，②区分所有者全員の承諾があるときは，書面又は電磁的方法による決議をすることができる（法45条1項）。マンション分譲における原始規約の設定は，分譲業者が規約案を作成し，分譲の都度，購入者が書面により合意し，分譲が完了した段階で，区分所有者全員の書面合意による規約として成立するという方式が採られることが多い。

(2)　特別の影響がある区分所有者の承諾

　集会の決議において，規約の設定，変更又は廃止が一部の区分所有者の権利に特別の影響を及ぼすべきときは，その承諾を得なければな

第3章　区分所有者の請求／第1節　管理組合などに対する請求

らない（法31条1項後段）。

　一部の区分所有者の権利に特別の影響を及ぼすべきときとは，規約
の設定，変更等の必要性及び合理性とこれによって一部の区分所有者
が受ける不利益とを比較衡量し，当該区分所有関係の実態に照らし
て，その不利益が区分所有者の受忍すべき限度を超えると認められる
場合をいう（平10・10・30最二判【類型15】-[1]）。区分所有者の権利に
特別の影響を及ぼすべきときに，その承諾を得ない決議は，無効であ
る。

2　規約で定めることができる事項

　建物又はその敷地若しくは附属施設の管理又は使用に関する区分所有
者相互間の事項は，法で定める他，規約で定めることができる（法30条
1項）。

(1)　法が明文で「規約」事項として定めることを許容している場合

①規約共用部分（法4条2項）

②規約敷地（法5条1項，2項）

③共用部分の共有関係（法11条2項）

④共用部分の共有持分の割合（法14条4項）

⑤共用部分の変更決議における区分所有者の定数（法17条1項ただし
書）

⑥共用部分の管理に関する事項の決定（法18条2項）

⑦共用部分の負担及び利益収取（法19条）

⑧専有部分と敷地利用権の分離処分（法22条1項ただし書）

⑨数個の専有部分を所有するときの各専有部分に係る敷地利用権の割
合（法22条2項ただし書）

⑩管理者の選任・解任（法25条1項）

⑪管理者の権利・義務（法26条1項，28条）

⑫管理所有（法27条1項）

⑬第三者に対する区分所有者の責任割合（法29条1項ただし書）

⑭集会招集請求の定数（法34条3項ただし書）

⑮集会の招集通知期間・建物内掲示による通知（法35条1項ただし書，

【類型16】区分所有者が管理組合に対し規約・総会決議・理事会決議の無効確認請求

4項）

⑯通知事項以外の集会の決議（法37条2項）

⑰集会における定数と議決権（法38条，39条1項）

⑱管理組合法人の理事の任期（法49条6項ただし書）

⑲管理組合法人の事務の執行方法（法52条1項ただし書）

⑳小規模滅失の場合の復旧（法61条3項，4項）

㉑建替え決議事項を目的とする集会の招集通知期間（法62条4項ただし書）

(2) 法が明文で「規約」又は規約以外の形式（例えば，集会決議）で定めることを許容している場合

①先取特権の目的となる債権の範囲（法7条1項）

②管理者・管理組合法人の訴訟追行権（法26条4項，47条8項）

③管理者がいない場合の規約，議事録等の保管者（法33条1項ただし書，42条5項，45条4項）

④管理組合法人の代表理事または共同代表の定め（法49条5項）

3　当事者適格

規約の変更が，甲の区分所有権の内容に本質的制約を加えるものであり，甲が区分所有権の内容を回復するためには，規約の変更をした乙に対し，規約の変更の無効を確認することが有効かつ適切である。これを求める甲に原告適格が認められ，規約を改正した乙に被告適格が認められる。

コメント

原審は，本件マンションが保養施設として建設されたものであることから，その機能及び役割を維持するためには，不定期の保養施設としての使用を超える使用を禁止する規定を設定することに必要性と合理性が認められ，甲の受ける不利益は受忍すべき限度を超えるとは認められず，「特別の影響」には当たらないとした。しかし，平成18年に本件規約が設定されるまで，定住使用禁止の明示的な定めがなかったのであるから，その定めをする以上，法31条1項後段の趣旨からして，甲の承諾を要すると解すべきである。

第 3 章　区分所有者の請求／第 1 節　管理組合などに対する請求

[2] 事例
【類型 16】− [2]

> 甲は，兜マンション 110 号室の区分所有者
> 乙は，兜マンション管理組合
> 甲は，兜マンション 1 階の専有部分を有し，これを事務所として第三者に賃貸していたところ，右賃借人が撤退したので，これを新たにレストラン営業を目的とする会社に賃貸することにして，乙に承諾を求めたところ，乙は，飲食業，風俗営業を禁止する規約の改正を行ったことを理由に承諾を拒絶した。甲は乙に対し，この規約条項の無効確認を請求した。（請求棄却）

論点　飲食業を禁止する規約変更による「特別の影響」

出典　平 6・4・5 福岡地小倉支判（平 3 年㈹ 423 号／判タ 878 号 203 頁）

判旨　原始規約（＝旧規約）によると，専有部分の用途として「飲食業を除く」との文言はなかったものの，組合員が専有部分の使用のため給排水等の設備を設置するには乙理事会の書面による同意が必要であり，共用部分の変更は組合員の議決権総数の 4 分の 3 以上の合意によらなければならず，原始規約に付随する細則には，店舗部分の所有者が当該部分で当初の目的以外の営業をしようとする場合あるいは店舗の権利譲渡については，職種に関して事前に理事会に対して書面で同意を得なければならないとされていたことが認められる。

　してみると，改正規約により飲食業の営業が一律に禁止されるといっても，その実質は，旧規約下の右の制約に比べて格段に原告に不利であるとは即断し難い面がある。

　「特別の影響」とは，当該規約の設定・変更の必要性ないしこれにより他の区分所有者の受ける利益と当該区分所有者の受ける不利益とを比較衡量して，後者の不利益が当該区分所有者にとって受忍すべき限度を超えているかどうかの観点に立ってこれを決するのが相当と解される。

　本件マンションの場合，前記事実関係に照らすと，本件建物は分譲後長年会社事務所として使用されてきたこと，本件建物は飲食業としての使用

【類型 16】区分所有者が管理組合に対し規約・総会決議・理事会決議の無効確認請求

を禁止されるものの，店舗一般の使用まで禁止されるものではないこと，本件マンションの３階部分以上は本来的に居住部分と予定されており，その戸数も 46 戸（現入居数 37 戸）に及んでいること，飲食業の営業に伴う共用部分の変更工事，大量の生ごみ，臭気・排煙等の発生，多くの客の出入りに伴う騒音や看板・イルミネーションの新設，不法駐車の誘発等による住環境の悪化は避け難いこと等の諸事情に鑑みると，たとえ原告の本件建物に対する投下資本の回収ないし金利負担の経済的損失を考慮に入れても，なお，本件建物における飲食業の営業禁止の定めは，静謐な生活環境を希望する３階以上の住居部分の区分所有者の生活利益との比較において，いまだ合理性を欠くとは断定できず，本件マンションにおける甲の負担すべき一般的制約（受忍限度）を宣明したにすぎないと認めるのが相当である。

甲の本件規約条項が「特別の影響」を及ぼすという主張は当たらず，本件規約条項の無効をいう甲の請求は採用の限りでない。

まとめ　管理組合が，専有部分を飲食業，風俗営業として使用することを禁止する規約の改正を行ったところ，新たにレストラン営業を目的とする会社に賃貸しようとした区分所有者が改正規約条項の無効確認を請求したが，これが認められなかった事例

なお，飲食業を禁止する規約の変更は，甲の区分所有権の内容に本質的制約を加えるものであり，甲がこれを回復するためには，規約の変更をした乙に対し，規約の変更の無効を確認することが有効かつ適切である。これを求める甲に原告適格があり，規約を改正した乙に被告適格が認められる。

コメント

３階部分以上は居住部分として予定されていること，細則により当初の目的以外の営業をしようとする者は職種について事前に理事会の書面による同意が必要であるとされていることなどからすると，判旨は正当といえよう。

第 3 章　区分所有者の請求／第 1 節　管理組合などに対する請求

[3] 事例
【類型 16】- [3]

> 　甲は，兜マンション 110 号室の区分所有者
> 　乙は，兜マンション管理組合法人
> 　乙は，代表権のある理事の他に複数の理事を定め，理事会を設けている。規約中には，「理事に事故があり，理事会に出席できないときは，その配偶者又は 1 親等の親族に限り，これを代理出席させることができる。」との規定がある。甲が乙に対し，この規約を採択した総会決議の無効確認を請求した。

論点　理事会への代理人出席を認める規約を採択した総会決議は違法か

出典　平 2・11・26 最二判（平 2 年(オ) 701 号/民集 44 巻 8 号 1137 頁）

判旨　法人の意思決定のための内部的会議体における出席及び議決権の行使が代理に親しむかどうかについては，当該法人において当該会議体が設置された趣旨，当該会議体に委任された事務の内容に照らして，その代理が法人の理事に対する委任の本旨に背馳するものでないかどうかによって決すべきものである。

　これを，本件管理組合法人についてみるに，法によれば，管理組合の事務は集会の決議によることが原則とされ，区分所有権の内容に影響を及ぼす事項は規約又は集会決議によって定めるべき事項とされ，規約で理事又はその他の役員に委任し得る事項は限定されており（法 52 条 1 項），複数の理事が存する場合には過半数によって決する旨の民法 52 条 2 項の規定が準用されている。しかし，複数の理事を置くか否か，代表権のない理事を置くか否か（法 49 条 4 項），複数の理事を置いた場合の意思決定を理事会によって行うか否か，更には，理事会を設けた場合の出席の要否及び議決権の行使の方法について，法は，これを自治的規範である規約に委ねているものと解するのが相当である。すなわち，規約において，代表権を有する理事を定め，その事務の執行を補佐，監督するために代表権のない理事を定め，これらの者による理事会を設けることも，理事会における出席及び議決権の行使について代理の可否，その要件及び被選任者の範囲を定める

192

【類型16】区分所有者が管理組合に対し規約・総会決議・理事会決議の無効確認請求

ことも，可能というべきである。

本件条項は，理事会への出席のみならず，理事会での議決権の行使の代理を許すことを定めたものと解されるが，理事に事故がある場合に限定して，被選任者の範囲を理事の配偶者又は一親等の親族に限って，当該理事の選任に基づいて，理事会への代理出席を認めるものであるから，この条項が管理組合の理事への信任関係を害するものということはできない。

解説 「理事に事故があり，理事会に出席できないときは，その配偶者又は1親等の親族に限り，これを代理出席させることができる。」との規約条項を採択した総会決議について，区分所有者が無効確認請求したが，認められなかった事例

1 理事会への代理人出席

　理事会は，理事による議論の場であり，原則的には，理事会に理事の代理人が出席することはできないという考えもあり得る。しかし，理事会への理事の出席がままならないことが多いというマンション管理の実態があり，出典判例は，これに配慮した反面，安易に代理出席を許すことによる理事会の形骸化の危険も考慮したもので，おおむね妥当な判断（上手な対処法86頁）といえる。

2 管理組合法人の理事会

　管理組合法人は，理事及び監事を置かなければならない（法49条1項，50条1項）。理事は，管理組合法人の執行機関であり，管理組合法人を代表する（法49条2項）。しかし，区分所有法には，管理組合法人の理事会の定めはなく，もとより理事会を置かなければならないことはない。ただし，規約によれば，理事会の制度を設けることはできる。

3 当事者適格

　規約の内容自体が違法であることを理由とするものであるから，規約変更をした乙に対し，その総会決議の無効を求めるのが有効かつ適切である。これによれば，総会決議の無効を請求する甲に原告適格が認められ，乙に被告適格が認められる。

第3章　区分所有者の請求／第1節　管理組合などに対する請求

[4] 事例　　　　　　　　　　　　　　　　　　　【類型16】–[4]

> 甲は，兜マンション110号室の区分所有者（建替え不参加者）
> 乙は，兜マンション120号室の区分所有者（建替え参加者）
> 丙は，兜マンション管理組合
> 　乙は，丙の臨時総会において，兜マンションにつき，建替え決議が
> 成立し，甲に対し，区分所有権及び敷地利用権の売渡請求をしたこと
> により，甲との間で売買契約が成立したとして，同契約に基づいて，
> 区分所有建物の明渡し及び所有権移転登記手続を求めた。また，甲
> は，丙に対し，本件建替え決議の無効確認を求めた。

論点　建替え決議において敷地は特定されているか

出典　平19・9・12東京高判（平19年㈱1190号/判タ1268号186頁）

判旨　乙の甲に対する請求はいずれも理由がなく，甲の丙に対する請求
は理由がある。

　建替え決議は，建物を取り壊し，「当該建物の敷地若しくはその一部の
土地又は当該建物の敷地の全部若しくは一部を含む土地」に新たに建物を
建築する旨の決議である（法62条1項）から，再建建物の敷地は決議事項
そのものであって，建替え決議に際して，敷地が特定されている必要があ
る。乙は，本件議案添付の図面等からすれば，再建建物の敷地は，十分に
明らかであると主張するが，同図面は，再建建物の1階平面図であって，
方位や道路等は記載されているものの，同図面からは，敷地の地番や正確
な範囲は判明しないから，同図面が添付されていることをもって，本件建
替え決議において，敷地が特定されているということはできない。

　敷地が特定されなければ，再建建物の建ぺい率，容積率，日影規制，高
度規制などの諸規制の適用関係が明らかではなく，再建建物の建築面積，
延床面積，地上階数等も具体的に定まらないことになるから，建替え計画
の実現可能性の検討も，建築に要する費用の算定も困難である。

　以上によれば，本件議案は，再建建物の敷地の特定がされていない点に
おいて，区分所有法62条2項1号の要件を満たしていないものというべ

【類型 16】区分所有者が管理組合に対し規約・総会決議・理事会決議の無効確認請求

きである。

解説 建替え参加者は，建替え決議が成立し，建替え不参加者に対する売渡請求により，売買契約が成立し，これに基づいて，区分所有建物の明渡しと所有権移転登記手続を求め，建替え不参加者は，管理組合に対し，建替え決議の無効確認を求めたところ，敷地が特定されていないので，建替え決議が無効とされた事例

1 建替え決議の要件

(1) 集会において，区分所有者及び議決権の各5分の4以上の多数による議決があること（法62条1項）

(2) 建物を取り壊し，かつ，当該建物の敷地若しくはその一部の土地又は当該建物の敷地の全部若しくは一部を含む土地に新たに建物を建築する旨を決議すること（同項）

敷地が特定されていなければ，この要件を欠くことになる。

2 建替え決議で定めなければならない事項（法62条2項）

①新たに建築する建物（再建建物）の建築についての設計の概要（同項1号）

②建物の取壊し及び再建建物の建築に要する費用の概算額（同項2号）

③その費用の分担に関する事項（同項3号）

④再建建物の区分所有権の帰属に関する事項（同項4号）

3 再建建物の設計の概要

再建建物の設計の概要を決議事項とするのは，①各区分所有者が建替えに賛成するかどうか判断をするために必要であることと，②建物取壊しのみの手段として利用されないようにするためである。設計の概要は，建築費用の算定（2号），区分所有権の帰属に関する事項の決定（4号）が可能な程度に具体的であることが必要である。

4 建物の敷地

建物の敷地とは，①建物が所在する土地（法定敷地）及び②法5条1項の規定により建物の敷地とされた土地（規約敷地）をいう。

(1) 法定敷地

法定敷地は，建物が所在する土地である（法5条1項）。建物が所在するとは，物理的に建物が載っていることである。建物が載っている

第3章　区分所有者の請求／第1節　管理組合などに対する請求

土地が1筆単位で（建物が1筆の土地の一部にでもかかっていれば1筆全体が，建物が数筆にまたがって載っている場合には，数筆の全部が）法定敷地となる。1筆の土地の上に建物が数棟ある場合には，当該土地全体が，各建物の法定敷地となる。

(2)　規約敷地

建物が載っていないため法定敷地とはならない筆についても，①区分所有者が，建物及び建物が所在する土地と一体として管理又は使用をする庭，通路その他の土地で，②規約により建物の敷地としたときは，建物の敷地とすることができる（法5条1項）。規約敷地とすることができる土地は，法定敷地と隣接していることも，区分所有者が現に所有権など土地の利用権を持っていることも必要はない。

(3)　みなし規約敷地

建物が所在する土地が，①建物の一部の滅失により建物が所在する土地以外の土地となったとき，また，②建物が所在する土地の一部が分割により建物が所在する土地以外の土地となったときは，その土地は，規約で建物の敷地と定められたものとみなされる（法5条2項）。これらの場合に分離処分を認めるのは適当ではないからである。分離処分をできるようにするためには，規約敷地とした規約を廃止する必要がある。

5　再建建物の敷地

再建建物の敷地となり得るのは，「当該建物の敷地若しくはその一部の土地又は当該建物の敷地の全部若しくは一部を含む土地」である（法62条1項）。これを整理すると，次のいずれかになる。

(1)　現在の建物の敷地

(2)　現在の建物の敷地の一部の土地

例えば，敷地の一部を売却して，残りの土地を再建建物の敷地とする場合が該当する。

(3)　現在の建物の敷地の全部を含む土地

例えば，敷地に隣接する土地を購入して拡張し，再建建物の敷地とする場合が該当する。

【類型 16】区分所有者が管理組合に対し規約・総会決議・理事会決議の無効確認請求

(4)　現在の建物の敷地の一部を含む土地

　　　例えば，敷地の一部を売却し，かつ残りの土地に隣接する土地を購
　　入して再建建物の敷地とする場合が該当する。

6　建替え決議無効確認請求の当事者適格

　　建替え決議は，売渡請求権を成立させるための決議であって，建替え
決議の効果は，当該建物の区分所有者及びその承継人に及び，第三者に
は及ばない。本件事案は，売渡請求権行使の有効性について争いがあ
り，これを解決するためには，建替え決議無効確認請求をするのが有効
かつ適切である。したがって，建替え決議無効確認請求の原告適格は，
売渡請求の相手方に，被告適格は，建替え決議をした管理組合に認めら
れる。

197

第3章　区分所有者の請求／第1節　管理組合などに対する請求

[5] 事例 　　　　　　　　　　　　　　　　　　　　　　【類型16】-[5]

> 　甲らは，兜マンションの区分所有者（建替え決議不賛成，建替え不参加）
> 　乙らも，兜マンションの区分所有者（建替えに参加）
> 　丙は，兜マンション管理組合（権利能力なき社団）
> 　兜マンションが阪神・淡路大震災により損傷を受けたため，丙が総会で，法62条1項に基づいて建替え決議をしたところ，甲らは，右決議の無効確認請求をした。他方，右建替え決議に基づく建替えに参加する区分所有者である乙らは，建替えに参加しない甲らに対し，それぞれ，法63条4項に基づき売渡請求をし，これに基づき，①各区分所有権などの移転登記手続，②各区分所有建物の明渡し，並びに③成立した各売買契約における売買代金額の確認を求めた。（建替え決議は無効）

論点　建替え決議の無効確認請求における区分所有者の数え方の基準

出典　平13・1・31神戸地判（平9年(ワ)1842号・平10年(ワ)115号・平10(ワ)736号／判時1757号123頁）

判旨　　**1　区分所有者の数え方**

　　　　　1つの専有部分を数人で共有する場合，法40条の規定の趣旨に照らし，右共有者数人で1人と計算すべきものと解される。また，1人の区分所有者が複数の専有部分を所有している場合も，区分所有者としての定数は全部で1人と計算するのが相当である。なぜなら，建物の区分所有関係における意思決定には，財産権としての面から各区分所有者の有する区分所有権の大きさ，すなわち，持分による多数の意見を反映させなければならないと同時に，一つの管理共同体としての面からその構成員である区分所有者の数による多数の意見も反映させなければならないとの考慮に基づくものと考えられるからである。

2　議案の採決に当たり「区分所有者」として扱う基準

　　　登記簿上の記載によるのか，それとも実質的な権利関係によるのか。仮に実質的な権利関係で決するとすると，実質的な権利関係は第三者が容易に知り得ないことがあるため，管理組合に過度の負担を強いる可能性がある上，採決後に，採決に参加した特定の者が実は真実の区分所有

198

【類型16】区分所有者が管理組合に対し規約・総会決議・理事会決議の無効確認請求

者ではなかったと主張することが許され，ときに採決の結果が覆えされることになり，法的安定性が損なわれるおそれが大きい。したがって，画一的で明確性のある登記簿上の記載によるとするのが相当というべきである。

解説　建替え決議を無効とする建替え不賛成・不参加者と移転登記手続・建物明渡しを求める参加者が対立し，賛成者が88分の70で，「区分所有者の5分の4以上の多数」に達せず，建替え決議が無効とされた事例

1　建替え決議の議決要件

建替え決議には，区分所有者及び議決権の各5分の4以上の多数による賛成が必要である（法62条1項）。この要件は，規約をもってしても，軽減することができない。

2　建替え決議無効確認請求の当事者適格

売渡請求権行使の有効性について争いがあり，これを解決するためには，建替え決議無効確認請求をするのが有効かつ適切である。したがって，建替え決議無効確認請求の原告適格は，売渡請求の相手方に，被告適格は，建替え決議をした管理組合に認められる。

コメント

建替え決議における区分所有者として取り扱う基準について，①登記簿上の記載による（出典判例）のか，②真実の所有者によるのか，考え方が分かれている。出典判例は，真実の所有者を証明する資料が存在する場合にも，登記記録上の記載が優先するとまでいっているものとは考えられないとする批判がある（上手な対処法335頁）。しかし，判旨が指摘するとおり，実質的な権利関係がどうかという観点から区分所有者を特定しようとすれば，管理組合に過度の負担を強いる可能性があることは拭えず，登記記録の記載によって判断すれば足りると考える。

199

第3章　区分所有者の請求／第1節　管理組合などに対する請求

[6] 事例 【類型16】-[6]

> 甲は，兜マンション110号室の区分所有者
> 乙は，兜マンション管理組合法人
> 　本件建物は，地下1階，地上1階から10階建ての複合型の集合住宅であり，地下1階は駐車場として，地上1階から3階までは店舗，展示場及び事務所として，地上4階から10階までは住居として，それぞれ利用されている。しかし，建築後37年を経過している。
> 　甲が，乙に対し，乙の臨時総会でなされた建物の建替え推進決議の無効確認を求めた。（訴えの利益を欠き，訴え却下）

論点　建物の建替え推進（総会）決議について，その無効確認を求める訴えに，確認の利益があるか

出典　平21・2・24東京地判（平19年(ワ)26079号/2009WLJPCA02248001）

判旨　**1　管理組合法人による「○○地区町づくり計画」の推進決議**

　　　　管理組合法人は，平成18年11月10日の臨時総会において，組合員93人のうち76人（約81.7パーセント）の賛成で，本件建物の建替えを含む「○○地区町づくり計画」（本件建替え計画）を推進する旨の決議（本件推進決議）を行った。

2　本件推進決議の効力—無効確認の利益の有無について

　本件推進決議は，将来の本件建物の建替えを推進するため，建替え計画の意義や概要等を区分所有者に対して説明するとともに，どの程度の区分所有者がこれに賛同する可能性があるのかを事前に把握するためになされた準備的な決議の一つにすぎないものであって，この決議において，一定の区分所有者に何らかの権利を付与したり，一定の区分所有者に対して義務を課したりすることが定められているわけではないし，区分所有法も，このような決議については，いかなる法的効力も認めていない。

　甲は，本件推進決議には事実上の効力があるとして無効確認を求めているのであるが，何の法的効力も認められないもので，甲の乙に対する本件推進決議の無効確認を求める訴えは，確認の利益がないものとして

【類型 16】区分所有者が管理組合に対し規約・総会決議・理事会決議の無効確認請求

却下を免れないものである。

解説 建築後 37 年を経過し，管理組合が臨時総会で建物の建替え推進決議を行ったところ，区分所有者が，管理組合に対し，建物の建替え推進決議の無効確認を求め，訴えの利益を欠くとされた事例

1 建替え推進決議

国土交通省の「建替え決議までの合意形成の進め方に関するマニュアル」によると，建替えの提案を区分所有者全体の合意へと着実に高めていくためには，建替えの検討段階における検討成果を受けて建替えを推進するという方針を区分所有者全体で確認する手続「建替え推進決議」を行うことが望ましいとされている（同マニュアル 41 頁）。

建替え推進決議を経ることによって，建替え計画の概要等を区分所有者に対して説明する機会となる。また，建替え推進決議は普通決議で足りるが，建替え決議には，区分所有者及び議決権の各 5 分の 4 以上の多数による決議が必要になるので，どのくらいの区分所有者が賛成するのか，把握することができる。

しかし，建替え推進決議は，あくまで建替え決議に向けた準備的な決議にすぎないものであるから，区分所有者が管理組合法人に対して，建替え推進決議の無効確認を求めても，この訴えは確認の利益がない。

2 集会決議ができる範囲 (集会決議事項)

法 52 条は，管理組合法人について，区分所有法に定めるもののほか，管理組合法人の事務はすべて集会の決議によって行うと規定する。管理組合法人の事務とは，管理組合の目的である「建物並びにその敷地及び附属施設の管理を行う」上で，区分所有者の団体として必要な一切の事務と解せられるから，管理組合法人は，この範囲で集会決議ができると考えられる。そして，これらの点については，法人格を有するか否かによって相違するものではない。

3 区分所有法が「規約」のみで定めることとし，集会決議事項から除外している事項

①規約共用部分 (法 4 条 2 項)

②規約敷地 (法 5 条 1 項，2 項)

201

第 3 章　区分所有者の請求／第 1 節　管理組合などに対する請求

③共用部分の共有関係（法 11 条 2 項）

④共用部分の共有持分の割合（法 14 条 4 項）

⑤共用部分の変更決議における区分所有者の定数（法 17 条 1 項ただし書）

⑥共用部分の管理に関する事項の決定（法 18 条 2 項）

⑦共用部分の負担及び利益収取（法 19 条）

⑧専有部分と敷地利用権の分離処分（法 22 条 1 項ただし書）

⑨数個の専有部分を所有するときの各専有部分に係る敷地利用権の割合
（法 22 条 2 項ただし書）

⑩管理者の選任・解任（法 25 条 1 項）

⑪管理者の権利・義務（法 26 条 1 項，28 条）

⑫管理所有（法 27 条 1 項）

⑬第三者に対する区分所有者の責任割合（法 29 条 1 項ただし書）

⑭集会招集請求の定数（法 34 条 3 項ただし書）

⑮集会の招集通知期間・建物内掲示による通知（法 35 条 1 項ただし書，4
項）

⑯通知事項以外の集会の決議（法 37 条 2 項）

⑰集会における定数と議決権（法 38 条，39 条 1 項）

⑱管理組合法人の理事の任期（法 49 条 6 項ただし書）

⑲管理組合法人の事務の執行方法（法 52 条 1 項ただし書）

⑳小規模滅失の場合の復旧（法 61 条 3 項，4 項）

㉑建替え決議事項を目的とする集会の招集通知期間（法 62 条 4 項ただし
書）

4　決議条件

(1)　集会の議事は，原則として，区分所有者及び議決権の各過半数で決
する（普通決議）（法 39 条 1 項）。特別決議事項であれば，区分所有者及
び議決権の各過半数では足りず，区分所有者及び議決権の各 4 分の 3
で決する。この他，各 3 分の 2，各 5 分の 4 で決する特殊決議事項が
ある。

(2)　特別決議事項（区分所有者及び議決権の各 4 分の 3 以上）

①共用部分の変更（その形状又は効用の著しい変更を伴わないものを除く。）

【類型16】区分所有者が管理組合に対し規約・総会決議・理事会決議の無効確認請求

（法17条1項本文）

②区分所有者の共有に属する建物の敷地または共用部分以外の附属施設の変更（その形状又は効用の著しい変更を伴わないものを除く。）（法17条1項本文，21条）

③規約の設定・変更・廃止（法31条1項前段）

④管理組合法人の成立（法47条1項）

⑤管理組合法人の解散（法55条1項3号，2項）

⑥共同利益背反行為をした区分所有者に対する専有部分の使用禁止請求（法58条1項，2項）

⑦共同利益背反行為をした区分所有者に対する競売請求（法59条1項，2項）

⑧共同利益背反行為をした占有者に対する引渡請求（法60条1項，2項）

⑨大規模滅失の場合の復旧（法61条5項）

⑩団地内の専有部分のある建物について，団地規約の制定（法68条1項2号）

(3) 特殊決議事項

①建替え決議（法62条1項）（区分所有者及び議決権の各5分の4以上）

②団地内の建物の建替え承認決議（法69条1項，7項）（1項について議決権の4分の3以上，7項について区分所有者及び議決権の各5分の4以上）

③団地内の建物の一括建替え決議（法70条1項本文）（区分所有者及び議決権の各5分の4以上）

④団地内の建物の一括建替え決議における各団地内建物ごとの決議（法70条1項ただし書）（区分所有者及び議決権の各3分の2以上）

第3章 区分所有者の請求／第1節 管理組合などに対する請求

[7] 事例　　　　　　　　　　　　　　　　　　　　　　　【類型16】-[7]

> 　甲は，兜マンション110号室の区分所有者
> 　乙は，兜マンション管理組合（権利能力なき社団）
> 　甲は，平成25年1月総会において理事に選任され，同年3月理事会において，理事の互選により，理事長に選任された。そして，同年10月20日の理事会において，理事長の職を解任されて理事に，平成26年7月5日の総会において，理事をも解任された。しかし，規約には，理事長の解任について，直接言及する規定がない（役員の解任は総会の決議事項とされている。）。
> 　甲は，理事長の職を解任した理事会決議，理事を解任した総会決議の無効確認などを求めた。

論点　総会で理事を選任し，理事の互選で理事長を選任する規約の管理組合において，互選により選任された理事長を理事の過半数で，理事長の職を解任できるか

出典　平29・12・18最一判（平29年㈬84号/民集71巻10号2546頁）

判旨　1　区分所有法によれば，区分所有者は，全員で，建物等の管理を行うための団体を構成し，同法の定めるところにより，集会を開き，規約を定め，及び管理者を置くことができるとされ（3条），規約に別段の定めがない限り，集会の決議によって，管理者を選任し，又は解任することができるとされている（25条1項）。そうすると，区分所有法は，集会の決議以外の方法による管理者の解任を認めるか否か及びその方法について区分所有者の意思に基づく自治的規範である規約に委ねているものと解される。

2　そして，本件規約は，理事長を区分所有法に定める管理者とし（43条2項），役員である理事に理事長等を含むものとした上（40条1項），役員の選任及び解任について総会の決議を経なければならない（53条13号）とする一方で，理事は，組合員のうちから総会で選任し（40条2項），その互選により理事長を選任する（同条3項）としている。これは，理事長を理事が就く役職の1つと位置付けた上，総会で選任された理事に対

【類型 16】区分所有者が管理組合に対し規約・総会決議・理事会決議の無効確認請求

し，原則として，その互選により理事長の職に就く者を定めることを委ねるものと解される。そうすると，このような定めは，理事の互選により選任された理事長について理事の過半数の一致により理事長の職を解き，別の理事を理事長に定めることも総会で選任された理事に委ねる趣旨と解するのが，本件規約を定めた区分所有者の合理的意思に合致するというべきである。本件規約において役員の解任が総会の決議事項とされていることは，上記のように解する妨げにはならない。

<!-- 解説 -->

甲は，平成 25 年 10 月 20 日理事会において理事長の職を解任されて理事，平成 26 年 7 月 5 日の総会において理事も解任されたが，規約には，理事長の解任について，直接言及する規定を欠いていた。そこで，管理組合に対し，上記理事会決議，総会決議の無効確認を求めたが，認められなかった事例

1 標準管理規約による理事長及び理事の選任及び解任

標準管理規約では，理事は，組合員のうちから総会で選任（標規 35 条 2 項）し，理事長は，理事のうちから理事会で選任する（標規 35 条 3 項）（平成 28 年改正前は，「理事の互選」により選任するとされていた。）としている。また，役員の選任及び解任を総会の議決事項としている（標規 48 条 13 号）。しかし，理事長の解任について，直接言及する規定を欠く。

法は，管理者，管理組合法人の理事の解任には，規約に別段の定めがない限り，集会決議を必要としている（法 25 条 1 項，49 条 8 項）。

2 本事例の管理規約における理事長及び理事の選任及び解任

乙の規約においては，次のとおり定められている。管理組合にその役員として理事長及び副理事長等を含む理事並びに監事を置く（40 条 1 項）。理事及び監事は，組合員のうちから総会で選任し（同条 2 項），理事長及び副理事長等は，理事の互選により選任する（同条 3 項）。役員の選任及び解任については，総会の決議を経なければならない（53 条 13 号）。理事長は，管理組合を代表し，その業務を統括する（43 条 1 項）。理事長は，区分所有法に定める管理者とする（同条 2 項）。

3 原審（平 28・10・4 福岡高判）の判断

原審は，次のように述べて，甲を理事長から理事に変更する旨の理事

205

第3章　区分所有者の請求／第1節　管理組合などに対する請求

会決議を無効とした。

　本件規約は，法に定める管理者である理事長（43条2項）を理事の互選により選任する旨を定めているが（40条3項），これは解任についての定めではないこと，理事長を管理組合の役員とし（同条1項），役員の解任は総会の議決事項とする旨を定めていること（53条13号）等からすると，本件規約40条3項を根拠として，理事長の地位を喪失させることは許されないと解すべきである。そうすると，甲の役職を理事長から理事に変更する旨の本件理事会決議は，本件規約に違反して無効である。

4　上告審（出典判例）の判断

　出典判例は，規約で，総会で選任された理事の互選により理事長を選任する（40条3項）としているのは，理事の過半数の一致により理事長の職を解き，別の理事を理事長に定めることも，総会で選任された理事に委ねる趣旨と解するのが，本件規約を定めた区分所有者の合理的意思に合致するとした。

5　理事長及び理事会の標規上の職務

　(1)　理事長の職務

　　理事長は，管理組合を代表し，その業務を統括する（標規38条1項本文）。そのほか，次の業務を遂行する。

　　①規約，使用細則等又は総会若しくは理事会の決議により，理事長の職務として定められた事項（同項1号）

　　②理事会の承認を得て，職員を採用し，又は解雇すること（同項2号）

　　③理事長は，法に定める管理者となる（同条2項）。

　(2)　理事会の職務

　　①規約若しくは使用細則等又は総会の決議により理事会の権限として定められた管理組合の業務執行の決定（標規51条2項1号）

　　②理事の職務の執行の監督（同項2号）

　　③理事長，副理事長及び会計担当理事の選任（同項3号）

6　当事者適格

　甲は，理事長の職を解任した理事会決議，理事を解任した総会決議を無効とするためには，理事会決議，総会決議の無効を確認することが有

【類型 16】区分所有者が管理組合に対し規約・総会決議・理事会決議の無効確認請求

効かつ適切である。これを求める甲に原告適格があり，総会決議をした
乙に被告適格が認められる。

コメント

　出典判例は，規約で，総会で選任された理事の互選により理事長を選任
する（40条3項）としているところから，理事の過半数の一致により理事
長の職を解くことも，総会で選任された理事に委ねる趣旨と解するとした
が，これは，解任を選任に準ずるものとして位置づけたものということが
できる。

第 3 章　区分所有者の請求／第 1 節　管理組合などに対する請求

[8] 事例

【類型 16】− [8]

> 　甲は，兜マンション 110 号室の区分所有者
> 　乙は，兜マンション管理組合（権利能力なき社団）
> 　乙は，平成 22 年 9 月，「居住年数に応じて修繕費取崩しの一部を特例として返金する」旨の決議をして，各区分所有者に返金した。この決議が判決で無効とされたため，平成 26 年 7 月，規約を「総会の特別決議による場合に取り崩すことができる」旨に改正して，平成 22 年決議を追認する総会決議をした。
> 　甲は，平成 26 年決議の無効確認を求めた。（請求認容）

論点　修繕積立金の一部を取り崩し各区分所有者にその居住年数に応じて返金する旨の総会決議を追認する総会決議が，民法 90 条に反し無効か

出典　平 28・1・18 福岡地小倉支判（平 26 年㈮ 1109 号／判時 2300 号 71 頁）

判旨　1　修繕積立金の負担は，区分所有権及びこれを有する各区分所有者の共用部分等に対する共有持分に根ざすものであり，本質的に区分所有権と分離して考えることができない性質のものであると解される。

2　修繕積立金は，管理費等と区別して経理されるべきものであるが，いまだ費消されずにいればそれは団体的に帰属する財産を構成しているところ，本件規約には，特別の管理に要する経費に充当する場合以外であっても修繕積立金を総会の特別の決議により取り崩すことができる旨の定めがある。そして，修繕積立金の性質が上記 1 に説示したものであることからすれば，本件規約の定めに基づき修繕積立金を取り崩して区分所有者に配分すること自体は可能である。

3　しかし，各区分所有者への返金に伴う配分方法は，規約に別段の定めがある場合を除いて，専有部分の床面積の割合（共用部分等に対する共有持分）に応じて行うことが区分所有者間の利害の衡平に資するものであり，これに反する配分方法は，特段の事情のない限り，区分所有者間の利害の衡平を著しく害するものであって，公序良俗に反するものという

208

【類型 16】区分所有者が管理組合に対し規約・総会決議・理事会決議の無効確認請求

べきであり，集会（総会）の特別決議によってもこれを有効とすることはできないというべきである（仮に規約に別段の定めがある場合においても，区分所有者間の利害の衡平を著しく害する場合には公序良俗に違反することがあることはいうまでもない。）。このことは，法が，解散した管理組合法人の財産につき，規約に別段の定めがある場合を除いて，法 14 条に定める割合と同一の割合で各区分所有者に帰属する旨定めていること（法 56 条）などからも，上記のように解するのが相当である。

4　また，個々の区分所有権については，売買，相続等によりその所有権が変動する場合もあり得るが，このような場合，区分所有権の承継取得者は，その前主の区分所有者としての地位を承継するのであり，前主が区分所有者として負担した修繕積立金に関する法律関係も同様に承継するものと解されることからすれば（このことは，法 8 条や本件規約 28 条の定めからも上記のようにいうことができる。），区分所有権の変動の有無にかかわらず，修繕積立金を取り崩してこれを配分する旨の決議をした時点の区分所有者間において，専有部分の床面積の割合と異にしてその配分割合に差異を設ける合理的事情は見いだせない。取り分け，法及び本件規約は，区分所有者と占有者とを明確に区別した上で，本件規約において乙に対する修繕積立金の負担者が飽くまで区分所有者である旨定められていることからすれば，取り崩し修繕積立金の配分割合を決定する基準として，占有期間である居住期間によることは，区分所有者間に不合理な差異を設けるものであって，許されないものというべきである。

5　これを本件についてみると，本件規約には，取り崩し修繕積立金の返金に伴う配分割合を定めた規定はないから，同配分割合については専有部分の床面積の割合に応じて行うことが区分所有者間の利害の衡平に資するものである。

解説　　無効とされた平成 22 年決議時には，規約は，修繕積立金の取崩しを「特別の管理に要する経費に充当する場合に限って」できるとしていた。26 年決議では，規約に，「総会の特別決議による場合」にも取崩しができる旨加えた上で，平成 22 年決議内容を追認する特別決議をした。この決議に対して，配分方法が著しく不公平で公序良俗に反すると

第3章　区分所有者の請求／第1節　管理組合などに対する請求

して無効確認請求したのが本事例であり，これが認容された。

1　管理費等の衡平負担の原則

(1)　管理費等の負担は，各区分所有者の専有部分の床面積に比例し，単位面積当たりでは，各区分所有者の負担は平等であるのが原則である。すなわち，各共有者は，規約に別段の定めがない限り，その持分に応じて共用部分の負担に任じ，共用部分から生ずる利益を収取する（法19条）。そして，各共有者の持分割合は，各共有者が有する専有部分の床面積の割合による（法14条1項）から，管理費等の負担は，単位床面積あたりでは平等である。

(2)　衡平負担の原則（法19条）が適用されるのは，管理費の負担や修繕積立金の負担だけではない。共用部分について，第三者から収益を得た場合には，その持分に応じて，その利益を収取する。出典判例の事案のように，修繕積立金を一部取り崩して区分所有者に返金するというのであれば，返金という形で修繕積立金の負担を調整しているのであるから，返金の結果，共用部分の負担が衡平になるように行わなければならない。従前，共有持分に応じて（各共有者が有する専有部分の床面積の割合によって）修繕積立金を負担してきたのであれば，規約に別段の定めがある場合を除いて，共有持分に応じて（各共有者が有する専有部分の床面積の割合によって）修繕積立金の返金が行われなければならない。これに反する返金方法は，区分所有者間の利害の衡平を著しく害するものであって，公序良俗に反するものというべきである。

2　専有部分の範囲

上記のとおり，管理費等の負担は，各区分所有者の専有部分の床面積に比例することになるが，専有部分の範囲については，①内壁説，②壁芯説，③上塗り説に分かれている。①内壁説は，専有部分は空間のみとする。共有持分割合の算定基礎となる床面積は，内壁主義による（法14条3項）。不動産登記における床面積も内壁主義による（不動産登記規則115条）。②壁芯説は，壁の厚さの中央まで専有部分であるとする。分譲の際には，分譲が建物完成前に行われ，壁その他の区画の内側の線の確定ができないため，多くの場合，規約で別段の定めをして（法14条4

【類型 16】区分所有者が管理組合に対し規約・総会決議・理事会決議の無効確認請求

項）, 壁芯計算により算出した床面積によっている。③上塗り説は, 内壁の上塗り部分まで専有部分であるとする。内壁説では区分所有者は内装工事すら自由にできないし, 壁芯説では, 建物の維持管理が十分にできない。建物使用の面では③上塗り説が妥当である。

3 当事者適格

甲が, 修繕積立金の一部取崩し金から衡平配分を受けるためには, 総会決議をした乙に対し, この決議の無効を確認することが有効かつ適切である。これを求める甲に原告適格があり, 総会決議をした乙に被告適格が認められる。

コメント

衡平負担の原則（法 19 条）に反し, 衡平を著しく害する管理費等の負担は, 公序良俗（民法 90 条）に反し無効となる。管理費等の負担について持分に応じて負担すること以外に規約で別段の定めができる（法 19 条）が, 規約の衡平性（法 30 条 3 項）に反する条項は無効となる。

第 3 章　区分所有者の請求／第 1 節　管理組合などに対する請求

【類型 17】区分所有者が管理組合・理事長に対し損害賠償などを請求

[1] 事例　　　　　　　　　　　　　　　　　【類型 17】−[1]

> 甲らは，兜別荘地内の別荘所有者ら
> 乙は，兜別荘地の兜町内会長
> 　兜別荘地内には，約 770 棟の一戸建て建物が建築されている。乙は，甲ら管理費の長期未納者の氏名，滞納期間等を立看板に記載し，兜別荘地内の道路沿いで，ゴミステーションの付近に設置した。この道路には，外部の通行人や車両が出入りすることは可能である。このため，甲らは，乙に対して，立看板を設置した不法行為に基づき損害賠償を請求した。（請求棄却）

論点　立看板を設置し管理費滞納者として名前を公表したことが名誉毀損行為といえるか

出典　平 11・12・24 東京地判（平 10 年(ワ)5448 号／判時 1712 号 159 頁）

判旨　本件別荘地には約 770 戸の建物が存在し，かつ，右建物所有者が本件別荘地内の道路の通行地役権及び管理事務所の土地建物等を共有することから，本件は，区分所有法 65 条所定の「一団地内に数棟の建物があって，その団地内の土地又は附属施設（これらに関する権利を含む。）がこれらの建物の所有者の共有に属する場合」に該当するものというべきであって，兜町会は，同条の予定する団地管理組合に該当するとみるのが相当である。そして，団地管理組合である兜町会は，本件別荘地の建物所有者を当然に会員として組織し，多数決の原則が行われ，構成員の変更にかかわらず団体が存続し，会則を制定し，その会則において代表の方法，総会の運営，会計等団体としての主要な点が確定しているから，いわゆる権利能力なき社団と認めるのが相当である。

　兜町会は，役員会の決定に基づき，平成 9 年 12 月 1 日付で，甲に対し，同月 10 日をもって，滞納者の氏名を始め，滞納月数，滞納金額等を公表すること及び支払の意思があれば公表等は中止することを通知した。

212

【類型 17】区分所有者が管理組合・理事長に対し損害賠償などを請求

そして，平成 9 年 12 月 10 日頃，ゴミステーション付近など 34 か所に，長期滞納者に関し，管理費長期滞納者一覧表と題し，所有する別荘の区番，氏名，月額の管理費，未納開始月及び滞納期間を一覧表にして，本件立看板を設置した。そして，乙は，平成 10 年 12 月 3 日，立看板を全て撤去した。本件別荘地に住民以外の者も出入りできるため，住民以外の者も甲が管理費を滞納している事実を容易に知り得た。

　このように，本件立看板の設置に至るまでの経緯，その文言，内容，設置状況，設置の動機，目的，設置する際に採られた手続等に照らすと，本件立看板の設置行為は，管理費未納会員に対する措置としてやや穏当さを欠くきらいがないではないが，本件別荘地の管理のために必要な管理費の支払を長期間怠る甲らに対し，会則を適用してサービスの提供を中止する旨伝え，ひいては管理費の支払を促す正当な管理行為の範囲を著しく逸脱したものとはいえず，甲らの名誉を害する不法行為にはならないものと解するのが相当である。

解説　乙が，管理費の長期未納者の氏名，滞納期間等を立看板に記載し，立看板を設置した行為が，正当な管理行為の範囲を著しく逸脱したものとはいえず，不法行為とならないとされた事例

　類型 17 は管理組合などに対する損害賠償請求などのケースである。

1　団地管理組合の成立要件（法 65 条）

(1)　一団地内に数棟の建物があること

(2)　その団地内の土地又は附属施設（これらに関する権利を含む。）がそれらの建物の所有者（専有部分のある建物にあっては，区分所有者）の共有に属すること

　「建物」は，専有部分のある建物（区分所有建物）の他，専有部分のない建物（いわゆる戸建て建物）でも団地関係が成立する。

2　当事者適格

　不法行為の被害者として損害賠償請求権があると主張する甲に原告適格が認められ，甲が，損害賠償義務を負うと主張する乙に被告適格が認められる（平 23・2・15 最三判【類型 2】-[4]，昭 61・7・10 最一判/判時 1213 号 83 頁）。

213

第3章　区分所有者の請求／第1節　管理組合などに対する請求

[2] 事例

【類型17】−[2]

> 甲は，兜団地内建物の区分所有者
> 乙は，兜団地の団地管理組合
> 共有地内にある有料駐車場の使用料収入については同じブロック内建物のエレベーター修繕費として積み立てられていた。この使用料収入について，甲は，法66条，19条により，区分所有者がその持分に応じて収取すべき権利を有すると主張し，乙に対し，甲が収取すべき金額について，支払を求めた。

論点　共有地内から生じた管理組合の収益金について個別の区分所有者に分配金請求権があるか

出典　平8・9・4千葉地判（平7年(レ)34号／判時1601号139頁）

判旨　区分所有法においては，各区分所有者は，一棟の建物の一部を構成する専有部分に対しては排他的な所有権を有する反面，専有部分がその機能を保つために必要不可欠の補充的機能を営む共用部分に対する共有持分については，その分割又は解消が禁止され，専有部分と分離して処分することが禁止されるなど相互拘束を受ける関係にある。区分所有者らのこのような関係に照らすと，区分所有者らの間には一種の人的結合関係が性質上当然に成立しており，各区分所有者は，結合関係に必然的に伴う種々の団体的拘束を受けざるを得ない関係にあり，このことは本件団地内の区分所有者らと一棟以上の建物所有者らとの間においても同様である。

　また，共用部分の利用による収益金が生じるためには，規約又は区分所有者らの集会決議において，共用部分の管理の一環として収益源となる事業を行うことについて団体内の意思決定がされ，それに基づき区分所有者らが区分所有者らの団体の事業として共用部分を区分所有者ら又は第三者の利用に供してその対価を徴収し，右対価からそれを得るために区分所有者ら又は管理者が支出した経費等を差し引くなど，一連の団体的な意思形成とこれに基づく業務執行を経て得られるものであることを考えると，共有施設である本件駐車場の開設により得られた収益金についても，右の団

【類型 17】区分所有者が管理組合・理事長に対し損害賠償などを請求

体的拘束から自由ではなく，共用部分から生じた利益は，一旦区分所有者らの団体に合有的に帰属して団体の財産を構成し，区分所有者らの集会決議等により団体内において具体的にこれを区分所有者らに分配すべきこと並びにその金額及び時期が決定されて初めて各区分所有者らが具体的に行使できる権利としての収益金分配請求権が発生するものというべきである。

そうすると，本件駐車場の収益金について金銭による具体的分配に関する団体的意思決定があることの主張・立証がない以上，甲は，乙に対し，裁判で履行を求め得る具体的な金銭請求権を有していない。

| 解説 | 共有地内から生じた収益金について，団体的な意思形成とこれに基づく業務執行を経て得られるものであるから，団体的拘束を受けて一旦管理組合に合有的に帰属し，区分所有者は，集会決議等により具体的分配が定められた後に具体的請求権を行使できるとした事例

1 平27・9・18最二判【類型22】−[9] の事案との相違

本事例（平8・9・4千葉地判）は，管理組合が得た収益に対し，区分所有者が，共有持分権に基づいて分配金請求する事案であるが，平27・9・18最二判【類型22】−[9] は，共用部分を第三者に賃貸して収益（賃料）を得ていた区分所有者に対し，他の区分所有者が，直接，共用持分権割合相当額の金員の支払を求める事案である。個別の区分所有者が収益分配請求ができない理由について，規約における，共用部分に対する管理者の管理権限から導く。

2 当事者適格

収益金の分配請求権が自己に帰属することを主張する区分所有者甲に原告適格が認められ，甲によって義務者とされる管理組合乙に被告適格が認められる（平23・2・15最三判【類型2】−[4]，昭61・7・10最一判/判時1213号83頁）。

第3章　区分所有者の請求／第1節　管理組合などに対する請求

[3] 事例

【類型 17】-[3]

甲は，兜マンション 110 号室の区分所有者

乙は，兜マンション管理組合

Aは，110 号室の賃借人

甲は，Aとの間で，110 号室の賃貸借契約を締結したところ，乙が 110 号室におけるプロパンガスの使用，電気動力メーターの使用，換気口の使用をなかなか承認しなかった。このため，Aは，110 号室での宅配寿司屋の出店を断念した。

甲は，乙に対し，甲の 110 号室の使用収益権を侵害したとして，不法行為に基づく損害賠償金の支払を求めた。(請求棄却)

論点 管理組合が，プロパンガスのボンベ等の設置につき共用部分の利用方法として是認できないとしたことが違法か

出典 平 26・11・19 東京地判 (平 25 年(ワ)9580 号/判時 2271 号 75 頁)

判旨 甲と賃貸借契約を締結した賃借人であるAは，乙の承認がないまま，プロパンガスのボンベや電気動力メーターの設置を含む改修工事を進めた。Aは，平成 24 年 8 月 1 日に本件賃貸借契約を締結するに際し，上記設置を行うために，乙との間で手続が必要であることを知らず，同契約締結後，速やかに上記設置を含む改修工事を行って，開店しようと考え，工事を進めたものとみることができる。また，乙は，Aによるプロパンガスのボンベの設置，電気電力メーターの設置を認めず，換気口についても甲が開口したものではないかとの懸念から，使用を了承せず，換気口の開口時期に関する調査を行おうとしていたところ，その後，Aが本件賃貸借契約を解除した。

　乙は，事前の手続が踏まれなかったことから，本件賃貸借契約が締結されて 2 か月前後が経過し，プロパンガス等の設置が行われた後に事情を知ることになった。Aの工事によって，共用部分の利用に関する事柄が問題となり，それらを理事会や総会で協議し，承認の有無を決していった。そのような経緯を辿った場合に，検討や協議にある程度の時間を要するのはやむを得ないということができるし，乙において，プロパンガスのボンベ

216

【類型17】区分所有者が管理組合・理事長に対し損害賠償などを請求

等の設置につき共用部分の利用方法として是認できないとしたことが直ちに違法であるということもできない。

そうすると，乙の対応が，甲に対してのみ恣意的に本件貸室の利用を妨げているということはできず，本件貸室への従前の対応や他室に対する対応との比較によって，乙の行為が不法行為に該当するということはできない。

まとめ 区分所有者が，宅配寿司屋の出店のために110号室を賃貸したところ，管理組合が，110号室におけるプロパンガスの使用などをなかなか承認しなかったため，賃借人は，110号室での宅配寿司屋の出店を断念した。区分所有者が，管理組合に対し，使用収益権を侵害したとして，不法行為に基づく損害賠償を請求したところ，認められなかった事例

判旨は，管理規約に基づいた事前承認を得ないで，賃貸借契約を締結し，改修工事を施工したため，管理組合が，プロパンガスの使用などの承認について，時間を要することとなったもので，違法とはいえないとした。

217

第3章　区分所有者の請求／第1節　管理組合などに対する請求

[4] 事例 　　　　　　　　　　　　　　　　　　　　　　　　【類型17】-[4]

> 甲は，兜マンションの区分所有者
> 乙は，兜マンション管理組合
> 乙は，総会決議に基づき，マンションの出入口に，オートロック式開閉ドアを設置した。甲は，この設置は甲の専有部分の使用に特別の影響を及ぼすものであるところ，規約所定の承諾を得ずになされ，そのため，専有部分を店舗として使用ないし賃貸に供することができなくなったとして，共有持分権に基づき，オートロック式ドアの撤去を求めた。

論点　管理組合がマンション出入口に設置したオートロック式ドアの設置の総会決議に「特別の影響」による区分所有者の承諾を要するか

出典　平15・6・17福岡高判（平15年(ネ)171号／裁判所ウェブサイト）

判旨　「専有部分の使用に特別の影響を及ぼすとき」とは，共用部分の変更等の必要性及び合理性とこれによって一部の区分所有者が受ける不利益とを比較衡量し，当該区分所有関係の実態に照らして，その不利益が区分所有者の受忍すべき限度を超えると認められる場合をいうものと解するべきである。

　本件マンションはこれまで外部から自由に立ち入ることのできる構造であったため，エレベーター内における放尿，ガラス扉の損壊，不審火による火災，ピッキングによる盗難事件等の被害が相次ぎ，防犯防災のためにオートロックを設置してほしい旨の要望が，数年前より居住者から出されていたのであり，本件オートロックの設置場所も常識に適った箇所といえるものである。

　本件物件は本件オートロックの設置が決定されるまで約2年半にもわたって空室の状態が続いており，このように空室状態が継続したのは，長い通路の奥に位置するという本件物件の配置上の制約によると推認されるのであって，本件物件を通りがけの客が自由に出入りする店舗として使用することはもともと無理があるとみられるのである。

　本件オートロックの設置により甲が受ける不利益は，これまでオート

218

【類型 17】区分所有者が管理組合・理事長に対し損害賠償などを請求

ロック等の設備がなかったことにより本件マンションの入居者が被った
様々な被害や迷惑行為に照らしての同設備の必要性，設置場所の合理性や
本件物件の従前の利用状況など区分所有関係を巡る諸事情からみて，区分
所有者の受忍すべき限度を超えるものとは認められないというべきである。

　したがって，本件オートロックの設置について，甲の本件物件の使用に
特別の影響を及ぼすものとはいえず，本件規約 18 条 3 項所定の甲の承諾
は不要である。

　乙による本件オートロックの設置が，甲の本件物件の所有権を侵害する
ものとはいえないし，不法行為ないし規約不履行にも該当しないことは明
らかである。

| 解説 | 乙は，総会決議に基づき，マンションの出入口に，オートロック |

式開閉ドアを設置したが，甲は，「特別の影響を及ぼす」もので
あるところ，承諾を得ずになされたとして，所有権に基づき，オートロッ
ク式ドアの撤去を求めたところ，これが認められなかった事例

1　甲がオートロック式ドアの撤去を求める根拠

　オートロック式ドアは，マンション建物の共用部分に設置されてい
る。甲は，区分所有者であり，区分所有建物の共用部分について共有持
分権を有している。共有持分権についても妨害排除請求を行使できると
解されているから，オートロック式ドアの撤去を求めることは，共有持
分権に基づく妨害排除請求である。

2　占有権原

　管理組合には共用部分の管理権限があり，総会決議に基づいてオート
ロック式ドアを設置しているのであれば，管理組合に占有権原があると
いうことができる（抗弁）。

3　共用部分の変更の総会決議における「特別の影響を及ぼすべきとき」

(1)　「特別の影響を及ぼすべきとき」に承諾を要する場合

　区分所有法上，「特別の影響を及ぼすべきとき」に承諾が必要とさ
れているのは，①法 17 条の共用部分変更の集会決議の場合と，②法
31 条の規約変更などの集会決議の場合である。

　本事例では，乙がマンションの出入口にオートロック式開閉ドアを

219

第3章 区分所有者の請求／第1節 管理組合などに対する請求

設置したが，これが，甲に特別の影響を及ぼすべきときは，共用部分の変更の総会決議に，甲の承諾を得なければならない（法17条1項，2項，標規47条3項2号，8項）ことになる。

(2) 法17条

「1 共用部分の変更（その形状又は効用の著しい変更を伴わないものを除く。）は，区分所有者及び議決権の各4分の3以上の多数による集会の決議で決する。ただし，この区分所有者の定数は，規約でその過半数まで減ずることができる。

2 前項の場合において，共用部分の変更が専有部分の使用に特別の影響を及ぼすべきときは，その専有部分の所有者の承諾を得なければならない。」

(3) 標規47条3項2号

「次の各号に掲げる事項に関する総会の議事は，前項にかかわらず，組合員総数の4分の3以上及び議決権総数の4分の3以上で決する。

一 （略）

二 敷地及び共用部分等の変更（その形状又は効用の著しい変更を伴わないもの及び建築物の耐震改修の促進に関する法律第25条第2項に基づく認定を受けた建物の耐震改修を除く。）」

(4) 標規47条8項

「第3項第2号において，敷地及び共用部分等の変更が，専有部分又は専用使用部分の使用に特別の影響を及ぼすべきときは，その専有部分を所有する組合員又はその専用使用部分の専用使用を認められている組合員の承諾を得なければならない。この場合において，その組合員は正当な理由がなければこれを拒否してはならない。」

(5) 「特別の影響を及ぼすべきとき」の意義

出典判例は，共用部分の変更等の必要性及び合理性とこれによって一部の区分所有者が受ける不利益とを比較衡量し，当該区分所有関係の実態に照らして，その不利益が区分所有者の受忍すべき限度を超えると認められる場合をいうものと解するべきであり，本件オートロッ

220

【類型 17】区分所有者が管理組合・理事長に対し損害賠償などを請求

クの設置により甲が受ける不利益は，これまでオートロック等の設備
がなかったことにより本件マンションの入居者が被った様々な被害や
迷惑行為に照らしての同設備の必要性，設置場所の合理性や本件物件
の従前の利用状況など区分所有関係を巡る諸事情からみて，区分所有
者の受忍すべき限度を超えるものとは認められないとした。

4 規約変更の総会決議における「特別の影響を及ぼすべきとき」

(1) 「特別の影響を及ぼすべきとき」に承諾を要する場合

　　共用部分の変更の総会決議の他，規約変更の総会決議の場合にも，
特別の影響を及ぼすべきときに，その区分所有者の承諾を得なければ
ならない（法 31 条 1 項，標規 47 条 3 項 1 号，47 条 7 項）。

(2) 規約変更の総会決議における「特別の影響を及ぼすべきとき」の意
義について

　　平 10・10・30 最二判【類型 15】-[1] は，規約の設定，変更等の
必要性及び合理性とこれによって一部の区分所有者が受ける不利益と
を比較衡量し，当該区分所有関係の実態に照らして，その不利益が区
分所有者の受忍すべき限度を超えると認められる場合をいうものと解
されるとしている。

5 当事者適格

　　妨害排除請求権が自己に帰属すると主張する甲に原告適格が認めら
れ，甲が撤去義務者，賠償義務者と主張する乙に被告適格が認められる
（平 23・2・15 最三判【類型 2】-[4]，昭 61・7・10 最一判/判時 1213 号 83 頁）。

第3章　区分所有者の請求／第1節　管理組合などに対する請求

[5] 事例 【類型17】-[5]

> 甲は，兜マンション110号室の区分所有者
> 乙は，兜マンション管理組合の元理事長
> 　乙が総会の決議に基づく業務を執行せず，受水槽の工事を遅延させて，管理組合に損害を与えたなどとして，甲が，乙に対し，乙の善管注意義務に違反したことを理由に損害賠償を請求した。（訴え却下判決）

論点　理事長が管理組合に損害を与えたとする損害賠償請求訴訟において個々の区分所有者に原告適格が認められるか

出典　平7・10・4神戸地判（平7年㈠619号／判時1569号89頁）

判旨　管理組合の理事長は管理組合から委任ないし代理を受けて組合総会の決議によって定められた業務等の執行をなすものであるから，その任務に背きこれを故意または過失によって履行せず，管理組合に損害を与えるようなことがあったときは，債務不履行となり，右理事長は管理組合に対して損害賠償の責めを負うべきことになる。

　したがって，管理組合（ないし区分所有者全員）が原告となって右理事長に対して損害賠償を求める訴訟を提起することはできるが，管理組合の構成員各自が同様の訴訟を提起することができるかについては，区分所有法上，管理組合の構成員各自がその理事長に対する責任を問うことを認める旨の商法267条のような規定は存しないし，管理組合の構成員各自が民法423条により代位するという甲の構成もその要件を欠くというべきである。そして，法（6条，57条）は，共同利益背反行為の是正を求めるような団体的性格を有する権利については他の区分所有者の全員又は管理組合法人が有するものとし，これを訴訟により行使するか否かは，集会の決議によらなければならないとするように，区分所有者の共同の利益を守るためには区分所有者全員が共同で行使すべきものとしているところ，本件のように理事長の業務執行に当たっての落ち度を追及するような訴訟においても団体的性格を有する権利の行使というべきであるから右の法理が適用されるべきであり，一般の民法法理の適用される場面ではないものと解する。

　以上により，本件建物の区分所有者らがその全体の利益を図るために訴

【類型 17】区分所有者が管理組合・理事長に対し損害賠償などを請求

訟を追行するには，区分所有者ら全員が訴訟当事者になるか，その中から訴訟追行権を付与された当事者を選定する等すべきことになるところ，そのような手続を何ら踏んでいない甲には本件訴訟を追行する権限はない。

| 解説 | 個別区分所有者が，元理事長が管理組合に損害を与えたとして，元理事長が管理組合に対し損害賠償をすることを求めたところ，原告適格が認められなかった事例

1　管理組合役員と区分所有者との関係

管理組合の理事長など役員と区分所有者との関係は，委任関係であると考えられる。標規 37 条 1 項も，「役員は，法令，規約及び使用細則その他細則並びに総会及び理事会の決議に従い，組合員のため，誠実にその職務を遂行するものとする。」と規定している。したがって，理事長などの行為が善良な管理者としての注意義務に反するときは，当該理事長などは，区分所有者に対して債務不履行責任を負うことになる（民法644 条）。

2　個々の区分所有者による損害賠償請求の当事者適格

債務不履行により管理組合に損害が生じたときの損害賠償請求権は，これが自己に帰属すると主張する者に原告適格が認められるところ，本事例において，甲が，損害賠償請求権が自己に帰属すると主張するのであれば原告適格が認められる（平 23・2・15 最三判【類型 2】－[4]）。しかし，管理組合に帰属する請求権を甲が行使すると主張するのであれば，甲に本来的当事者適格を認めることはできず，任意的訴訟担当が認められる法的根拠が必要となる。又は，株式会社の場合における株主代表訴訟（会社法 847 条），一般社団法人における社員が役員等に対する責任追及の訴えを提起することができる（一般法人法 278 条）ように，個々の区分所有者又は一部の区分所有者が，管理組合の理事長に対して，訴え提起できる法律上の特別の規定が必要であると考えられる。

第 3 章　区分所有者の請求／第 1 節　管理組合などに対する請求

[6] 事例　　　　　　　　　　　　　　　　　　　　【類型 17】−[6]

> 甲は，兜マンション 110 号室の区分所有者
> 乙は，兜マンション 320 号室の区分所有者で，兜マンション管理組合（権利能力なき社団）の元理事長
> 甲は，乙が理事長として，組合資金を違法に支出し，組合に損害を与えたと主張して，管理組合に引き渡す目的で不法行為に基づき損害賠償金の支払を請求した。(請求棄却)

論点　管理組合の元理事長に対する不法行為に基づく損害賠償請求訴訟が，共用部分の保存行為に当たるか

出典　平 4・7・29 東京地判（平 3 年㈠ 18578 号/判タ 801 号 236 頁）

判旨　建物の各区分所有者は，区分所有建物の共用部分の保存行為をすることができるとされている。ここにいう共用部分の保存行為とは，建物の共用部分そのものの現状を維持することをいうと解すべきであるから，区分所有建物の共用部分の改修工事の費用の支払に関し，区分所有建物の管理組合の元理事長がした不法行為に基づいて，建物の共用部分の補修のために積み立てられた組合資産に生じた損害であっても，その賠償を訴求することは，共用部分の保存行為に当たらないことが明らかである。また，権利能力のない団体の資産について損害を生じた場合，その損害に関する賠償請求権は右団体の全構成員に総有的に帰属するにすぎないから，支払を受ければ直ちに団体に引き渡し組合の損害を填補する目的であったとしても，右団体の各構成員が単独で右損害の賠償を請求することはできないというべきである。

解説　乙は，兜マンション改修工事契約に反し，工事完成前に，建築会社に対し，工事代金として 1 億 7300 万円を支払ってしまった。そこで，甲は，組合資金を違法に支出し組合に損害を与えたと主張して，管理組合に引き渡す目的で，乙に対し，不法行為に基づき損害賠償金の支払を請求したところ，これが認められなかった事例

1　保存行為

保存行為とは，共用部分の現状を維持する行為である。各区分所有者

【類型17】区分所有者が管理組合・理事長に対し損害賠償などを請求

は，規約で別段の定めをしない限り，集会の決議を要せず，単独でする
ことができる（法18条1項ただし書，2項）。各区分所有者が単独でなし得
る行為であることからすれば，例えば，廊下の清掃，玄関のガラスや階
段の欠損の修理など共用部分の現状を維持するための必要最小限の行
為，比較的軽度の維持行為，緊急を要する行為であると解されている。
また，これらの点からすれば，本事例における損害賠償請求は，保存行
為に当たらないというべきである。

2　当事者適格

　管理組合に損害が生じたときの損害賠償請求権は，これが自己に帰属
すると主張する者に原告適格が認められる（平23・2・15最三判【類型2】－
[4]）ところ，本事例において，甲が，損害賠償請求権が自己に帰属す
ると主張するのであれば原告適格が認められる。しかし，それは理由が
ないことであるから，請求は棄却されることになる。

コメント

　保存行為には，共有持分に基づく妨害排除請求，共有物の返還請求，不
動産登記の抹消請求なども含まれるとする考えもあり得る。特に，管理者
などが責任の追及に動かない場合には違法行為を是正することが難しくな
る面があることは否定できない。しかし，区分所有法が，各区分所有者が
単独でなし得る行為としていることからすれば，廊下の清掃，玄関のガラ
スや階段の欠損の修理など共用部分の現状を維持するための必要最小限の
行為などに限定されると解することもやむを得ないといえよう。

第3章　区分所有者の請求／第1節　管理組合などに対する請求

[7] 事例

【類型17】-[7]

> 甲は，兜マンション110号室の区分所有者
>
> 乙は，兜マンション管理組合
>
> 乙は，付属の建物を除外して，マンションの大規模修繕工事を行った。甲は，マンションの立体駐車場部分の外壁等に対して修繕工事が実施されなかったため，自己の費用で修繕工事を行った。これにより，乙は法律上の原因なくして修繕工事費用分の利得を得ているとして，不当利得に基づく返還請求，また，乙の修繕義務の不履行に基づき，修繕費用額相当の損害賠償を請求した。(請求棄却)

論点 立体駐車場部分が，マンション建物の構成部分となるのか，別棟となるのか

出典 平28・9・29東京地判（平26年(ワ)30085号/判時2342号47頁）

判旨
1　立体駐車場部分は別棟か

　「一棟の建物」（区分所有法1条）であるか否かは，社会通念に従って決定されるべきところ，その具体的な判定基準としては，①建物構造上の一体性，②外観（外装）上の一体性，③建物機能の一体性，④用途ないし利用上の一体性が挙げられる。

　居住棟がSRC造（鉄骨鉄筋コンクリート構造），耐震壁付ラーメン構造，本件立体駐車場部分がS造（鉄骨構造），ブレース構造となっていること，設計図面上，居住棟と本件立体駐車場部分とは相互に力をやり取りせずに，両者が構造的に自立できるようにするためにエキスパンションジョイントによって物理的に分離して接合されていることが認められる。これらによれば，居住棟と本件立体駐車場部分とは，建物構造上，分離した構造となっており，物理的に一体とは認め難い。

　外壁について，居住棟はタイル張り，本件立体駐車場部分は石綿サンドイッチ板，屋根について，居住棟はコンクリート床上に防水，本件立体駐車場部分は軽量鉄骨下地の上に鉄板葺きとなっており，使用している仕上材が異なるし，デザインも異なっている。

　本件立体駐車場部分は，駐車場用途のみであるところ，居住棟は，1

【類型17】区分所有者が管理組合・理事長に対し損害賠償などを請求

階及び2階に店舗及び事務所，3階から13階が住宅となっており，用途（利用空間）として全く異なっている。

以上の検討結果を総合すれば，社会通念に照らし，本件立体駐車場部分は，本件マンションと一棟の建物として構成されず，別棟となるものと認められる（本件立体駐車場部分は，マンション敷地内の別棟の立体駐車場棟ということになるから，区分所有物の建物部分ではない。）。

2 本件工事の対象に本件外壁が含まれるか

本件総会において，本件決議により，本件工事の対象に本件外壁が含まれないものとして多数決により承認可決されている。

本件外壁を大規模修繕工事対象に含めなかったことは適法な総会決議に基づく決議事項であり，このことをもって，不当利得にいう「法律上の原因がないこと（民法703条）」にはならない。

そうすると，甲の主張する不法利得返還請求権は理由がないことになる。

3 債務不履行に基づく損害賠償請求権について

本件外壁が本件マンションと一棟の建物を構成しない以上，乙において，これを大規模修繕の対象として扱わなければならない義務はない。

解説 乙は，付属の建物を除外して，マンションの大規模修繕工事を行った。甲は，マンションの立体駐車場部分の外壁等に対して修繕工事が実施されなかったため，自己の費用で行った。甲は，乙が工事費用分を利得しているとして，不当利得返還請求したところ，当該立体駐車場が別棟で工事対象から除外されているとして請求が認められなかった事例

1 長期修繕計画

建物を長期にわたって良好に維持・管理していくためには，一定の年数の経過ごとに計画的に修繕を行っていくことが必要であり，その対象となる建物の部分，修繕時期，必要となる費用等について，あらかじめ長期修繕計画として定め，区分所有者の間で合意しておくことは，円滑な修繕の実施のために重要である（コメント32条関係）。

第3章　区分所有者の請求／第1節　管理組合などに対する請求

2　「一棟の建物」（法1条）

　　判旨は，本件立体駐車場部分が，区分所有建物の建物の部分（法4条
1項）を構成することなく，別棟であるとした。この場合，一棟の建物
か否かは，社会通念に従って決定されるべきところ，具体的な判定基準
としては，①建物構造上の一体性，②外観（外装）上の一体性，③建物
機能の一体性，④用途ないし利用上の一体性を挙げている。

3　「別棟」が，管理組合の管理の対象となるか

(1)　管理組合は，建物並びにその敷地及び附属施設の管理を行うための
団体（法3条）であるから，管理組合の管理対象となるのは，「建物」
並びにその「敷地」及び「附属施設」である（法3条）。これらのう
ち，共用部分については，管理組合は，当然に管理（広義）を行う
（法17条ないし19条）。

(2)　「建物」は，①専有部分と②専有部分以外の建物の部分に分けら
れ，②が共用部分とされる（法2条4項）。

(3)　「附属施設」は，建物の附属物と附属の建物に分けられ，建物の附
属物については，専有部分に属しない建物の附属物が共用部分（法定
共用部分）とされる（法2条4項）。

(4)　附属の建物は，法4条2項の規定により，規約により共用部分とさ
れたとき，共用部分となる（法2条4項）。

(5)　以上のとおり，①専有部分以外の建物の部分，②専有部分に属しな
い建物の附属物，③規約により共用部分とされた附属の建物が共用部
分となり（法2条4項），管理組合が当然に管理（広義）する（法17条な
いし19条）。

　　法3条で管理組合の管理対象とされているが，共用部分とされない
ものであっても，次のものは，法17条ないし19条の共用部分に関す
る管理の規定が準用され，この限りにおいて，当然の管理対象となる
（法21条）。

ア　建物敷地について，共有の敷地

　　共有でない敷地（分有の敷地など）は，基本的には管理の対象とな
らない。

228

【類型 17】区分所有者が管理組合・理事長に対し損害賠償などを請求

イ　共用部分以外の附属施設について，共有の附属施設

　　共用部分以外の附属施設とは，具体的には，①専有部分に属する附属物と，②規約により共用部分とされていない附属の建物である。

(6)　建物の専有部分については，法18条2項が，同条1項について，規約で別段の定めができるとしているので，規約で定めれば管理対象とすることができる。例えば，標規21条2項は，「専有部分である設備のうち共用部分と構造上一体となった部分の管理を共用部分の管理と一体として行う必要があるときは，管理組合がこれを行うことができる。」と定める。

(7)　出典判例の「別棟」は，規約により共用部分とされた附属の建物と解することができるので，管理組合の管理対象となる。

4　当事者適格

　不当利得に基づく修繕工事費用分の返還請求権又は修繕義務の不履行に基づき費用額相当の損害賠償請求権が自己に帰属すると主張する甲に原告適格が認められ，甲によって義務者とされる乙に被告適格が認められる（平23・2・15最三判【類型2】-〔4〕，昭61・7・10最一判/判時1213号83頁）。

第3章　区分所有者の請求／第1節　管理組合などに対する請求

[8] 事例　　　　　　　　　　　　　　　　　　　　　　【類型17】－[8]

> 　甲は，兜マンション110号室の区分所有者
> 　乙は，兜マンション管理組合（権利能力なき社団）
> 　110号室のバルコニーは，マンションの共用部分で甲が専用使用権を有する。このバルコニーの手すりには，透明の手すり用ガラスが4枚設置され，本件居室側から見て最右部に位置する1枚には，甲が本件居室を購入した当時からしみのように見える部分が複数箇所存在する。
> 　甲は乙に対し，この不具合の修補を求めたが，乙はこれを拒否した。そこで，甲は乙に対し，不法行為による損害賠償を請求した。
> （請求棄却）

論点　管理組合がベランダの不具合の修補をしないことが不法行為となるか

出典　平27・7・17東京地判（平26年(ワ)5681号/判時2279号57頁）

判旨　本件居室の窓側に接するバルコニーは，甲が専用使用権を有する兜マンションの共用部分であり，同バルコニーの手すりには，透明の手すり用ガラス（以下「バルコニーガラス」という。）が4枚設置されている。上記バルコニーガラスのうち，本件居室側から見て最右部に位置する1枚には，甲が本件居室を購入した当時から，その一部の複数箇所にしみのように見える部分（以下「本件不具合」という。）が存在する。上記の部分は，清掃等によっては除去できない状態にある。

　兜マンションの管理規約では，共用部分の管理は，原則として乙がその責任と負担において行い，その修繕は乙の業務とされているが，バルコニー等の管理のうち，通常の使用に伴うものについては，専用使用権を有する者がその責任と負担においてこれを行わなければならない旨の定めがある。

　乙が，その構成員である本件マンションの各区分所有者に対し，兜マンションの管理組合として共用部分を適正に管理する義務を負っているものと解されるとしても，共用部分に存在する不具合の全てについて，その程度等にかかわらず，修補をする義務があるということはできず，不具合の程度や修補のために生ずる乙の費用負担の程度等に照らし，合理的と認め

230

【類型 17】区分所有者が管理組合・理事長に対し損害賠償などを請求

られる範囲で修補等の対応をする義務があるものというのが相当である。

　本件不具合は，それによって本件居室からの眺望に若干の影響が生じることは否定できないものの，その程度は限定的なものと認められ，その他本件居室及び本件バルコニーの通常の使用に支障を生じさせる性質のものとは認められない。他方で，本件不具合を修補するには，バルコニーガラスの交換を要し，少なくとも 85 万円の費用を要することが認められる。そうすると，乙に自己の費用負担において本件不具合の修補をする義務を負わせることは，本件不具合によって受ける甲の不利益の程度に比して乙（その構成員である兜マンションの各区分所有者）に過分の経済的負担を強いることになるものといわざるを得ないから，乙に上記義務があるということはできない。

| まとめ | 甲が専用使用権を有する 110 号室のバルコニーの手すりには，透明の手すり用ガラスが設置され，居室側から見て最右部に当初からしみのような部分が複数箇所存在する。乙がこの不具合の修補をしないので，甲は乙に対し，不法行為による損害賠償を請求したが，認められなかった事例

　判旨は，本件不具合は，それによって本件居室からの眺望に若干の影響が生じることは否定できないものの，その程度は限定的なものと認められる。他方で，不具合を修補するには，バルコニーガラスの交換を要し，少なくとも 85 万円の費用を要する。そうすると，管理組合の費用負担で不具合の修補義務を負わせることは，不具合によって受ける甲の不利益の程度に比して，過分の経済的負担を強いることになるとした。

第 3 章　区分所有者の請求／第 1 節　管理組合などに対する請求

[9] 事例

【類型 17】-[9]

> 甲は，兜マンション 110 号室の区分所有者
> 乙は，兜マンション管理組合
> Ａは，兜マンションを建築施工し，分譲した業者
> 甲は，Ａとの間で，甲が所有していた本件敷地上にマンションを建築し，その一部の区分所有権を譲り受けることを内容とした「分譲住宅等建築並びに土地賃貸借契約」を締結した。甲は，本件契約では，甲が譲り受ける区分所有権の対象面積が，マンション 1 階部分全体（ただし，共用部分は除く）の面積に相当する 115.99 平方メートルとされており，甲が 1 階部分全体の所有権を取得することが予定されていたと主張し，1 階店舗部分の 110 号室及び 1 階の駐車場部分が専有部分だとして，管理組合に対し，駐車場の明渡しと賃料相当損害金の支払を求めた。（請求棄却）

論点　1 階の駐車場は，専有部分か法定共用部分か

出典　平 26・10・28 東京地判（平 24 年㈠26314 号／判時 2245 号 42 頁）

判旨　1　本件建物部分に，区分所有権の目的となり得る構造上の独立性があるか否かについて検討する。

　東側の壁は，本件建物部分の南側および西側壁面とも，マンションの上層階の壁面とも仕上げが異なっており，またその材質も金属製波板とベニヤ板であるので，当初から設計された壁面であるとは考えられず，竣工後に簡易に作られたものであるとみるべきである。したがって，マンションの竣工当時，本件建物部分の北側部分および東側部分は，壁面がなく外部に対して完全に開放された状態にあったものと認められ，四方のうち二方が遮断されていなかったのであるから，本件建物部分は，隔壁，階層等により独立した物的支配に属する程度に他の部分と遮断されているものとは言い難い。

2　次に，本件建物部分に，区分所有権の目的となり得る利用上の独立性があるか否かについて検討する。

　設計図書上，本件建物部分には「通路（共用）」，「ポリバケツ置場」も

232

【類型17】区分所有者が管理組合・理事長に対し損害賠償などを請求

しくは「ピロティ」または「ポーチ」と記載されており，現に，本件建物部分の北側は道路に面しており，本件建物部分の西側には，マンション1階の共用部分であるホール等部分に通じる出入口があり，ホール等部分にはその出入口扉に向けた非常口との表示があるから，本件建物部分は，区分所有者等がマンションの裏口として使用するためのピロティ兼通路として設計されたものと認められる。110号室との間の出入口はマンション建築時にはなく，後日，110号室と本件建物部分の間の壁面をくり抜いて設置されたにすぎないことを考えると，本件建物部分が，それ自体独立して建物としての用途に供することができるような形で設計，建築されているとみることはできない。したがって，本件建物部分は，区分所有者等が自由に通行することが可能なピロティ兼通路であって，利用上の独立性があるということはできない。

3　以上によれば，本件建物部分には，区分所有権の目的となり得るだけの構造上の独立性および利用上の独立性があるとはいえず，北側道路からホール等部分に通じそこから各専有部分に通じるためのピロティ兼通路として，構造上区分所有者全員の共用に供されるべき建物の部分であるというべきであるから，本件建物部分は，専有部分ではなく，法定共用部分である。

解説　甲の所有土地上に，建築施工・分譲業者がマンションを建築し，甲は，一部の区分所有権を譲り受けた。甲は，1階店舗部分の110号室及び1階の駐車場部分が専有部分だとして，管理組合に対し，駐車場の明渡しと賃料相当損害金の支払を求めたところ，1階の駐車場は，ピロティー兼通路であり「法定共用部分」になるとして，請求が認められなかった事例

1　構造上の独立性と利用上の独立性

(1)　構造上の独立性

構造上の独立性とは，建物の構成部分である隔壁，階層等によって他の部分と遮断されていることである。専有部分として構造上の独立性を認めるためには，当該建物部分の周囲全てが完全に遮断されている必要はなく，建物の構成部分である隔壁，階層等により独立した物

233

第3章 区分所有者の請求／第1節 管理組合などに対する請求

的支配に適する程度に他の部分と遮断され，その範囲が明確であることをもって足りる（昭56・6・18最一判/民集35巻4号798頁）。

(2) 利用上の独立性

　専有部分として認められる利用上の独立性とは，独立して建物の用途に供することができることである。直接又は共用部分を通って外部に通じる出入り口があることがメルクマールになる。これによれば，廊下，階段室，エレベーター室などには利用上の独立性が認められない（法4条1項）。

2 法定共用部分と規約共用部分

(1) 法定共用部分

　法4条1項は，「数個の専有部分に通ずる廊下又は階段室その他構造上区分所有者の全員又はその一部の共用に供されるべき建物の部分は，区分所有権の目的とならないものとする。」と規定し，これらの建物部分が専有部分とならない，すなわち共用部分となることを定める。例えば，玄関ポーチ，ロビー，電気室，機械室，エレベーター室，屋上，バルコニー（通常，専用使用権が設定されている。），柱などがこれに該当する。柱などの基本的構造部分が専有部分の内側に存在することもあるが，基本的構造部分は専有部分ではなく，法定共用部分である。

　法定共用部分については，構造上又は利用上独立していないので，登記をすることができない。民法177条の規定は，共用部分には適用されない（法11条3項）。

(2) 規約共用部分

　規約共用部分とは，専用部分及び附属の建物を規約により共用部分としたものである（法4条2項）。この場合，利用上の独立性を欠き，専用部分ではなくなる。例えば，集会室，倉庫，駐車場，管理人室（平5・2・12最二判【類型23】−[3]）などがこれに当たる。規約共用部分を第三者に賃貸することもできる。

　規約共用部分は，その旨の登記をしなければ，これをもって第三者に対抗することができない（法4条2項）。規約共用部分である旨は，

【類型17】区分所有者が管理組合・理事長に対し損害賠償などを請求

登記記録の表題部に登記される（不動産登記法44条1項6号）。

　規約共用部分として登記されないときは，管理組合が集会室等を規約に従って共用部分として管理することはできるが，権利変動については，それぞれが専有部分として別個独立に変動していくことになる。

　最初に建物の専有部分の全部を所有する者は，公正証書により，構造上，利用上独立性のある部分を共用部分とする旨の規約の設定ができる（法32条）。マンションを分譲するとき，分譲前に，公正証書により規約共用部分を設定しておくことが行われるが，管理人室，倉庫などを分譲前に規約共用部分として設定し，その旨の登記をすることによって，共用部分であることを明確にしておくことができる。

3　当事者適格

　駐車場の明渡請求と賃料相当損害金支払請求は，いずれも給付訴訟であるから，いずれも実体法上の請求権が自己に帰属すると主張する甲に原告適格が認められ，甲によって義務者とされる乙に被告適格が認められる（平23・2・15最三判【類型2】-[4]，昭61・7・10最一判/判時1213号83頁）。

第3章　区分所有者の請求／第1節　管理組合などに対する請求

[10] 事例 　　　　　　　　　　　　　　　　　　　　　　　【類型17】-[10]

> 　甲は，兜マンション110号室の区分所有者
> 　乙は，兜マンション管理組合
> 　甲は，競売により兜マンションの110号室を取得した。兜マンション管理規約は，専用使用料，駐車場料金及び水道料金等で，区分所有者が管理組合へ支払うものの滞納がある場合，全滞納額を承継人に対しても請求を行うことができる旨規定する。
> 　甲は，乙に対し，前所有者が滞納していた駐車場料金及び同水道料金と甲の所有権取得後の水道料金を乙に支払った。甲は，乙に対し，上記各支払について，不当利得返還請求した。

論点　専有部分の水道料金について，各区分所有者が支払うべき額や支払方法，特定承継人に対する支払義務の承継を管理組合の規約で定めることができるか

出典　平25・2・22名古屋高判（平24年㈵7号/判時2188号62頁）

判旨　建物の区分所有等に関する法律は，区分所有者，管理者又は管理組合法人は，規約に基づき他の区分所有者に対して有する債権について，債務者たる区分所有者の特定承継人に対しても行うことができる旨定めているが（法8条，7条1項），法3条前段が「区分所有者は，全員で，建物並びにその敷地及び附属施設の管理を行うための団体を構成し，この法律の定めるところにより，集会を開き，規約を定め，及び管理者を置くことができる。」と定め，かつ法30条1項が「建物又はその敷地若しくは附属施設の管理又は使用に関する区分所有者相互間の事項は，この法律に定めるもののほか，規約で定めることができる。」と定めている趣旨・目的に照らすと，建物又はその敷地若しくは附属施設の管理又は使用に関する区分所有者相互間の事項に限って規約で定めることができるのであり，それ以外の事項を規約で定めても規約としての効力を有しないというべきである。そして，専有部分である各戸の水道料金は，専ら専有部分において消費した水道の料金であり，共用部分の管理とは直接関係がなく，区分所有者全体に影響を及ぼすものともいえないのが通常であるか

236

【類型17】区分所有者が管理組合・理事長に対し損害賠償などを請求

ら，特段の事情のない限り，上記の管理又は使用に関する区分所有者相互間の事項には該当せず，上記水道料金について，各区分所有者が支払うべき額や支払方法，特定承継人に対する支払義務の承継を区分所有者を構成員とする管理組合の規約をもって定めることはできず，そのようなことを定めた規約は，規約としての効力を有しないものと解すべきである。

解説 甲は，競売により110号室を取得した。規約の定めに従い，甲は，乙に対し，前所有者が滞納していた駐車場料金，水道料金，甲の所有権取得後の水道料金を乙に支払った。甲が，乙に対し，上記各支払について，不当利得返還請求したところ，専有部分の水道料金について，管理組合の規約をもって定めることはできず，規約で定めても効力を有しないとされた事例

1 規約事項

規約で定めることができるのは，「建物又はその敷地若しくは附属施設の管理又は使用に関する区分所有者相互間の事項」（法30条1項）である。

2 専有部分の水道料金

専有部分の水道料金について，支払うべき額や支払方法，特定承継人に対する支払義務の承継を規約で定めることができるか。

判旨は，次のとおり述べて規約事項に該当しないとした。すなわち，専有部分である各戸の水道料金は，専ら専有部分において消費した水道の料金であり，共用部分の管理とは直接関係がなく，区分所有者全体に影響を及ぼすものともいえないのが通常であるから，特段の事情のない限り，上記の管理又は使用に関する区分所有者相互間の事項には該当しない。

3 当事者適格

不当利得に基づく水道料金等の返還請求権が自己に帰属すると主張する甲に原告適格が認められ，甲によって義務者とされる乙に被告適格が認められる（平23・2・15最三判【類型2】-[4]，昭61・7・10最一判/判時1213号83頁）。

第3章　区分所有者の請求／第1節　管理組合などに対する請求

[11] 事例　　　　　　　　　　　　　　　　　　　【類型17】-[11]

> 甲は，兜マンション110号室の区分所有者
> 乙らは，兜マンション管理組合法人の理事長を含む理事ら
> 110号室は，1階に所在する店舗である。甲は，甲店舗前の共用部分に，管理組合未承認の室外機を設置し，営業時間中には，客の自転車やバイクが常に駐輪され，看板も設置されている。
> 総会で，兜マンションの大規模修繕工事が決定され，実施されたが，理事会において，甲の1階店舗前の共用部分の大規模修繕工事を保留することが議決された。工事が保留されたことにより，兜マンションの甲店舗前の共用部分が，従前のままの状態である。
> 甲は，乙らに対して，債務不履行又は不法行為による損害賠償請求をした。（請求棄却）

| 論点 | 総会決議があるのに理事会が工事を保留し，実施していないことが，理事会の裁量権を逸脱しているか |

| 出典 | 平24・3・28東京地判（平21年㈦23322号/平22㈦45754号/判時2157号50頁） |

判旨　甲店舗前の共用部分に室外機や看板が設置され，自転車やバイクが駐輪されている状況では，本件工事を実施できないこと，以前から甲店舗前の共用部分には室外機等が設置され，自転車やバイクが駐輪していたこと，これらのことに関し，区分所有者から苦情が寄せられていたこと，本件修繕工事の実施が決定される以前から管理組合が甲に対し甲店舗前の共用部分の使用状況について改善を求めていたこと，本件修繕工事が始まった後，甲が一旦は甲店舗前の共用部分の使用状況について改善の約束をしたが，それを撤回し，現状の使用状況を容認するよう求めたこと，結局，甲が甲店舗前の共用部分の使用状況を改善せずに現在に至っていることなどからすると，甲店舗が当初から店舗としての使用が予定されていたことを考慮しても，理事会で本件工事を保留することを決定し，管理組合が本件工事を実施しなかったことは，やむを得ないものであったといえる。

　以上から，理事会が本件工事を保留する決定をしたことについて，裁量の逸脱は認められず，違法になることはない。甲店舗前の共用部分の使用

238

【類型17】区分所有者が管理組合・理事長に対し損害賠償などを請求

状況に改善が認められない以上，理事会ひいては管理組合が本件工事を保留し続け，本件工事を実施していないことについても，裁量の逸脱は認められず，違法になることはない。乙らには，債務不履行も不法行為も認められない。

解説 総会で，大規模修繕工事が決定され，実施されたが，理事会は，甲の店舗前の共用部分の実施を保留した。甲は店舗前の共用部分に，管理組合未承認の室外機を設置し，営業時間中は常に駐輪され，看板も設置されている。甲は，乙らに対し，債務不履行又は不法行為による損害賠償を請求したが，認められなかった事例

1 管理組合法人の意思決定

管理組合法人の事務は，区分所有法に定めるもののほか，全て集会の決議によって行う。ただし，区分所有法に集会の決議につき特別の定数が定められている事項及び57条2項に規定する事項を除いて，規約で，理事その他の役員が決するものとすることができる（法52条1項）。

本事例においては，集会の決議によって大規模修繕工事が決定された。しかし，判旨は，店舗前の共用部分に室外機や看板が設置され，自転車やバイクが駐輪されている状況では，本件工事を実施できないことなどの事由を挙げて，工事の実施を保留したこともやむを得ないものであり，違法になることはないとしている。

2 当事者適格

債務不履行又は不法行為による損害賠償請求が，実体法上自己に帰属すると主張する甲に原告適格が認められ，甲によって義務者とされる乙らに被告適格が認められる（平23・2・15最三判【類型2】-[4]，昭61・7・10最一判/判時1213号83頁）。

239

第 3 章　区分所有者の請求／第 1 節　管理組合などに対する請求

[12] 事例

【類型 17】-[12]

> 甲は，兜マンション 110 号室の区分所有者
> 乙は，兜マンション管理組合
> 　兜マンションの地下 1 階の下部（地下 2 階）には，共用部分である汚雑排水槽（本件汚水槽）が設置されている。本件汚水槽は，甲の専有部分のうち地下 1 階（飲食店）の汚水をためるものである。
> 　甲は，本件汚水槽は共用部分であるとして，乙に対し，汚雑排水槽の清掃費，修理費等の管理費用の支出について，不当利得返還を求めた。（請求棄却）

論点　規約に明示されていない専用使用権が認められるか

出典　平 24・1・30 東京地判（平 21 年(ワ)33800 号/判時 2187 号 46 頁）

判旨　本件汚水槽は，建物が新築された際に同時に施工されたが，甲の専有部分のうち地下 1 階部分のみから出入りすることができる地下 2 階のような構造であり，甲の専有部分である地下 1 階（現在飲食店）の汚水をためる目的で設置されている。これによれば，本件汚水槽については，マンションの建築に当たって建物の一部に含まれ共用部分となったものと認められる。しかし，本件汚水槽の設置の経緯，構造，用途によれば，その使用については，建築時に共用部分を含むマンションの建物全体の所有権を取得することになる建築主，建築業者，デベロッパーと，本件汚水槽及びそれが設置される地下 2 階のピットを専ら使用することになる地下 1 階部分の専有部分の所有者になる甲との間で，甲に専用使用権を設定する合意が成立したと認められる。

　管理規約は，「バルコニー等の管理のうち，通常の使用に伴うものについては，専用使用権を有するものがその責任と負担においてこれを行わなければならない。」と規定している。この「バルコニー等」とは，文言上は，規約に基づき設定される専用使用権が設定された専用使用部分を指している。しかし，その規定の趣旨は，専用使用権の設定を受けた区分所有者が，専用使用部分を排他的に使用収益することに伴い，利益の帰すると

240

【類型 17】区分所有者が管理組合・理事長に対し損害賠償などを請求

ころ負担も帰するとの観点から，通常の使用に伴うものという限度におい
て，規約に定める共有持分割合に応じた共用部分の費用負担という原則の
例外を設け，その管理費用を専用使用権の設定を受けた区分所有者の単独
負担とする趣旨であると考えられる。

　本件汚水槽については，マンション建築時の建物全体の所有者との間
で，分譲前に専用使用権が設定されたものであって，管理規約に基づいて
専用使用権が設定されたものではない。したがって，管理規約には専用使
用権が明示されていないけれども，甲が専らその専有部分の便益のために
使用する専用使用部分であることに変わりがないのであるから，規約によ
り設定された専用使用部分と同じく，これに含まれるものと解して，適用
するのが相当である。

　甲が支出した本件汚水槽の管理費用は，いずれも本件汚水槽の専用使用
権を有する甲が，規約に基づき負担すべき専用使用部分の通常の使用に伴
う管理の負担である。管理組合が，甲による本件汚水槽の管理費用の支出
により利益を受けたとしても，乙が，甲による本件汚水槽の管理費用の支
出によって法律上の原因なく利益を受けたとはいえない。乙が不当利得と
して返還する義務はない。

まとめ　甲は，地下 2 階に設置されている汚雑排水槽が，共用部分であ
るとして，乙に対し，汚雑排水槽の清掃費，修理費等の管理費
用の支出について，不当利得返還を求めるところ，この汚水槽には規約に
明示されていない専用使用権が設定されているとして，この請求が認めら
れなかった事例

　出典判例は，本件汚水槽の設置の経緯，構造，用途によれば，その使用
については，建築時に共用部分を含むマンションの建物全体の所有権を取
得することになる建築主などと，本件汚水槽，地下 2 階のピットを専ら使
用することになる甲との間で，甲に専用使用権を設定する合意が成立し，
規約は，通常の使用に伴うものについては，専用使用権を有するものがそ
の責任と負担において管理を行わなければならないと規定しているとした。

241

第 3 章　区分所有者の請求／第 1 節　管理組合などに対する請求

[13]　事例　　　　　　　　　　　　　　　　　　【類型 17】-［13］

> 甲は，兜マンション 110 号室の区分所有者
> 乙は，兜マンション管理組合（○○所在）
> 乙では，刺青のある者がトレーニングルームの利用を制限される管
> 理規約の改正がなされた。甲には刺青があり，トレーニングルームの
> 利用を制限されたため，この管理規約の改正の無効を主張し，トレー
> ニングルームの使用許諾を求めた。（請求棄却）

論点　刺青がある者のトレーニングルームの利用を制限する規約の改正
が法 31 条「特別の影響を及ぼすべきとき」に該当するか

出典　平 23・8・23 東京地判（平 22 年㈠ 48032 号/2011WLJPCA08238007）

判旨　区分所有者の間で，甲の刺青などが原因で，共用部分の利用を改
めようということになり，本件管理規約の改正に至ったものであ
るが，上記原因が唯一のものではなく，暴力団の巣窟を言われる○○にあ
る本件マンションの立地条件や周辺環境から反社会的勢力を極力排除する
必要があり，警察署などからも暴力団排除の指導を受けていたことと，高
級マンションの品位を保ち，資産価値を維持するため，共用部分の利用に
当たり社会的に健全と認められる者の利用に限定する必要があったこと，
刺青をした複数の男女が確認されていることなどを踏まえての本件臨時総
会の提案であって，ことさら甲だけを排除する意図でなされた決議である
とまでは認められない。

　また，日本文化の中では，刺青は単なるファッションではなく，一般市
民の中には，反社会的勢力との関係を疑い，畏怖を感じる者も少なからず
存在することは明白である。特に，デザイン，色合い及び大きさなどに照
らし，著しい畏怖感，嫌悪感を抱く者がいることが容易に想定できる。公
衆浴場や民営プールなどにおいて，当然のように刺青をした者の入場を制
限していることからも，一般市民の中で刺青をした者は異端の存在として
社会的差別を受け，かつ，その社会的差別は一般市民の中で許容されてい
るのが実情である。

　人は生まれながらにして刺青をしているわけではなく，その後の人生の

【類型 17】区分所有者が管理組合・理事長に対し損害賠償などを請求

中で自らの意思で刺青を施すものであるから，刺青をする者は，その後の人生の中で刺青をすることによりなされる社会的差別を受忍する義務があると言うべきである。

　甲は，法 31 条にいう乙による一方的な規約の不利益変更について何ら承諾していないと主張するが，同条の「特別の影響を及ぼすべきとき」とは，規約の設定，変更等の必要性及び合理性とこれによって一部の区分所有者が受ける不利益とを比較衡量し，当該区分所有関係の実態に照らして，その不利益が区分所有者の受忍すべき限度を超えると認められる場合を指し，前記のとおり，本件管理規約の改正により，甲の受忍限度を超えたものと認めることはできないので，本件管理規約の改正にあたり，甲の同意は不要である。

　　　　　　　刺青のある者がトレーニングルームの利用を制限される規約改
まとめ　　　正が行われ，刺青がある甲は利用を制限されたため，「特別の影響」に該当するのに承諾なくして規約改正が行われたとしてその無効を主張，トレーニングルーム使用許諾を求めたが，認められなかった事例

　判旨は，法 31 条の「特別の影響を及ぼすべきとき」とは，規約の設定，変更等の必要性及び合理性とこれによって一部の区分所有者が受ける不利益とを比較衡量し，当該区分所有関係の実態に照らして，その不利益が区分所有者の受忍すべき限度を超えると認められる場合を指し，マンションの立地条件や周辺環境から反社会的勢力を極力排除する必要があり，警察署などからも暴力団排除の指導を受けていたことと，高級マンションの品位を保ち，資産価値を維持するため，共用部分の利用に当たり社会的に健全と認められる者の利用に限定する必要があったことなどの事情からすると，甲の受忍限度を超えたものと認めることはできないので，規約の改正に当たり，甲の同意は不要であるとした。

243

第3章　区分所有者の請求／第1節　管理組合などに対する請求

【類型 18】区分所有者が管理組合に対し閲覧請求

[1] 事例　　　　　　　　　　　　　　　　　　　　　　　　　【類型 18】-[1]

> 甲は，兜マンション 110 号室の区分所有者
> 乙は，兜マンション管理組合（権利能力なき社団）
> 甲は，乙に対し，①総会議事録・理事会議事録・会計帳簿及び裏付資料・什器備品台帳の閲覧及び写真撮影，②乙の組合員名簿の閲覧を求める訴えを提起した。兜マンション管理規約 46 条には①の閲覧を認める規定がある。なお，組合員名簿閲覧権については，規約で認められていたが，訴訟継続中に乙が閲覧禁止の総会決議をした。

論点 組合員名簿の閲覧請求権があるか

出典 平 28・12・9 大阪高判（平 28 年㈱ 1420 号・平 28 年㈱ 1934 号／判時 2336 号 32 頁）

判旨 管理組合と組合員との間の法律関係が準委任の実質を有することに加え，マンション管理適正化指針が管理組合の運営の透明化を求めていること，一般法人法が法人の社員に対する広範な情報開示義務を定めていることを視野に入れるならば，管理組合と組合員との間の法律関係には，これを排除すべき特段の理由のない限り，民法 645 条の規定が類推適用されると解するのが相当である。

したがって，管理組合は，個々の組合員からの求めがあれば，その者に対する当該マンション管理業務の遂行状況に関する報告義務の履行として，業務時間内において，その保管する総会議事録，理事会議事録，会計帳簿及び裏付資料並びに什器備品台帳を，その保管場所又は適切な場所において，閲覧に供する義務を負う。

次に，民法 645 条の報告義務の履行として，謄写又は写しの交付をどの範囲で認めることができるかについて問題となるところであるが，少なくとも，閲覧対象文書を閲覧するに当たり，閲覧を求めた組合員が閲覧対象文書の写真撮影を行うことに特段の支障があるとは考えられず，管理組合は，上記報告義務の履行として，写真撮影を許容する義務を負うと解され

244

【類型18】区分所有者が管理組合に対し閲覧請求

る。

　なお，管理組合は，通常，当該マンション管理業務以外に独自の事業を行うわけではないから，各区分所有者との関係で，会計帳簿及び裏付資料に関する何らかの機密情報を有するとも考えられず，一般法人法121条1項のような「議決権の10分の1」といった閲覧謄写の制限をする必要は見あたらない。

　甲が乙に対し，名簿の閲覧を求める権利を有するかについては，乙は，個人情報保護の観点から，本件規約46条が無効であると主張する。しかし，国土交通省が定めた標準管理規約64条は，個々の区分所有者に対し組合員名簿の閲覧請求権を認めている。さらに，区分所有法34条3項及び4項は，少数組合員が総会を招集する場合があることを定めているが，少数組合員が組合員名簿を閲覧できなければ上記規定の実効性を確保することができないおそれがある。したがって，個人情報保護の観点から本件規約46条を無効と解すべきではない。

解説　甲は，乙に対し，①総会議事録・理事会議事録・会計帳簿及び裏付資料・什器備品台帳の閲覧及び写真撮影，②乙の組合員名簿の閲覧を求める訴えを提起したが，①の閲覧及び写真撮影について規約及び民法645条に基づき，②の組合員名簿の閲覧についても，規約に基づき，認められた事例

　類型18は，区分所有者の閲覧請求のケースである。

1　会計帳簿などの閲覧請求権

　法律上の規定はなく，標規64条は，「理事長は，会計帳簿，什器備品台帳，組合員名簿及びその他の帳票類を作成して保管し，組合員又は利害関係人の理由を付した書面による請求があったときは，これらを閲覧させなければならない。」と規定する。

2　会計帳簿以外の閲覧請求権

(1)　規約の閲覧請求権

　ア　規約原本

　　①規約の設定が，集会の決議（特別決議）によるときは，その集会議事録が，②規約の設定が，区分所有者全員の書面合意によると

きは，区分所有者全員が直接署名押印した規約案文の書面，あるい
は，区分所有権者が署名押印した規約案文へ同意する書面が，③規
約設定後，集会決議で変更したときは，設定時の集会議事録又は区
分所有者が署名押印した書面と集会の議事録が，それぞれ規約原本
となる。

イ　規約の保管及び閲覧

　　規約は管理者が保管しなければならないが，管理者がないとき
は，建物を使用している区分所有者又はその代理人で規約又は集会
の決議で定めるものが保管しなければならない（法33条1項）。

　　標準管理規約では，①規約原本は，理事長が保管し，区分所有者
又は利害関係人の書面による請求があったときは，規約原本の閲覧
をさせなければならない（標規72条2項）。②規約が規約原本の内容
から総会決議により変更されているときは，理事長は，1通の書面
に，現に有効な規約の内容と，その内容が規約原本及び規約変更を
決議した総会の議事録の内容と相違ないことを記載し，署名押印し
た上で，この書面を保管する（同条3項）。そして，区分所有者又は
利害関係人の書面による請求があったときは，理事長は，規約原
本，規約変更を決議した総会の議事録及び現に有効な規約の内容を
記載した書面の閲覧をさせなければならない（同条4項）。

　　法33条1項により規約を保管する者は，利害関係人の請求が
あったときは，正当な理由がある場合を除いて，規約（又は電子表示
されたもの）の閲覧を拒んではならない（法33条2項）。

(2)　総会議事録の閲覧請求権

ア　集会の議事については，議長は，議事録を作成しなければならな
い（法42条1項）。そして，議長及び集会に出席した区分所有者の2
人がこれに署名押印（又は電子署名）しなければならない（同条3項）。

イ　法42条5項は，集会議事録について，規約の保管及び閲覧に関
する法33条を準用している。議事録は管理者が保管しなければな
らない。管理者がないときは，建物を使用している区分所有者又は
その代理人で規約又は集会の決議で定めるものが保管しなければな

【類型 18】区分所有者が管理組合に対し閲覧請求

らない（法 33 条 1 項，42 条 5 項）。議事録の閲覧についても，規約の閲覧に関する法 33 条が準用されている（法 42 条 5 項）。

ウ　標準管理規約では，「理事長は，議事録を保管し，組合員又は利害関係人の書面による請求があったときは，議事録の閲覧をさせなければならない。」（標規 49 条 3 項前段）と規定されている。

(3)　理事会議事録などの閲覧請求権

法律上の規定はなく，標規 53 条 4 項は，総会議事録に関する標規 49 条 3 項を準用している。

3　当事者適格

閲覧及び謄写請求訴訟は給付訴訟であり，閲覧及び謄写請求権が自己に帰属すると主張する区分所有者甲に原告適格が認められ，甲によって義務者とされる管理組合乙に被告適格が認められる（平 23・2・15 最三判【類型 2】-[4]，昭 61・7・10 最一判/判時 1213 号 83 頁）。

247

第3章　区分所有者の請求／第1節　管理組合などに対する請求

[2] 事例　　　　　　　　　　　　　　　　　　　　　【類型18】-[2]

> 甲は，兜マンション110号室の元区分所有者
> 乙は，兜マンション管理組合
> 　乙の規約61条は，「理事長は，会計帳簿，什器備品台帳，組合員名簿及びその他の帳票類を作成して保管し，組合員又は利害関係人の理由を付した書面による請求があったときは，これらを閲覧させなければならない。」と規定している。甲は，乙に対し，規約61条に基づき，乙の会計帳簿等の閲覧及び謄写を請求した。

論点　元区分所有者が利害関係人として会計帳簿等の閲覧請求ができるか

出典　平14・8・28東京高判（平14年(ネ)2293号/判時1812号91頁）

判旨　甲は，昭和63年12月27日，売買により本件マンションの110号室の共有持分の2分の1を取得し，その取得時から本件訴訟係属後の平成12年12月12日にその共有持分を売買により譲渡するまでの間，本件マンションの区分所有者で乙の組合員であった者である。規約29条によれば，同日をもって本件マンションの組合員資格を喪失したことは明らかであるから，同日までのものとはいえ，本件マンションの組合員資格に基づき，乙の会計帳簿等の閲覧及び謄写請求を求める甲の請求は，同日後においては，その請求の前提となる要件の一つを欠くに至ったものであって，失当というべきである。

　ところで，甲は，会計帳簿等の閲覧及び謄写請求の根拠として，同人が規約61条の利害関係人に当たると主張する。同条にいう利害関係人とは，本件マンションの管理及び乙の会計の経理について本件マンションの区分所有者たる組合員に準ずる規約上の地位を現に有する者であって，その地位に基づき管理組合に対して会計帳簿等の閲覧を請求する法律上の利害関係があると認められる者（例えば，区分所有者からその専有部分の貸与を受け，管理組合にその旨の届出があった者又はその同居人，管理組合との間で組合管理部分について貸与，管理受託その他の契約関係を有する者等でその地位と当該閲覧請求との間に法律上の関連性が認められる者が想定される。）をいい，単にその閲覧につ

248

【類型 18】区分所有者が管理組合に対し閲覧請求

き事実上の利害関係を有するにすぎない者を含まないと解するのが相当である。そうすると，甲は，規約 61 条にいう利害関係人に該当する者とはいえない。

[解説] 甲は，元区分所有者であるが，乙の規約に，理事長は会計帳簿等を保管し，利害関係人の請求があったときは，これらを閲覧させなければならないと規定していることに基づき，会計帳簿等の閲覧及び謄写を請求したところ，これが認められなかった事例

1 規約の閲覧請求における利害関係人

規約の保管及び閲覧請求権に関する法 33 条 2 項の利害関係人について，利害関係人には，区分所有者，専有部分の占有者，区分所有権を取得し，又は専有部分を賃借しようとする者，管理組合又は管理組合法人に対し債権を有し，又はこれと取引をしようとする者，区分所有権又は敷地利用権について抵当権等の担保権を有し，又はその設定を受けようとする者などが含まれるとされる（法コンメ 211 頁）。

2 総会議事録の閲覧請求における利害関係人

総会議事録の利害関係人（標規 49 条 3 項）について，標規のコメントは，標規「49 条 3 項の『利害関係人』とは，敷地，専有部分に対する担保権者，差押え債権者，賃借人，組合員からの媒介の依頼を受けた宅地建物取引業者等法律上の利害関係がある者をいい，単に事実上利益や不利益を受けたりする者，親族関係にあるだけの者等は対象とはならない。」とする。

3 会計帳簿などの閲覧請求における利害関係人

会計帳簿などに関する標規 64 条のコメントは，49 条 3 項の「利害関係人」のコメントを参照のこととしているので，会計帳簿等の閲覧請求権における利害関係人とは，法律上の利害関係がある者をいい，事実上利益や不利益を受ける者を含まないものと解される。

249

第 3 章　区分所有者の請求／第 1 節　管理組合などに対する請求

[3] 事例　　　　　　　　　　　　　　　　　　　　　【類型 18】−[3]

> 　甲は，兜マンション 110 号室の区分所有者
> 　乙は，兜マンション管理組合法人
> 　甲は，乙に対し，平成 18 年度ないし平成 20 年度の乙の総勘定元
> 帳，現金出納帳，預金通帳及びそれらを裏付ける領収証，請求書等の
> 会計関係書類一切（本件文書）の閲覧及び謄写を求めた。

|論点|　規約に管理組合保管の書類の閲覧請求を認める規定がある場合に，各区分所有者は，それら書類の謄写請求をすることができるか

|出典|　平 23・9・15 東京高判（平 23 年㈹ 2424 号／判タ 1375 号 223 頁）

|判旨|　甲の本件文書の謄写請求は理由がないものと判断する。その理由は次のとおりである。

1　甲は，本件規約上謄写を認める規定はないが，閲覧が許される場合には謄写も許されるべきであると主張する。しかし，謄写をするに当たっては，謄写作業を要し，謄写に伴う費用の負担が生じるといった点で閲覧とは異なる問題が生じるのであるから，閲覧が許される場合に当然に謄写も許されるということはできないのであり，謄写請求権が認められるか否かは，当該規約が謄写請求権を認めているか否かによるものと解される。本件規約第 70 条においては，「理事長は，会計帳簿，什器備品台帳，組合員名簿及びその他の帳票類を作成・保管する。組合員又は利害関係人の閲覧請求については，第 57 条 3 項の定めを準用する。」とし，第 57 条 3 項において，「理事長は議事録を保管し，組合員又は利害関係人の理由を付した書面による請求があったときは，議事録を閲覧させなければならない。この場合，閲覧につき相当の日時，場所等を指定することができる。」と定められていることは当事者間に争いがないところ，このように本件規約で閲覧請求権について明文で定めている一方で，謄写請求権について何らの規定がないことからすると，本件規約においては，謄写請求権を認めないこととしたものと認められる。

250

【類型 18】区分所有者が管理組合に対し閲覧請求

解説 　規約に，乙が保管する書類の閲覧請求を認める規定があるとき，甲が，乙に対し，平成 18 年度ないし平成 20 年度の乙の総勘定元帳等の会計関係書類一切の閲覧及び謄写を請求したところ，これが認められなかった事例

1　規約に閲覧請求の規定はあるが，謄写請求を認めていないとき，閲覧に加えて謄写も認めるかどうかは自主的規律に委ねるべきであるとする説

　この考え方では，規約において謄写請求権を認める規定がない以上は，謄写請求権は認められない結論に至る。

2　閲覧請求権が認められる以上は当然に謄写請求権も認められるべきだとする説

　平 28・12・9 大阪高判【類型 18】－[1] は，「民法 645 条の報告義務の履行として，謄写又は写しの交付をどの範囲で認めることができるかについて問題となるところであるが，少なくとも，閲覧対象文書を閲覧するに当たり，閲覧を求めた組合員が閲覧対象文書の写真撮影を行うことに特段の支障があるとは考えられず，管理組合は，上記報告義務の履行として，写真撮影を許容する義務を負うと解される。」とする。

コメント

　標規 64 条 1 項は，理事長は，会計帳簿，組合員名簿などを保管し，請求があったときは，これらを「閲覧」させなければならないとする一方で，64 条関係の 3 項のコメントは，組合員名簿の「閲覧等」に際しては，組合員のプライバシーに留意する必要があるとしており，規約に「閲覧」の条項があるから当然に謄写も認められるべきだというのは，大雑把な議論にすぎよう。謄写を認めるのであれば規約で明確に規定すべきである。

251

第3章　区分所有者の請求／第1節　管理組合などに対する請求

【類型 19】区分所有者が管理者に対し解任請求

[1] 事例　　　　　　　　　　　　　　　　　　　【類型 19】－[1]

> 甲らは，兜マンション 110 号室の区分所有者ら
> 乙は，兜マンション 220 号室の区分所有者で同管理組合管理者
> 甲らは，乙が，①分譲未了部分の所有者であるにもかかわらず管理費等 2500 万円余を支払わない，②管理業務を他会社に高額の委託料で委託したが，建物や施設の管理，清掃が行き届かない，③決算報告が遅延したなどと主張して，法 25 条 2 項に基づき乙の解任を請求した。（請求認容）

論点　乙に管理者として職務を行うに適しない事情があるか

出典　平 2・10・26 東京地判（昭 59 年㋻12371 号/判時 1393 号 102 頁）

判旨　甲らに当初から乙の管理体制に対する不満があったうえに，管理者としての義務である業務及び収支状況報告の遅れ，不備並びに説明の遅延といった対応のずさんさに加え，管理費等を徴収する義務のある管理者であり，かつその徴収を受けるべき義務者としての区分所有者である乙が，理由もなくその支払義務がないと独断した態度が甲らの不信を一層募らせたものといえる。しかも甲らの任意団体に加入している者も約 70 パーセントもおり，他方乙の新規加入者に対する脱退の勧誘行為をも考えると，管理者である乙と甲らを含む多くの区分所有者との信頼関係はもはやないと評価すべきである。

以上要するに，乙には管理者として業務を行うに適しない事情があると解せられる。したがって，甲らの解任請求は理由がある。

解説　甲らは，乙が，分譲未了部分の所有者であるにもかかわらず管理費等 2500 万円余を支払わない，などの職務を行うに適しない事情があるとして，法 25 条 2 項に基づき乙の解任を求めたところ，これが認められた事例

類型 19 は，解任請求訴訟のケースである。

252

【類型 19】区分所有者が管理者に対し解任請求

1 管理者の選任及び解任

　区分所有者は，規約に別段の定めがない限り集会の決議によって，管理者を選任し又は解任することができる（法 25 条 1 項）。選任された者は，当然に管理者となるのではなく，選任された者の承諾によって管理者となる（法 28 条，民法 643 条）（法コンメ 149 頁）。

　管理者の資格，人数，任期について，法律上の制限はない。区分所有者である法人，区分所有者でない個人，その他管理会社などが管理者となることもできる。管理者の人数にも制限はなく，複数の管理者がいる場合には，各人が管理者としての行為をすることができる。管理者の任期についても制限はなく，任期を定めることもできるし，任期を定めずに選任することもできる。

2 管理者の解任・辞任

　区分所有者は，規約に別段の定めがない限り集会の決議によって，管理者を解任することができる（法 25 条 1 項）。解任の時期に制約はなく，管理者に任期が定められていても，任期中に解任することもできる。ただし，相手方のために不利な時期に解任した場合には，やむを得ない事由がない限り，損害を賠償しなければならない（法 28 条，改正前の民法651 条 2 項（改正民法 651 条 2 項 1 号））。一方，管理者も，いつでも辞任することができる（法 28 条，民法 651 条 1 項）。管理者が辞任し，区分所有者に損害が生じたときは，やむを得ない事由がない限り，損害賠償しなければならない（法 28 条，改正前の民法 651 条 2 項（改正民法 651 条 2 項 1 号））。

3 管理者の解任請求訴訟

　管理者に不正な行為その他その職務を行うに適しない事情があるときは各区分所有者は，その解任を裁判所に請求することができる（法 25 条2 項）。この解任請求訴訟は，区分所有者が管理者の解任を求める形成訴訟であり，通常訴訟手続による。請求権者（原告適格）は，各区分所有者である。各区分所有者が単独で請求することができる。被告適格は，管理者である（同項）。

　区分所有者は，規約に別段の定めがない限り，集会の決議（普通決議）によって，管理者を解任することができる（同条 1 項）が，管理者に不

253

第3章　区分所有者の請求／第1節　管理組合などに対する請求

正な行為その他その職務を行うに適しない事情があるときは，個々の区分所有者は，集会の決議によることなく，また，規約に別段の定めがあっても，裁判所に解任請求をすることによって，管理者を解任することができる（同条2項）。

　管理者が管理業務を継続すると，区分所有者に著しい損害又は急迫の危険が生じるおそれがあって，これを避けるために必要があるときは，仮の地位を定める仮処分によって，当該管理者の職務執行停止，管理者の職務代行者の選任を命ずることができる（民事保全法23条2項）。

4　不正な行為及び職務を行うに適しない事情

　不正な行為とは，管理者の善管注意義務（法28条，民法644条）に違反し，区分所有者に損害を被らせる故意の行為である（法コンメ151頁）。また，職務を行うに適しない事情とは，職務の適正な遂行に影響を及ぼす事実があり，それが重大なものであることをいう（法コンメ151頁）。例えば，管理者が管理義務及び報告義務を怠った場合であるが，裁判所は，区分所有者の申立てに基づいて，一切の事情を考慮し，申立てにかかる事由が職務遂行に重大な影響を及ぼすときに，請求を認容することになる。

5　管理組合法人の理事の解任請求

　法49条8項は，「25条の規定は，理事に準用する。」と規定しているので，理事長又は理事に，不正な行為その他その職務を行うに適しない事情があるときは，各区分所有者は，その解任を裁判所に請求することができる（法25条2項）。

6　標準管理規約による理事長又は理事の解任

　標準管理規約は，理事は，組合員のうちから総会で選任する（標規35条2項）と規定し，理事長は，理事のうちから理事会で選任する（同条3項）と規定するものの，理事長又は理事の解任の規定を欠く。平29・12・18最一判【類型16】－[7]は，区分所有法は，集会の決議以外の方法による管理者の解任を認めるか否か及びその方法について区分所有者の意思に基づく自治的規範である規約に委ねているところ，本件規約は，理事長を法に定める管理者とし（本件規約の条文43条2項），役員であ

254

【類型 19】区分所有者が管理者に対し解任請求

る理事に理事長等を含むものとした上（本件規約の条文 40 条 1 項），役員の選任及び解任について総会の決議を経なければならない（本件規約の条文 53 条 13 号）とする一方で，理事は，組合員のうちから総会で選任し（本件規約の条文 40 条 2 項），その互選により理事長を選任する（同条 3 項）としている，これは，理事長を理事が就く役職の 1 つと位置付けた上，総会で選任された理事に対し，原則として，その互選により理事長の職に就く者を定めることを委ねるものと解され，そうすると，理事の互選により選任された理事長について理事の過半数の一致により理事長の職を解き，別の理事を理事長に定めることも総会で選任された理事に委ねる趣旨と解するのが，本件規約を定めた区分所有者の合理的意思に合致する旨判示した。

7 マンションの管理運営に関する個々の区分所有者の権利

マンションの管理は管理組合が行い（法 3 条），個々の区分所有者も管理組合の構成員として（同条），集会を開き，規約を制定し，管理者を置くことについてその意思決定に参加する。管理者が置かれたときは，管理組合の業務執行は管理者が行うところとなるが（法 26 条），区分所有者は，集会の決議によって，管理者を選任し，又は解任することができる（法 25 条 1 項）。選任された管理者に不正な行為その他その職務を行うに適しない事情があるときは，各区分所有者は，管理者解任請求訴訟を提起することができる（同条 2 項）。

個々の区分所有者も，標準管理規約によれば，理事長が作成し，保管している会計帳簿，什器備品台帳，その他の帳票類を閲覧請求することができる（標規 64 条）。

また，集会は，管理者が招集するが（法 34 条 1 項），区分所有者の 5 分の 1 以上で議決権の 5 分の 1 以上を有するものは，管理者に対し，集会の招集を請求することができる（同条 3 項）。この場合，2 週間以内にその請求の日から 4 週間以内の日を会日とする集会の招集の通知が発せられなかったときは，その請求をした区分所有者は，集会を招集することができる（同条 4 項）。

255

第3章 区分所有者の請求／第1節 管理組合などに対する請求

[2] 事例 【類型19】– [2]

> 甲は，兜マンション110号室の区分所有者
> 乙ら（5名）は，兜マンション管理組合（権利能力なき社団）の理事
> 甲は，乙らに対して，乙らには不正な行為その他その職務を行うに適しない解任事由があるとして，理事の解任請求訴訟を提起した。（訴え却下）

論点 管理組合（権利能力なき社団）の一般の理事に対する解任請求訴訟ができるか

出典 平28・4・11東京地判（平26年(ワ)27217号/2016WLJPCA04118008）

判旨 区分所有者により構成される区分所有法3条の団体のうち，管理組合法人ではないもの（以下「非法人管理団体」という。）において，その管理規約に役員として理事を置く旨の規約があったとしても，理事の選任及び解任といったその地位に関わる事項やその権限の内容については，区分所有法の定めるところではなく，その団体の自治に委ねられていると解される。そして，非法人管理団体において管理者が選任されている場合には，その権限の内容は，管理組合法人の理事と同様，法律によって規律されており，理事と同様に，管理者に不正な行為その他職務を行うに適しない事情があるときに，区分所有者が裁判所に解任を請求することができる（法25条2項）こととされているが，上記の理事については，その権限の内容が団体自治に委ねられている以上，その解任等区分所有者の利害との調整方策についても，区分所有法は，団体の自治に委ねる趣旨であると解される（なお，このことは，理事の権限内容につきどのように定めても，それが団体の自治によって定めたものである以上，変わりはないというべきである。）。そして，解任請求の訴えが形成の訴えであり，法の定めがある場合にのみ認められる性質のものであることも併せ考慮すると，非法人管理団体の役員である理事については，区分所有法は，区分所有者が裁判所にその解任を請求することを予定しておらず，管理組合法人の理事の解任請求についての区分所有法の規定を準用する余地はないと解するのが相当である。

　したがって，本件訴えのうち，非法人管理団体である管理会の理事であ

【類型19】区分所有者が管理者に対し解任請求

る乙らを管理会の理事から解任するとの部分は，区分所有法が予定するものではなく，不適法であって，却下すべきものである。

解説 管理組合（権利能力なき社団）の一般の理事に対して，不正な行為その他その職務を行うに適しない解任事由があるとして理事解任請求訴訟が提起されたが，訴え提起が不適法とされた事例

1 管理者に対する解任請求訴訟

管理者に不正な行為その他その職務を行うに適しない事情があるときは，各区分所有者は，その解任を裁判所に請求することができる（法25条2項）。これは，管理者の解任決議（同条1項）を基礎として，管理者に不正な行為等の事由があるときには，各区分所有者に解任請求訴訟の提起ができることを認めたものである。

2 管理組合法人の理事，理事長に対する解任請求訴訟

法49条8項は，管理組合法人の「理事」について，法25条の規定を準用する。すなわち，集会決議によって理事を選任し，解任することができ（法25条1項，49条8項），不正な行為等の事由があれば理事の解任請求訴訟を提起できる（法25条2項，49条8項）。この場合，理事の互選によって理事長を選任したとき，理事長解任請求訴訟が提起され，これが理事として解任を求める趣旨であれば法25条が準用される。

コメント

出典判例は，理事の解任については当該管理組合の自治に委ねられるべきとして，非法人について，法25条2項の準用を否定する。しかし，非法人であっても，解任決議が認められ（標規48条13号），不正な行為等の事由があれば理事の解任請求訴訟が認められるべき事情は法人か非法人かで異ならないこと，理事と理事長を二層的に捉える平29・12・18最一判【類型16】-[7]の考え方からすれば，法49条8項と同じく理事に対する解任請求訴訟が認められるべきである。

第3章　区分所有者の請求／第2節　区分所有者などに対する請求

第2節　区分所有者などに対する請求

【類型 20】区分所有者が前の区分所有者に対し 損害賠償などを請求

[1] 事例

【類型 20】－[1]

> 甲らは，兜マンション 110 号室等の区分所有者ら
> 乙は，甲に，110 号室を売り渡した前区分所有者
> 兜マンションには新築当時から暴力団組員が居住していたところ，乙は甲に 110 号室を売り渡した。甲は，乙に対し，組員の迷惑行為が一時的でなく通常人にとって明らかに住み心地のよさを欠く状態に至っているとして，瑕疵担保責任に基づく損害賠償を求めた。(請求認容)

論点　暴力団組員が居住し，組員の迷惑行為が一時的でなく，通常人にとって明らかに住み心地のよさを欠く状態に至っていることが瑕疵に該当するか

出典　平 9・7・7 東京地判（平 8 年(ワ)5547 号/判時 1605 号 71 頁）

判旨　民法 570 条にいう瑕疵とは，客観的に目的物が通常有すべき設備を有しない等の物理的欠陥が存する場合のみならず，目的物の通常の用途に照らしその使用の際に心理的に十全な使用を妨げられるという欠陥，すなわち心理的欠陥も含むものであるところ，建物は継続的に生活する場であるから，その居住環境として通常人にとって平穏な生活を乱すべき環境が売買契約時において当該目的物に一時的ではない属性として備わっている場合には，同条にいう瑕疵にあたるものというべきである。

　本件マンションは，暴力団員である A が新築当時から敷地と等価交換により居住しはじめ，同人所属の暴力団組員を多数出入りさせ，更に夏には深夜にわたり大騒ぎし，管理費を長期間にわたって滞納する等，通常人にとって明らかに住み心地の良さを欠く状態に至っているものと認められ，右状態は，管理組合の努力によっても現在までに解消されていないことに加え，本件売買契約締結前の経緯に照らし，右事情はもはや一時的な

【類型20】区分所有者が前の区分所有者に対し損害賠償などを請求

状態とはいえないから，本件事情は本件不動産の瑕疵であると認められる。

Aが暴力団員であること及び夏祭りの際の集会等は，一定期間居住してみて初めて分かることであるから，右事情については，本件売買契約当時に甲らにおいて知り得なかったものと認められる。したがって本件事情は，本件不動産の隠れたる瑕疵に当たる。

本件不動産は，本件瑕疵があることにより，居住性において甲らの予想していたものではなかったものの，居住の目的が達せられないとまではいえないから，甲らの右錯誤は要素の錯誤にあたらず，本件売買の意思表示が無効になるものではない。

乙が甲らに対し本件事情を告げなかったことは，積極的に本件マンションの性状等について虚偽の事実を述べたとまでいうことはできず，他に乙の欺罔の事実を認めるに足る証拠はない。

甲らは，本件瑕疵により，本件売買契約の目的である永続的な居住が達成不可能になったと主張する。しかし，本件不動産は居住性において甲らの予想していたものではなかったものの，未だ居住の目的に用いられない程度の瑕疵であるということはできず，他に甲ら主張の事実を認めるに足る証拠はない。

解説 暴力団組員が居住する中古マンションを買い受けた区分所有者が，前所有者に対し，組員の迷惑行為が一時的でなく通常人にとって明らかに住み心地のよさを欠く状態に至っているとして，瑕疵担保責任に基づく損害賠償を求め，これが認められた事例

類型20は，前の区分所有者に対する請求のケースである。

1 瑕疵担保責任

民法570条の瑕疵に，目的物が通常有すべき品質，性能を有しないという物理的瑕疵だけでなく，心理的な瑕疵も含まれる。目的物が家屋であれば，家屋が通常有すべき平穏な居住環境を欠くときもまた瑕疵というべきである（生活環境的な瑕疵）。

2 契約不適合責任

(1) 契約不適合責任の概要

瑕疵担保責任は，改正民法で考え方が大きく変わった。改正前民法

259

第3章　区分所有者の請求／第2節　区分所有者などに対する請求

では，売買の目的物に欠陥や不具合があった場合，特定物売買とそれ以外の不特定物売買に分け，特定物売買の場合には瑕疵担保責任（改正前の民法570条等）が，不特定物売買の場合には債務不履行責任（改正前の民法415条）が適用されてきた。しかし，改正民法では，改正前の民法の瑕疵担保責任は廃止され，特定物売買か否かで分けることなく，契約不適合責任が新たに規定された（改正民法562条ないし564条）。

　契約不適合責任は，目的物が契約内容から乖離していることに対する責任である。これは，瑕疵担保責任のように，法定責任とされるものではなく，契約責任，債務不履行責任である。契約一般についての債務不履行責任との関係でいえば，「売買契約についての特則」として位置づけられるものである。

　損害賠償請求権について見てみると，改正前民法の瑕疵担保責任においては，損害賠償の範囲は信頼利益の損害とされていたが，契約不適合責任に基づく損害賠償請求においては，一般の債務不履行と同様，履行利益の損害賠償を含むものである。また，瑕疵担保責任は，売主の無過失責任と解されているが，契約不適合責任は，一般の債務不履行と同様，過失が必要である。

(2)　契約不適合責任の要件
　　①引き渡された目的物が
　　②種類，品質又は数量に関して
　　③契約の内容に適合しないもの
　　であることが要件である（改正民法562条）。

(3)　契約不適合責任によって買主に認められる権利
　　ア　追完請求権（改正民法562条1項）
　　イ　代金減額請求権（改正民法563条1項，2項）
　　ウ　債務不履行による損害賠償請求権（改正民法415条，564条）
　　　①債務者がその債務の本旨に従った履行をしないとき又は債務の履行が不能であるときに，これによって生じた損害の賠償請求権
　　　②①により損害賠償の請求をすることができる場合において，債務の履行が不能であるときなど，債務の履行に代わる損害賠償請求

【類型 20】区分所有者が前の区分所有者に対し損害賠償などを請求

　　　権

　エ　債務不履行による契約解除（改正民法 541 条，542 条，564 条）

　　①催告による契約解除（改正民法 541 条）

　　②債務の全部の履行が不能であるときなどの，催告によらない契約の全部解除（改正民法 542 条 1 項）

　　③債務の一部の履行が不能であるときなどの，催告によらない契約の一部解除（同条 2 項）

(4)　目的物の種類又は品質に関する担保責任の期間の制限

　売主が種類又は品質に関して契約の内容に適合しない目的物を買主に引き渡した場合において，買主がその不適合を知った時から 1 年以内にその旨を売主に通知しないときは，買主は，その不適合を理由として，履行の追完の請求，代金の減額の請求，損害賠償の請求及び契約の解除をすることができない。ただし，売主が引渡しの時にその不適合を知り，又は重大な過失によって知らなかったときは，この限りでない（改正民法 566 条）。

(5)　目的物の数量又は権利移転に関する契約不適合についての消滅時効

　目的物の数量や権利移転に関する契約不適合については，改正民法 566 条の対象とはならず，一般の消滅時効の規定が適用される。改正民法 166 条 1 項によれば，債権は，①債権者が権利を行使することができることを知った時から 5 年間行使しないとき，又は②権利を行使することができる時から 10 年間行使しないときは，時効によって消滅する。

3　当事者適格

　瑕疵担保責任に基づく損害賠償請求権が自己に帰属すると主張する甲に原告適格が，甲が，損害賠償金の支払義務者と主張する乙に被告適格が認められる（平 23・2・15 最三判【類型 2】-[4]，昭 61・7・10 最一判/判時 1213 号 83 頁）。

第3章　区分所有者の請求／第2節　区分所有者などに対する請求

[2] 事例 　　　　　　　　　　　　　　　　　　　　　【類型20】－[2]

> 甲は，兜マンション 110 号室の区分所有者
> 乙は，兜マンション 110 号室の前区分所有者
> 　管理費の滞納のある区分所有建物を競売により買い受けた甲が，管理組合に代位弁済したと主張して，乙に対し，求償金の支払を求めた。

|論点| 滞納管理費ある区分所有建物を競売により買い受けた区分所有者が管理組合へ滞納管理費を支払ったときの元の所有者に対する求償請求

|出典| 平 17・3・30 東京高判（平 16 年㈱5667 号/高等裁判所民事判例集 58 巻 1 号 49 頁）

|判旨| 乙は，本件建物等の所有権が甲に移転するまでの間の本件管理費等について支払義務を負っている。ところで，法 8 条は，法 7 条 1 項に規定する債権は，債務者たる区分所有者の特定承継人に対しても行うことができる旨規定しており，これによれば，現区分所有者は，本件管理費等の滞納分について，前区分所有者の特定承継人として支払義務を負っていることは明らかである。これは，集合建物を円滑に維持管理するため，他の区分所有者又は管理者が当該区分所有者に対して有する債権の効力を強化する趣旨から，本来の債務者たる当該区分所有者に加えて，特定承継人に対して重畳的な債務引受人としての義務を法定したものであり，債務者たる当該区分所有者の債務とその特定承継人の債務とは不真正連帯債務の関係にあるものと解されるから，真正連帯債務についての民法 442 条は適用されないが，法 8 条の趣旨に照らせば，当該区分所有者と競売による特定承継人相互間の負担関係については，特定承継人の責任は当該区分所有者に比して二次的，補完的なものにすぎないから，当該区分所有者がこれを全部負担すべきものであり，特定承継人には負担部分はないものと解するのが相当である。したがって，現区分所有者は，本件管理費等の滞納分につき，弁済に係る全額を前区分所有者に対して求償することができることとなる。

【類型20】区分所有者が前の区分所有者に対し損害賠償などを請求

解説 管理費の滞納ある専有部分を競売により買い受けた区分所有者が，管理組合に代位弁済したとして，前区分所有者に対し求償金の支払を求めたところ，これが認められた事例

1 乙の滞納分を甲が負担すべきか，乙が負担すべきか

マンションの競売手続においては，競落人が法8条により乙の滞納分を負担せざるを得ないことから，最低売却価額を決定するときには，滞納分相当額を減額する取扱いがなされている。この点からすれば，甲に，乙の滞納分を負担させてもよい，すなわち，甲の乙に対する求償権行使を認めないとしてもよいようにも思われる。しかし，法8条の趣旨からすれば，特定承継人の責任は，滞納区分所有者に比べれば，二次的，補完的なものにすぎないから，滞納区分所有者がこれを全部負担すべきである。特定承継人には負担部分はないと解するのが相当である。

2 乙に滞納分の支払を求めるケース

管理費等を滞納し，競売により売却された後に，前区分所有者に対し，滞納管理費等の支払を求めるケースとしては，①請求者が管理組合である場合と，②買い受けた現在の区分所有者である場合があり得る。本事例は②のケースだが，管理組合が前区分所有者に請求する①のケースについては，平25・6・25東京地判【類型1】-[7] がある。同判決は，前区分所有者は，滞納管理費等は，法8条により買受人が支払うべきものである旨主張するが，法8条は，法7条1項に規定する区分所有者間の債権について，その保護を図るため，債務者である前区分所有者の特定承継人に対しても行使できることを定めたものであり，本来の債務者である前区分所有者の責任を免除する規定ではないから，競売により売却されたことは，滞納管理費等の支払義務を免れさせるものではないとした。

3 当事者適格

滞納区分所有者に対する求償権が自己に帰属すると主張する甲に原告適格が，甲が，求償金の支払義務者と主張する乙に被告適格が認められる（平23・2・15最三判【類型2】-[4]，昭61・7・10最一判/判時1213号83頁）。

263

第3章　区分所有者の請求／第2節　区分所有者などに対する請求

[3] 事例　　　　　　　　　　　　　　　　　　　　　【類型20】-[3]

> 甲は，兜マンション 110 号室の区分所有者
> 乙は，兜マンション 110 号室の前区分所有者
> 　甲は，乙から，甲夫妻及び2人の子が居住する目的で兜マンション
> の 110 号室を買い受け，手付金を支払った。ところが，その後，110
> 号室において，乙の妻が約6年前縊首自殺をしていた事実が判明した。
> 　甲は，乙に対し，マンション内で自殺者が出たような場合は，隠れ
> た瑕疵に該当し，売買契約の際，売主は，重要事項として説明義務が
> あるのにそれをしなかったとして，契約を解除するとともに，手付金
> の返還を求めた。(請求認容)

論点　6年前に縊首自殺があったことが判明したことを理由として，瑕疵担保責任により売買契約を解除することができるか

出典　平1・9・7横浜地判（平1年(ワ)315号/平1年(ワ)560号/判時1352号126頁）

判旨　売買の目的物に瑕疵があるというのは，その物が通常保有する性質を欠いていることをいうのであって，右目的物が建物である場合，建物として通常有すべき設備を有しない等の物理的欠陥としての瑕疵のほか，建物は，継続的に生活する場であるから，建物にまつわる嫌悪すべき歴史的背景等に原因する心理的欠陥も瑕疵と解することができる。

　ところで，売買における売主の瑕疵担保責任は，売買が有償契約であることを根拠として，物の交換価値ないし利用価値の対価として支払われる代金額との等価性を維持し，当事者間の衡平をはかることにあるから，右制度の趣旨からみると，前記事由をもって解除をし得る瑕疵であるというためには，単に買主において右事由の存する建物の居住を好まないだけでは足らず，それが通常一般人において，買主の立場におかれた場合，右事由があれば，住み心地の良さを欠き，居住の用に適さないと感ずることに合理性があると判断される程度にいたったものであることを必要とすると解すべきである。

　右の観点からみると，甲らは，小学生の子供2名との4人家族で，永続的な居住の用に供するために本件建物を購入したものであって，右の場

【類型20】区分所有者が前の区分所有者に対し損害賠償などを請求

合，本件建物に買受けの6年前に縊首自殺があり，しかも，その後もその家族が居住しているものであり，本件建物を，他のこれらの類歴のない建物と同様に買い受けるということは通常考えられないことであり，右居住目的からみて，通常人においては，右自殺の事情を知った上で買い受けたのであればともかく，子供も含めた家族で永続的な居住の用に供することは甚だ妥当性を欠くことは明らかであり，また，右は，損害賠償をすれば，まかなえるというものでもないということができる。

　以上によれば，本件契約は，瑕疵担保による解除原因があるものというべきである。

解説　甲は，専有部分を買い受け，手付金を支払ったが，売主の妻が約6年前縊首自殺をしていた事実が判明し，これは隠れた瑕疵に該当し，売買契約の際の重要事項説明義務もしなかったとして，契約解除し，手付金返還請求したところ，これが認容された事例

1　改正前民法における瑕疵担保責任が問題となった事例

①暴力団組員の居住（平9・7・7東京地判【類型20】-[1]）

②売主の妻の自殺（平1・9・7横浜地判【類型20】-[3]）（出典判例）

③手すりが下階バルコニーに落下（平25・3・11東京地判【類型20】-[5]）

④シックハウス（平17・12・5東京地判【類型24】-[3]）

⑤外壁タイルの剥落（平18・3・9福岡高判【類型24】-[6]）

⑥眺望（平11・9・17大阪高判【類型24】-[8]）

⑦性風俗特殊営業で使用（平23・3・8福岡高判【類型25】-[2]）

2　当事者適格

　手付金返還請求権が実体法上自己に帰属すると主張する甲に原告適格が認められ，甲が支払義務があると主張する乙に被告適格が認められる（平23・2・15最三判【類型2】-[4]，昭61・7・10最一判/判時1213号83頁）。

265

第3章　区分所有者の請求／第2節　区分所有者などに対する請求

[4] 事例

【類型20】-[4]

> 甲は，兜マンション 110 号室の区分所有者
> 乙は，兜マンション 110 号室の前区分所有者
> 　乙に対して破産手続が開始されたが，110 号室は，破産手続中に破産財団から放棄された。放棄された後，甲は，競売手続により 110 号室を買い受け，兜マンション管理組合に対し，乙が滞納した管理費等を支払った。乙は免責許可決定を受けたが，甲は，乙に対し，管理組合に支払った管理費等について求償請求した。

論点　区分所有建物が破産財団から放棄された後，買受人がこれを取得するまでに発生した管理費等について求償が認められるか

出典　平 23・11・16 東京高判 （平 23 年(ツ)148 号／判時 2135 号 56 頁）

判旨　破産者が滞納していた区分建物の管理費 (修繕管理費を含む。) については，破産手続開始前のものは，破産債権として免責の対象となり，また，同手続開始後のものについても，当該区分建物が破産財団の一部として存在する限り，破産法 148 条 1 項 2 号にいう「破産財団の管理に関する費用」に該当し，財団債権となるから，破産者がこれを弁済する義務を負わない。他方，区分建物に抵当権等が設定されていて余剰価値がなく，破産管財人が破産手続中にこれを放棄した場合，放棄後に生ずる管理費については，破産法や民事執行法に特別の手当がないため，破産者が義務を負わないとする法律上の根拠に欠け，このため，担保不動産競売手続において買い受けた者が，代位弁済した管理費を求償請求した場合，破産者は，これを支払うべき義務を負うことになる。この場合，破産者が権利濫用や信義則の法理によりこれを免れることができるかどうかが問題となるが，甲は，管理費の滞納があることを知りつつ区分建物を買い受けたとしても，そのことを理由に，乙に対する求償権を失うべきものではない。乙に支払能力がなく，求償請求に対して弁済できなくても，そのことは事実上のものであって，権利の存否にかかわりないことである。本件のように，乙が破産手続開始決定を受けたときは，区分建物については破産登記や破産財団からの放棄を原因とする破産登記の抹消登記がされるの

【類型20】区分所有者が前の区分所有者に対し損害賠償などを請求

で，その登記を見ることや，現況調査報告書によっても，甲は，乙が破産
手続開始決定を受けたことを知ることができる。しかしながら，甲は，元
所有者が同決定及び免責許可決定を受けたことにより，上記破産法上の制
限のため求償権の行使を阻まれることを甘受すべきであるとしても，法律
上の制限のないものについても，その行使を制限されるべきであるとはい
うことができない。

| 解説 | 甲は，競売により専有部分を買い受け，管理組合に対し，滞納管
理費等を支払った。破産者は免責許可決定を受けたが，専有部分
が破産財団から放棄され，甲が買い受けるまでの間に発生した管理費等に
ついて，甲は，乙に対し求償請求したところ，これが認められた事例

1　買受人の責任

破産した乙から買い受けた甲は，乙につき破産宣告以前に弁済期にあ
り免責許可決定が確定した債務を含めて，法8条の特定承継人として，
管理組合に対し支払義務を負う。特定承継人の債務と前区分所有者の債
務は，不真正連帯債務の関係にあるから，前区分所有者に対する免責許
可決定が確定しても，特定承継人の債務に影響を及ぼさない（特定承継
人は，管理費等に滞納がある場合には，その債務相当額を減額して買い受けている
のが通例である。）。

2　前所有者の求償債務

甲は，前所有者が管理組合に対し責任を負う範囲で求償権行使できる。

(1)　破産手続開始決定日までに発生した管理費等については，破産債権
であり（破産法2条5項），免責許可決定の確定により，破産者は免責
される（同法253条1項本文）。すなわち，前所有者は，管理組合に対し
て，破産宣告以前に弁済期にあった管理費等の支払義務を免れる。

(2)　出典判例は，破産手続開始決定日以降に発生した管理費等は，財団
債権となる（同法148条1項2号）から破産者が弁済する義務を負わな
いが，破産管財人が破産手続中に放棄した場合，放棄後に生ずる管理
費については，破産者が弁済する義務を負うことになるとした。

第3章　区分所有者の請求／第2節　区分所有者などに対する請求

[5] 事例　　　　　　　　　　　　　　　　　　　　【類型20】-[5]

> 甲は，兜マンション710号室の区分所有者
> 乙は，兜マンション710号室の前区分所有者
> 　710号室の東西両側に同程度の広さのルーフバルコニーが付いており，規約上，区分所有者が専用使用権を有することが承認されている。ルーフバルコニーの上部には，810号室の東西両側に，910号室の東西両側にバルコニーがそれぞれ設置されていて，ルーフバルコニーの一部はこれらの上階のバルコニーの下に位置している。
> 　910号室バルコニーのアルミ手すりの縦格子部材が，710号室のルーフバルコニーに落下しているのが発見された。本件部材の落下は，アルミ手すりの各部材のかみ合わせが甘かったことによるもので，施工業者の施工不良が原因であった。
> 　甲は，乙に対し，部材が落下するおそれがあったため，ルーフバルコニーを使用することができなかったとして，瑕疵担保責任よる損害賠償を求めた。（請求認容）

論点　上階バルコニーのアルミ手すりの縦格子部材がルーフバルコニーに落下したときに前区分所有者に瑕疵担保責任が認められるか

出典　平25・3・11東京地判（平24年㈦12463号/2013WLJPCA03118001）

判旨　１　710号室に隠れた瑕疵があったといえるか

　　　　部材は長さ145センチメートル，幅3.5センチメートルのアルミ製の棒であり，落下の際にはコンクリート破片の落下も伴ったものであって，ルーフバルコニーに人がいた場合には身体への危険が及ぶものと認められ，また，710号室の上階のバルコニーのアルミ手すりの部材には他にも一部緩み又はずれがあって落下する危険があったと認められるのであるから，710号室に付属するルーフバルコニーは，通常備えるべき品質・性能を欠いていたものというべきである。そして，ルーフバルコニーは，本件マンションの共用部分であって，専有部分そのものではないけれども，規約上，玄関扉，窓ガラス等と同様に，710号室の区分所有者がその専用使用権を有することが承認されていることに照らせば，本件建物に付随するものとして，本件売買の目的物に含まれると

【類型 20】区分所有者が前の区分所有者に対し損害賠償などを請求

いうべきである。したがって，ルーフバルコニーに本件瑕疵があったことについて，710号室の売主である乙は，甲に対し，売買の目的物に隠れた瑕疵があったものとして，瑕疵担保責任を負うというべきである。

2　甲が被った損害の額

本件瑕疵は，甲が乙から710号室の引渡しを受けた平成22年6月18日から応急措置が完了した平成23年1月18日までの約7か月間存在したものであり，本件建物の引渡しを受けた甲は，この間，ルーフバルコニーを安心して使用することができない状態にあったというべきである。

710号室の価格は，ルーフバルコニーがあるために，ない場合と比較して1300万円程度，すなわち，約6.6パーセントほど高く設定されていた。そして，本件建物を賃貸した場合の賃料は月額50万円であったとするのが相当であるから，その6.6パーセントに当たる月額3万3000円（7か月分23万1000円）が，甲がルーフバルコニーを使用することができなかったために被った損害の月額であると認めるのが相当である。

> **まとめ**　工事施工業者の施工不良が原因で，共用部分である上階バルコニーのアルミ手すりの縦格子部材が，下階のルーフバルコニーに落下した。甲は，前所有者に対し，部材が落下するおそれがあったため，ルーフバルコニーを使用することができなかったとして，瑕疵担保責任よる損害賠償を求め，これが認容された事例
>
> 判旨は，ルーフバルコニーもアルミ手すりもいずれも共用部分であるが，ルーフバルコニーは本件建物に付随するものとして，本件売買の目的物に含まれるというべきであるから，前所有者は，売買の目的物に隠れた瑕疵があったものとして，瑕疵担保責任を負うとする。

第 3 章　区分所有者の請求／第 2 節　区分所有者などに対する請求

【類型 21】区分所有者が他の区分所有者に対し買取請求・売渡請求

[1] 事例　　　　　　　　　　　　　　　　　　　　【類型 21】- [1]

　　甲らは，兜マンション 110 号室等の区分所有者ら

　　乙は，210 号室などの区分所有者で，兜マンションの販売業者

　　兜マンションでは，大震災により建物価額の 2 分の 1 を超える部分が滅失した。そして，甲らが反対したが，乙が賛成し，法 61 条 5 項の復旧決議が可決された。甲らは，乙に対し，区分所有権等の買取りを請求したが，時価をめぐって合意に至らなかった。そこで，甲らは，乙に対し，時価額の支払を求めて訴えを提起した。

　　買取請求をした不賛成者が，時価を，「請求時点において被災しなかったものとした場合の価格から復旧工事費等の被災による減価を控除して算定されるべき」（直接法）と主張したのに対し，買取請求を受けた業者は，「時価とは一部滅失の状態での価格であって，復旧後の想定価格から復旧工事費等の額を被災による減価控除して算定される額等である」（間接法）と主張した。

論点　復旧決議に賛成しなかった区分所有者が賛成区分所有者に対し区分所有権の買取請求をしたときの時価の算定

出典　平 14・6・21 大阪高判（平 10 年㈹ 2887 号／平 12 年㈹ 613 号／判時 1812 号 101 頁）

判旨　法 61 条 7 項に基づく買取請求権は形成権であり，その意思表示により直ちに当事者間に売買が成立した効果が発生し，したがって買取請求により直ちに時価による売買代金債務が発生する。このような性質に鑑みると，時価の算定の基準時は，買取請求権が行使された時とするのが相当である。買取請求がされる時には，大規模に損壊（一時滅失）した状態ではあるが，復旧工事を加えて存続すべき建物が現存するのであるから，時価は，損壊した状態のままの，評価基準時における建物及び敷地に関する権利の価格をいうと解するのが相当である。

解説　復旧決議に賛成しなかった区分所有者が，賛成区分所有者（業者）に対し，時価額の支払を求めて訴えを提起し，時価の算定につい

270

【類型 21】 区分所有者が他の区分所有者に対し買取請求・売渡請求

て，直接法を主張したのに対し，復旧決議賛成者は間接法を主張したところ，直接法の主張が認められた事例

類型 21 は，買取請求，売渡請求のケースである。

1　復旧

復旧とは，区分所有建物の一部が滅失，すなわち，本来的な効用を確定的に喪失した場合に，当該部分を原状回復することである。区分所有建物が，地震などにより全部滅失した場合には，敷地の権利関係だけが残り，建物については，権利が消滅するから，復旧の対象とならない。一部滅失か全部滅失かは，残存部分のみで建物としての効用が社会的に認められるか否かによる。

復旧は，小規模滅失の場合の復旧と大規模滅失の場合の復旧とに分けられる。小規模滅失とは，建物の価格の 2 分の 1 以下に相当する部分が滅失した場合であり（法 61 条 1 項），大規模滅失とは，建物の価格の 2 分の 1 を超える部分が滅失した場合である（同条 5 項）。小規模滅失と大規模滅失との区分は，滅失前の建物の価値と滅失後の建物の価値とを比較して決定される。

2　小規模滅失の場合の復旧

小規模滅失の場合，各区分所有者は，滅失した共用部分及び自己の専有部分を復旧することができる（法 61 条 1 項本文）。ただし，共用部分については，復旧の工事に着手するまでに法 61 条 3 項（共用部分の復旧決議），法 62 条 1 項（建替え決議）又は法 70 条 1 項（団地内建物の一括建替え決議）の決議があったときは，復旧することができない（法 61 条 1 項ただし書）。法 61 条 1 項の規定により共用部分を復旧した者は，他の区分所有者に対し，復旧に要した金額を法 14 条に定める割合に応じて償還すべきことを請求することができる（法 61 条 2 項）。

共用部分の復旧決議があれば，管理者又は区分所有者全員で復旧工事を行うことになる。共用部分の復旧は，共用部分を原状回復することである。したがって，復旧決議ができるのはあくまで建物を原形に戻すことであって，これを超えて，形状や効用を変更する工事を行うには，共用部分の変更決議が必要となる。

271

第3章　区分所有者の請求／第2節　区分所有者などに対する請求

　専有部分の復旧は，専有部分の区分所有者が所有者として行う。建物の価格の2分の1以下に相当する部分が滅失したにとどまるときは，区分所有者の有する専有部分の全部が滅失していた場合であっても，区分所有者は，その専有部分の所有者として，自ら専有部分を復旧することができる（法61条1項本文）。

　小規模滅失の場合には，大規模滅失の買取請求（同条7項前段）のように，区分所有者が区分所有関係から離脱するための規定は設けられていない。

3　大規模滅失の場合の復旧

　大規模滅失の場合の復旧には，区分所有者及び議決権の各4分の3以上の多数で，滅失した共用部分を復旧する旨の決議（特別決議）が必要である（法61条5項）。大規模滅失の復旧の手続では，買取請求の手続が定められ，買取請求権行使に関係して，区分所有者が決議に賛成したかどうかを明確にしておく必要がある。このため，集会の議事録には，各区分所有者の賛否をも記載又は記録しなければならないとされている（同条6項）。

　大規模滅失の場合における専有部分の復旧は，専有部分の区分所有者が所有者として行うべきことについては，建物の価格の2分の1以下に相当する部分が滅失したにとどまる場合かどうかによって別異に解すべき理由はないから，区分所有者の有する専有部分の全部が滅失していた場合であっても，区分所有者は，その専有部分の所有者として，自ら専有部分を復旧することができると考える（同条1項本文）。

4　買取請求

　大規模滅失の復旧工事には多額の費用がかかるので，必ずしも復旧に参加することを望む区分所有者ばかりでなく，区分所有関係から離脱したい区分所有者がいることも十分に考えられる。そこで，法は，復旧決議賛成者以外の者について，決議賛成者に対して，建物及びその敷地に関する権利を時価で買い取るべきことを請求することを認めた（法61条7項前段）。

272

【類型 21】区分所有者が他の区分所有者に対し買取請求・売渡請求

(1) 買取請求権者

　　買取請求権者は，決議に賛成した区分所有者（その承継人を含む。）以外の区分所有者である（同項）。すなわち，復旧の決議に反対した者及び議決権を行使しなかった者である。

(2) 買取請求権の行使期間

　　買取請求権は，復旧決議の日から 2 週間経過後から行使することができる（同項）。

(3) 買取請求をするかどうかの催告

　　復旧の集会を招集した者は，決議賛成者以外の区分所有者に対し，4 か月以上の期間を定めて，買取請求をするか否かを確答すべき旨を書面で催告することができる（同条 10 項）。催告を受けた区分所有者は，定められた期間を経過したときは，買取請求をすることができない（同条 11 項）。これは，買取請求が行われるかどうか早期に確定させて，復旧手続や工事の障害にならないようにするためである。

　　買取請求をするかどうかの催告は，買取指定者の指定がされているときは，買取指定者がする（同条 10 項）。

(4) 買取請求の目的物

　　買取請求の目的物は，買取請求者の権利に属する建物及びその敷地に関する権利である（同条 7 項）。

(5) 買取請求の相手方

　　（復旧決議賛成者以外の区分所有者が）決議賛成者の全部又は一部に対して請求することができる（同条 7 項）。

　　決議賛成者の誰に対しても買取請求ができるとすると，特定の賛成者に集中したり，予期していなかった賛成者が買取請求を受けるといった不都合が生ずるおそれがある。そこで，平成 14 年改正により，復旧決議の日から 2 週間以内に，決議賛成者が全員の合意により建物及び敷地に関する権利を買い取ることができる者を買取指定者として指定し，かつ，買取指定者がその旨を決議賛成者以外の区分所有者に対して書面で通知したときは，買取指定者以外を相手方として買取請求をすることができないこととされた（同条 8 項）。買取指定者は

273

第3章　区分所有者の請求／第2節　区分所有者などに対する請求

区分所有者に限らないから，復旧工事を行うデベロッパーを買取指定者と定めることもできる。実際にも，デベロッパーが指定されることが多いと思われる。複数の買取指定者を定めたときは，複数の買取指定者が共同買主となる。

(6)　買取請求が行われた場合の法律関係

買取請求権は形成権であるから，買取請求をした区分所有者と買取請求の相手方との間で，買取請求がなされた時点における時価を売買代金とする売買契約が成立する。これにより，買取請求をした区分所有者は，区分所有関係から離脱する（出典判例）。売買代金の支払については，裁判所が，買取請求を受けた買取指定者等の請求により，相当な期限を許与することができる（同条13項）。

(7)　復旧決議・建替え決議のない場合の買取請求

大規模滅失の場合に，一部滅失の日から6か月以内に，復旧決議，建替え決議のないときは，各区分所有者は，他の区分所有者に対し，建物及びその敷地に関する権利を時価で買い取るべきことを請求することができる（同条12項）。

5　当事者適格

本事例は，買取請求権が行使されて，売買契約が成立したことを前提として，代金の支払を求める給付訴訟である。したがって，代金支払請求権があると主張する甲に原告適格が認められ，甲が代金支払義務があると主張する乙に被告適格が認められる（平23・2・15最三判【類型2】-[4]，昭61・7・10最一判/判時1213号83頁）。

【類型 21】区分所有者が他の区分所有者に対し買取請求・売渡請求

Column

【大規模修繕】

　修繕とは，建物の一部の滅失に至らない破損，汚損など，建物の効用が低下した場合に，狭義の管理行為（法 18 条 1 項本文）により効用を回復させることである。区分所有建物の一部が滅失，すなわち，建物の効用が確定的に喪失した場合に，当該部分を原状回復する復旧（法 61 条）と区別される。大規模修繕とは，マンション建物の主要な構造部（屋根，屋上，壁，柱，床など）について行われる計画修繕をいう。計画修繕とは，予め定めた周期に従って行われる修繕をいう。長期修繕計画（25年程度から 30 年程度の周期），中期修繕計画（5 年程度の周期），短期修繕計画（2 年程度の周期）に分類される。

　建物を長期にわたって良好に維持・管理していくためには，一定の年数の経過ごとに計画的に修繕を行っていくことが必要であり，その対象となる建物の部分，修繕時期，必要となる費用等について，あらかじめ長期修繕計画として定め，区分所有者の間で合意しておくことは，円滑な修繕の実施のために重要である（コメント 32 条関係）。

第3章　区分所有者の請求／第2節　区分所有者などに対する請求

[2] 事例　　　　　　　　　　　　　　　　　　　【類型21】−[2]

> 甲は，建替えに不賛成の区分所有者
> 乙は，兜マンション管理組合
> 丙は，建替えに賛成の区分所有者
> 兜マンションが大震災により損壊したため，乙の臨時総会におい
> て，法62条1項の建替え決議が行われた。
> 甲は，乙に対し，右決議の無効確認を求め，丙は，甲に対し，法63
> 条4項の区分所有権及び敷地利用権の売渡請求，これに基づき，
> ①区分所有建物（専有部分）の明渡し
> ②区分所有権及び敷地利用権の所有権（共有持分）移転登記手続
> ③売渡代金の確定
> を求めた。（売渡請求などを認容）

論点　売渡請求の時価の算定

出典　平11・6・21神戸地判（平9年㈦805号/平9年㈦917号/平10年㈦619号/平10年㈦656号/平10年㈦657号/平10年㈦658号/平10年㈦659号/判時1705号112頁）

判旨　法63条4項に基づく売渡請求権を行使した場合の区分所有権及び敷地利用権の「時価」とは，売渡請求権行使の当時における区分所有権及び敷地利用権の客観的取引価額をいうものと解される。売渡請求権行使の時点では，建替え決議がなされているのであるから，右「時価」は，建替えを前提とした取引価額によって算定される。

建替えを前提とする客観的取引価額は，建物を取り壊し，更地として有効利用が可能な状態となった敷地の価額から建物の除去費用を控除した金額に近似すると考えられるから，同項にいう「時価」は，更地となった建物敷地の価格から建物除去費用を控除した金額によって算定することが相当である。

解説　建替え決議が行われ，不賛成区分所有者は，管理組合に対して建替え決議の無効確認を求め，賛成区分所有者は，不賛成区分所有者に対し，売渡請求，これに基づく，①専有部分の明渡し，②所有権（共有持分）移転登記手続，③売渡代金の確定を求めたところ，売渡請求など

【類型 21】区分所有者が他の区分所有者に対し買取請求・売渡請求

が認められた事例

1 売渡請求権（法63条4項）の行使

　売渡請求権は形成権であるから，相手方に売渡請求権行使の意思表示が到達した時に，相手方の区分所有権及び敷地利用権を目的として時価による売買契約が成立する。その結果，相手方（売主）の区分所有権及び敷地利用権は売渡請求権の行使者（買主）に移転し，相手方は，①専有部分の引渡義務，②区分所有権及び敷地利用権の登記移転義務を負い，売渡請求権の行使者は，時価による売買代金支払義務を負う。

2 時価の算定

　時価は，売渡請求権を行使した時の区分所有権及び敷地利用権の客観的取引価額である。この場合，客観的取引価額は，建替えを相当とする状態での価額ではなく，建替え決議がなされていることを前提とした価額である。時価の算定は，当事者間の協議で決まらなければ裁判手続によることになる。この時価だけを裁判所で決定する非訟事件手続はないから，売渡請求者（買主）から，明渡請求，所有権移転登記請求，代金額確認請求訴訟を提起するか，相手方（売主）から，売買代金の支払請求訴訟を提起することになる。

3 当事者適格

　売渡請求権は形成権だが，売渡請求権の行使による専有部分の明渡請求は給付訴訟である。したがって，売渡請求権の行使によって，実体法上明渡請求権が自己に帰属すると主張する丙に原告適格が認められ，丙が，明渡義務があると主張する甲に被告適格が認められる（平23・2・15最三判【類型2】−[4]，昭61・7・10最一判/判時1213号83頁）。

第3章　区分所有者の請求／第2節　区分所有者などに対する請求

[3] 事例

【類型21】-[3]

> 　甲は，建替えに参加した兜マンションの区分所有者
> 　乙は，建替えに参加しなかった兜マンションの区分所有者
> 　兜マンションの集会において法62条1項の建替え決議が行われ
> た。甲は，建替えに参加しなかった乙に対して，所有する区分所有建
> 物について売渡請求をした。そして，これに基づき，所有権移転登記
> 手続などを求めた。

論点　建替え参加区分所有者が不参加区分所有者に対し売渡請求権行使
における売渡請求の時価の算定額

出典　平16・2・19東京地判（平14年(ワ)27896号/2004WLJPCA02190011）

判旨
　1　「時価」の算定方法について
　　　「時価」とは，その建物について建替え決議がなされている
ことを前提として，区分所有権と敷地利用権とを一体として評価した客
観的な評価額をいい，本件各建物の「時価」は，①建替えが完成した場
合における再建建物及び敷地利用権の価額から建替えに要した経費を控
除した額（以下「①の額」という。），又は，②再建建物の敷地とすること
を予定した敷地の更地価額から現存建物の取壊し費用を控除した額（以
下「②の額」という。）に，対象となる区分所有部分及び敷地利用権の配分
率を乗じて算定する。
　2　①の額の算出方法について
　　　「建替えが完成した場合における再建建物及び敷地利用権の価額」に
ついては，近傍類似地域の新築分譲マンションの販売事例物の取壊し費
用及び再建建物の建築に要する費用等を控除して算出する方法（以下
「開発法」という。）によるのが相当である。
　3　②の額の算出方法について
　　　②の額の算出方法においては，「再建建物の敷地とすることを予定し
た敷地の更地価格」を算出することになるが，これを①の額の算出方法
と全く同様で意味のないものにしないという見地からは，開発法による
算出ではなく，近傍類似地域において再建建物に類似する分譲マンショ

278

【類型 21】区分所有者が他の区分所有者に対し買取請求・売渡請求

ンの敷地にする目的で開発業者によって取得された事例を対象とする取引事例比較法によって算出するのが相当である。

4 総合的判断に基づく「時価」について

①の額は 47 万 6000 円/平方メートル，②の額は 57 万 4500 円となる。①の額の算出方法が，現実の再建事業計画を前提として開発法を用いて算出したものであるのに対し，②の額は，専ら他のマンション敷地の取引価格との比較において算出したものであることなどを考慮すると，両者の数値を比較衡量するに当たり，両者の数値の価値を全く同等とみるのは妥当でなく，①の額を相対的に重視すべきである。

本件各建物の個別具体的な時価（売渡代金額）は，算定した「時価」を前提に，本件各建物及びその区分所有者に関する個別事情を清算するという観点を付加して個別具体的に決定することができると解するのが相当である。各区分所有者に関する個別事情としては，立退料，管理組合からの余剰分配金などが考慮対象となる。

まとめ 建替え決議が行われ，参加者は，不参加者に対して，売渡請求を行う。時価の算定について①建替えが実現した場合における再建建物及び敷地利用権の価額から建替えに要した経費を控除した額であるとされる。これは，②再建建物の敷地の更地価格から現存建物の取壊しに要する費用を控除した額に合致するとされている。出典判例は，①，②の具体的数値を算出し，比較衡量した上で，総合的判断に基づき算定している。この場合，①と②の数値を比較衡量するに当たり，両者の数値の価値を全く同等とみるのは妥当でなく，.①の額を相対的に重視すべきであるとした。

第3章　区分所有者の請求／第2節　区分所有者などに対する請求

【類型22】区分所有者が他の区分所有者に対し損害賠償などを請求

[1]　事例
【類型22】-[1]

> 甲は，兜マンション110号室の区分所有者
> 乙は，階上である兜マンション210号室の区分所有者
> 　乙が，じゅうたん張りの床につき，非防音タイプの1階用床材を使用してフローリング（板張り）に張替えを行った。床をフローリング床に変更したことにより騒音被害，生活妨害が発生し，受忍限度を超えたとして，甲が，①不法行為による損害賠償（慰謝料）と，②人格権侵害等に基づく差止め請求として復旧工事の施工を請求した。（①認容，②請求棄却）

|論点| ①騒音被害・生活妨害は社会生活上の受忍限度を超え，違法なものとして不法行為損害賠償請求が成立するか

②騒音被害・生活妨害は人格権侵害等に基づく差止め請求を認めるほどの違法性があるか

|出典| 平8・7・30東京地八王子支判（平6年㈠2699号/判時1600号118頁）

|判旨| 　1　慰謝料請求
　　　乙は，本件フローリング施工に際し，本件フローリング敷設による階下への騒音等の問題を認識しながら，右騒音等の問題に対する事前の対策は不十分なまま，本件マンションの管理組合規約・使用細則に違反する形で，すなわち，甲の承認を得ること及び本件マンションの管理組合理事会への正規の届け出なく，本件フローリングを施工し，しかも，本件フローリングは，じゅうたん張りの場合と比べ防音・遮音効果が4倍以上悪化する「トップ・イレブン」なる防音措置（遮音材）の施されていない1階用床板材を使用して敷設されたものであったことから，本件フローリング敷設により平成5年11月中旬ころから，従前静謐が保たれていた甲の建物において，乙建物に生ずる歩く音・椅子を引く音等の生活音全てが断続的に，階下の甲建物内に響き聞こえてくるよ

280

【類型 22】区分所有者が他の区分所有者に対し損害賠償などを請求

うになり，このため甲は乙一家が寝静まるのを待って就寝し，甲は乙が起床して歩き出す音で目が覚めるという生活が続くに至った。

　現在まで約2年半にわたり継続してなされたものであり，確かに，この種の騒音等に対する受け止め方は，各人の感覚ないし感受性に大きく左右され，気にすれば気にするほど我慢ができなくなるという性質を免れないものではあるが，平均人の通常の感覚ないし感受性を基準として判断してもなお，本件フローリング敷設による騒音被害・生活妨害は社会生活上の受忍限度を超え，違法なものとして不法行為を構成すると言うことができる。

2　差止め請求

　差止め請求が認められるか否かは，侵害行為を差し止める（妨害排除・予防する）ことによって生ずる加害者側の不利益と差止めを認めないことによって生ずる被害者側の不利益とを，被侵害利益の性質・程度と侵害行為の態様・性質・程度との相関関係から比較衡量して判断されるが，本件フローリングに対する差止めないし差止めによる原状回復については，乙に対し相応の費用と損害をもたらすことは明らかであり，乙における本件フローリングによる騒音被害・生活妨害行為は直ちに，右差止め請求を是認する程の違法性があると言うことは困難と言わざるを得ない。

解説 　乙が，床を非防音タイプのフローリングへ変更したことにより騒音被害，生活妨害が発生し，①受忍限度を超えたとして不法行為損害賠償請求と②人格権侵害に基づく差止め請求としての復旧工事を請求したところ，①のみ認められ（一部容認），②については認められなかった事例

　類型 22 は，区分所有者間の損害賠償請求などのケースである。

1　マンション内の近隣騒音の裁判例

(1)　平 4・1・30 東京地決【類型 9】-[2]

　　住居地域に所在する主として居住用のマンション1階店舗部分におけるカラオケスタジオのカラオケについて，区分所有者の共同の利益に反するとして，夜間の一定時間帯の使用禁止が認められた事例

第 3 章　区分所有者の請求／第 2 節　区分所有者などに対する請求

(2)　平 17・9・13 東京地判【類型 11】−[3]

　　区分所有者から使用貸借してマンションに居住する者が，騒音・振動を発生させ，また，他の居住者の悪口を叫ぶ等の迷惑行為をしたことが，区分所有者の共同の利益に反する行為であるとして，迷惑行為に及んだ居住者と区分所有者との間の使用貸借契約の解除及び専有部分の引渡請求を認容し，さらに，専有部分の競売の申立請求も認められた事例

(3)　平 8・7・30 東京地八王子支判【類型 22】−[1]（出典判例）

　①マンション居室の床をフローリング床に変更したことによる騒音被害・生活妨害が，受忍限度を超えるもので不法行為を構成するとされた事例

　②人格権侵害等に基づく差止め請求として復旧工事の施工を求めたが，棄却された事例

(4)　平 19・10・3 東京地判【類型 22】−[2]

　　マンション内における階上の住戸の子供が廊下を走ったり，跳んだり跳ねたりする音が，階下の住戸に居住する住民の社会生活上受忍すべき限度を超えるとして，階上の住戸の子供の父親に対する損害賠償請求が認容された事例

(5)　平 17・12・14 東京地判【類型 22】−[3]

　　区分所有者である賃貸人が，その賃借人の違法な使用状況（騒音振動等の発生）を放置したために，他の専有部分の賃借人に損害が発生したときは，その不作為が不法行為となるとされた事例

(6)　平 26・3・25 東京地判【類型 22】−[4]

　　階下に居住し，正午から午後 8 時頃まで発声による作曲活動を行っていた乙に対し，甲とその妻が，乙の騒音が受忍限度を超えるため，心身変調を来し肉体的・精神的苦痛を被ったとして，①騒音の差止めと②慰謝料を請求したところ，①は認められなかったが，② 20 万円の慰謝料と弁護士費用相当額 2 万円が認められた事例

(7)　平 24・3・15 東京地判【類型 22】−[5]

　　マンション内における階上の住戸の子供による騒音につき，不法行

【類型 22】区分所有者が他の区分所有者に対し損害賠償などを請求

為による損害賠償請求（慰謝料，治療費，騒音測定費用の損害）が認められた事例

(8)　平 9・10・15 東京地判【類型 22】-［6］

　　マンション居室改装工事によって騒音が発生し，この騒音が受忍限度を超えたとして，階下の住人に対して，工事を設計監理した 1 級建築士及び工事を施行した業者が，不法行為責任を負うとされた事例

(9)　平 6・5・9 東京地判【類型 22】-［7］

　　マンション居室をフローリング床にしたことが受忍限度の範囲内であるとし，次のように述べて，不法行為責任を否定した。

　　被告が居宅に敷設したフローリング床の仕様は，必ずしも遮音性能の優れたものではなく，当時の建築技術の水準に照らしてむしろ最低限度の仕様のものであって，これによって少なくとも軽量床衝撃音の遮断性能が低下したことが推認できる。しかし，騒音の発生源は，最小限度の構成の家族による起居，清掃，炊事等の通常の生活音に限られていた上，騒音の発生する時間帯も，比較的短時間であったことに照らすと，右のような仕様の本件フローリング床を敷設したこと自体をもって直ちに不当又は違法とすべきでなく，被告又はその家族としては，フローリング床の軽量床衝撃音の遮断性能が十分ではないことを踏まえた上で，日常生活上，不当又は不要に床衝撃音を発生させて原告らの平穏な生活や安眠を害することがないように注意義務を尽くしたことで足りる。

2　当事者適格

　　本事例の請求は，いずれも給付訴訟であり，実体法上の請求権が自己に帰属すると主張する甲に原告適格が認められ，甲が給付義務を負うと主張する乙に被告適格が認められる（平 23・2・15 最三判【類型 2】-［4］，昭 61・7・10 最一判/判時 1213 号 83 頁）。

第3章　区分所有者の請求／第2節　区分所有者などに対する請求

[2] 事例
【類型22】−[2]

> 甲は，兜マンション110号室の区分所有者
> 乙は，甲の階上210号室の区分所有者
> 甲は，乙に対し，乙の子Aが，廊下を走ったり，跳んだり跳ねたりする音が受忍限度を超えていると主張して，不法行為による損害賠償（慰謝料）の支払を求めた。（請求認容）

論点　階上の子供の騒音が一般社会生活上甲が受忍すべき限度を超えるものであったか

出典　平19・10・3東京地判（平17年㈠24743号／判時1987号27頁）

判旨　本件マンションは，昭和63年6月頃に建築されたものであり，日本建築学会の建築物の遮音性能基準によれば，集合住宅の3級すなわち遮音性能上やや劣る水準にある。

　本件マンションの所在する土地は，第1種中高層住居専用地域に属しており，本件マンションの北側には，駐車場を挟んでバスも通行する片側1車線の道路が存在する程度であり，本件当時の110号室区分所有者（甲）の住戸の暗騒音は，27〜29dB程度である。

　本件音は，210号室区分所有者（乙）の長男（当時3〜4歳）が廊下を走ったり，跳んだり跳ねたりするときに生じた音である。しかし，平成16年4月頃から平成17年11月17日頃まで，ほぼ毎日本件音が甲住戸に及んでおり，その程度は，かなり大きく聞こえるレベルである50〜65dB程度のものが多く，午後7時以降，時には深夜にも甲住戸に及ぶことがしばしばあり，本件音が長時間連続して甲住戸に及ぶこともあったのであるから，乙は，本件音が特に夜間及び深夜には甲住戸に及ばないように乙の長男をしつけるなど住まい方を工夫し，誠意のある対応を行うのが当然であり，甲の乙がそのような工夫や対応をとることに対する期待は切実なものであったと理解することができる。そうであるにもかかわらず，乙は，床にマットを敷いたものの，その効果は明らかではなく，それ以外にどのような対策をとったのかも明らかではなく，甲に対しては，これ以上静かにすることはできない，文句があるなら建物に言ってくれと乱暴な口調で

284

【類型22】区分所有者が他の区分所有者に対し損害賠償などを請求

突っぱねたり，甲の申入れを取り合おうとしなかったのであり，その対応は極めて不誠実なものであったということができ，そのため，甲は，やむなく訴訟等に備えて騒音計を購入して本件音を測定するほかなくなり，精神的にも悩み，甲の妻には，咽喉頭異常感，食思不振，不眠等の症状も生じたのである。

　以上の諸点，特に乙の住まい方や対応の不誠実さを考慮すると，本件音は，一般社会生活上甲が受忍すべき限度を超えるものであったというべきであり，甲の苦痛を慰謝すべき慰謝料としては，30万円が相当であるというべきである。

【まとめ】　階上に居住する乙に対し，乙の子が，廊下を走ったり，跳んだり跳ねたりする音が受忍限度を超えているとして，不法行為による損害賠償（慰謝料）を請求したところ，これが認められた事例

　判旨は，乙の子Aが，廊下を走ったり，跳んだり跳ねたりする音が受忍限度を超えているか否かについて，乙は，床にマットを敷いたものの，その効果は明らかではなく，それ以外にどのような対策をとったのかも明らかではなく，甲に対しては，これ以上静かにすることはできない，文句があるなら建物に言ってくれと乱暴な口調で突っぱねたり，甲の申入れを取り合おうとしなかったもので，その対応は極めて不誠実であったとして，乙の住まい方や対応の不誠実さを考慮し，受忍すべき限度を超えるものとした。

285

第3章　区分所有者の請求／第2節　区分所有者などに対する請求

[3] 事例 【類型22】-[3]

> Aは，兜マンション1階110号室の区分所有者（賃貸人）
> 甲は，兜マンション1階110号室の賃借人
> 乙は，兜マンション地下1階B13号室の区分所有者（賃貸人）
> 丙は，兜マンション地下1階B13号室の賃借人
> 甲は，そば店を経営し，丙は，ライブハウスを経営する。甲は，丙の店から発生する騒音，振動及び低周波音（騒音等）により，営業損害等及び精神的な損害を被ったと主張して，乙及び丙に対し，不法行為（共同不法行為）に基づく損害賠償を請求した。（請求認容）

論点　賃借人のライブハウスから発生する騒音等について，賃借人とともに区分所有者（賃貸人）に対して，共同不法行為が成立するか

出典　平17・12・14東京地判（平16年(ワ)9930号／判タ1249号179頁）

判旨　本件店舗に発生した騒音等は，受忍限度を超える違法なものであった。

　丙は，ライブ演奏をさせることにより，本件店舗から受忍限度を超えた騒音等を本件店舗に伝播させたものであって，この丙の行為により，甲は損害を被っているということができるから，丙は，甲に対し，不法行為責任を負う。

　区分所有法6条1項は，区分所有者に対し，建物の使用に関し，区分所有者の共同の利益に反する行為を禁止しているところ，同項は，同条3項において，区分所有者以外の専有部分の占有者に準用されているから，賃貸人と賃借人はそれぞれが他の居住者に迷惑をかけないよう専有部分を使用する義務を負っている。

　専ら賃借人が専有部分を使用している場合にも，賃貸人の義務が消滅するものではなく，賃貸人は，その義務を履行すべく，賃借人の選定から十分な注意を払うべきであり，また，賃貸後は，賃借人の使用状況について相当の注意を払い，もし，賃借人が他の居住者に迷惑をかけるような状況を発見したのであれば，直ちに是正措置を講じるべきである。

　乙には，区分所有者兼賃貸人として，賃借人である丙が騒音等を発生す

【類型22】区分所有者が他の区分所有者に対し損害賠償などを請求

るライブ演奏を行って，甲の利益を侵害している状況を放置せず，現状を把握して，それを改善・除去する措置を採るなどすべき義務があったということができる。

　結果として，丙の，不十分な騒音等の対策のままにライブ演奏を繰り返すという違法な使用を放置し，そのため，ライブ演奏による受忍限度を超える騒音等が甲のそば店に伝播するという結果を生じせしめ，甲に損害を与えたということができ，乙は，不法行為責任を負うというべきである。

解説　　甲は，ライブハウスを経営する賃借人の店から発生する騒音，振動及び低周波音（騒音等）により，自店の営業損害等及び精神的な損害を被ったと主張して，賃借人とともに所有者賃貸人に対し，不法行為（共同不法行為）に基づく損害賠償を請求したところ，これが認められた事例

1　区分所有者（賃貸人）の不法行為責任

　　判旨は，区分所有者である賃貸人は，その賃借人の違法な使用状況（騒音・振動等の発生）を放置せず，現状を把握して，それを改善・除去する措置をとるなどすべき義務があったにもかかわらず，不十分な騒音等の対策のままに違法な使用を放置し，そのため，受忍限度を超える騒音等が甲の店に伝播し，甲に損害を与えたということができ，乙は，不法行為責任を負うというべきであるとする。

2　賃借人など専有部分の占有者のマンション管理上の義務

　　賃借人など専有部分の占有者は，区分所有者の団体の構成員ではなく（法3条），マンションの管理を行うものでもない。しかし，建物を良好な状態に維持し，良好な共同生活を保持していくために，大きな役割を担っている。このため，法は，占有者にもマンションの管理上の義務を定めている。

(1)　共同の利益に反する行為の禁止

　　　区分所有者の共同の利益に反する行為をしてはならない区分所有者の義務（法6条1項）は，区分所有者以外の専有部分の占有者に準用されている（同条3項）。

287

第3章　区分所有者の請求／第2節　区分所有者などに対する請求

(2)　規約又は集会の決議の遵守義務

　　区分所有者は，円滑な共同生活を維持するため，この規約及び総会の決議を誠実に遵守しなければならない（標規3条1項）。

　　占有者は，建物又はその敷地若しくは附属施設の使用方法につき，区分所有者が規約又は集会の決議に基づいて負う義務と同一の義務を負う（法46条2項）。

3　専有部分の占有者に対する区分所有者の義務

　　法6条1項は，区分所有者に対し，共同の利益に反する行為を禁止するが，これは，区分所有者自らが共同の利益に反する行為をすることを禁止するとともに，区分所有者が専有部分を占有者に使用させているときは，占有者にも共同の利益に反する行為をさせない義務を定めているものと解される。

　　標規上も，区分所有者は，その専有部分を第三者に貸与する場合には，この規約及び使用細則に定める事項をその第三者に遵守させなければならない（標規19条1項）とされている。

4　占有者の義務違反行為に対する法的措置

(1)　他の区分所有者の全員は，占有者に対し，占有者の行為を停止する等の請求ができる（法57条1項ないし3項，4項）。

(2)　同じく，他の区分所有者の全員は，占有者に対し，専有部分の引渡請求ができる（法60条1項）。

(3)　占有者に対しては，①使用禁止請求（法58条）及び②競売請求（法59条）は認められていない。

(4)　標規67条2項は，区分所有者は，その同居人又はその所有する専有部分の貸与を受けた者若しくはその同居人が前項の行為を行った場合には，その是正等のため必要な措置を講じなければならないとしている。

5　占有者の義務違反行為の是正措置を怠った区分所有者の損害賠償責任

(1)　出典判例は，区分所有建物の賃借人同士（甲，丙）間の紛争から，丙の賃貸人である区分所有者乙の責任の追及に発展した事案である。原告が甲（賃借人）でなく，A（区分所有者）であっても，Aがそば店を

288

【類型 22】区分所有者が他の区分所有者に対し損害賠償などを請求

経営していてＡに損害が発生していれば，賃貸人乙が，自己の専有部分の賃借人丙に対し適切な措置を怠ると，その不作為について不法行為責任を負うことになる。

(2)　平11・1・13東京地判【類型 3】-〔1〕は，賃借人Ａが規約違反行為により，隣室の玄関扉を破損するなどしたとき，これに対して，管理組合（権利能力なき社団）が，Ａの賃貸人である区分所有者に対し，当該区分所有者にはＡに規約を遵守させる義務に違反した不法行為責任があるとして，管理組合に発生した玄関扉の交換工事費用などの損害の賠償を請求した事案である。この事案が本事例と異なる点は，本事例では，損害が甲に生じているのに対し，【類型 3】-〔1〕では，損害が隣室の玄関扉という共用部分に生じている点である。【類型 3】-〔1〕の事例の場合，隣室の玄関扉は区分所有者全員の共有に帰属するから，区分所有者の一人（賃借人）による共有物に対する侵害という構成をとると，損害賠償請求権は残りの区分所有者が行使することになる。しかし，共用部分である玄関扉について，規約で管理組合に玄関扉の交換工事義務が課せられている場合には，管理組合が工事を実施することによって管理組合に損害が発生することになるから，管理組合に対する不法行為ということになる。

6　当事者適格

不法行為に基づく損害賠償請求権が自己に帰属すると主張する甲に原告適格が認められ，甲が賠償義務者と主張する乙，丙に，被告適格が認められる（平23・2・15最三判【類型 2】-〔4〕，昭61・7・10最一判/判時1213号83頁）。

第3章　区分所有者の請求／第2節　区分所有者などに対する請求

[4] 事例

【類型22】－[4]

　甲は，兜マンション810号室の区分所有者

　乙は，兜マンション710号室の区分所有者

　階下に居住する乙は，正午から午後8時頃まで発声による作曲活動を行っていた。

　甲とその妻は，乙の騒音が受忍限度を超えるため，心身に変調を来たしたなど肉体的・精神的苦痛を被ったとして，①所有権に基づく騒音の差止めと，②不法行為に基づく損害賠償を求めた。（①請求棄却，②慰謝料額20万円と弁護士費用相当額2万円を認める。）

論点　①所有権侵害の具体的なおそれがあるか

　　　　②発声による作曲活動が，受忍限度を超える騒音となるか

出典　平26・3・25東京地判（平23年(ワ)35604号／平25年(ワ)16760号／判時2250号36頁）

判旨　本件マンションの上下階の界床遮音性能は，日本建築学会の建築物の遮音性能基準の特級（特別に高い性能が要求された場合の性能水準）ないし1級（好ましい性能水準）である。

　乙は，平成14年4月頃から居住している。おおむね正午から午後8時頃まで，考案したメロディを集音マイクに向けて歌い，編集する方法で，作曲を行っていた。発声している時間は，最長でも1時間半ないし2時間程度である。甲から，歌声がうるさいとの苦情があった後は，スピーカーから音を出していたのを止め，ヘッドホンで聞くようにした。

　甲の妻は，810号室に入居する前から，近隣の騒音被害によるストレス症状があったところ，平成21年4月には，幻聴が出現し，複数の医療機関の精神科や心療内科に通院して薬物療法を受け，統合失調感情障害と診断された。平成23年頃には，睡眠薬を服用して寝ている時間が長くなり，ほぼ毎日飲酒し，幻聴が出現する状態になった。

　甲以外の本件マンションの住人からは，710号室からの歌声による騒音被害の苦情が述べられたことはない。甲は，平成25年3月1日から810号室を第三者に賃貸しているが，同賃借人から，710号室からの歌声による騒音被害の苦情はない。

290

【類型 22】区分所有者が他の区分所有者に対し損害賠償などを請求

　乙が 710 号室において歌を歌う時間帯は，おおむね正午から午後 8 時頃までの間であったものの，深夜（午後 11 時から翌日午前 6 時）の時間帯に歌を歌うことも，年に数回程度はあった。810 号室に伝播する乙の歌声の騒音レベルは，最大 41 デシベル程度であったものと認められる。乙の歌声は，生活音とは明らかに異質な音であり，その音量が最大 41 デシベルにとどまるとしても，入眠が妨げられるなどの生活上の支障を生じさせるものであるといえる。また，環境条例における深夜の規制基準は 50 デシベルであるが，建物の防音効果を考慮すると，建物内においてはより厳格な数値が求められているものである。これらの点を考慮すると，最大 41 デシベルに及ぶ深夜における乙の歌声は，受忍限度を超えるものであるというべきである。その限りで不法行為責任を負う。

　乙の本件不法行為が，この限度において認められるものであり，また，810 号室の賃借人が，710 号室からの騒音被害についての苦情を述べていないことにも照らせば，乙の行為により，今後，810 号室についての甲の所有権が侵害される具体的なおそれを認めることはできないから，甲の乙に対する所有権に基づく騒音差止請求は理由がない。

> **まとめ**　階下に居住し，正午から午後 8 時頃まで発声による作曲活動を行っていた乙に対し，甲とその妻が，乙の騒音が受忍限度を超えるため，心身に変調を来たし肉体的・精神的苦痛を被ったとして，①騒音の差止めと慰謝料を請求したところ，①は認められなかったが，②20万円の慰謝料と弁護士費用相当額 2 万円が認められた事例

　判旨は，②は，受忍限度を超えるものであるとして 20 万円の慰謝料を認めたが，①については，所有権侵害の具体的なおそれが認められないとして請求を棄却した。

第3章　区分所有者の請求／第2節　区分所有者などに対する請求

[5] 事例

【類型22】-[5]

> 甲は，兜マンション 110 号室の区分所有者
> 乙は，兜マンション 210 号室の区分所有者
> Ａは，乙の子で，乙と同居する幼稚園児
> 　Ａが，210 号室に居住するようになった平成 18 年 5 月頃以降，Ａは，210 号室内において踏び跳ね，走り回るなどして，110 号室内で重量衝撃音を発生させた。
> 　甲は，乙に対し，①人格権ないし所有権に基づく妨害排除請求としての騒音の差止請求と，②不法行為による損害賠償を求めた。（①は時間帯別で制限音量を分け認容，②は全部認容）

論点　階上の部屋の子供による騒音につき，受忍限度を超えるものか

出典　平 24・3・15 東京地判（平 20 年(ワ) 37366 号／判時 2155 号 71 頁）

判旨　　静粛が求められあるいは就寝が予想される時間帯である午後 9 時から翌日午前 7 時までの時間帯でも dB（A）の値が 40 を超え，午前 7 時から同日午後 9 時までの同値が 53 を超え，生活実感としてかなり大きく聞こえ相当にうるさい程度に達することが，相当の頻度であるというのであるから，Ａが平成 20 年当時幼稚園に通う年齢であったこと，その他本件記録からうかがわれる事情を考慮しても，Ａが前記認定した程度の頻度・程度の騒音を階下の居室に到達させたことは，210 号室の所有者である乙が，階下の 110 号室の居住者である甲に対して，同居者であるＡが前記程度の音量及び頻度で騒音を 110 号室に到達させないよう配慮すべき義務があるのにこれを怠り，甲の受忍限度を超えるものとして不法行為を構成するものというべきであり，かつこれを超える騒音を発生させることは，人格権ないし 110 号室の所有権に基づく妨害排除請求としての差止めの対象となるというべきである。

　以上によれば，本件不法行為に係る甲の主張は，前記認定した限度で理由があり，騒音の差止め請求は，前記説示の時間帯に前記程度の騒音の差止めを求める限度で理由があり，その余は理由がない。

【類型22】区分所有者が他の区分所有者に対し損害賠償などを請求

解説 　階上の区分所有者の子（幼稚園児）が同居して以降，室内において踏び跳ね，走り回るなどして，階下の居室に重量衝撃音を発生させた。甲は，①騒音の差止請求と，②不法行為による損害賠償を求めたところ，これが認められた事例

1　判旨は，階上の区分所有者は，騒音を110号室に到達させないよう配慮すべき義務があるのにこれを怠り，その行為は受忍限度を超え，不法行為を構成するとともに，人格権ないし110号室の所有権に基づく妨害排除請求としての差止めの対象となるとした。

2　出典判例と同じく，階上（階下）からの騒音が問題となった事例

(1)　平8・7・30東京地八王子支判【類型22】-[1]

　　居室の床をフローリング床に変更したことによる騒音被害が，受忍限度を超え，不法行為による損害賠償を認める。差止請求は棄却

(2)　平19・10・3東京地判【類型22】-[2]

　　階上に居住する区分所有者の子供が廊下を走ったり跳ねたりする音が，階下の区分所有者の受忍限度を超えるとして，損害賠償請求を認容

(3)　平26・3・25東京地判【類型22】-[4]

　　午後8時頃までの発声による作曲活動に対し，階上居住者が，受忍限度を超えたとして騒音の差止めと慰謝料を請求し，慰謝料請求のみ認容

(4)　平9・10・15東京地判【類型22】-[6]

　　居室改装工事によって騒音が発生し，この騒音が受忍限度を超えたとして，階下の区分所有者に対して，工事を設計監理した1級建築士及び工事施行業者が，不法行為責任を負うとされた事例

(5)　平6・5・9東京地判【類型22】-[7]

　　騒音は，家族による起居，清掃等の生活音に限られていた上，比較的短時間であったことに照らすと，フローリング床を敷設したことで直ちに違法とすべきでなく，日常生活上も，床衝撃音により平穏な生活や安眠を害さないように注意義務を尽くしていたとして不法行為責任を否定

第 3 章　区分所有者の請求／第 2 節　区分所有者などに対する請求

[6]　事例　　　　　　　　　　　　　　　　　　【類型 22】-[6]

> 甲は，兜マンション 710 号室の区分所有者
> 乙は，兜マンション 810 号室の区分所有者
> 丙は，本件工事の設計・監理をした業者
> 丁は，本件工事を施工した業者
> 　乙は，810 号室の改装工事を行ったが，その際，設計・監理を丙が，施工を丁が請け負った。
> 　階下に居住する甲は，受忍限度を超える騒音・振動が発生したため，損害を被ったとして，乙，丙，丁に対し，不法行為に基づき，損害賠償の支払を求めた。（乙に対して棄却，丙・丁に対して一部認容）

論点　居室改装工事について，受忍限度を超えた騒音が発生したか，発生したことにつき工事を設計・監理した 1 級建築士及び工事を施行した業者が階下の住人に対して不法行為責任を負うか

出典　平 9・10・15 東京地判（昭 63 年(ワ)18683 号/判タ 982 号 229 頁）

判旨　**1　本件工事によって 710 号室に受忍限度を超える騒音・振動が発生したか**

　マンションの改装工事によって発生する騒音・振動が受忍限度を超えているかどうかは，当該工事によって発生した騒音・振動の程度，態様及び発生時間帯，改装工事の必要性の程度及び工事期間，騒音・振動の発生のより少ない工法の存否，当該マンション及び周辺の住環境等を総合して判断すべきであると解する。

　マンションの改装工事では，工事によって発生した音が躯体を伝搬して下階に音として放散し，伝搬した部屋では天井及び四方の壁の全面から聞こえてくるものであり，上階の音が床を伝搬した場合は下階に床衝撃音が発生すること，本件工事による騒音・振動は床衝撃音が主であるが長時間継続するものではなく断続的で，その発生は 3 か月間だけで昼間に限られていること，本件工事で使用された電動工具より騒音・振動の発生の少ない機器が当時開発されていたり，マンション・リフォームについて騒音・振動の発生の少ない工法が当時開発されていたりしたこ

294

【類型 22】区分所有者が他の区分所有者に対し損害賠償などを請求

とはないこと，710号室における暗騒音は窓閉で50デシベル，窓開で64デシベルであることなどを考慮して判断すると，ダイヤモンドカッターが使用された昭和63年8月3日ないし6日，同月20日，同年9月12日及び同月17日の騒音並びに台所の既存タイルはがし工事がされた同月13日の騒音は，受忍限度を超えたものであるというべきである。

2 本件工事の騒音・振動について乙，丙，丁に責任があるか

本件工事によって710号室に受忍限度を超える騒音が発生したので，本件工事を施工した丁は，損害を被った甲に対し，民法709条に基づく賠償責任がある。

乙は，民法716条の注文者であるところ，丁に対し本件工事を注文したことに過失があるとは解せられないし，丁に対し本件工事について何らかの指図をした事実を認めるべき証拠もないので，本件工事による騒音の発生について責任はない。

本件工事によって710号室に受忍限度を超える騒音が発生したが，丁は，丙の指示・設計に基づいて施工したので，丙は，民法719条の共同不法行為者として，丁とともに損害を被った甲に対し賠償責任がある。

まとめ 乙の居室の改装工事につき，設計・監理を丙が，施工を丁が請け負った。階下に居住する甲は，受忍限度を超える騒音・振動が発生し損害を被ったとして，乙，丙，丁に対し，不法行為に基づき損害賠償を求めたところ，乙の責任が否定され，丙・丁に対して認められた事例

判旨は，工事を施行した丁は，受忍限度を超える騒音を発生させたので不法行為責任を負い，その指示をした丙も共同不法行為者として責任を負うが，乙は注文者であり，注文したことに過失がなく，指図もしていないので不法行為責任を負わないとした。

第3章　区分所有者の請求／第2節　区分所有者などに対する請求

[7] 事例 【類型22】−[7]

甲は，兜マンション 210 号室の区分所有者
乙は，兜マンション 310 号室の区分所有者
　兜マンションの居宅床の仕上げは，建築当初，コンクリートスラブ
上のカーペット仕上げ又は本畳仕上げであったが，乙は，昭和 62 年 7
月，洋室などの床に木質フローリング床を敷設した。これによる甲居
宅への床衝撃音遮断性能は，軽量床衝撃音遮断性能値及び重量床衝撃
音遮断性能値とも「L−60」である。甲は，終日居宅で過ごすことが
多かったが，昭和 63 年 12 月頃以降，深夜の乙居宅での足音や椅子の
移動音等が，乙の娘が歩行するようになってからは，その足音等が気
になり，不眠症を訴えるようになり，平成 5 年 10 月 7 日，210 号室を
第三者に売却した。乙は，甲からの苦情を受けて，乙の居宅の居間・
食堂のテーブルの下にじゅうたんを敷き，テーブル及び椅子の足に
フェルトを貼るなどし，また，娘の遊具としても，押し車など騒音の
発生源となるものは買い与えないなどの配慮をした。
　甲は，乙に対し，騒音被害について，不法行為に基づく損害賠償を
求めた。(請求棄却)
※「L−60」は，「苦情が出る確率が高いが，社会的・経済的制約などで，許容され
　る場合があるという意味での最低限の基準」に該当し，生活実感としては，走
　り回り，足音など（重量床衝撃音）については「少し気になる」という程度，
　物の落下音（軽量床衝撃音）については「箸を落とすと聞こえる」という程度
　である。

論点　居室をフローリング床にしたことによる騒音が，受忍限度を超え
　　　　る騒音か

出典　平 6・5・9 東京地判（平 3 年(ワ)10131 号/判時 1527 号 116 頁）

判旨　本件のマンションにおけるような集合住宅にあっては，その構造
　　　　上，ある居宅における騒音や振動が他の居宅に伝播して，そこで
の平穏な生活や安眠を害するといった生活妨害の事態がしばしば発生する
ところであるが，この場合おいて，加害行為の有用性，妨害予防の簡便
性，被害の程度及びその存続期間，その他の双方の主観的及び客観的な諸
般の事情に鑑み，平均人の通常の感覚ないし感受性を基準として判断し
て，一定の限度までの生活妨害は，このような集合住宅における社会生活

296

【類型 22】区分所有者が他の区分所有者に対し損害賠償などを請求

上やむを得ないものとして互いに受忍すべきである一方，右の受忍の限度を超えた騒音や振動による他人の生活妨害は，権利の濫用として不法行為を構成することになるものと解すべきところである。

　これを本件についてみると，乙が乙居宅に敷設した本件フローリング床の仕様は，必ずしも遮音性能の優れたものではなく，当時の建築技術の水準に照らしてむしろ最低限度の仕様のものであって，これによって少なくとも軽量床衝撃音の遮断性能が低下したことは，容易に推認することができる。

　しかしながら，乙居宅における騒音の発生源は，最小限度の構成の家族による起居，清掃，炊事等の通常の生活音に限られていた上，騒音の発生する時間帯も，比較的短時間であったことに照らすと，右のような仕様の本件フローリング床を敷設したこと自体をもって直ちに不当又は違法とすべき理由はなく，乙又はその家族としては，本件フローリング床の軽量床衝撃音の遮断性能が十分ではないことを踏まえた上で，日常生活上，不当又は不要に床衝撃音を発生させて甲の平穏な生活や安眠を害することがないように注意義務を尽くすことをもって足りるものと解するのが相当である。そして，乙及びその妻は，乙居宅の居間・食堂のテーブルの下にじゅうたんを敷き，テーブル及び椅子の足にフェルトを貼るなどの措置を講じたり，娘の遊具を制限するなどして，必要な配慮をしているのであるから，これをもって注意義務に欠けるところはなかったものである。

まとめ　階上の乙が床に木質フローリング床を敷設したが，階下の甲からの苦情を受け，居宅の居間・食堂のテーブルの下にじゅうたんを敷き，テーブル及び椅子の足にフェルトを貼るなどの措置を講じたり，娘の遊具を制限するなどして，必要な配慮をしているとき，受忍限度を超える騒音とはいえず，不法行為責任が否定された事例

297

第3章　区分所有者の請求／第2節　区分所有者などに対する請求

[8] 事例

【類型22】-[8]

> 甲は，兜マンション310号室の居住者（区分所有者の父）
> 乙は，兜マンション210号室の区分所有者
> 　甲の居室の真下に居住する乙がベランダで喫煙を継続していることにより，甲の居室ベランダ及び居室内にタバコの煙が流れ込み，そのため，甲は，体調を悪化させ，精神的肉体的に損害を受けたとして，乙に対して，不法行為に基づく損害賠償を請求した。（慰謝料5万円を認容）

| 論点 | 階下のタバコの煙が居室内へ流入することによる生活上の利益の侵害が違法となるか |

| 出典 | 平24・12・13名古屋地判（平23年㈻7078号/2012WLJPCA1213
6001） |

| 判旨 | 1　乙がベランダで喫煙をする行為が，甲に対する不法行為となるか |

　マンションの専有部分及びこれに接続する専用使用部分における喫煙であっても，マンションの他の居住者に与える不利益の程度によっては，制限すべき場合があり得るのであって，他の居住者に著しい不利益を与えていることを知りながら，喫煙を継続し，何らこれを防止する措置をとらない場合には，喫煙が不法行為を構成することがあり得るといえる。

　甲は，平成22年5月2日頃には，自分が喘息であって，タバコの煙によって強いストレスを感じていることを記載して，ベランダでの喫煙のみをやめるよう乙に求め，平成23年4月頃にも重ねてベランダでの喫煙をやめるよう，直接，乙に告げ，管理組合をして回覧又は掲示もさせているのであり，そうであるとすると，遅くとも，平成23年5月以降，乙が，甲に対する配慮をすることなく，自室のベランダで喫煙を継続する行為は，甲に対する不法行為になるものということができる。

2　甲の損害

　甲は，タバコの煙について嫌悪感を有し，重ねて乙にベランダでの喫煙をやめるよう申し入れているところ，乙が，甲の申入れにもかかわら

【類型22】区分所有者が他の区分所有者に対し損害賠償などを請求

ず，ベランダでの喫煙を継続したことにより，甲に精神的損害が生じたことは容易に認められる。

しかし，平成23年5月以降，乙がベランダで喫煙をしていたことが認められるのは，同年9月19日頃までの約4か月半程度であり，その間も，平日の日中はおおむね午前中に限られていることが認められる。他方，乙がベランダでの喫煙をやめて，自室内部で喫煙をしていた場合でも，開口部や換気扇等から階上にタバコの煙が上がることを完全に防止することはできず，互いの住居が近接しているマンションに居住しているという特殊性から，そもそも，甲においても，近隣のタバコの煙が流入することについて，ある程度は受忍すべき義務があるといえる。

これらを総合考慮すると，乙のベランダでの喫煙により甲に生じた精神的損害を慰謝するには，5万円をもって相当と認める。

まとめ　真下に居住しベランダで喫煙を継続しているため，階上のベランダ及び居室内にタバコの煙が流れ込み，そのため，体調を悪化させ，精神的肉体的に損害を受けたとして，不法行為に基づく損害賠償を請求したところ，慰謝料5万円が認められた事例

判旨は，他の居住者に著しい不利益を与えていることを知りながら，喫煙を継続し，何らこれを防止する措置をとらない場合には，喫煙が不法行為を構成することがあり得るとしたが，互いの住居が近接しているマンションに居住しているという特殊性から，そもそも，甲においても，近隣のタバコの煙が流入することについて，ある程度は受忍すべき義務があるとして，慰謝料5万円が認容された。

299

第3章　区分所有者の請求／第2節　区分所有者などに対する請求

[9] 事例 【類型22】- [9]

> 甲は，兜マンション 110 号室の区分所有者
>
> 乙は，兜マンション 210 号室の区分所有者
>
> 乙は，管理組合の集会の決議を経ないで，また，規約の定めを逸脱して，本件マンションの共用部分（塔屋，外壁等）を第三者（携帯電話会社）に賃貸し賃料を得ている。甲は，不当利得返還請求権に基づき，乙が得た賃料のうち共用部分に係る甲の持分割合相当額の金員の支払を求めた。

論点　区分所有者が，共用部分を賃貸して収益金を得た他の区分所有者に対し不当利得返還請求できるか

出典　平 27・9・18 最二判（平 25 年㈬843 号/民集 69 巻 6 号 1711 頁）

判旨　1　一部の区分所有者が共用部分を第三者に賃貸して得た賃料のうち各区分所有者の持分割合に相当する部分につき生ずる不当利得返還請求権は各区分所有者に帰属するから，各区分所有者は，原則として，上記請求権を行使することができるものと解するのが相当である。

2　区分所有者の団体は，区分所有者の団体のみが上記請求権（各区分所有者の共有持分権に基づく不当利得返還請求権）を行使することができる旨を集会で決議し，又は規約で定めることができるものと解される。そして，上記の集会の決議又は規約の定めがある場合には，各区分所有者は，上記請求権を行使することができないものと解するのが相当である。

3　共用部分の管理を団体的規制に服させている区分所有法の趣旨に照らすと，区分所有者の団体の執行機関である管理者が共用部分の管理を行い，共用部分を使用させることができる旨の集会の決議又は規約の定めがある場合には，上記の集会の決議又は規約の定めは，区分所有者の団体のみが上記請求権を行使することができる旨を含むものと解される。

4　本件マンションの規約には，管理者が共用部分の管理を行い，共用部分を特定の区分所有者に無償で使用させることができる旨の定めがあり，この定めは，区分所有者の団体のみが上記請求権を行使することが

300

【類型 22】区分所有者が他の区分所有者に対し損害賠償などを請求

できる旨を含むものと解すべきであるから，甲は，前記の不当利得返還請求権を行使することができない。

解説

乙は，集会決議を経ず，規約の定めを逸脱し，共用部分を携帯電話会社に賃貸し賃料を得ている。甲は，不当利得返還請求権に基づき，乙が得た賃料のうち共用部分に係る甲の持分割合相当額の支払を求めたところ，これが認められなかった事例

判旨は，共用部分を賃貸して生じた賃料のうち各区分所有者の持分割合に相当する部分につき，①原則として，各区分所有者が収受できる，②集会で決議し，又は規約で定めたときは，管理組合のみが収受できる，③管理者が共用部分の管理を行い，規約に，専用使用権の設定と無償使用の規定があるときは，この定めは，一部の区分所有者が賃料を得て，そのうち他の区分所有者の持分割合に相当する部分につき不当利得返還請求権が生じたときは，管理組合のみが行使できる旨を含むと解すべきとした。

1 共用部分の管理

共用部分は，区分所有者全員の共有に属する（法11条1項本文）から，各区分所有者は，その共有持分権に基づき，持分に応じて共用部分を管理する。すなわち，各共有者は，その持分に応じて，共用部分の負担に任じ，共用部分から生ずる利益を収取することになる（法19条）。ただし，区分所有者は，全員で，建物並びにその敷地及び附属施設の管理を行うための団体（管理組合）を構成している（法3条）から，管理組合が行う管理（法18条1項等）との関係が問題となる。

2 共用部分等について生ずる損害賠償請求権，不当利得返還請求権の帰属

(1) 分割的帰属説（個別行使可能説）

共用部分等について生ずる不当利得返還請求権などは，マンションの共用部分の共有者である各区分所有者に帰属し，可分債権であるから，各区分所有者にその共有持分割合に従って分割して帰属する。各区分所有者は，自己に帰属する上記請求権を行使することができる。判例の一般的な立場だとされる（最高裁判例解説68巻11号）。例えば，平8・12・26東京高判【類型5】−[3]，平11・1・27札幌地判【類型

301

第3章　区分所有者の請求／第2節　区分所有者などに対する請求

14】-［2］がある。

(2)　団体的帰属説（個別行使不可能説）

　　共用部分等について生ずる不当利得返還請求権などは，区分所有者全員に団体的に（合有的又は総有的に）帰属するから，各区分所有者が個別にこれを行使することはできない。

(3)　出典判例の立場

　　出典判例は，管理組合の集会の決議を経ず，また，規約の定めを逸脱して共用部分を第三者に賃貸した場合であっても，当該区分所有者が収受した賃料について，持分割合に相当する部分につき生ずる不当利得返還請求権が各区分所有者に帰属し，各区分所有者は，原則として，上記請求権を行使することができるものと解するのが相当であるとした。分割的帰属説（個別行使可能説）の立場に立ったものと理解される。

3　区分所有者による個別請求権行使の制限（団体的行使）

(1)　管理組合による管理

　　法18条1項本文，2項は，共用部分の管理に関する事項は，集会の決議で決するか，規約で定めをする旨規定し，共用部分の管理を団体的規制に服させている。これは，共用部分が区分所有者全員の共有に属するとされているのは建物の区分所有という区分所有者の共同の目的のための手段であるという共用部分の共有の特殊性に基づくものである。そして，共用部分を第三者に賃貸することは共用部分の管理に関する事項に当たる。

(2)　共用部分等について生ずる損害賠償請求権，不当利得返還請求権は管理組合の管理に関する事項に当たるか

　　上記請求権は，共用部分の第三者に対する賃貸による収益を得ることができなかったという区分所有者の損失を回復するためのものであるから，管理組合の共用部分の管理と密接に関連するものである。そうであれば，管理組合は，管理組合が上記請求権を行使することができる旨を集会で決議し，又は規約で定めることができると解される。同時に，管理組合のみが上記請求権を行使することができる旨を集会

【類型 22】区分所有者が他の区分所有者に対し損害賠償などを請求

で決議し，又は規約で定めることもできるものと解される。

4　どのような場合に，団体的行使の定めがあるといえるか

(1)　一部の区分所有者が，集会の決議や規約の定めなく第三者に共用部分等を賃貸するという事態は通常想定されるものではないから，事前に，集会の決議又は規約において明示的に団体的行使の定めがされるとは考え難い。そうすると，団体的行使の定めの有無は，規約等についての合理的意思解釈により認定判断されるべきものである（最高裁判例解説平成 27 年度 417 頁）。

(2)　出典判例は，共用部分の管理を団体的規制に服させている区分所有法の趣旨に照らすと，次の場合には，集会の決議又は規約の定めが，管理組合のみが上記請求権を行使することができる旨を含むものと解されるとした。

　　ア　管理組合又はその執行機関である管理者が共用部分等の管理を行っていること（最高裁判例解説平成 27 年度 418 頁）

　　イ　共用部分を使用させる（賃貸し，又は無償で使用させる）ことができる旨の集会の決議又は規約の定めがあること（同）

(3)　管理者の管理権限

　　管理者が選任された（法 25 条 1 項）ときは，管理者は，共用部分等を保存し，集会の決議を実行し，並びに規約で定めた行為をする権利を有し，義務を負う（法 26 条 1 項）。法は，管理者の権限として，共用部分等に対する保存に言及するにとどまり，管理について定めるものではない。管理者が管理を行うためには，集会で決議し，又は規約の定めが必要である。そして，管理者が管理権限を有するときは，共用部分等について生じた損害賠償金及び不当利得による返還金の請求及び受領についても権限を有するものと解される（同条 2 項参照）。

(4)　規約の定め

　　標規 16 条の規定は，団体的行使の定めを含むものと解される（最高裁判例解説 68 巻 11 号参照）。

303

第3章　区分所有者の請求／第2節　区分所有者などに対する請求

[10] 事例　　　　　　　　　　　　　　　　　　　　【類型22】-[10]

> 甲らは，兜マンション 110 号室，111 号室の区分所有者
> 乙らは，兜マンション 110 号室，111 号室以外の区分所有者ら
> Aは，兜マンション管理組合（権利能力なき社団）。
> 甲らが，法 25 条 2 項に基づく管理者乙の解任請求訴訟で勝訴し，この訴訟で支出した弁護士報酬の費用分担を求めるとして，乙らに対し，事務管理に基づく有益費の償還請求をした。

論点　区分所有者が管理者解任請求訴訟で支出した弁護士報酬について，他の区分所有者又は管理組合を事務管理の本人として，他の区分所有者に対して，有益費償還請求ができるか

出典　平 29・4・19 東京高判（平 28 年㈹ 5398 号／判タ 1451 号 93 頁）

判旨
1　解任訴訟が乙らの意思又は利益に反するか

　　乙の管理者としての業務運営の一部に問題があったことが認められるのと同時に，甲らの管理組合の運営方針や実績も他の組合員からの広い支持を受けていなかったこと，甲らがこのような客観情勢を認識していたことを推認することができる。また，乙らは解任訴訟の提起の時点で意見を聴かれた場合には訴訟提起に反対したであろうことを推認することができる。

　甲らは，解任訴訟の提起の当時，組合員の中には，訴訟提起に賛成の者もいれば反対の者もいること，反対の者の数が決して少なくないことが確実であることを認識していたものというべきである。そして，乙らは解任訴訟の提起に反対の者に属するから，本件訴訟提起は乙らの意思に反することが明らかであり，甲らは乙らに対して解任訴訟の提起に関する事務管理に基づく有益費償還請求権を有しないものというべきである。

2　解任訴訟は他の区分所有者又は A 管理組合の事務に当たるか

　甲らは，A 管理組合を本人とする事務管理が成立するとも主張する。しかしながら，区分所有法 25 条 2 項の管理者解任請求は，各区分所有者固有の権利であって，管理組合の権利ではないから，解任訴訟につい

【類型 22】区分所有者が他の区分所有者に対し損害賠償などを請求

て，A管理組合を本人とする事務管理が成立する余地はないものというべきである。

　株主代表訴訟は，株式会社の有する権利を株主が行使する点において，区分所有者固有の権利を区分所有者が行使する管理者解任請求訴訟とは，その構造を異にする。そして，株主代表訴訟においては，株式会社を本人とし，株主を管理者とする事務管理という構図が当てはまる。しかしながら，株主代表訴訟は，株主の提訴請求を株式会社が明示的に拒絶した後に提起されるなど，訴訟の提起が本人たる株式会社の意思に反することが明らかなことが多い（会社法 847 条 1 項，3 項，4 項参照）。このように，多くの株主代表訴訟においては，株式会社のための事務管理が成立せず，株式会社に対する有益費償還請求権も発生しない。しかしながら，立法者は，このような場合に勝訴株主が全く費用等の償還を受けられないことは不適切であると判断して，特別に，株式会社のための事務管理が成立しない場合であっても勝訴株主の株式会社に対する費用報酬支払請求権を発生させる条文（会社法 852 条）が設けられているのである。

　会社法上の訴えの中で，その構造が区分所有法 25 条 2 項の管理者解任請求に近いのは，株式会社の役員の解任の訴え（会社法 854 条）である。株式会社の役員の解任の訴えは，当該役員を解任する旨の議案が株主総会（又は種類株主総会）で否決されたときに限り，会社法所定の要件を満たす株主が株主固有の権利として，提起することができる。そうすると，他の株主の中には，株式会社の役員の解任の訴えの提起に反対することが明らかな者（反対株主）がいることが確実であって，この場合には，反対株主を本人とする事務管理は成立の余地がない。そして，反対株主に対する費用償還請求権を認める内容の法律の規定は設けられていないから，結局のところ，勝訴株主は反対株主に対して費用償還を請求することができない。区分所有法 25 条 2 項の管理者解任請求も，費用償還に関しては，株式会社の役員の解任の訴えとおおむね同様の問題状況にあり，解任に反対する区分所有者に対する勝訴株主への費用償還を命じることには無理がある。

305

第3章　区分所有者の請求／第2節　区分所有者などに対する請求

解説　甲らが，管理者解任請求訴訟で勝訴し，要した弁護士報酬の分担を求めるため，他の区分所有者に，事務管理に基づく有益費の償還請求をしたところ，これが認められなかった事例

1　原審（平28・10・13東京地判/判タ1439号192頁）の判旨は次のとおりである。

(1)　管理者解任請求訴訟の遂行について，管理組合と個々の区分所有者のいずれを本人として事務管理が成立し得るか

　　管理者を解任する集会は，区分所有者が団体を構成して開くものであるから，法25条1項の「区分所有者」とは実質的には区分所有者の団体としての管理組合を意味するものと解される。管理組合が単なる区分所有者の団体にとどまらず，いわゆる権利能力なき社団の成立要件を満たし，権利義務の帰属主体となり得る場合には，管理者解任請求訴訟の遂行は管理組合のための事務の管理に当たり，管理組合を本人とする事務管理が成立し得ると解される。

(2)　管理組合を本人として事務管理が成立する場合に，個々の区分所有者に対して有益費の償還を求めることができるか

　　本件では法人化していない管理組合について管理者の行為によらずに生じる債務が問題となっているため，管理者の行為によらない点で法29条1項を直接適用することはできず，法人化していない点で法53条1項を直接適用することもできない。

　　法29条1項が「管理者がその職務の範囲内において第三者との間にした行為」という限定を付しているのは，管理者が明らかにその職務の範囲を超えて第三者との間にした行為によって生じる債務など，管理組合が負担しない債務を除外するためであり，管理組合が負担するその他の債務について個々の区分所有者が直接責任を負うことを排除するものではないと解すべきものといえる。すなわち，管理組合が法人化していない場合に，管理者の行為によらずに生じる債務についても，管理組合が負担する債務について，個々の区分所有者が直接責任を負う場合があるものと解される。この場合，管理組合が法人化している場合もそうでない場合も，第三者としては管理経費として積み

306

【類型22】区分所有者が他の区分所有者に対し損害賠償などを請求

立てられた管理組合の財産から弁済を受けることを期待するのが通常であり，また，管理組合の財産をもってその債務を完済することができないときに個々の区分所有者が補充的に直接責任を負うのであれば，第三者の保護としては十分である。したがって，法人化していない管理組合であっても，権利能力なき社団の成立要件を満たす場合には，管理組合が負担する債務について，個々の区分所有者も責任を負うものの，その内容は，管理組合が法人化している場合と同様に，補充的な直接責任を負うにとどまるものと解するのが相当といえる。

甲らは，A管理組合の財産をもって有益費償還債務を完済することができないときに限り，乙らに対し，本件マンションにおける共有持分の持分割合に応じて有益費の償還を求めることができるものと解される。(請求棄却)

2　原審は，管理組合が権利能力なき社団であるときには，管理者解任請求訴訟の遂行は管理組合のための事務の管理に当たり，管理組合を本人とする事務管理が成立し得るが，この場合，管理組合の財産をもって有益費償還債務を完済することができないときに限り，他の区分所有者に対し，持分割合に応じて有益費の償還を求めることができるとした。

3　これに対し，控訴審(出典判例)では，法25条2項の管理者解任請求は，各区分所有者固有の権利であって，管理組合の権利ではないから，解任訴訟について，A管理組合を本人とする事務管理が成立する余地はないとした。そして，乙らは，解任訴訟の提起に反対の者に属するから，本件訴訟提起は乙らの意思に反することが明らかであり，甲らは，乙らに対して解任訴訟の提起に関する事務管理に基づく有益費償還請求権を有しないものであるとした。これによれば，乙らの意思に反することが明らかであるから，乙らに対しては事務管理の成立を否定したが，他の区分所有者のうち，管理者解任訴訟の提起に賛成する区分所有者に対しては，事務管理が成立する余地があり得えよう。(判タ1451号93頁解説参照)

307

第3章　区分所有者の請求／第2節　区分所有者などに対する請求

[11] 事例 【類型 22】-[11]

> 甲は，兜マンション 1 階の区分所有者
> 乙は，兜マンション 2 階の区分所有者
> 丙は，兜マンション 3 階の区分所有者
> 　敷地は，甲 2 分の 1，乙 4 分の 1，丙 4 分の 1 の共有である。各専有部分と敷地を分離処分できる規約がある。
> 　乙・丙は，70 歳を超えた年金生活者で，乙は預金が 400 万円程度，脳梗塞の後遺症で左半身に麻痺が残っている。乙・丙は，現在まで，本件土地に居住し続け，他所で生活したことはない。
> 　甲は，乙・丙に対し，共有物分割請求権に基づき，敷地を競売に付し，その売得金を甲及び乙・丙の持分割合に応じて分割する方法によって分割することを求めた。(競売・代金分割請求を棄却)

論点 　区分所有建物の共有敷地の競売・代金分割請求が権利の濫用となるか

出典 　平 28・10・13 東京地判（平 27 年(ワ)13052 号)/判時 2359 号 39 頁)

判旨 　**1　本件土地を代金分割により分割する場合，本件土地上の本件建物も併せて売却することができるか**

　本件各区分建物は，本件土地とは別個の不動産であり，それぞれが甲及び乙・丙の単独所有に係るものであるから，本件土地と同時に共有物分割をすることはできない。

2　土地の競売，代金分割請求が権利の濫用に当たるか

(1)　**本件土地の分割が本件建物に与える影響**

　本件土地については，現物分割は，各区分建物が本件土地上に横断的に存していることから相当ではなく，代金分割か甲が単独で本件土地を取得する全面的価額賠償の方法ということとなる。仮に代金分割をすると，本件土地と本件建物とを一括売却することはできず，本件建物は本件土地上に存立する権原を伴わないものとなる。このことは，建物の存立を不安定とするとともに，本件建物の共有者である甲及び乙・丙に対し不利益を課すこととなる。また，仮に，全面的価額賠償によった場合でも，乙・丙が所有する区分建物は，本件土地上に

308

【類型 22】区分所有者が他の区分所有者に対し損害賠償などを請求

敷地利用権を失う結果となる。

(2) 甲が本件土地の分割を求める目的，必要性

甲は，乙・丙との間の紛争及び1階部分の雨漏り等の状況から，1階部分での居住を継続することは困難である旨主張する。しかし，甲と乙・丙との間に紛争が生じ，乙・丙が不適切な行動に出るに至った原因が，乙・丙側にのみ存するとはいえない。1階部分の補修の可能性については，1階部分は浸水により相当程度損傷していることが認められるが，今後，乙・丙が協力することが見込まれる。

(3) 本件土地を分割することによる乙・丙の不利益

ア 本件土地について代金分割を採用する場合，本件建物は敷地利用権を伴わないものとなる。また，甲が所有権を取得する全面的価格賠償の方法によっても，甲が，乙・丙に対し売渡請求をする旨主張していることから，乙・丙は本件建物からの退去を強いられる可能性が非常に高いということができる。

イ 乙・丙は，いずれも70歳を超えた年金生活者であり，乙は預金において400万円程度，脳梗塞の後遺症で左半身に麻痺が残ること，乙・丙は生まれてから現在まで，本件土地に居住し続け他所で生活したことはない。本件建物から他所に転居すること自体の不利益は大きいということができる。

(4) 権利濫用への該当性

以上を総合して検討するに，上記(1)のとおり，本件土地を分割することは，本件建物の存立を不安定なものにし，本件各区分建物の所有者に不利益を与えるものであること，(2)，(3)によれば，分割が認められない場合における甲の不利益に比して，分割を認めることによる乙・丙の不利益が非常に大きいと評価すべきことに鑑みると，甲の本件土地についての共有物分割請求は，権利の濫用として許されないものと解するのが相当である。

解説 甲が，乙・丙に対し，共有物分割請求権に基づき，敷地を競売に付し，その売得金を甲及び乙・丙の持分割合に応じて分割する方法によって分割することを求めたところ，この請求が，権利濫用で棄却さ

309

第3章　区分所有者の請求／第2節　区分所有者などに対する請求

れた事例。なお，本件区分所有建物と敷地については，分離処分ができる
旨の規約が設定されている。本事例の特徴は，この点にある。

1　分離処分禁止の原則

(1)　専有部分と敷地利用権の一体性

　　敷地利用権とは，専有部分を所有するための建物の敷地に関する権
利である（法2条6項）。

　　敷地利用権が数人で有する所有権その他の権利である場合には，区
分所有者は，規約に別段の定めがあるときを除き，その有する専有部
分とその専有部分に係る敷地利用権とを分離して処分することができ
ない（法22条1項本文）。分離処分禁止の原則は，昭和58年の区分所
有法の改正によって採用された。

(2)　分離処分が禁止される要件

　　敷地利用権が，①数人で有する②所有権その他の権利である場合
に，分離処分が禁止となる（同項本文）。

　　敷地利用権が単独で有する所有権その他の権利である場合には，分
離処分禁止の原則は適用されない。しかし，単独で所有する場合で
あっても，単独で所有する者が建物の専有部分の全部を所有するので
あれば，分離処分が禁止される（同条3項）。

　　規約に別段の定めがあるときは，分離処分をすることができる（同
条1項ただし書）。

(3)　分離処分禁止の効果

　　分離処分が禁止されることによって，区分所有者は，その区分所有
者が有する専有部分とその専有部分に係る敷地利用権とを分離して処
分することができないことになる。

ア　「処分」とは，売却，抵当権の設定など，法律行為としてなされ
るものである。差押えもこれに入る。しかし，時効取得のように，
一定の事実に基づき，法効果として権利変動が生じるものは，該当
しない。

　　専有部分と敷地利用権を一体的に処分ができるのに一体的処分を
しないことが分離処分の禁止に牴触することになるのであるから，

310

【類型 22】区分所有者が他の区分所有者に対し損害賠償などを請求

例えば，敷地利用権が賃借権であって，賃借権が債務不履行により解除された場合のように，一体的処分ができない場合には，分離処分の禁止が適用されない。

イ　「分離」処分とは，専有部分と敷地利用権の一方のみを処分すること，又は，各々について異なる内容の処分をすることである。このような処分が行われたときは無効となる（法23条本文）。

ウ　分離処分の無効の主張の制限

法22条1項本文（同条3項において準用する場合を含む。）の規定に違反する専有部分又は敷地利用権の処分は無効である（法23条本文）。しかし，その無効を善意の相手方に主張することができない（同条本文）。相手方とは，買受人，抵当権設定者などの処分の相手方である。ただし，不動産登記法の定めるところにより分離して処分することができない専有部分及び敷地利用権であることを登記した後に，その処分がされたときは，この限りでない（同条ただし書）。

2　敷地利用権の割合

本事例では，甲，乙，丙の敷地利用権の持分の割合は，甲2分の1，乙4分の1，丙4分の1であるが，敷地利用権について，区分所有法上，共用部分の共有者の持分の割合のように，その有する専有部分の床面積の割合による（法14条1項）というような規定はない。法21条は，建物の敷地又は共用部分以外の附属施設が区分所有者の共有に属する場合には，17条から19条までの規定は，その敷地又は附属施設に準用する，と規定するが，法14条1項は，準用から除かれている。

標規は，敷地及び共用部分等は，区分所有者の共有とする（標規9条），各区分所有者の共有持分は，別表第3に掲げるとおりとする（標規10条）と規定している。何らの規約，合意もないときは，民法の原則により，相等しいものと推定される（民法250条）ことになる。

3　当事者適格

(1)　共有物分割請求権の法的性質

共有物分割請求権の行使によって，共有物を分割すべき法律関係が作り出されるのであるから，分割請求権は形成権であるといわれる。

第3章　区分所有者の請求／第2節　区分所有者などに対する請求

(2)　共有物分割訴訟

　　民法258条1項は，共有物の分割を裁判所に請求することができると規定するが，裁判所への請求は，訴えの形式（共有物分割の訴え）によっている。この場合，共有物分割訴訟は，共有者間の権利関係を共有者全員について創設する形成訴訟であると解されている（判例）。

(3)　当事者適格

　　原告となる者は，共有者であれば誰でもよく，本事例においては，敷地の共有物分割を求める持分権者甲に原告適格が認められる。被告となる者は，原告となる者を除く他の共有者全員である。本事例においては，反対する持分権者乙・丙に被告適格が認められる。

　　共有物分割訴訟が共同訴訟である場合には，合一確定の必要があるから，固有必要的共同訴訟である（昭43・12・20最判/民集22・13・3017頁）。

【類型 22】 区分所有者が他の区分所有者に対し損害賠償などを請求

Column

【区分所有法の制定及び改正の経緯　その1】

1　区分所有法の制定

　区分所有法は，昭和37年4月4日公布され（法律第69号），昭和38年4月1日から施行された。区分所有法は，その後，昭和58年と平成14年に大きく改正されている。

2　区分所有法の昭和58年改正

　昭和58年の改正（公布は昭和58年5月21日（法律第51号），施行は昭和59年1月1日）の主要な点は次のとおり

(1)　専有部分と敷地利用権の分離処分を禁止

(2)　管理組合を法人化して，管理組合法人とする制度を新設

(3)　集会の特別決議による規約の設定・変更・廃止

(4)　集会の特別決議による共用部分の変更

(5)　共同利益背反行為者に対する法的措置

(6)　集会の建替え決議による建替えの制度を導入

313

第3章　区分所有者の請求／第3節　関係業者に対する請求

第3節　関係業者に対する請求

【類型 23】区分所有者が管理業者に対して損害賠償などを請求

[1] 事例 　　　　　　　　　　　　　　　　　　　　　　　　【類型 23】-[1]

> 甲は，兜マンション 110 号室の区分所有者
> 乙は，兜マンション 210 号室の区分所有者
> 丙は，兜マンションの管理業者
> 甲は，110 号室を第三者に賃貸している。110 号室の直上階 210 号室からの水漏れ事故があった。丙は，事故発生当日に水漏れを知り，業者をして，原因調査をさせるとともに修理を行った。甲は，①乙に対し不法行為による損害賠償を請求する他，②丙に対し，事務管理者の債務不履行による損害賠償を求めた。(①請求認容，②請求棄却)

| 論点 | 管理業者に事務管理者として善管注意義務違反があるか

| 出典 | 平 5・1・28 東京地判（平 3 年(ワ)13367 号／判時 1470 号 91 頁）

| 判旨 | 水漏れの原因は，結局，乙の専有部分である 210 号室の内部，すなわち，その台所の水道蛇口と給水管とを連結するフレキシブル配管の上部接続部分のパッキンの劣化であることが判明した。

丙は，本件居室の水漏れの停止について，義務なくして甲のために事務の管理を開始したものといわざるを得ないから，本人の意思ないし利益に従い，善良な管理者の注意義務をもって右事務を処理すべき義務を負うに至ったというべきである。

しかしながら，丙は，本件事故の発生当日に，○○○からの連絡で本件居室の水漏れを知り，翌日から 1 月 6 日まで年末年始の休みに入るため，24 時間体制でマンションの水漏れ，配管詰まりの緊急修理等を行っている共同サービスに原因調査を依頼し，同会社において，現場調査したが，水漏れ箇所が判明しないまま越年し，この間，年末年始の休み中の緊急連絡もなかったところ，平成 3 年 1 月 7 日，甲からの連絡に基づき，担当者

314

【類型23】区分所有者が管理業者に対して損害賠償などを請求

を現場に急行させて水漏れ箇所を突き止め，同行した水道業者にその修理をさせた結果，水漏れは完全に止まったものである。右のような経過に照らすと，事務の性質に応じ客観的に判断する限り，丙は，推知し得べき本人の意思に従い，また，最も本人の利益に適すべき方法によって事務の管理行為を行ったものと認めて妨げないというべきである。したがって，丙に事務管理者の債務不履行があったということはできない。

解説 110号室の直上階210号室からの水漏れ事故があり，甲は，①乙に対し不法行為による損害賠償請求をする他，②丙に対し，水漏れの停止について，甲のために義務なくして事務管理を開始した者の債務不履行による損害賠償を請求したところ，②について認められなかった事例

類型23は，管理業者に対する請求のケースである。

1　建物・設備管理業務の対象

管理業者は，管理組合との管理委託契約において，管理事務の対象として定められた共用部分などの共用施設・設備について，管理業務を行う。専有部分については，義務を負わないのが原則である。

出典判例は，丙は，推知し得べき本人の意思に従い，また，最も本人の利益に適すべき方法によって事務の管理行為を行ったものと認めて妨げないと述べていて，専有部分についても，管理業者が，滅失・毀損等につき管理業務を開始したときは，事務管理者として責任を負う余地を残している。

2　当事者適格

債務不履行による損害賠償請求権が自己に帰属すると主張する甲に原告適格が認められる。甲が，賠償義務があると主張する乙，丙に被告適格が認められる（平23・2・15最三判【類型2】-[4]，昭61・7・10最一判/判時1213号83頁）。

315

第 3 章　区分所有者の請求／第 3 節　関係業者に対する請求

[2] 事例
【類型 23】- [2]

> 　甲は，兜マンション 110 号室の区分所有者
> 　乙は，兜マンションの管理業者
> 　甲が，マンション管理費を長期滞納したので，乙がこれを理由として給湯を停止した。甲は，乙に対し，この行為が不法行為となるとして損害賠償を求めた。（請求認容）

| 論点 | 管理業者に対し，管理費の不払を理由とする給湯停止が違法となるか |

| 出典 | 平 2・1・30 東京地判（昭 56 年(ワ)9432 号，昭 57 年(ワ)4046 号，昭 57 年(ワ)6032 号／判時 1370 号 83 頁） |

| 判旨 | 管理者が，給湯等の利用について管理の委任を受けた区分所有者との間で，管理費等の不払に対抗する手段として，暖房，給湯等の供給を停止することができる旨を約定することが，直ちに公序良俗に反し，又は自力救済と同視すべきものであるということはできない。 |

　甲に対する給湯停止の措置は，規約に基づくもので，あらかじめ管理費等の支払を督促し，給湯停止措置に出ることを警告した上で行われたものではあるが，給湯という日常生活に不可欠のサービスを止めるのは，諸経費の滞納問題の解決について，他の方法をとることが著しく困難であるか，実際上効果がないような場合に限って是認されるものと解すべきである。本件において，甲の不払の最大の原因となっていた冷暖房費については，現に旧○○○時代からの入居者 7 戸ほどに対しては，その意向に沿って冷暖房の供給をしていないのであり，冷暖房設備の撤去工事も，後に甲みずからしたように，他の区分所有者への供給とは切り離して，比較的容易にすることができたのであるから，管理会社である乙としては，昭和 55 年 4 月 5 日より前，給湯停止前に，冷暖房の供給停止を条件に，それまでの管理費及び冷暖房費の滞納分の支払を求める交渉をしてしかるべきであった。その上，乙の事務処理上のミスから，甲の入居後約 1 年を経て冷暖房費の請求がなされるようになったことが，甲に乙に対する不信感を抱かせる原因となったことが容易に推認できるから，乙の甲に対する対応は適切を欠いたもので，本件給湯停止の措置は，権利の濫用に当たるもの

【類型23】区分所有者が管理業者に対して損害賠償などを請求

といわざるを得ない。甲らのこの点の抗弁は理由があり，本件給湯停止の措置は，甲らに対する不法行為となるというべきである。

|解説| 甲が管理費を長期滞納したので，乙は給湯を停止した。甲は，乙の給湯停止行為が不法行為となるとして損害賠償を請求したところ，認容された事例

1 管理費等の任意の支払を促す方法

管理費等の長期滞納者に対し，管理組合や管理組合からの委託を受けた管理業者が，任意の支払を促す方法として，①長期滞納者と話し合うこと，②水道・電気等の供給停止，③滞納者氏名の公表，④法58条の専有部分の使用禁止請求などが考えられる。

2 水道・電気等の供給停止

出典判例は，管理業者に不法行為責任を認めた。

判旨は，電気及び水道等の公共サービスはマンション生活に不可欠なものであるため，いかに給湯停止が規約に基づく措置であって，管理費等の滞納があり，その支払を督促し，給湯停止を警告した上で行われたとしても，他の方法をとることが著しく困難であるか，実際上効果がないような場合に限って是認されるもので，そうでなければ，給湯停止は権利濫用となり不法行為に当たるとした。

3 滞納者氏名の公表

平11・12・24東京地判【類型17】−[1]がある。(不法行為とならないとされた事例)

4 専有部分の使用禁止請求

平14・5・16大阪高判【類型10】−[2]がある。(請求が認められなかった事例)

|コメント|

給湯停止の措置をとるときは，補充性の判断を厳格に行う必要がある。判旨は，規約に給湯停止措置の根拠があり，そこに定める手続を踏んだとしても，不法行為となる場合があることを示している。

317

第3章　区分所有者の請求／第3節　関係業者に対する請求

[3] 事例
【類型23】−[3]

> 甲らは，兜マンションの区分所有者ら
> 乙は，兜マンションの元管理業者
> 丙は，乙の関連会社
> 共用部分である管理事務室とこれに隣接する管理人室がある。兜マンションの管理業務は乙が行っていたが，甲らと乙間に対立が生じ，甲らが，管理事務室で自主管理を行い，管理人室の管理は，乙が行っていた。丙は，管理人室が専有部分に該当するとして，その保存登記を得たが，甲らは，管理人室が共用部分であるとして，その共有持分権に基づき，保存行為として，保存登記の抹消と管理人室の明渡しを請求した。

論点　管理人室が共用部分か専有部分か

出典　平5・2・12最二判（平2年(オ)1369号/民集47巻2号393頁）

判旨　本件管理人室は，共用部分である玄関，ロビー，エレベーター及び階段に接しており，本件管理人室に隣接して，床面積8.28平方メートルの共用部分である管理事務室があり，その玄関・ロビーに面した側に開閉可能なガラス窓及びカウンターが設けられていて，本件マンションに出入りする人との応対やその監視ができる構造になっており，火災，溢水などの警報装置，配電盤，共用部分の電灯の点消灯装置などの共用設備が設けられている。

本件管理人室の床と右管理事務室の床との間には段差がなく，その境にあるガラス引戸を開閉して自由に行き来することができるようになっており，また，右管理事務室には，管理人が常駐するのであれば不可欠の設備というべき便所がなく，管理関係の書類を保管する上でも支障が生ずるほど狭いものである。

以上の各事実を総合してみれば，本件マンションは，比較的規模が大きく，居宅の専有部分が大部分を占めており，したがって，本件マンションにおいては，区分所有者の居住生活を円滑にし，その環境の維持保全を図るため，その業務に当たる管理人を常駐させ，多岐にわたる管理業務の遂

【類型23】区分所有者が管理業者に対して損害賠償などを請求

行に当たらせる必要があるというべきであるところ，本件マンションの玄
関に接する共用部分である管理事務室のみでは，管理人を常駐させてその
業務を適切かつ円滑に遂行させることが困難であることは右認定事実から
明らかであるから，本件管理人室は管理事務室と合わせて一体として利用
することが予定されていたものというべきであり，両室は機能的にこれを
分離することができないものといわなければならない。そうすると，本件
管理人室には，構造上の独立性があるとしても，利用上の独立性はないと
いうべきであり，本件管理人室は，区分所有権の目的とならないものと解
するのが相当である。

解説 共用部分である管理事務室とこれに隣接する管理人室がある。管
理事務室は甲らが，管理人室は乙が管理している。丙は，管理人
室が専有部分に該当するとしてその保存登記を得ている。甲らは，管理人
室が共用部分であるとして，共有持分権に基づき保存行為として，保存登
記の抹消と管理人室の明渡しを請求したところ，これらが認められた事例

1　管理人室と管理事務室の関係

　管理人室は，管理人の居住部分であり，管理事務室は，管理人の執務
室である。両者は，合わせて玄関脇の一画を占めている。

　判旨は，比較的規模が大きいマンションにおいては，管理人を常駐さ
せるなど，管理の必要性が大きく，専有部分の判断基準（構造上の独立
性，利用上の独立性）によると，管理事務室のみでは，管理人を常駐させ
てその業務を適切かつ円滑に遂行させることが困難であり，管理人室の
利用上の独立性があるとはいえないから，専有部分とはいえないとした。

2　専有部分か共用部分かの区別が問題となったケース

　共用部分とした①平7・2・28東京高判【類型9】-[7]，②平26・
10・28東京地判【類型17】-[9]，③平12・3・21最三判【類型15】-
[2] と，専有部分とした①平9・3・26神戸地判【類型13】-[2]，②昭
56・6・18最一判【類型24】-[13] がある。

319

第3章　区分所有者の請求／第3節　関係業者に対する請求

[4] 事例　　　　　　　　　　　　　　　　　　　　　　　【類型 23】 – [4]

> 甲は，兜マンション 110 号室の区分所有者
> 乙は，兜マンションの駐車場を管理する管理業者
> 　乙は，管理組合の委託を受けて，駐車場（機械式駐車場）を管理していた。ところが，台風により機械式駐車場が浸水して，甲は，自動車を廃車にせざるを得なくなった。甲は，乙に対し，不法行為による損害賠償を求めた。（請求認容）

論点　駐車場管理業者が緊急出動義務に違反したため，台風により機械式駐車場が浸水して区分所有者が自動車を廃車にした場合，同人に対して駐車場管理業者の不法行為責任が認められるか

出典　平 25・2・28 東京地判（平 23 年㈦ 30820 号／2013WLJPCA02288004）

判旨　1　乙の注意義務の内容と注意義務違反の有無について乙は，本件管理組合との間で，本件遠隔管理業務契約を締結した上，機械式駐車場排水槽満水警報の発報があった場合には，警備業法で設定された時間（25 分）内にパトロール員を派遣し，必要と認める措置をとることを約し，本件マンションの入居者に対しては，入居説明の際に，このような 24 時間の監視により異常に備えているとして，安心感を与えていたのであるから，本件マンションの入居者との関係でも，上記の契約のとおり緊急出動義務を負っていたというべきで，故意，過失によりこの義務に違反して入居者に損害を発生させた場合には，不法行為責任を負う。

　乙の履行補助者である警備会社の要員は，上記契約に違反して，1 時間 5 分後になってようやく本件マンションに到着したのであり，その間に本件駐車場が冠水して，本件自動車が水没した。漫然と満水警報が発報してから要員到着までに 1 時間 5 分も経過した結果本件事故が発生した以上，乙は甲に対する不法行為責任を免れない。

2　乙の注意義務違反と損害との因果関係について

　乙が満水警報を受信して通常要する時間内に本件マンションにかけつけて，土嚢を積んだり，機械式駐車場の機械を作動させて本件自動車を

【類型23】区分所有者が管理業者に対して損害賠償などを請求

地下ピットから引き上げるなどすれば，本件自動車が冠水するという事態は回避できた。したがって，乙による緊急出動義務違反と本件事故との間の因果関係は認められる。

3　過失相殺

甲は前回事故を経験し，警備会社の到着が遅れることがあることも経験済みであった。前回事故の後，掲示板や乙従業員らの土嚢設置によって対応がされていたとはいえ，これらによって，必ず冠水事故を免れるとの保障がないことは容易に予想されるところであるから，甲としても，冠水を免れる対策をとるべきであったということができる。そして，本件事故当日も，台風9号が昼前から昼過ぎには北陸に接近し上陸のおそれもでてきたため，気象庁では西・東日本の広い範囲で大雨の恐れがあるとして警戒を呼びかけていて，そのことは同日朝刊において報じられていたのであり，また，甲もテレビで天気予報を聞いていた旨供述しているから，甲においても出勤前に本件自動車を移動させるなどの対策をとるべきであった。

本件に現れた諸般の事情を考慮すると，その過失相殺割合は，1割と認めるのが相当である。

まとめ　乙は，管理組合の委託を受けて，駐車場（機械式駐車場）を管理していたが，緊急出動義務に違反したため，台風により機械式駐車場が浸水して，甲が自動車を廃車にした。甲は，乙に対し，不法行為損害賠償を求めたところ，損害の一部の責任が認められた事例

判旨は，乙は，管理組合との間で，遠隔管理業務契約を締結し緊急出動した上，必要と認める措置をとることを約し，入居者に対しても，24時間監視により異常に備えていると安心感を与えていたのであるから，緊急出動義務を負っていたというべきで，不法行為責任を負うとした。

321

第3章　区分所有者の請求／第3節　関係業者に対する請求

【類型24】区分所有者が分譲業者に対して損害賠償などを請求

[1] 事例
【類型24】-[1]

> 甲は，兜マンション110号室の区分所有者
> 乙は，分譲業者
> 　甲は，乙から兜マンション110号室を購入したが，乙は，甲にマンションの購入を勧誘するに当たり，乙が隣接地にマンションを建設予定であり，建築された場合に兜マンションの日照に影響が及ぶ可能性のあることを説明しなかった。甲が乙に対し，説明義務違反による不法行為に基づき慰謝料請求をした。

論点　分譲業者は，購入を勧誘するに当たり，隣接マンション建設予定の説明義務があるか

出典　平26・1・23大阪高判（平25年(ネ)2160号/判時2261号148頁）

判旨　甲にとって，兜マンションを購入するか否かを検討するに当たっては，○○○○の優れた住環境を永年にわたり安定的に享受することができるかが重要であり，優れた住環境の内容には日照の確保も含まれるのであるから，兜マンションが含まれる区域の日影規制等についての情報や，本件土地にもマンションの建築計画があるのであればその情報も重要であったというべきである。他方で，乙は，兜マンション敷地及び本件土地には日影規制等がないという特殊な状況にあることを知ってこれらの土地を購入し，兜マンションの販売の当時から，その特殊な状況を利用するかたちで本件土地上にもマンションを建築することを計画しており，計画が実現されれば，兜マンションの日照に影響を与える可能性が十分にあったといえる。このような事情は，日影規制等が及び，それを上回る水準の日照が確保されている○○○○の他の区域の建物との間に，住環境として少なからぬ差異をもたらすものであり，兜マンションの住居としての価値を減少させるものであって，区分所有者にとって，兜マンションを購入するか否かを検討するに当たって極めて重要な情報というべきである。

【類型 24】区分所有者が分譲業者に対して損害賠償などを請求

　乙は，甲に兜マンションの購入を勧誘するにあたり，信義則上，甲に対し，兜マンションが日照について日影規制等による保護を受けないものであり，乙が本件土地上にマンションを建築した場合に，兜マンションの日照に影響が及ぶ可能性があることを説明すべき義務があったというべきである。

　乙は，日照に影響が及ぶ可能性のあることを説明しないばかりか，誤解を招くような説明をしており，上記の説明義務を怠ったというべきである。

| 解説 | 分譲業者は，購入を勧誘するに当たり，隣接地にマンション建設予定であり，建築された場合には日照に影響が及ぶ可能性があることを説明する義務があるとして，慰謝料請求が認められた事例 |

　類型 24 は，分譲業者に対する請求のケースである。

1　不法行為責任

　説明義務違反による損害賠償請求が，不法行為責任で構成されている点には注意が必要である。すなわち，平 23・4・22 最二判（民集 65 巻 3 号 1405 頁）は，次のとおり述べて，説明義務違反による債務不履行責任を否定した。

　契約の一方当事者が，当該契約の締結に先立ち，信義則上の説明義務に違反して，当該契約を締結するか否かに関する判断に影響を及ぼすべき情報を相手方に提供しなかった場合には，相手方が当該契約を締結したことにより被った損害につき，不法行為による賠償責任を負うことがあるのは格別，当該契約上の債務の不履行による賠償責任を負うことはない。

　なぜなら，信義則上の説明義務に違反したために，相手方が本来であれば締結しなかったはずの契約を締結するに至り，損害を被った場合には，後に締結された契約は，上記説明義務の違反によって生じた結果と位置付けられるのであって，上記説明義務をもって上記契約に基づいて生じた義務であるということは，一種の背理であるといわざるを得ないからである。

2　売主の説明義務違反

①平 26・1・23 大阪高判【類型 24】－[1]（出典判例）

第3章　区分所有者の請求／第3節　関係業者に対する請求

②平 16・11・18 最一判（民集 58 巻 8 号 2225 頁）

　値下げ販売の違法性を否定しながら，契約後の値下げ販売の可能性を説明しなかった説明義務違反の慰謝料請求が認められた事例

③平 11・9・17 大阪高判【類型 24】−[8]

　売主が建築前の契約成立前に居室からの眺望についてした説明が完成後の状況と異なるとき，売買契約を解除し，手付金の返還と損害賠償を求めたところ，これが認められた事例

④平 18・8・30 東京高判【類型 24】−[9]

　売主から委託を受け専有部分の販売に関する一切の事務を行っていた宅地建物取引業者に，専有部分内に設置された防火戸の操作方法等につき，買主に信義則上の説明義務があるとされた事例

⑤平 20・4・28 東京地判【類型 25】−[1]

　宅地建物取引業者から買ったマンション居室に飛び降り自殺があったとき，この事実を告知・説明すべき義務があるのにしないで売却したなどとして，不法行為による損害賠償を求めたところ，これが認められた事例

⑥平 23・3・8 福岡高判【類型 25】−[2]

　専有部分が相当長期間にわたって性風俗特殊営業に使用されていたとき，宅地建物取引業者は，この説明しなかったことにより債務不履行による損害賠償責任を負うとされた事例

【類型 24】区分所有者が分譲業者に対して損害賠償などを請求

Column

【分譲業者】

　建築施工業者によって建築されたマンションは，分譲業者によって販売される。

　マンションの販売は，一般の動産の売買契約に比較すると，物件価額が高額であることから，売買契約書の作成に至るまでの過程において，申込証拠金の支払や売渡承諾書など，当事者の意思確認のステップを一つずつ踏むことが多い。これらの過程を経て，売買契約書の作成から移転登記の手続に至り，移転登記の時点で売買契約が成立したと判断されることになる。

　分譲業者による分譲においては，①売主の説明義務違反による損害賠償責任，②販売不振マンションを値下げ販売したときの分譲主の損害賠償責任，③契約不適合責任（瑕疵担保責任）が問題となることが多い。

第3章　区分所有者の請求／第3節　関係業者に対する請求

[2] 事例　　　　　　　　　　　　　　　　　　　　【類型24】-[2]

> 甲は，兜マンション 110 号室の区分所有者
> 乙は，兜マンションの分譲業者
> 　乙から分譲マンションを購入した甲らが，乙が兜マンションを不当に値引きして販売したために，マンションの価値が下落してマンション 1 戸当たり少なくとも 400 万円の損害を受けたとして，乙の債務不履行又は不法行為を理由に，総額 1 億円の損害賠償を請求した。(いずれも請求棄却)

論点　分譲業者の値引き販売に，違法性があるか

出典　平 8・2・5 東京地判（平 6 年(ワ)17994 号／判タ 907 号 188 頁）

判旨　乙の営業担当従業員の言動は，いずれも，個々の区分所有者との間で，不動産市況の変化により不動産価格が下落したとしても，乙の当初設定価格を下回る価格で他の戸を分譲しないという不作為義務を乙が一方的に負担する旨の意思表示をしているものとみるには曖昧すぎる言動というほかはなく，これらをもって，以前の区分所有者と乙との間で，売買契約締結に当たり，値引き販売をしないという合意，又は，値引き販売をした場合には以前の区分所有者に損失を補償するという合意が成立したとは認められない。

　一般に，不動産の価格は，需要と供給の関係で決まるものであり，不動産市況によって価格が変動することは自明の理ともいうべきことであるから，マンションの販売業者に，売買契約締結後に不動産市況の下落があってもなお当該販売価格を下落させてはならないという信義則上の義務があるとは認められない。

　また，本件マンションの各戸の値引き販売は，甲らの入居開始から約半年後になされたとしても，販売開始からは 1 年を経過した後に行われているのであるし，その値引き率も 1 割から 1 割 5 分であるのだから，それほど不当なものであるともいえない。

　上記の認定判断によれば，分譲業者の値引き販売行為は，信義則上の義

326

【類型 24】区分所有者が分譲業者に対して損害賠償などを請求

務に反し，社会通念上許容された限度を逸脱した違法な行為であるとは認められない。

解説 ### 1　多くの判例は，値下げ販売の違法性を否定している

　　　出典判例の他にも，例えば，①平 5・4・26 東京地判（判タ 827 号 191 頁），②平 13・1・29 福岡地判（判時 1743 号 112 頁），③平 13・3・22 東京地判（判時 1773 号 82 頁）などがある。

2　例外的に，違法性が認められた事例

　　平 19・4・13 大阪高判【類型 24】-［12］は，分譲マンションの特性，公社の性格，売買契約の特性等を総合考慮すると，被告に信義則上の適正な譲渡価格を設定して販売を実施すべき義務があるとし，この義務に違反し，著しく適正を欠く価格で値下げ販売した行為は，過失があり，不法行為を構成するとした。

3　違法性を否定しながら，契約後の値下げ販売の可能性を説明しなかった説明義務違反の慰謝料請求が認められた事例

　　平 16・11・18 最一判（民集 58 巻 8 号 2225 頁）は，「住宅公団は，被上告人らが，本件優先購入条項により，本件各譲渡契約締結の時点において，被上告人らに対するあっせん後未分譲住宅の一般公募が直ちに行われると認識していたことを少なくとも容易に知ることができたにもかかわらず，被上告人らに対し，上記一般公募を直ちにする意思がないことを全く説明せず，これにより被上告人らが住宅公団の設定に係る分譲住宅の価格の適否について十分に検討した上で本件各譲渡契約を締結するか否かを決定する機会を奪ったものというべき」であって，説明をしなかったことは信義誠実の原則に著しく違反し違法行為となるとして慰謝料請求を認めた。

4　当事者適格

　　債務不履行又は不法行為による損害賠償請求権が自己に帰属すると主張する甲に原告適格が認められる。甲が，賠償義務を負うと主張する乙に被告適格が認められる（平 23・2・15 最三判【類型 2】-［4］，昭 61・7・10 最一判/判時 1213 号 83 頁）。

第3章　区分所有者の請求／第3節　関係業者に対する請求

[3] 事例 【類型24】-[3]

> 甲は，兜マンション110号室の区分所有者
> 乙は，兜マンションの分譲業者
> 甲は，乙から，兜マンションを購入した。購入したマンションには環境物質対策基準に適合した住宅との表示があったにもかかわらず，いわゆるシックハウスであり，居住が不可能であるから，甲は，売主の瑕疵担保責任により契約解除したとして，乙に対し，売買代金相当額の損害賠償などを求めた。(請求認容)

論点　区分所有者がシックハウスを理由に瑕疵担保責任による売買契約の解除・損害賠償請求ができるか

出典　平17・12・5東京地判（平15年(ワ)21034号/判時1914号107頁）

判旨　甲に対する引渡当時における本件建物の室内空気に含有されたホルムアルデヒドの濃度は，100 μg/立方メートル（0.1 mg/立方メートル）を相当程度超える水準にあったものと推認されることから，本件建物にはその品質につき当事者が前提としていた水準に到達していないという瑕疵が存在するものと認められる。

　また，当該瑕疵は科学的な測定によってはじめて具体的に存在を知り得る性質のものであること，健康被害が具体的に発生するには相応の期間高濃度のホルムアルデヒドその他の化学物質にさらされていることを要することなどを考えると，当該瑕疵は取引上要求される一般的な注意を払っていても容易に発見し得ないものであるというべきである。したがって，当該瑕疵の存在につき甲は善意無過失であり，隠れた瑕疵ということができる。

　そして，当該瑕疵の結果，甲は一旦は搬入した家財道具をわずか約1か月後に再度搬出し，以後本件建物に居住していないのであるから，当該瑕疵により本件売買契約の目的を達成することができないことは明らかである。

　これらの事情及び甲が乙に対し本件売買契約解除の意思表示を行い，これが乙に到達したことを併せ考慮すれば，甲は，乙に対し，売主の瑕疵担

【類型 24】区分所有者が分譲業者に対して損害賠償などを請求

保責任の追及として，本件売買契約を解除して損害賠償を請求することができるものと認められる。

解説 甲が乙から購入したマンションには，環境物質対策基準に適合した住宅との表示があったが，いわゆるシックハウスであり，居住が不可能であるとして，甲は，乙に対し，瑕疵担保責任により契約解除して売買代金相当額の損害賠償などを求めたところ，損害の一部について認容された事例

1 シックハウス症候群

　住宅の高気密化などが進み，化学物質による空気汚染，カビ，ダニの繁殖，たばこの煙などにより，目がチカチカする，吐き気がする，湿疹が出るなどの症状をいう。

2 化学物質過敏症

　化学物質に過敏に反応して症状が出ることをいう。化学物質過敏症とシックハウス症候群の関係は明確になっていない。化学物質に対する感受性には個人差があり，多量の化学物質にさらされて症状が出ると，今まで許容量であったごく少量の化学物質にも過敏に反応して症状が出てしまうこともある。

3 主観的瑕疵

　瑕疵担保責任の「瑕疵」には，客観的瑕疵（目的物が通常有すべき品質・性能を欠く場合）のみならず，主観的瑕疵（当事者が契約上特に予定した性質を欠く場合）をも含むと解されている。

　出典判例は，当事者の意思を合理的に解釈すれば，室内空気中のホルムアルデヒド濃度が一定水準以下に抑制されていることが契約上予定されていたが，これを欠いた主観的瑕疵があるとして瑕疵担保責任を認めたものである。

第3章 区分所有者の請求／第3節 関係業者に対する請求

[4] 事例

【類型24】−[4]

> 甲は，兜マンション110号室の区分所有者
> 乙は，兜マンションの分譲業者
> 乙から新築マンションの分譲を受けた甲が，乙に対し，マンションが耐震基準を満たしていないものであったとして，マンションの売買契約の錯誤無効などを主張し，不当利得の返還として売買代金の返還を求めた。（請求認容）

論点 耐震基準を満たさない分譲だったことによる売買契約の錯誤無効

出典 平22・4・22札幌地判（平18年(ワ)2803号／判時2083号96頁）

判旨 本件各売買契約においては，売主である分譲業者乙は，建築基準法令所定の基本的性能が具備された建物である事実を当然の大前提として販売価格を決定し，販売活動を行い，甲もその事実を当然の大前提として販売価格の妥当性を吟味し分譲物件を買い受けたことに疑いはない。

そうすると，本件各売買契約においては，客観的には耐震偽装がされた建物の引渡しが予定されていたのに，売主も買主も，これが建築基準法令所定の基本的性能が具備された建物であるとの誤解に基づき売買を合意したことになり，売買目的物の性状に関する錯誤（いわゆる動機に関する錯誤）があったことになる。

乙は，上記耐震強度の不足を解消するだけなら比較的小規模な工事（第2補強案）で足りるとして乙第7号証を提出するが，耐震強度の不足が恐怖心と直結していることは致し方ないところであって，耐震強度の不足を解消することは，ある程度までは居住者の恐怖心を取り除くというものでなければならないことは社会通念が要求するところである。換言すれば，耐震強度の不足という瑕疵の大きさ・重大性は，ある程度までは社会通念によって測る必要があるといわざるを得ない。したがって，構造計算の理論上は最低限この程度の補強工事で足りるという，理論上最低限必要となる補強工事の規模から，直ちに，耐震強度に関する本件マンションの瑕疵

330

【類型 24】区分所有者が分譲業者に対して損害賠償などを請求

が重大ではないとはいい難い。

　新築マンションにあっては，耐震強度に関する錯誤は，錯誤を主張する者に契約関係から離脱することを許容すべき程度に重大なものというべきであり，民法 95 条の錯誤に該当するものと認めるのが相当である。したがって，本件各売買契約に係る甲の買受けの意思表示は無効であり，乙は，甲に対し，売買代金を返還する責任を負う。

解説　乙から新築マンションの分譲を受けた甲が，マンションが耐震基準を満たしていないとして，マンションの売買契約の錯誤無効など及び不当利得返還請求により売買代金の返還を求めたところ，これが認容された事例

1　事実の経過

　分譲業者は，建物の耐震性について，実際よりも高い数値が記載されていた構造計算書を添付して建築確認申請を行い，指定確認検査機関から建築確認済証の交付を受けた。

　分譲業者と区分所有者との間の売買契約，目的物件の引渡しの後，市は，偽装について指定確認検査機関の報告を受け，兜マンションの耐震強度が法定の耐震基準を下回ることを明らかにした。

2　耐震基準に関する錯誤について

　判旨は，乙は，耐震強度の不足を解消するだけなら比較的小規模な工事で足りるとするが，耐震強度の不足が恐怖心と直結していることは致し方ないところであって，耐震強度の不足を解消することは，ある程度までは居住者の恐怖心を取り除くというものでなければならない，したがって，構造計算の理論上は最低限この程度の補強工事で足りるという，理論上最低限必要となる補強工事の規模から，直ちに，耐震強度に関する本件マンションの瑕疵が重大ではないとは言い難いとして，買受けの意思表示の無効を認めた。

3　建築確認・耐震強度が問題となった事例

(1)　平 22・4・22 札幌地判【類型 24】−[4]（出典判例）

　新築マンションの分譲を受けた甲が，マンションが耐震基準を満たしていないとして，マンションの売買契約の錯誤無効とこれによる不

第3章　区分所有者の請求／第3節　関係業者に対する請求

当利得返還請求により売買代金の返還を請求

(2)　平24・12・7静岡地判【類型26】−[2]

　　設計・構造設計を受託した業者の不法行為責任と地方公共団体がした建築確認の国家賠償責任

(3)　平24・1・31横浜地判【類型26】−[3]

　　指定確認検査機関が行った建築確認について，指定確認検査機関である業者と地方公共団体の国家賠償責任

(4)　平23・5・25東京地判【類型26】−[4]

　　指定確認検査機関が行った建築確認について，指定確認検査機関である業者の損害賠償責任と地方公共団体の国家賠償責任

4　錯誤についての民法改正

(1)　改正前の民法95条には，

　　「意思表示は，法律行為の要素に錯誤があったときは，無効とする。ただし，表意者に重大な過失があったときは，表意者は，自らその無効を主張することができない。」と規定されていた。

(2)　改正民法95条では，次のとおり改正された。

　「①　意思表示は，次に掲げる錯誤に基づくものであって，その錯誤が法律行為の目的及び取引上の社会通念に照らして重要なものであるときは，取り消すことができる。

　　一　意思表示に対応する意思を欠く錯誤

　　二　表意者が法律行為の基礎とした事情についてのその認識が真実に反する錯誤

　②　前項第2号の規定による意思表示の取消しは，その事情が法律行為の基礎とされていることが表示されていたときに限り，することができる。

　③　錯誤が表意者の重大な過失によるものであった場合には，次に掲げる場合を除き，第1項の規定による意思表示の取消しをすることができない。

　　一　相手方が表意者に錯誤があることを知り，又は重大な過失によって知らなかったとき。

二　相手方が表意者と同一の錯誤に陥っていたとき。

④　第1項の規定による意思表示の取消しは，善意でかつ過失がない第三者に対抗することができない。」

(3)　主要な改正点

ア　改正前の民法95条では錯誤の効果を無効としていたが，改正民法95条1項は取り消すことができるとした。この結果，5年以内に取消権を行使しないとき，又は行為の時から20年を経過したときは，取消しは，時効によって消滅し，行使できないことになる（民法126条）。

イ　法律行為の要素について，改正民法95条1項は，「その錯誤が法律行為の目的及び取引上の社会通念に照らして重要なもの」と改めた。

ウ　動機の錯誤について，改正前の民法には明文の規定がなかったが，改正民法95条1項2号で「表意者が法律行為の基礎とした事情についてのその認識が真実に反する錯誤」を取り消すことができること，改正民法95条2項は，「前項第2号の規定による意思表示の取消しは，その事情が法律行為の基礎とされていることが表示されていたときに限り，することができる。」として，明文をもって規定した。

エ　表意者に重大な過失があったときは，表意者は，自らその錯誤無効を主張できない（改正前の民法95条）し，改正民法でも，錯誤が表意者の重大な過失によるものであった場合には，錯誤取消しを主張することができない（改正民法95条3項）。ただし，改正民法では，重過失がある場合でも，①相手方が表意者に錯誤があることを知っていたか，重大な過失によって知らなかったとき，又は②相手方が表意者と同一の錯誤に陥っていたときには，錯誤取消しの主張が許されることが明記された。

オ　改正民法95条4項は，第三者保護規定を新設した。

第3章　区分所有者の請求／第3節　関係業者に対する請求

[5] 事例 【類型24】-[5]

> 甲は，兜マンション110号室の区分所有者
> 乙は，兜マンションの分譲業者
> 甲は，海浜のいわゆるリゾート・マンションである兜マンションの付近に，その後，別の建築物が建築されその眺望等が阻害されるに至ったとして，マンション又はその売買過程に，隠れた瑕疵などがあったことを理由に，代金返還ないし減額の請求をした。(いずれも請求棄却)

論点　リゾート・マンションにおける眺望等阻害による瑕疵担保責任

出典　平2・6・26東京地判（昭58年(ワ)10546号/判タ743号190頁）

判旨　代金額の中に，本件売買契約締結時における本件マンションの日照及び眺望の経済的価値に対する評価に相当するものが含まれていたとしても，この価値は，この日照及び眺望が，将来，周囲の状況の変化によって変化することを余儀なくされるものであることを前提としたものであり，これがそのようなものとして評価されてその限りで代金額に含まれていると解される。

甲の錯誤は，意思表示の内容の錯誤ではなく，本件売買契約を締結する動機の錯誤であると解すべきである。甲は，本件売買契約に際し，眺望及び日照が建築時のまま維持されるものとして売買の対象とする旨乙に対して表示したと主張するが，明示的にも，黙示的にも，かかる表示をした事実を認めるに足る証拠はない。

本件マンションの眺望及び日照に関して，乙から本件マンションの販売を委託されていたAの社員が甲に対して行った説明並びに乙及びA作成の広告等の記載の各内容には事実と異なるものが含まれていたことになるが，この点に関する説明等を，乙が甲を欺いて売買契約を締結させようとして行ったという甲の主張事実については，本件全証拠によってもこれを認めるに足りない。

甲が，乙の不法行為に基づく損害として主張しているものは，「○○○」

【類型24】区分所有者が分譲業者に対して損害賠償などを請求

が建築されたことで減価したとされる本件マンションの建物区分所有権及び本件敷地所有権の持分の交換価値の減価分である。この減価は，直接的には，正に「○○○」が建築されたことによるものであって，本件で甲の主張する右損害とA社員の右説明及び記載がなされたこととの間に因果関係を認めるのは相当ではなく，不法行為に基づく甲の損害賠償請求は失当である。

解説 売買契約締結後，付近に別の建築物が建築されてその眺望等が阻害されるに至ったが，瑕疵担保責任などは認められなかった事例

1 眺望について

分譲業者の不法行為責任を認めた平18・12・8東京地判（判時1963号83頁）は，次のとおり述べている。甲が666号室からの隅田川花火大会の花火の観望という価値を重視し，これを取引先の接待にも使えると考えて同室を購入し，乙においてもこれを知っていたこと，隅田川花火大会を巡る状況からみてこれを室内から鑑賞できるということは，取引先の接待という観点からみると少なからぬ価値を有していたと認められることを考慮すると，乙は，甲に対し，信義則上，666号室からの花火の観望を妨げないよう配慮すべき義務を負っていたと解すべきである。

しかるに，乙は，甲に666号室を販売し，引き渡した翌年から▲▲▲の建築に着手し，平成17年2月には同室から花火が見えない状態にしてしまった。被告の▲▲▲の建築は，上記の信義則上の義務に違反するものといえる。したがって，乙は，これによって甲に生じた損害の賠償をしなければならない。

2 当事者適格

売買代金の返還請求権が自己に帰属すると主張する甲に原告適格が認められ，甲が，返還義務者と主張する乙に被告適格が認められる（平23・2・15最三判【類型2】-[4]，昭61・7・10最一判/判時1213号83頁）。

第3章　区分所有者の請求／第3節　関係業者に対する請求

[6] 事例　　　　　　　　　　　　　　　　　　　【類型24】-[6]

> 　甲は，兜マンション110号室の区分所有者
> 　乙は，兜マンションの分譲業者
> 　甲は，乙から兜マンション110号室を購入した。その後，兜マンションは，外壁タイルの剥離・剥落があり補修工事が行われた。甲は，補修によりその機能上の問題が解消された後も交換価値が下落しているとして，甲が乙に対し，売主の瑕疵担保責任に基づき，損害賠償を求めた。

| 論点 | 共用部分の瑕疵が補修後も交換価値を低下させているとき，瑕疵担保責任によりその交換価値低下分の損害賠償請求が認められる

か

| 出典 | 平18・3・9福岡高判（平16年㈹581号/高等裁判所民事判例集59巻1号3頁）

| 判旨 | 本件マンションの瑕疵が顕在化したことから一度生じた，本件マンションの新築工事には外壁タイル以外にも施工不良が存在するのではないかという不安感や新築直後から本件マンションの外壁タイルに対して施工された大規模な本件補修工事から一般的に受ける相当な心理的不快感，ひいてはこれらに基づく経済的価値の低下分は，本件補修工事をもってしても到底払拭し難いといわなければならない。

　本件補修工事後においても，なお，区分所有者甲が購入した本件マンションの各室については，その共用部分である外壁タイルの瑕疵に起因する経済的価値の低下が存続していることは否定できない。そして，本件では，外壁タイルの施工不良が新築直後から顕在化していることからしても，この瑕疵による各室の交換価値の低下分を売主の瑕疵担保責任でもっててん補する必要性は大きいといわなければならない。このように，この各室の交換価値の低下分をもって売主の瑕疵担保責任における財産的損害とする以上，外壁タイルの剥離・剥落が専ら共用部分に生じたものであっても，その共用部分を共有する甲の損害賠償請求が否定される理由はないことになる。

　そこで，これらの外壁タイルの剥離・剥落の時期・状況，本件補修工事

【類型 24】区分所有者が分譲業者に対して損害賠償などを請求

の内容，参考売却事例などを総合すると，本件マンションの各室の交換価値の低下分は，それぞれ甲の購入した各室の建物価格の5パーセントを下らないと認めるのが相当である。甲は，これを売主の瑕疵担保責任に基づく損害賠償として乙に請求できるものである。

解説 　外壁タイルの剥離・剥落があり補修工事が行われた後も，交換価値が下落しているとして，瑕疵担保責任に基づき，下落分の損害賠償請求をしたところ，これが認められた事例

1　補修工事後の交換価値の下落に対する損害賠償請求

判旨は，外壁タイルの剥離・剥落の瑕疵による各室の交換価値の低下分をもって売主の瑕疵担保責任における財産的損害とする以上，外壁タイルの剥離・剥落が専ら共用部分に生じたものであっても，その共用部分を共有する甲の損害賠償請求が否定される理由はないとして，瑕疵担保責任に基づき，下落分の損害賠償請求を認めた。

2　調停成立後の補修工事を経て瑕疵が全て補修された後の交換価値の下落に対する損害賠償請求

平27・9・3東京地判【類型24】-[7] は，調停成立後の補修工事を経て瑕疵が全て補修された後にもなお交換価値が下落しているとき，損害賠償請求を認めなかった事例

3　外壁石材が剥落し落下したことによる損害の賠償請求

平29・3・31東京地判【類型14】-[1] は，外壁石材が剥落し，直下の居室に落下したので，管理者が，建築施工業者に対し，建物の基本的な安全性が欠ける瑕疵があるとして，区分所有者らが有する不法行為による損害賠償請求権に基づき，区分所有者らのために，瑕疵の補修工事費用の支払を請求したところ，これが認められた事例

4　当事者適格

損害賠償請求権が自己に帰属すると主張する甲に原告適格が認められ，甲が，賠償義務があると主張する乙に被告適格が認められる（平23・2・15最三判【類型2】-[4]，昭61・7・10最一判/判時1213号83頁）。

337

第3章　区分所有者の請求／第3節　関係業者に対する請求

[7] 事例 【類型24】-[7]

甲は，兜マンション 110 号室の区分所有者

乙は，兜マンションの分譲業者

丙は，兜マンションの建築施工業者

甲は，乙から，平成8年7月15日に110号室を購入した。その後，兜マンション全体で，鉄筋の損傷を伴う123箇所のコア孔が発見された。管理組合は，乙及び丙を相手方として，外壁その他大規模修繕工事等を行うことを求めて，調停を申し立てたところ，本件瑕疵の補修工事が完了したことを確認し，ヴァージョンアップ工事を乙及び丙の負担において行うこと，清算条項を盛り込むことなどで調停が成立した。

甲は，かつて鉄筋の損傷を伴う123個のいわゆるコア抜きがされ，補修工事等を経てもなお通常の残存価値等の7％相当額の損害を被っている旨主張して，乙及び丙に対し，共同不法行為による損害賠償を請求した。（請求棄却）

論点　補修工事を経て瑕疵が全て補修された後に損害があるか

出典　平 27・9・3 東京地判（平 26 年(ワ)6696 号／判時 2287 号 71 頁）

判旨　① まず，本件において問題となっている本件瑕疵は，構造上の問題に関するものであるところ，乙，丙は全ての補修工事を完了している。そうすると，それを踏まえてもなお損害が発生していると評価するのは例外的な場合に限られるといわざるを得ない。

② また，本件瑕疵の補修工事に加えて，本来は本件管理組合が負担すべきヴァージョンアップ工事を乙，丙の負担において行っているのであり，これにより本件マンションには新たな価値が付加されたと評価することができる。

乙，丙の負担で行ったヴァージョンアップ工事は，かなり大がかりなものであり，その費用は相当多額なものであったと考えられる。これらの費用は，実質的には各区分所有者らが負担すべきものであるが，乙，丙が負担したことにより，各区分所有者らは，その分の負担を免れたと

【類型 24】区分所有者が分譲業者に対して損害賠償などを請求

いうことができる。

　損害の公平かつ妥当な分担を図ることが不法行為制度の指導原理であるところ，本件瑕疵を巡って甲が被った損害を考えるに当たっては，本件瑕疵を契機として，乙，丙が行ったヴァージョンアップ工事をも取り込んで考えるのが相当であり，この意味において，仮に甲が本件瑕疵により損害を被ったとしても，それは十分にてん補されていると評価することができる。

③　さらに，別件調停事件において，兜管理組合と乙，丙とは，清算条項まで盛り込んでいる。

　本件と別件調停事件とで当事者が異なるとしても，兜管理組合が本件瑕疵について全て補修されたことを確認し，調停条項に定めるほかに何らの債権債務がないことを確認して，本件瑕疵を巡る紛争に終止符を打ったこと，そのような解決をすることについて，各区分所有者が何ら反対しなかったが，甲の損害の有無を検討するにあたっては，極めて重要な事実である。

　このように見ると，甲を含む区分所有者は，本件マンションの瑕疵を巡って，過去に発生した有形無形の損害やこれから生じるかもしれない転売時のリスクを踏まえた上で，なおメリットがあると考えたからこそ，別件調停事件において，乙，丙と合意したと見ることができるのであり，これを別の観点で見れば，甲の損害は既にてん補されていると評価するのが相当である。

　したがって，現時点において，甲が被ったと主張する損害を認めることはできない。

| まとめ | 調停が成立した後において，交換価値で比べると，通常の残存価値等の7％相当額の下落があるとして損害賠償請求したが，認められなかった事例 |

　なお，外壁タイルの剥落があり補修工事が行われた後も，交換価値が下落しているとして，損害賠償請求した平18・3・9福岡高判【類型24】-[6]がある。

第3章　区分所有者の請求／第3節　関係業者に対する請求

[8] 事例　　　　　　　　　　　　　　　　　　【類型24】-[8]

> 甲は，兜マンション610号室を購入した区分所有者
> 乙は，兜マンションを分譲した業者
> 　甲は，兜マンションの完成前に，6階西端の610号室を購入する契約をした。兜マンションの西方に○○城があり，610号室の南向きにベランダが，西向きに窓がある。乙のパンフレットでは，上階からは○○城の眺望が広がると記載され，乙の販売代理人も，兜マンションの6階は西隣のビルより高いから，610号室の西窓からの視界は通っていると説明した。ところが，兜マンションが完成すると，西隣に5階建てのビルがあり，屋上のクーリングタワーが610号室西窓からの○○城への視界を大きく妨げていた。
> 　甲は売買契約を解除し，手付金の返還と損害賠償を求めた。

論点　売主が建築前の契約成立前に居室からの眺望についてした説明が，完成後の状況と異なるとき，買主は契約を解除することができるか

出典　平11・9・17大阪高判（平10年㈱1144号／判タ1051号286頁）

判旨　いまだ完成前のマンションの販売においては，購入希望者は現物を見ることができないから，売主は購入希望者に対し，その売買予定物の状況について，その実物を見聞できたのと同程度にまで説明する義務があるというべきである。そして，売主が説明したところが，その後に完成したマンションの状況と一致せず，かつそのような状況があったとすれば，買主において契約を締結しなかったと認められる場合には，買主はマンションの売買契約を解除することもでき，この場合には売主において，買主が契約が有効であると信頼したことによる損害の賠償をすべき義務があると解すべきである。

　これを本件についてみるに，乙作成のパンフレット等では，本件居室からは○○城の眺望・景観が広がると説明し，本件居室の西側には窓があるとされており，○○城は，本件マンションの西側に存するのであるから，西側窓からも○○城の景観が広がると説明したことになる。また，販売代理人は，隣接ビルは5階建てであって6階にある本件居室の西側窓からは

340

【類型24】区分所有者が分譲業者に対して損害賠償などを請求

視界が通っていると発言している。

ところが，現実に建築された結果では，本件居室の南側バルコニーからはやや斜めに○○城を望むことができるが，西側窓の正面に隣接ビルのクーリングタワーがあるため，窓に接近しないと○○城の緑がほとんど見えない状態であった。この状態は，「○○城の眺望・景観が広がる」状態とは明らかに異なるものである。

甲は本件居室を購入するに当たり，販売代理人に対して，視界を遮るものがないかどうかについて，何度も質問しており，甲が○○城への眺望を重視し，本件居室を購入する動機としていることを認識し得たのであるから，販売代理人は，視界を遮るものがあるか，ないかについて調査，確認して正確な情報を提供すべき義務があった。甲としては，当初から隣接ビルの屋上にクーリングタワーが存在し，それが西側窓のほぼ正面の位置に見えるとの説明を受けるか，少なくともその可能性について告知説明があれば，その購入をしなかったものと認められる。そうすると，甲は本件売買契約を解除でき，乙は既に受領した手付金の返還に応じる義務がある。

乙は，前記のようなパンフレット等を作成したほか，販売代理人が前記のような説明をしたのであるから，民法709条により損害を賠償する義務がある。

まとめ　マンション完成前に，西方に○○城の眺望が広がるとされる610号室を購入する契約をしたところ，実際には，西隣のビルが，○○城への視界を大きく妨げていた。甲は売買契約を解除し，手付金の返還と損害賠償を求めたところ，認められた事例

判旨は，いまだ完成前のマンションの販売においては，購入希望者は現物を見ることができないから，売主は購入希望者に対し，その売買予定物の状況について，その実物を見聞できたのと同程度にまで説明する義務があるというべきであるとする。

341

第3章　区分所有者の請求／第3節　関係業者に対する請求

[9] 事例

【類型24】-[9]

> 甲は，兜マンション 810 号室の区分所有者
> 乙は，兜マンション 810 号室の分譲業者
> 丙は，乙の販売代理人 (宅地建物取引業者)
> 　平成 12 年 10 月 4 日午前 5 時 15 分頃，甲が居住する 810 号室の北側主寝室で火災が発生した。810 号室の中央付近には，室内廊下の北側主寝室寄りに防火戸が設置されていたが，防火戸の電源スイッチは切られていて作動しなかった。そのため，主寝室を含む北側の区画ばかりでなく，南側の区画にも本件火災による損傷が及んだ。
> 　甲は，乙及び丙に対し，原状回復費用などの損害賠償を求めた。

論点　①分譲業者が防火戸の電源スイッチが切られて作動しない状態で引き渡したことにつき，隠れた瑕疵があったといえるか

②売主から委託を受け，専有部分の販売に関する一切の事務を行っていた宅地建物取引業者に，専有部分内に設置された防火戸の操作方法等につき，買主に信義則上の説明義務があるか

出典　平 18・8・30 東京高判 (平 17 年(ネ)4421 号／金判 1251 号 13 頁)

判旨　1　防火戸の瑕疵について

　　本件防火戸は，810 号室の中央付近にある室内廊下の北側主寝室寄りに設置されており，その電源スイッチが入っていれば，810 号室内で火災が発生した場合には自動的に閉じて，床，壁等とともに，本件北側区画と本件南側区画とに区切り，出火した側の区画から他の区画への延焼等を防止するようになっていたが，本件火災時に，810 号室内の本件防火戸は，電源スイッチが入っていなかったため，自動的に閉まらなかったことが認められる。

　　そして，本件防火戸の電源スイッチは，810 号室の納戸の壁に設置された連動制御器内に納められており，同制御器は蓋がねじで固定されていたため，上記電源スイッチが同制御器内にあることが一見して明らかとはいえない造りになっていたこと，丙は，甲の入居時までに，甲に対し，重要事項説明書添付図書，兜マンションガイド等を交付しており，

342

【類型 24】区分所有者が分譲業者に対して損害賠償などを請求

上記重要事項説明書添付図書には火災感知器の場所が表示されるとともに火災報知器が存在することが記載されていたが，本件防火戸の位置は点線で表示されていたのみであったこと，また，上記ガイドには防火設備等として，火災感知器が存在すること並びに消化器及び消火栓の場所が表示されていたが，本件防火戸の記載はなかったこと，乙らは，甲に対し，本件防火戸の電源スイッチの位置及び操作方法，火災発生時における本件防火戸の作動の仕組み等については，全く説明をしていなかったこと，本件火災が発生したのは，甲が 810 号室への居住を始めてからわずか 6 日目であったこと，引渡時に本件防火戸の電源スイッチの状態が確認されたと認めるに足りないことを総合すると，甲が上記連動制御器の蓋のねじを開けて本件防火戸の電源スイッチを切ったとは考え難く，本件防火戸のスイッチは引渡時に既に切られていたと推認するのが相当である。

810 号室は，防火戸を備えていながら，その電源スイッチが切られて作動しない状態で引き渡されたから，売買の目的物に隠れた瑕疵があったものとして，売主乙は，本件防火戸が作動しなかったことにより買主甲が被った損害を賠償すべき義務を負うというべきである。

2 本件防火戸の使用に関する説明義務違反について

丙は，本件防火戸の電源スイッチが，一見してそれとは分かりにくい場所に設置されていたにもかかわらず，甲に対して何らの説明をせず，甲は，上記電源スイッチが切られた状態で居住を開始したため，本件防火戸は，本件火災時に作動しなかったことが認められる。

したがって，乙は，甲に対し，本件売買契約上の付随義務として，上記電源スイッチの位置，操作方法等について説明すべき義務があったものというべきである。

宅地建物取引業者である丙は，その業務において密接な関係にある乙から委託を受け，乙と一体となって，本件売買契約の締結手続のほか，810 号室の販売に関し，甲に対する引渡しを含めた一切の事務を行い，甲においても，丙を上記販売に係る事務を行う者として信頼した上で，本件売買契約を締結して 810 号室の引渡しを受けたこととなるのである

第3章　区分所有者の請求／第3節　関係業者に対する請求

から，このような事情の下においては，丙には，信義則上，乙の上記義務と同様の義務があったと解すべきであり，その義務違反により甲が損害を被った場合には，丙は，甲に対し，不法行為による損害賠償義務を負うものというべきである。

解説　居室で火災が発生したが，同室に設置されていた防火戸の電源スイッチが切られていたため作動せず，同室全体に火災の損傷が及んだ。甲は，分譲業者及び宅地建物取引業者に対し，損害賠償を求めたところ，これが認められた事例

1　判旨は，防火戸を備えていながら，電源スイッチが切られて作動しない状態で引き渡されたことから，売主に瑕疵担保責任を認めた。また，売主から委託を受けてマンションの専有部分の販売に関する一切の事務を行っていた宅地建物取引業者に，専有部分内に設置された防火戸の操作方法等について，買主に対し説明すべき信義則上の義務があることを認め，その義務違反により損害を生じた場合には，宅建業者丙は，甲に対し，不法行為による損害賠償義務を負うべきものであるとした。

2　売主の説明義務について

(1)　平26・1・23大阪高判【類型24】－[1]は，分譲業者に対し，隣接マンション建設予定の説明義務違反による慰謝料請求を認容した。

(2)　平16・11・18最一判（民集58巻8号2225頁）は，売買契約後の値下げ販売の違法性を否定しながら，契約後の値下げ販売の可能性を説明しなかった説明義務違反を認め，慰謝料請求が認容された（【類型24】－[2]解説参照）。

(3)　平11・9・17大阪高判【類型24】－[8]は，完成前のマンションの販売においては，購入希望者は現物を見ることができないから，売主は購入希望者に対し，その実物を見聞できたのと同程度にまで説明する義務があるとして，売主の説明義務違反による不法行為による損害賠償請求を認めた。

3　宅地建物取引業者は，宅地建物取引業法上，その業務に関し，相手方等に対し，権利の種類及び内容，法令に基づく制限等，重要な事項について説明等をする義務を負う（同法35条，47条）。しかし，防火戸の電源

【類型24】区分所有者が分譲業者に対して損害賠償などを請求

スイッチの操作方法等は，重要事項に該当しない。

[コメント]

出典判例は，①防火戸の電源スイッチの所在が分かりにくい場所であったこと，②宅建業者が売主と一体となって，勧誘，説明等から引渡しに至るまで販売に関する一切の事務を行っていたことなどから，宅建業者に信義則上の説明義務を認め，その説明義務違反により不法行為による損害賠償責任を負うとしたものである。

第3章　区分所有者の請求／第3節　関係業者に対する請求

[10] 事例
【類型24】-［10］

> 甲は，兜マンション 110 号室の区分所有者
> 乙は，鎧マンションを所有する分譲業者
> 　甲が居住する兜マンションの隣地に，乙が鎧マンションを建築した。甲は，鎧マンションの窓から兜マンション 110 号室を見通すことができると主張し，①鎧マンションの窓への目隠し設置及び②鎧マンション建設による住環境悪化による損害賠償を求めた。（①訴え却下，②請求棄却）

論点　①目隠しの設置を求める内容が特定されているか
　　　　②日照，採光，通風，眺望について受忍限度を超えているか

出典　平 26・2・14 東京地判（平 25 年㈠ 7953 号/2014WLJPCA02148009）

判旨
1　目隠しの設置を求める訴えについて
　　　甲は，乙に対し，本件建物の北側及び西側の窓に目隠しを設置することを求めているものの，上記目隠しの形状等，すなわち，衝立状のものかそうでないものか，衝立状のものだとしてその材質は何か，その大きさはどの程度か，衝立状のものではないとして窓ガラスの材質をどのように変更するのか等についての具体的な主張をしない。したがって，目隠しの設置を求める甲の請求は，その内容の特定を欠いた不適法なものといわざるを得ない。

2　兜マンションの日照，採光，通風，眺望について
　甲は，本件建物が建築されたことにより，兜マンションの日照，採光，通風，眺望に甚大な悪影響を生じており，兜マンションの居住者のプライバシーが守られない危険性が大きいと主張する。
　確かに，争いのない事実等のとおりの本件建物及び兜マンションの規模や相互の位置関係を前提として，証拠及び弁論の全趣旨を総合すれば，本件建物が建築されたことにより，兜マンションの日照，採光，通風及び眺望や，兜マンションの居住者のプライバシーに一定の影響が生じていることは否定できない。
　しかし，敷地が商業地域に属していて日影規制はなく，最低高度地区

【類型24】区分所有者が分譲業者に対して損害賠償などを請求

（7メートル）とされていること，本件建物に建築基準法その他の建築関連法規の違反がないことは争いのない事実等のとおりである。

　そして，日照の点に関しては，甲は，冬至，春分及び秋分において，午前8時より午後零時過ぎまで日照がほぼ阻害されると主張しているが，証拠によれば，兜マンションの店舗や居室ごとに日照が阻害される程度は異なり，上記の時間中でも日照を得られる部分が少なからずあることがうかがわれるが，その詳細を明らかにする証拠はなく，また，プライバシーの点に関しては，争いのない事実等，証拠及び弁論の全趣旨によれば，乙は，当初の計画を変更し，本件建物の北側及び西側の窓の一部を設置しなかったほか，窓自体の開口部を小さくしたこと，本件建物の北側の窓のうち，兜マンション寄りの窓には目隠しが設置されていることが認められる上，乙が，甲を含む兜マンションの居住者のプライバシー等に配慮し，それに必要な限度で本件建物の西側の窓の一部を曇りガラスにした。

　このような事情を考慮すれば，兜マンションに対する上記のような影響が社会通念上甲の受忍限度を超えているとまで認めることはできない。

まとめ　甲は，居住する兜マンションの隣地に建築された鎧マンションの窓から兜マンションの自室を見通すことができるとし，鎧マンションの窓への目隠し設置及び鎧マンション建設による住環境悪化による損害賠償を請求したところ，①目隠しの設置について内容不特定で訴え却下，②住環境悪化の点に関しては，受忍限度を超えているとはいえないとして請求棄却した。

　判旨は，当初の計画を変更し，建物の北側及び西側の窓の一部を設置しなかったなどの事情を考慮すれば，兜マンションに対する影響が社会通念上甲の受忍限度を超えているとまで認めることはできないとした。

第3章　区分所有者の請求／第3節　関係業者に対する請求

[11] 事例　　　　　　　　　　　　　　　　　　　【類型24】-[11]

> 甲らは，兜マンション（20階建て）の区分所有者ら
> 乙は，鎧マンション（24階建て）の分譲業者
> 兜マンションの隣接地に鎧マンションが新築された。
> 甲らは，乙に対し，眺望権が侵害されたとして不法行為による損害賠償を求めた。（請求棄却）

論点　隣接地にマンションが新築され，眺望が遮られたことが違法となるか

出典　平24・3・27大阪地判（平22年(ワ)15843号／判時2159号88頁）

判旨　　1　本件眺望の客観的価値について
　　　　甲らは，本件眺望のうち，○○山から昇る朝日は文化的・歴史的な意義を有しており，高層ビル群と水辺景観とのコントラストは都市景観として文化的・社会的な価値を有しているなどと主張する。しかしながら，○○山から昇る朝日については，一般的に，朝日が昇る場面に関する眺望が直ちに文化的・歴史的価値を有するに至っていることを認めるに足りないから，このような眺望が，甲らにとっての主観的な価値を超えて，文化的・社会的な客観的価値を有するに至っているとまでは，当然にいうことはできない。また，高層ビル群と水辺景観については，高層ビル群の光景を含む夜景等が良好な景観とされることは否定できないものの，それが都市景観である以上，都市の発展や衰退に伴って，当然に移ろいゆくものであるというべきであるし，都市景観を享受している者は，自らも都市の内部又はその周辺部に居住している以上，当然に周辺環境の変化を受け入れざるを得ないというべきである。したがって，このような眺望は，自然物に係る眺望などとは異なり，その時々で，利益の享受者がたまたま享受できているにすぎないという一過性のものといわざるを得ず，客観的な価値を有するに至っているとまではいえない。

2　本件眺望の甲らにとっての主観的価値について
　　　甲らは，兜マンションを購入したのは良好な眺望が得られるからで

348

【類型24】区分所有者が分譲業者に対して損害賠償などを請求

あって，本件眺望は，甲らにとって重要な価値を有すると主張する。しかしながら，本件パンフレットには，兜マンションのセールスポイントとして，環境，感動，健康，近距離，価格という5点が掲げられているのに対し，兜マンションの眺望に関する記載はないこと，兜マンションの購入者に対するアンケート結果によれば，兜マンションの購入者らの兜マンション購入に係る動機は，最寄りの駅や市の中心街までも近いこと，低価格であること，自走式平面駐車場の使用料が無料であることなどが大多数を占め，眺望・景観を選択した者は，わずか1.2%にすぎなかったことが認められることに照らせば，甲らを含む兜マンションの購入者らにとって，兜マンションからの眺望が極めて重要と考えられていたとまでは認めるに足りない。以上によれば，兜マンション各居室からの眺望が，甲らの生活にとって極めて重要なものであったとまではいえない。

3　したがって，甲らが鎧マンション及びタワーパーキング建設前に有していた，本件眺望を享受する利益は，法的保護に値するほどに重要であったとはいえない。

まとめ　兜マンションの居住者が，その隣接地に鎧マンションが新築され，眺望が遮られたとして，分譲業者に対し，不法行為による損害賠償を求めたところ，これが認められなかった事例

判旨は，眺望は，自然物に係る眺望などとは異なり，その時々で，利益の享受者がたまたま享受できているにすぎないという一過性のものといわざるを得ず，客観的な価値を有するに至っているとまではいえない。また，眺望が，甲らの生活にとって極めて重要なものであったとまではいえない。したがって，眺望を享受する利益は，法的保護に値するほどに重要であったとはいえないとした。

第3章　区分所有者の請求／第3節　関係業者に対する請求

[12] 事例　　　　　　　　　　　　　　　　　　【類型24】-[12]

> 　甲らは，兜マンションの区分所有者ら
> 　乙は，県住宅供給公社
> 　乙が大震災の災害復興住宅として建設分譲した兜マンションが売れ残り，乙は，売れ残った住宅を，当初分譲から4年後に，市場価格の下限を10％以上も下回る価格で販売した。
> 　甲は，この販売は，当初買い受けた者に対する信義則違反だとして，不法行為に基づき損害賠償を求めた。

論点　公社の値下げ販売が違法となるか

出典　平19・4・13大阪高判（平18年㈱56号／判時1986号45頁）

判旨

1　マンション分譲の特質と乙の値下販売時における義務

　⑴　商品の価格は，市場における需要と供給の動向によって決定されるから，商品の所有者は，原則として，同種，同品質の商品であっても，暴利行為にわたらない限り，市場の価格動向を見ながら，自由に販売時期と価格を決定することができる。消費者は，商品の品質と価格を他と比較しながら，自らの判断と責任で購入するか否かを決めるものであって，客観的価値以上に高い価格で商品を購入したとしても，その責任は，基本的には自らがこれを負担すべきである。

　　商品の売主は，一般的には，販売開始後，売れ残りがあった場合には，これを値下げして販売すること及びその価格を自由に設定することができるというべきである。

　⑵　しかし，分譲マンションは，購入後の人生の大半を過ごすべく，長期保有の目的で，多くの場合は長期のローン負担をして購入される，取引機会の少ない，極めて高額の商品（耐久消費財）であり，通常の商品とは異なる特性を有している。

　⑶　さらに，乙は，その価格設定について，一般の分譲業者と比較して，より重い責任が課せられているものというべきである。消費者は，乙の公的性格から，乙の販売するマンション等の譲渡価格の設定

【類型 24】区分所有者が分譲業者に対して損害賠償などを請求

が適正になされているものと信頼して，これを購入している。

(4) 分譲マンションの特性，乙の性格及び本件売買契約の特性等を総合考慮すると，乙には，本件マンションを含む分譲マンション等の売れ残り住戸が生じた場合，完売を急ぐあまり，市場価格の下限を相当下回る廉価でこれを販売すると，当該マンション等の既購入者らに対し，その有する住戸の評価を市場価格よりも一層低下させるなど，既購入者らに損害を被らせるおそれがあるから，信義則上，上記のような事態を避けるため，適正な譲渡価格を設定して販売を実施すべき義務があるものというべきである。

2 本件値下販売の適法性

乙は，信義則上の義務に違反し，売れ残り住戸の完売を急ぐあまり，分譲開始から約 4 年後に，当時の市場価格の下限を 10％以上も下回る，当初の分譲予定価格から 49.6％値下げした平均坪単価 83 万円という著しく適正を欠く価格で本件マンションを販売したものであるから，その行為には過失があり，不法行為を構成するといわざるを得ない。

まとめ 県住宅供給公社が，大震災の災害復興住宅として建設分譲した兜マンションが売れ残り，この住宅を，当初分譲から 4 年後に，市場価格の下限を 10％以上下回る価格で販売した行為について，当初購入者が，信義則違反の不法行為となるとして，損害賠償を求めたところ，これが認められた事例

判旨は，県住宅供給公社による分譲の特性として，その価格設定について，一般の分譲業者と比較して，より重い責任が課せられているものというべきである，消費者は，乙の公的性格から，乙の販売するマンション等の譲渡価格の設定が適正になされているものと信頼して，これを購入しているとした。

351

第3章　区分所有者の請求／第3節　関係業者に対する請求

[13] 事例

【類型24】-[13]

> 甲らは，兜マンションの区分所有者ら
> 乙は，兜マンションの分譲業者
> 　1階車庫の壁の内側付近2か所に臭気抜きの排気管が取り付けられ，出入口付近の床の3か所に排水用のマンホールが設置されているが，この排気管及びマンホールは，いずれも共用設備である。しかし，1階車庫の極めて僅かな部分を占めるにすぎず，かつ，管理人が日常本件車庫に出入りする必要が生ずるわけでもない。
> 　乙は，兜マンション1階車庫について，専有部分だとして，所有権保存登記をした。甲らは，車庫の所有権保存登記の抹消を求めた。

論点　共用設備が設置されている車庫が専有部分に当たるか

出典　昭56・6・18最一判（昭53年㈹1373号／民集35巻4号798頁）

判旨　区分所有法1条にいう構造上他の部分と区分された建物部分とは，建物の構成部分である隔壁，階層等により独立した物的支配に適する程度に他の部分と遮断され，その範囲が明確であることをもって足り，必ずしも周囲全てが完全に遮蔽されていることを要しないものと解するのが相当である。そして，このような構造を有し，かつ，それ自体として独立の建物としての用途に供することができるような外形を有する建物部分は，そのうちの一部に他の区分所有者らの共用に供される設備が設置され，このような共用設備の設置場所としての意味ないし機能を一部帯有しているようなものであっても，右の共用設備が当該建物部分の小部分を占めるにとどまり，その余の部分をもって独立の建物の場合と実質的に異なるところのない態様の排他的使用に供することができ，かつ，他の区分所有者らによる右共用設備の利用，管理によって右の排他的使用に格別の制限ないし障害を生ずることがなく，反面，かかる使用によって共用設備の保存及び他の区分所有者らによる利用に影響を及ぼすこともない場合には，なお建物の区分所有等に関する法律にいう建物の専有部分として区分所有権の目的となり得るものと解するのが相当である。

【類型24】区分所有者が分譲業者に対して損害賠償などを請求

解説 分譲業者が，1階車庫について，専有部分だとして，所有権保存登記をしたが，甲らは，共用部分だとして，所有権保存登記の抹消を求めたところ，これが認められなかった事例

1 専有部分・共用部分の区分

判旨は，構造上の独立性がある建物の一部に，他の区分所有者らの共用に供される設備が設置され，共用設備の設置場所としての機能を有しているようなものがある場合について，①共用設備が当該建物部分の小部分を占めるにとどまり，その余の部分をもって独立の建物の場合と実質的に異なるところのない態様の排他的使用ができ，かつ，②他の区分所有者らによる右共用設備の利用，管理によって排他的使用に格別の制限ないし障害を生ずることがなく，反面，かかる使用によって共用設備の保存及び他の区分所有者らによる利用に影響を及ぼすこともない場合には，専有部分となり得るとした。

2 専有部分として認められた事例

平9・3・26神戸地判【類型13】-[2] は，本件係争部分（ピロティー）は，その構造上，脚柱のみの開放部分が多いが，北部の西側ロビー部分に接する部分にはコンクリート製の隔壁が設けられ，西部の北側半分もコンクリート製の壁面が設置されており，ロビー部分はタイルが貼ってあるのに対し，本件係争部分は，舗装されていなかったのであって，ロビー部分と本件係争部分との境界は明確であり，住民が2階以上の専有部分への出入りのために自由に立ち入ることができる構造ではなく，一応独立の物的支配が可能な程度に他から遮断されているものといえる。以上の認定判断によれば，本件係争部分は，乙の専有部分に属し，本件マンションの法定共用部分ではないというべきであるとした。

3 当事者適格

抹消登記手続請求は給付訴訟であるから，同請求権が自己に帰属すると主張する甲らに原告適格が認められ，甲らが，登記義務があると主張する乙に被告適格が認められる（平23・2・15最三判【類型2】-[4]，昭61・7・10最一判/判時1213号83頁）。

第3章　区分所有者の請求／第3節　関係業者に対する請求

【類型 25】区分所有者が宅地建物取引業者に対して
損害賠償などを請求

[1] 事例
【類型 25】－[1]

> 甲は，兜マンション 510 号室の区分所有者
> 乙は，不動産の売買，賃貸，仲介，あっせん，管理などを行う業者
> 甲は，乙から兜マンション 510 号室を買った。その後，510 号室は，居住者が居室から飛び降り自殺していた事実を知った。
> 甲は，乙に対し，居住者が居室から飛び降り自殺した事実を知っていたのに，同事実を告げずに売却したなどと主張して，損害賠償を求めた。(請求認容)

| 論点 | ①宅地建物取引業者に飛び降り自殺があったことを告知，説明すべき義務があるか |

②損害額につき民訴法 248 条適用の可否

| 出典 | 平 20・4・28 東京地判 (平 17 年(ワ)20687 号/判タ 1275 号 329 頁) |

| 判旨 | 販売業者 (宅地建物取引業者) 乙は，平成 15 年 6 月 16 日に長女が本件建物から転落して死亡した A から平成 16 年 7 月 23 日，代 |
金 1 億 3000 万円で本件不動産を買い受けた。平成 17 年 7 月 19 日，甲は，乙から，代金 1 億 7500 万円で本件不動産を買い受けた。本件売買契約に際し，乙は，甲に対し，本件死亡事故について，何らの告知，説明をしなかった。

　飛び降り自殺があった物件であることは，価格にも一定の影響があることは明らかであるから，相手方がこれを購入するか否かを検討する際に告知，説明しておく必要のある事柄であることも明白である。したがって，乙には，本件売買契約の約 2 年前に本件建物から居住者が飛び降り自殺する本件死亡事故があったことを知っていた以上，不動産を取り扱う専門業者として，当該不動産を売り渡そうとする相手方である甲に対し，当該事実を告知，説明すべき義務があったというべきである。

　甲は，本件損害を慰謝料の名目で請求しているが，実質的には，経済的

354

【類型 25】区分所有者が宅地建物取引業者に対して損害賠償などを請求

損害を含むものとして請求している。本件不動産の現実の購入価格である1億7500万円について，自殺物件であることによる減価を25％とみて，2年経過後であることを考慮すると，売買価格は，本来，1750万円程度は減額されるのが通常であったと解し得ることなど本件に表れた諸事情を総合考慮すると，民事訴訟法248条の趣旨に鑑み，本件告知，説明義務違反と相当因果関係の認められる甲の損害額は，2500万円と評価するのが相当であると判断する。

| 解説 | 乙から兜マンション510号室を買った甲が，乙に対し，居住者が居室から飛び降り自殺した事実を知っていたのに，同事実を告げずに売却したなどとして，不法行為による損害賠償を求めたところ，これが認められた事例

類型 25 は，宅地建物取引業者に対する請求のケースである。

1 宅地建物取引業者の重要事項説明義務

(1) 重要事項説明義務

　　宅地建物取引業者は，マンションの売買契約を締結するに先立ち，①自ら売主となる場合は売主として，②販売代理業務を行う場合は販売代理人として，③媒介業務を行う場合は媒介業者として，宅地建物取引士をして，買主に対し，少なくとも宅建業法35条に定める各事項を説明する書面（重要事項説明書）を交付して，買主に対して説明させなければならない（同条1項）。

(2) 重要事項説明義務における説明すべき事項

　　①登記簿上の権利関係（宅建業法35条1項1号）

　　②都市計画法，建築基準法などの法令に基づく制限の内容（同項2号）

　　③私道に関する負担に関する事項（同項3号）

　　④飲用水・電気・ガスの供給施設及び排水施設の整備状況（同項4号）

　　⑤未完成物件についてその完了時における形状，構造など（同項5号）

　　⑥区分所有建物についてその権利（同項6号）

　　⑦代金，交換差金及び借賃以外に授受される金銭の額，授受の目的（同項7号）

　　⑧契約の解除に関する事項（同項8号）

355

第3章　区分所有者の請求／第3節　関係業者に対する請求

⑨損害賠償額の予定又は違約金に関する事項（同項9号）など

(3)　宅建業法35条1項各号に掲げられた事項以外の重要事項の説明義務

宅地建物取引業者は，宅建業法35条1項各号に掲げられた事項以外の事項についても，個々の取引において買主等が契約を締結するか否か，その取引条件で契約を締結するか否かの判断に影響を与える重要な事項について，信義則上説明しなければならないと考えられる。例えば，地盤沈下や土壌汚染，自殺があったこと（出典判例），周辺に暴力団の組事務所があることなどの事項を挙げることができる。平11・9・17大阪高判【類型24】−[8]は，「いまだ完成前のマンションの販売においては，購入希望者は現物を見ることができないから，売主は購入希望者に対し，その売買予定物の状況について，その実物を見聞できたのと同程度にまで説明する義務があるというべきである。」とした。

(4)　説明義務の限界（調査義務の範囲）

宅建業者は，買主等が契約を締結するか否か，その取引条件で契約を締結するか否かの判断に影響を与える事項を説明する義務を負うが，どこまで調査すべきかが問題となる。例えば，当該不動産の物的な性質や状態については，通常の注意をもって当該不動産の現状を確認し，その状態を説明すれば足りると考えられる。隠れた瑕疵を発見するための専門的な調査義務までは負わない（平7・11・21大阪高判/判タ915号118頁）。

(5)　宅地建物取引業者が売主となる場合の主な宅建業法上の規制

宅地建物取引業者が自ら売主として売買契約を締結する場合には，取引経験や知識の違いから，宅地建物取引業者に有利な契約が締結されかねない。そこで，消費者保護の観点からこのような場合に，宅地建物取引業者に制約を加えることにしたものである。

ア　損害賠償額の予定等の制限（宅建業法38条）

イ　手付の額の制限（同法39条）

ウ　瑕疵担保責任の特約の制限（同法40条）

エ　手付金等の保全措置（同法41条，41条の2)

【類型 25】区分所有者が宅地建物取引業者に対して損害賠償などを請求

　　オ　自己の所有に属しない売買契約締結の制限（同法 33 条の 2）

　　カ　クーリング・オフ制度（同法 37 条の 2）

2　損害額の立証が極めて困難であるとして民訴法 248 条により損害額を認定した例

　⑴　平 10・10・16 東京地判（判タ 1016 号 241 頁）

　　　日影被害による建物価値の低下について

　⑵　平 12・9・6 横浜地判（判タ 1104 号 237 頁）

　　　分譲住宅建築に対する反対運動による建物価格の低下について

　⑶　平 18・8・30 東京高判【類型 24】－［9］

　　　火災時にマンションの防火戸が作動しなかったことによる拡大損害の損害額について

　⑷　平 20・4・28 東京地判【類型 25】－［1］（出典判例）

　　　宅建業者が，居住者が居室から飛び降り自殺した事実を告げずに売却したことによる購入者の損害額について

　⑸　平 23・3・8 福岡高判【類型 25】－［2］

　　　当該居室が前入居者によって相当長期間にわたり性風俗特殊営業に使用されていた瑕疵による減価の損害について

3　当事者適格

　　損害賠償請求権が自己に帰属すると主張する甲に原告適格が認められ，甲が，賠償義務があると主張する乙に被告適格が認められる（平 23・2・15 最三判【類型 2】－［4］，昭 61・7・10 最一判/判時 1213 号 83 頁）。

357

第3章　区分所有者の請求／第3節　関係業者に対する請求

[2] 事例

【類型 25】-[2]

> 甲は，兜マンション 110 号室の区分所有者
> 乙は，兜マンション 110 号室の前区分所有者
> 丙は，宅地建物取引業者
> 　乙から 110 号室を賃借していた A が性風俗特殊営業を営んでいたところ，乙は，甲に同室を売却した。
> 　甲は，110 号室の売買契約に際して，110 号室が相当長期間にわたって性風俗特殊営業に使用されていた事実が説明されていなかったとして，乙に対して，売主の瑕疵担保責任に基づき損害賠償を求め，丙に対しては説明義務等を怠った債務不履行に基づく損害賠償を求めた。

論点　①専有部分が相当長期間にわたって性風俗特殊営業に使用されていたことが隠れた瑕疵に当たるか

②宅地建物取引業者は，この説明をしなかったことにより債務不履行による損害賠償責任を負うか

③損害額について，民訴法 248 条適用の可否

出典　平 23・3・8 福岡高判（平 22 年㈨996 号／判時 2126 号 70 頁）

判旨　１　本件居室に隠れた瑕疵があるか

　　　　本件居室が前入居者によって相当長期間にわたり性風俗特殊営業に使用されていたことは，本件居室を買った者がこれを使用することにより通常人として耐え難い程度の心理的負担を負うというべき事情に当たる。そして，住居としてマンションの一室を購入する一般人のうちには，このような物件を好んで購入しようとはしない者が少なからず存在するものと考えられるから，本件居室が前入居者によって相当長期間にわたり性風俗特殊営業に使用されていたことは，そのような事実がない場合に比して本件居室の売買代金を下落させる（財産的価値を減少させる）事情というべきである。

　したがって，本件居室が前入居者によって相当長期間にわたり性風俗特殊営業に使用されていたことは，民法 570 条にいう瑕疵に当たるとい

358

【類型 25】区分所有者が宅地建物取引業者に対して損害賠償などを請求

うべきである。

2 瑕疵の存在による損害額

　本件居室については，上記の瑕疵により，対価的不均衡（減価）が生じているものと考えられる。本件居室の代金が2600万円であること，甲が被った精神的苦痛に伴う住み心地の悪さを解消するために諸費用を費やしたこと，他方，本件居室については，丙により内装工事が実施されて上記営業の痕跡は外見上ほとんど残っていないとみられることなどの諸事情を勘案すれば，民事訴訟法248条により，上記減価による損害を100万円と認めるのが相当である。

3 丙の債務不履行による損害額

　甲は上記瑕疵により100万円の損害を被ったものであるが，この損害と丙の債務不履行との間には相当因果関係がある。

|解説|　甲は，110号室の売買契約に際して，110号室が相当長期間にわたって性風俗特殊営業に使用されていた事実が説明されていなかったとして，売主に対して，瑕疵担保責任に基づき損害賠償を求め，宅建業者に対して説明義務等を怠った債務不履行に基づく損害賠償を求め，いずれも認められた事例

1　出典判例は，居室が前入居者によって相当長期間にわたり性風俗特殊営業に使用されていたことは，改正前民法570条にいう瑕疵に当たることを認めた。また，瑕疵の存在による損害額の算定に民訴法248条を適用した。同じく民訴法248条を適用した例として，平20・4・28東京地判【類型25】-[1] がある。

2　出典判例は，説明義務違反による損害賠償請求を債務不履行で構成している。しかし，平23・4・22最二判（民集65巻3号1405頁）は，説明義務違反による債務不履行責任を否定した。不法行為による賠償責任を負うことがあるのは格別，当該契約上の債務の不履行による賠償責任を負うことはないとする。

第3章　区分所有者の請求／第3節　関係業者に対する請求

【類型 26】区分所有者が建築施工業者に対して
損害賠償などを請求

[1] 事例

【類型 26】－［1］

> 甲は，兜建物（9 階建ての共同住宅・店舗用建物）の一棟所有者
> 乙は，兜建物の設計・工事監理，施工業者
> 兜建物は，A が建設し，甲は，A から，居住，賃貸目的で買い受け
> た。甲は乙に対して，当該建物には壁の亀裂，バルコニーの手すりの
> ぐらつき，雨漏りや鉄筋の耐力低下等の瑕疵があると主張して，不法
> 行為に基づく損害賠償請求をした。

論点　建物としての基本的な安全性を損なう瑕疵か

出典
①平 19・7・6 最二判（第 1 次上告審判決/平 17 年㈹ 702 号/民集
61 巻 5 号 1769 頁）

②平 23・7・21 最一判（第 2 次上告審判決/平 21 年㈹ 1019 号/裁民 237 号
293 頁）

判旨
1　第 1 次上告審判決

　　　　建物の建築に携わる設計者，施工者及び工事監理者（設計・
施工者等）は，建物の建築に当たり，契約関係にない居住者等に対する
関係でも，当該建物に建物としての基本的な安全性が欠けることがない
ように配慮すべき注意義務を負うと解するのが相当である。そして，設
計・施工者等がこの義務を怠ったために建築された建物に建物としての
基本的な安全性を損なう瑕疵があり，それにより居住者等の生命，身体
又は財産が侵害された場合には，設計・施工者等は，不法行為の成立を
主張する者が上記瑕疵の存在を知りながらこれを前提として当該建物を
買い受けていたなど特段の事情がない限り，これによって生じた損害に
ついて不法行為による賠償責任を負うというべきである。

　建物としての基本的な安全性を損なう瑕疵がある場合には，不法行為
責任が成立すると解すべきであって，違法性が強度である場合に限って
不法行為責任が認められると解すべき理由はない。

360

【類型26】区分所有者が建築施工業者に対して損害賠償などを請求

2 第2次上告審判決

　第1次上告審判決にいう「建物としての基本的な安全性を損なう瑕疵」とは，居住者等の生命，身体又は財産を危険にさらすような瑕疵をいい，建物の瑕疵が，居住者等の生命，身体又は財産に対する現実的な危険をもたらしている場合に限らず，当該瑕疵の性質に鑑み，これを放置するといずれは居住者等の生命，身体又は財産に対する危険が現実化することになる場合には，当該瑕疵は，建物としての基本的な安全性を損なう瑕疵に該当すると解するのが相当である。

　以上の観点からすると，当該瑕疵を放置した場合に，鉄筋の腐食，劣化，コンクリートの耐力低下等を引き起こし，ひいては建物の全部又は一部の倒壊等に至る建物の構造耐力に関わる瑕疵はもとより，建物の構造耐力に関わらない瑕疵であっても，これを放置した場合に，例えば，外壁が剥落して通行人の上に落下したり，開口部，ベランダ，階段等の瑕疵により建物の利用者が転落したりするなどして人身被害につながる危険があるときや，漏水，有害物質の発生等により建物の利用者の健康や財産が損なわれる危険があるときには，建物としての基本的な安全性を損なう瑕疵に該当するが，建物の美観や居住者の居住環境の快適さを損なうにとどまる瑕疵は，これに該当しないものというべきである。

　|解説|　兜建物は，Aが建設（建築施工は乙）し，甲は，Aから買い受けた。甲は乙に対して，当該建物には壁の亀裂，バルコニーの手すりのぐらつき，雨漏りや鉄筋の耐力低下等の瑕疵があると主張して，不法行為に基づく損害賠償請求をしたところ，当該建物には，建物としての基本的安全性を損なう瑕疵があるとして，甲の設計者，施工者，工事監理者に対する不法行為に基づく損害賠償請求が認められた事例（第2次上告審差戻し判決後の平24・1・10福岡高判（判時2158号62頁））

　第1次控訴審判決は，建物の設計・工事監理者や建築請負人の不法行為責任は，瑕疵の内容・程度が重大で，建物の存在自体が社会的に危険な状態であるなど違法性が強度な場合に限って認められるとしていた。

　類型26は，建築施工業者に対する請求のケースである。

第3章　区分所有者の請求／第3節　関係業者に対する請求

1　マンション建築における「瑕疵」

(1)　マンション建築工事の請負契約における契約不適合責任

　　請負人の担保責任について，売買契約における売主の契約不適合責任に関する規定が準用される（改正民法559条）。

(2)　改正前の民法におけるマンション建築工事請負人の瑕疵担保責任

　　建築物の瑕疵は，建物としての機能や財産的価値の大きさなどに照らし，建物の最低限度の性能について定めた建築基準法令に違反する場合や，建物が客観的にみて通常有すべき最低限度の性能を備えていない場合に認められる（平23・1・13仙台地判／判時2112号75頁）。マンション建築においては，使用された鉄骨の脆弱，水道管・下水道管工事，電気工事・ガス管工事の欠陥，壁面の亀裂，エレベーター室の騒音などが指摘され，問題となることが多い。

(3)　瑕疵の判断

　ア　建築基準関係法令

　　　関係法令は多岐に及ぶが，建築基準法などの建築基準法令の他，例えば，次の関係規定がある。

　　　①消防法9条の2（住宅用防災機器の設置）

　　　②水道法16条（給水装置の構造及び材質）

　　　③宅地造成等規正法8条1項（宅地造成に関する工事の許可）

　　　④都市計画法29条1項，2項（開発行為の許可）

　　　⑤都市計画法41条2項（建築物の建蔽率等の指定）

　　　⑥下水道法10条1項，3項（排水設備の設置等）

　イ　平25・2・26大阪地判（判タ1389号193頁）は，次のとおり基礎梁のクラックから基礎梁に施工不良があることを推認した。

　　　14階建てマンションの建築工事において，建物の引渡しから約3か月後には，基礎梁に幅0.3mm以上のクラック（住宅紛争処理の参考となるべき技術的基準（平成12年建設省告示第1653号）参照）が数十箇所発生していた。また，平成22年及び平成23年の時点で基礎梁のクラックから漏水している箇所があることが認められる。これらの事実を総合すれば，基礎梁について何らかの施工不良があることを推

362

【類型 26】区分所有者が建築施工業者に対して損害賠償などを請求

認することができ，この点は通常の施工として許容することができ
ないものとして瑕疵に当たる。

2 建築主に対するマンション建築施工業者の責任

(1) 建築工事請負業者の責任

　請負人は，仕事完成前においては債務不履行責任を負う。仕事完成
後にあっては，瑕疵担保責任又は不法行為責任を負う。

(2) 設計・工事監理契約当事者の責任

　設計契約は，請負契約又は準委任契約と考えられ，工事監理契約
は，準委任契約である。建築主から設計・工事監理を請け負い又は準
委任された建築士は，債務の本旨に従った履行をしないと債務不履行
責任を負うことになる。

3 建築工事請負契約の契約関係にない居住者，建物利用者，隣人，通行人などに対する建築施工業者の責任

　建物の建築に携わる設計者，施工者及び工事監理者は，建物を建築す
るに当たり，およそ建物を建築する以上は，建物としての基本的な安全
性が欠けることがないようにすべき注意義務を負っている。これは，建
築工事請負契約の契約関係にあるか否かにかかわらず，契約関係にない
居住者や建物利用者，隣人，通行人等に対する関係でも，当然に配慮す
べきことである。これを怠ったために建築された建物に建物としての基
本的な安全性を損なう瑕疵があり，それにより，居住者や建物利用者な
どの生命，身体又は財産が侵害された場合には，設計者，施工者及び工
事監理者は，これによって生じた損害について不法行為による賠償責任
を負う。

第3章　区分所有者の請求／第3節　関係業者に対する請求

[2] 事例

【類型26】-[2]

> 甲は，兜マンションを建築・分譲した業者
> 乙らは，甲が設計業務を委託したAの取締役ら
> 丙は，Aから構造設計業務を受託した業者
> 丁らは，丙の取締役ら
> 戊は，甲から本件建物の施工を受託した業者
>
> 　兜マンションは，甲が，建築・分譲した。甲は，設計業務をA（乙らが取締役）に委託し，Aは，構造設計業務を丙に委託した。建築確認は市が行い，建築施工は，甲が委託した戊が行った。
>
> 　兜マンションは，全戸分譲されたが，その後，耐震強度不足が発覚し，取り壊すことになった。このため，甲は，買主から全戸買取りすることを余儀なくされた。甲は，誤った構造計算書等の作成及び建築施工に関与した乙ら，丙，丁ら，戊に対する不法行為に基づく損害賠償請求，建築確認をした市に対し国家賠償法による損害賠償請求の訴えを提起した。（乙ら，丙，丁ら，市に対して請求認容，戊に対して請求棄却）

論点　①設計・構造設計を受託した業者の不法行為責任
②市の建築確認が国家賠償責任の違法に当たるか

出典　平24・12・7静岡地判（平19年(ワ)1624号/平20年(ワ)691号/判時2173号62頁）

判旨　1　争点①について

　　　建物の建築に携わる設計者，施工者及び工事監理者は，建物の建築に当たり，契約関係にない建物利用者や隣人，通行人等（「居住者等」）に対する関係でも，当該建物に建物としての基本的な安全性が欠けることがないように配慮すべき注意義務を負い，これを怠ったために建築された建物に建物としての基本的な安全性を損なう瑕疵があり，それにより居住者等の生命，身体又は財産が侵害された場合には，設計・施工者等は，特段の事情がない限り，これによって生じた損害について不法行為による賠償責任を負う（平19・7・6最二判/民集61巻5号1769頁）。

　　　この理は，施主と契約関係にある設計・施工者等にも妥当するのみならず，施主と契約関係にある設計・施工者等の履行補助者ないし履行代行者たる地位にある設計・施工者等にも妥当するものと解することがで

364

【類型 26】区分所有者が建築施工業者に対して損害賠償などを請求

きる。乙ら及び丙・丁らは，設計において杭頭接合部補強筋の本数を計算していないなど本件建物に建物としての基本的な安全性が欠けることがないように配慮すべき注意義務に違反し不法行為に，あるいは旧商法266条の3第1項などに基づき損害賠償責任を負う。

2　争点②について

　Bは，本件建築確認申請に対して，丙に追完を指示し，後日丙が最終頁のみを持参して追完した際，最終頁とその前頁との連続性について単に利用者番号，ソフトのバージョン番号，頁数を確認したのみで，前頁，前々頁に記載されていた本件建物の各階におけるX方向のフレームせん断力，Y方向の壁せん断力の数値と追完された最終頁に記載されている同数値が一致していることを確認しなかったものである。

　建築基準法は，建築主事に対し，全ての申請書類を工学的知見をもって厳密に逐一審査することまで求めているものではないが，保有水平耐力比が法令の定める基準を満たしているかどうかについて，二次設計の結論部分を見て，判定表で「OK」と記載されていることを確認することは最低限必要なことといえる。したがって，国家賠償法1条1項にいう違法があったといわなければならない。もっとも，本件申請については，施主である甲を代理して申請をした乙らなどに過失があるから，職権で過失相殺するのが相当であるところ，本件事案の内容，性質等，特に甲は建築士事務所に設計業務を委託していること，建築確認の制度が確認申請をする建築士に対する信頼を前提として成り立っていること，丙の過失の程度に鑑みると，甲に3割の過失があると認めるのが相当である。

【解説】　甲は，兜マンションを建築・分譲したが，設計業務をAに委託し，Aは，構造設計業務を丙に委託した。市が建築確認を行い，建築施工は，甲が委託した戊が行った。全戸分譲された後に，耐震強度不足が発覚し，甲は，買主から全戸買取りすることを余儀なくされた。そこで，甲は，誤った構造計算書等の作成及び建築施工に関与した業者らに対し不法行為に基づく損害賠償請求，建築確認をした市に対し国家賠償請求の訴えを提起したところ，施工業者に対する請求は認められなかったが，

365

第3章　区分所有者の請求／第3節　関係業者に対する請求

その他の業者らに対する請求及び市に対する請求が認められた事例

1　耐震強度不足における関係者の責任

関係者の責任を次のとおり分けて考えることができる。

①建築・分譲業者の責任

②設計業務受託業者の責任

③構造設計・構造計算業務受託業者の責任

④施工業者の責任

⑤建築確認をした地方公共団体の責任

⑥建築確認をした指定確認検査機関の責任

⑦指定確認検査機関がした建築確認についての地方公共団体の責任

2　関係者の責任についての裁判例

(1)　平24・12・7静岡地判【類型26】−[2]（出典判例）

上記1，②，③の不法行為責任を認め，

⑤の国家賠償責任を認めたが，

④の施工業者の不法行為責任を認めなかった。

(2)　平21・2・24名古屋地判（判タ1301号140頁）

⑤の国家賠償責任を認めた。

(3)　平23・2・23東京高判（判タ1356号156頁）

⑤の国家賠償責任を認めなかった。

(4)　平17・11・30横浜地判（裁判所ウェブサイト）

⑦の国家賠償責任を認めた。

(5)　平24・1・31横浜地判【類型26】−[3]

⑥の国家賠償責任を認めたが，

⑦の国家賠償責任を認めなかった。

(6)　平23・5・25東京地判【類型26】−[4]

区分所有者が，マンションの建築確認について，構造計算書の偽装が見逃され，耐震強度が不足することとなったとして，国交大臣の指定を受けた指定確認検査機関である建築確認業者（上記分類⑥）に対し不法行為に基づき，この業者が行う建築確認事務の責任帰属主体として区（上記分類⑦）に対し国家賠償法上の損害賠償を求めたところ，い

366

【類型 26】区分所有者が建築施工業者に対して損害賠償などを請求

ずれの請求も認められなかった。

3 当事者適格

　　乙ら，丙，丁ら，戊に対する損害賠償請求，市に対する国家賠償請求は，給付訴訟であるから，損害賠償請求権が自己に帰属すると主張する甲に原告適格が認められ，甲が，賠償義務者と主張する乙ら，丙，丁ら，戊，市に被告適格が認められる（平 23・2・15 最三判【類型 2】−[4]，昭 61・7・10 最一判/判時 1213 号 83 頁)。

第3章　区分所有者の請求／第3節　関係業者に対する請求

[3] 事例

【類型26】-[3]

> 甲らは，兜マンションの区分所有者ら
> 乙は，建築基準法上の指定確認検査機関である業者
> 丙は，設計監理業務全般を受託した業者
> 市は，建築確認について建築基準法が定める特定行政庁
> Aは，兜マンションを建築・分譲した業者
> Aは，Bに兜マンションの新築工事を発注した。Bは，丙に設計監理業務全般を委託し，丙は，Dに構造設計を委託した。丙は，Aの代理人兼設計者として，乙に対し構造計算書を提出して建築確認申請を行い，乙から兜マンションの建築確認済証の交付を受けた。甲らは，Aから，兜マンションを購入したが，兜マンションには，耐震強度不足の瑕疵があった。そこで，甲らは，（丙及びその代表者の他）乙及び市に対し，損害の賠償請求をした。（乙に対して請求認容，市に対して請求棄却）

論点　①指定確認検査機関である業者が賠償責任を負うか
②地方公共団体は，指定確認検査機関が行った建築確認について，賠償責任を負うか

出典　平24・1・31横浜地判（平21年(ワ)4065号／判時2146号91頁）

判旨　1　争点①について

　　　　Dの従業員Eは，構造計算書に，本件安全率が1未満となっている本件マンションの耐震壁の鉄筋量（鉄筋の直径及び鉄筋の間隔）部分を増加させる設計変更を手書きで記載する本件手書き修正を行った。本件手書き修正は本件安全率の逆数倍の量に鉄筋量を増加するとの判断に基づくものであるところ，その判断内容に照らすと，本件手書き修正の目的は，本件安全率を1以上とすることにあったと認められる。この事実に，乙の従業員であるFが指摘して本件手書き修正がなされた事実を総合すると，Fは，本件安全率が1を切っていることを発見し，その改善をEに指摘し，同指摘に基づき，Eは本件手書き修正を行ったものと認められる。

　　　本件手書き修正が誤りであることは，構造設計の基本ともいうべき事

368

【類型 26】区分所有者が建築施工業者に対して損害賠償などを請求

項であって，通常，構造設計者がこのように誤りをすることはあり得ないことからすると，建築確認の審査業務を行うＦは，上記指摘に基づき，Ｅが行った本件手書き修正が適正なものであり本件安全率の数値が１以上となっていたかどうかを確認し，耐力壁の種別を WA として計算するのが適切かどうかを確認する義務があったところ，Ｆは，本件手書き修正の誤りを修正せず，本件安全率の数値が１以上となっているかどうかを確認しないまま建築確認を行ったのであるから，上記義務を怠った過失があると認められる。

　以上から，乙は，Ｆの過失により，本件マンションの耐震強度不足を生じさせたのであるから，国賠法１条１項に基づき，耐震強度不足によって甲らに生じた損害を賠償する責任を負う。なお，甲らは，乙の責任について，不法行為とのみ主張しているが，指定確認検査機関は，国賠法上の損害賠償責任を負うと解されるので，本件においても，国賠法１条１項に基づく請求が含まれているものと解する。

２　争点②について

　平成 10 年に改正された建築基準法は，従来行政が行ってきた建築確認などについて，今後は行政側の十分な体制整備を期待することが困難であることや，建築士等の専門技術者の絶対数が確保され民間による多様なサービスの提供が期待できる状況になっていることを踏まえ，民間企業が行政に代わって建築確認を行う仕組みを構築し，行政による直接的な対応を中心とする枠組みから，監査や処分の厳正な実施などの間接的コントロールによる制度の適正な運営を確保する方式へと移行するため，建設大臣又は都道府県知事が一定の要件の下に指定した指定確認検査機関において，建築確認などをすることを可能としたものと認められる。

　指定確認検査機関の指定は，国土交通大臣又は都道府県知事が行うものとされ，同機関の業務が適正に行われるよう，同大臣及び都道府県知事は，監督命令や報告・検査を行うことができ，同機関が欠格事由に該当するようになった場合には，上記指定を取り消さなければならず，その他，一定の事由があるときは，業務停止を命ずることができる。

第3章　区分所有者の請求／第3節　関係業者に対する請求

　他方，特定行政庁に対しては，上記のような監督権限は与えられていない。特定行政庁は，指定確認検査機関が確認済証の交付をしたときには建築計画概要書を添えて報告を受け，建築物の計画が建築基準関係規定に適合しないと認めるときは，同機関にその旨を通知しなければならず，この場合，確認済証の効力は失われる。特定行政庁が受ける報告は，上記のようなものであって，建築確認に際して，その内容について，特定行政庁が，構造計算書を提出させるなどして詳しい報告を受けることは，法律上予定されていない。

　これらのことからすると，指定確認検査制度は，建築確認等の事務の主体を地方公共団体から民間の指定確認検査機関に移行したものであって，指定確認検査機関は，自ら設定した手数料を収受して，自己の判断で建築確認業務を行っており，その交付した建築確認済証は，建築主事が交付した確認済証とみなされるものである。そうすると，指定確認検査機関は，行政とは独立して，公権力の行使である建築確認業務を行っているのであって，指定確認検査機関の行った建築確認に瑕疵がある場合には，その国賠法上の責任は指定確認検査機関自身が負うものと解するのが相当である。

　乙が市に対して行った本件建築確認に関する報告にも，構造計算書は添付されず，建築計画概要書のみが添付されており，本件マンションの耐震強度が不足していること，本件安全率が1未満であること及び乙の指摘によって構造計算書に手書き修正がなされたことなどををうかがわせる記載はないと認められる。そうすると，市において，本件マンションに係る建築計画が建築基準関係規定に適合していないことを認識することができたとは認められず，その旨を乙に通知するなどその監督権限を行使することを怠ったとは認められない。したがって，市が，乙の行った建築確認について，国家賠償法上の責任を負うとは認められない。

　　　　　　耐震強度が不足しているマンションについて，区分所有者がした
<u>解説</u>　　　建築確認を行った指定確認検査機関に対する損害賠償請求は認められたが，地方公共団体に対する損害賠償請求は認められなかった事例

370

【類型 26】区分所有者が建築施工業者に対して損害賠償などを請求

1　指定確認検査機関である業者が損害の賠償責任を負うか

(1)　責任を否定した例

　　①平 21・6・23 福岡地小倉支判（判タ 1327 号 85 頁）

　　②平 21・7・31 東京地判（判タ 1320 号 64 頁）

　　③平 23・1・26 東京地判（判タ 1358 号 148 頁）

　　④平 23・3・30 東京地判（判時 2126 号 73 頁）

　　⑤平 23・5・25 東京地判【類型 26】-［4］

(2)　責任を肯定した例

　　①平 21・5・27 東京地判（判タ 1304 号 206 頁）

　　②平 24・1・31 横浜地判【類型 26】-［3］（出典判例）

2　地方公共団体は，指定確認検査機関が行った建築確認について，損害の賠償責任を負うか

　地方公共団体は，指定確認検査機関の建築確認の違法を理由として国家賠償法上の責任を負うとした平 17・11・30 横浜地判（裁判所ウェブサイト）がある。

3　当事者適格

　指定確認検査機関に対する賠償請求，市に対する国家賠償請求は，いずれも給付訴訟であるから，賠償請求権が自己に帰属すると主張する甲に原告適格が認められ，甲が，賠償義務者と主張する乙及び市に被告適格が認められる（平 23・2・15 最三判【類型 2】-［4］，昭 61・7・10 最一判/判時 1213 号 83 頁）。

第3章　区分所有者の請求／第3節　関係業者に対する請求

[4] 事例　　　　　　　　　　　　　　　　　　　　　【類型26】-[4]

> 甲らは，兜マンション 110 号室などの区分所有者
> 乙は，建築確認業者で，国交大臣の指定を受けた指定確認検査機関
> 区は，建築確認権限を有する建築主事が置かれた地方公共団体
> 　甲らは，兜マンションの建築確認について，構造計算書の偽装が見逃され，そのため耐震性が建築基準法の最低基準に不足することとなったと主張して，①乙に対し，不法行為に基づき，②区に対し，乙の行う建築確認事務の責任帰属主体として，国家賠償法上の各損害賠償を求めた。（請求棄却）

論点　構造計算書の偽装が見逃され，耐震性が不足することとなったことについて，建築確認を行った業者及び地方公共団体の損害賠償責任の可否

出典　平 23・5・25 東京地判（平 20 年(ワ)28174 号／判タ 1392 号 169 頁）

判旨　いわゆる耐震強度偽装事件を契機とする建築基準法の改正前であった本件建物の建築確認時において，確認審査を行う指定確認検査機関等が構造計算書の偽装の可能性を念頭に審査を行うのが通常であったとは考えられず，乙の確認検査員において，本件各建物の構造計算書により安全性を確認できないことを発見できずに確認済証を交付したことについて注意義務違反（過失）があったと認められるためには，設計図書中に構造計算書の偽装を疑わせる明らかな徴表のあったことが必要である。加えて，甲らは，保有水平耐力比が 0.5 以下であることを理由に建て直しを前提とした損害賠償を請求しているのであるから，偽装を疑わせる徴表が，本件建物の保有水平耐力比が 0.5 未満となる要因となっていたことも必要である。

　そこで，甲らの主張する諸点について，本件各建物において構造計算書の偽装を疑わせる明らかな徴表があったといえるか否か，またその徴表が本件各建物における本件構造耐力不足の要因となっていたか否かを検討するも，いずれも，設計図書中に構造計算書の偽装を疑わせる明らかな徴表があったとは認められないか，その徴表が本件構造耐力不足の要因となっ

372

【類型26】区分所有者が建築施工業者に対して損害賠償などを請求

ていたとは認められないし，そのほかにこれらを認めるに足りる証拠はない。したがって，乙の確認検査員に注意義務違反（過失）があったと認めることはできない。

解説　区分所有者が，マンションの建築確認について，構造計算書の偽装が見逃され，耐震強度が不足することとなったとして，①乙に対し，不法行為に基づき，②区に対し，乙の行う建築確認事務の責任帰属主体として，国家賠償法上の損害賠償を求めたところ，いずれの請求も認められなかった事例

1　出典判例の事案では，建築確認を行った指定確認検査機関，区，国という異なる立場の三者の責任が問われた。判決は，指定確認検査機関及び区については，指定確認検査機関の確認検査員を含めて，過失を否定し，国については国土交通大臣の行為の国家賠償法上の違法性を否定して，いずれの責任も認めなかった。

2　指定確認検査機関の責任を肯定した事例としては，

①平21・5・27東京地判（判タ1304号206頁）

②平24・1・31横浜地判【類型26】-［3］

がある。

　地方公共団体が，指定確認検査機関が行った建築確認について，国家賠償法上の責任を負うとされた事例として，平17・11・30横浜地判（裁判所ウェブサイト）がある。

373

第3章　区分所有者の請求／第4節　近隣住民などに対する請求

第4節　近隣住民などに対する請求

【類型27】区分所有者全員が近隣住民に対し建物敷地の境界確定請求

［1］事例　　　　　　　　　　　　　　　　　　　　　　　【類型27】－［1］

> 甲らと乙は，A土地の共有者
> 丙は，隣接するB土地の所有者
> 甲らは，丙に対し，A土地とB土地の境界の確定を図ったが，A土地の共有者である乙は，これに同調しなかった。そこで，甲らは，乙と丙に対し，A土地とB土地の境界確定を求めた。

論点　境界確定の訴えを提起することに同調しない共有者をも被告とすることにより訴え提起ができるか

出典　平11・11・9最三判（平9年(オ)873号/民集53巻8号1421頁）

判旨　境界の確定を求める訴えは，隣接する土地の一方又は双方が数名の共有に属する場合には，共有者全員が共同してのみ訴え，又は訴えられることを要する固有必要的共同訴訟と解される。したがって，共有者が右の訴えを提起するには，本来，その全員が原告となって訴えを提起すべきものであるということができる。しかし，共有者のうちに右の訴えを提起することに同調しない者がいるときには，その余の共有者は，隣接する土地の所有者と共に右の訴えを提起することに同調しない者を被告にして訴えを提起することができるものと解するのが相当である。

けだし，境界確定の訴えは，所有権の目的となるべき公簿上特定の地番により表示される相隣接する土地の境界に争いがある場合に，裁判によってその境界を定めることを求める訴えであって，所有権の目的となる土地の範囲を確定するものとして共有地については共有者全員につき判決の効力を及ぼすべきものであるから，右共有者は，共通の利益を有する者として共同して訴え，又は訴えられることが必要となる。しかし，共有者のうちに右の訴えを提起することに同調しない者がいる場合であっても，隣接する土地との境界に争いがあるときにはこれを確定する必要があることを

【類型 27】区分所有者全員が近隣住民に対し建物敷地の境界確定請求

否定することはできないところ，右の訴えにおいては，裁判所は，当事者の主張に拘束されないで，自らその正当と認めるところに従って境界を定めるべきであって，当事者の主張しない境界線を確定しても民訴法 246 条の規定に違反するものではないのである。このような右の訴えの特質に照らせば，共有者全員が必ず共同歩調をとることを要するとまで解する必要はなく，共有者の全員が原告又は被告いずれかの立場で当事者として訴訟に関与していれば足りると解すべきであり，このように解しても訴訟手続に支障を来すこともないからである。

解説 甲らは，A 土地と B 土地の境界を明確にするために，A 土地の共有者である乙に同調を求めるが，乙はこれに応じない。そこで，甲らは，乙と丙に対し，A 土地と B 土地の境界確定を求め，原告適格が認められた事例

類型 27 は，境界確定訴訟のケースである。

1 マンション敷地の境界確定

(1) 建物の敷地が区分所有者の共有に属する場合には，法 17 条から 19 条までの規定が，敷地に準用される（法 21 条）。これによれば，敷地の管理に関する事項は，集会の決議（普通決議）で決する（法 18 条 1 項）が，（その形状又は効用の著しい変更を伴わないものを除き）敷地の変更は，区分所有者及び議決権の各 4 分の 3 以上の多数による集会の決議で決する（法 17 条 1 項）。その形状又は効用の著しい変更を伴う敷地の変更にとどまらず，敷地の処分，すなわち共有持分の処分に当たることは，もはや集会議決で行うことはできず，持分権者全員の同意が必要となる。

(2) マンション敷地の境界確定は，敷地の得喪を伴うことであるから，敷地の処分に当たり，区分所有者全員の同意が必要である。

2 境界確定訴訟の当事者適格

境界確定訴訟の当事者適格は，相互に隣接する土地の各所有者に認められる（大 9・7・6 大判／民録 26 輯 958 頁）。共有地の場合，共有者全員が当事者となる。しかも，固有必要的共同訴訟である（昭 46・12・9 最一判／民集 25 巻 9 号 1457 頁）。

375

第3章　区分所有者の請求／第4節　近隣住民などに対する請求

　共有者のうち，訴え提起に同調しない者がいるときには，どうするのか。この点について，出典判例は，同調する共有者は，隣接する土地の所有者と同調しない共有者とを被告にして，訴え提起をすることができるとした。

　境界確定訴訟については，共同利益背反行為に対する停止等請求（法57条1項）におけるように，管理者に当事者適格が認められる（任意的訴訟担当）（同条3項）ことはないのか。管理者は，規約又は集会の決議により，区分所有者のために原告又は被告になることができるが，職務に関する事項に限られる（法26条4項）。管理者の職務権限は，集会決議を実行し，規約で定めた行為をすることである（同条1項）から，管理者は，集会決議に基づく変更・管理まではできるが，敷地の処分となる境界を確定する権限はない。したがって，管理者に任意的訴訟担当が認められることはなく，境界確定訴訟では，区分所有者全員が訴訟当事者となる必要がある。

第4章 関係業者 の請求

第1章 管理組合の請求

第2章 区分所有者全員の請求（管理者などによる訴訟担当）

第3章 区分所有者の請求

第4章 関係業者の請求

【類型28】**管理業者など**が**管理組合など**に対し管理料などを請求

第 4 章　関係業者の請求

【類型 28】管理業者などが管理組合などに対し管理料などを請求

[1] 事例

【類型 28】– [1]

> 甲は，エレベーター保守点検業者
> 乙は，兜マンション管理組合
> 甲は，乙から，期間を定めて，兜マンションのエレベーター保守点検業務を受託していたところ，乙が，期間満了前に保守管理契約を解除した。
> そこで，甲が乙に対し，保守管理契約解除に伴う債務不履行に基づき逸失利益相当額の 288 万 8550 円の損害賠償を請求した。（請求棄却）

論点　管理組合によるエレベーター保守管理契約の期間途中の解除が「不利な時期」の解約に該当するか

出典　平 15・5・21 東京地判（平 13 年㈠ 20533 号/判時 1840 号 26 頁）

判旨　本件契約の性質は，期間の定めのある有償の準委任契約と解され，したがって，本件契約には，民法 656 条により，民法の委任契約に関する規定が準用される。そして，民法 656 条が準用する 651 条 2 項本文は，「当事者の一方が相手方のために不利なる時期に於て委任を解除したるときは其の損害を賠償することを要す」と規定しているところ，本条項の「不利なる時期」とは，その委任の内容である事務処理自体に関して受任者が不利益を被るべき時期をいい，したがって，事務処理とは別の報酬の喪失の場合は含まれないものと解される。そして，本件において，甲が主張する本件解約に伴って発生した不利益は，事務処理とは別の報酬の喪失に他ならず，報酬は甲が月々のエレベーター保守管理サービスを行うことによって発生するものであること，本件解約によって甲において従業員の配置を見直したり従業員を解雇したなどといった事情を認めるに足りる証拠はなく，乙が 90 日間の猶予をもって本件解約通知を行っていることからすると，本件解約は「不利な時期」においてなされた場合に当たらないものと認めるのが相当である。

378

【類型 28】管理業者などが管理組合などに対し管理料などを請求

　甲は，期間の定めのある有償である本件契約においては，委任者である乙は，本件解約に伴い逸失利益相当額の損害賠償債務を負う旨主張するが，仮にそのように解すると，乙は，解約後においても，契約に伴う利益を享受することがないにもかかわらず，その対価のみは負担しなければならないことになって，解約をすることが全く無意味となり，当事者間の信頼関係を基礎とする委任契約について，民法 651 条が解約を認めた趣旨を没却することとなって，相当ではない。

解説　エレベーター保守点検業者が，管理組合から，期間を定めて，エレベーター保守点検業務を受託していたところ，管理組合が，期間満了前に保守管理契約を解除したので，保守管理契約解除に伴う債務不履行に基づき逸失利益相当額の損害賠償を請求したところ，これが認められなかった事例

　類型 28 は，関係業者から請求するケースである。

1　不利な時期

　判旨は，民法 656 条が準用する 651 条 2 項の「不利なる時期」とは，その委任の内容である事務処理自体に関して受任者が不利益を被るべき時期をいい，甲が主張する本件解約に伴って発生した不利益は，事務処理とは別の報酬の喪失に他ならず，報酬は甲が月々のエレベーター保守管理サービスを行うことによって発生するものであることなどからすると，本件解約は「不利な時期」においてなされた場合に当たらないとした。

2　管理業者の管理事務

　管理業者の管理事務の内容は，管理組合と管理業者との間で締結される個々の管理委託契約によって定まり，マンション標準管理委託契約書によれば，①事務管理業務，②管理員業務，③清掃業務，④建物・設備管理業務に分類することができる。管理業者の管理事務の履行を巡る裁判例をみると，①と④に関するものが比較的多い。

3　民法 651 条 2 項の改正

(1)　改正前の規定

　「当事者の一方が相手方に不利な時期に委任の解除をしたときは，

第4章　関係業者の請求

その当事者の一方は，相手方の損害を賠償しなければならない。ただ
し，やむを得ない事由があったときは，この限りでない。」としてい
た。

(2)　改正後の規定

「前項の規定により委任の解除をした者は，次に掲げる場合には，
相手方の損害を賠償しなければならない。ただし，やむを得ない事由
があったときは，この限りでない。

①　相手方に不利な時期に委任を解除したとき。

②　委任者が受任者の利益（専ら報酬を得ることによるものを除く。）をも
目的とする委任を解除したとき。」

(3)　改正の趣旨

委任契約は，通常は，委任者の利益のために受任者が事務処理を行
うが，受任者の利益をも目的とする場合もある。例えば，受任者の委
任者に対する債権回収目的などの場合を挙げることができる。

この場合，委任者が任意解除することができるかについて，昭
56・1・19最二判（民集35巻1号1頁）は，次のとおり判示して，やむ
を得ない事由がない場合であっても，任意解除することができるとし
た。すなわち，「本件管理契約の如く単に委任者の利益のみならず受
任者の利益のためにも委任がなされた場合であっても，委任契約が当
事者間の信頼関係を基礎とする契約であることに徴すれば，受任者が
著しく不誠実な行動に出る等やむをえない事由があるときは，委任者
において委任契約を解除することができる」とし，そして，「かかる
やむをえない事由がない場合であっても，委任者が委任契約の解除権
自体を放棄したものとは解されない事情があるときは，当該委任契約
が受任者の利益のためにもなされていることを理由として，委任者の
意思に反して事務処理を継続させることは，委任者の利益を阻害し委
任契約の本旨に反することになるから，委任者は，民法651条にのっ
とり委任契約を解除することができ，ただ，受任者がこれによって不
利益を受けるときは，委任者から損害の賠償を受けることによって，
その不利益をてん補されれば足りるものと解するのが相当である。」

【類型 28】管理業者などが管理組合などに対し管理料などを請求

とした。

　改正前民法には，受任者の利益をも目的とする委任契約ができる旨の規定が置かれていなかった。そこで，改正民法では，上記昭 56・1・19 最二判の趣旨を踏まえて，委任の任意解除をした者は，委任者が受任者の利益（専ら報酬を得ることによるものを除く。）をも目的とする委任契約を解除したときであっても，相手方の損害を賠償しなければならない，ただし，やむを得ない事由があったときは，この限りでないとの規定が置かれた。

　ただし，民法 651 条 2 項 2 号は，「受任者の利益」から，専ら報酬を得ること，すなわち，事務処理の対価である報酬を得ることを除外しているので注意しなければならない。

4　当事者適格

　途中解除による損害賠償請求権が自己に帰属すると主張する甲に原告適格が，甲が賠償義務者と主張する乙に被告適格が認められる（平 23・2・15 最三判【類型 2】-[4]，昭 61・7・10 最一判/判時 1213 号 83 頁）。

[2] 事例

【類型28】－[2]

甲は，建築工事の設計・監理及び建物の調査・診断業者
乙は，兜マンション管理組合（権利能力なき社団）
Aは，乙の管理者（理事長）
甲は，集会の決議がないまま，Aとの間で，建物調査診断等の委託契約を締結した。甲は，乙に対し，受託業務は完了したとして，報酬の支払を求めた。（請求棄却）

論点 一般法人法77条4項及び5項により，又は，民法110条により，管理組合が報酬支払義務を負うか

出典 平27・7・8東京地判（平25年(ワ)9857号/判時2281号128頁）

判旨

1　一般法人法77条4項及び5項により，管理組合が報酬支払義務を負うか

本件契約は，本件マンションの現状を調査して報告書にまとめ，それをもとに改修工事の設計を行い，施工会社の選定を行い設計監理を行うとの内容であるから，同契約の締結は，共用部分の管理に係る事項に該当するものと認められ，区分所有法18条1項により，集会の決議が必要である。ところが，本件契約の締結に際して，集会の決議は行われていないから，乙が，一般法人法等により本件契約に基づく報酬支払義務を負うかが問題となる。

一般法人法77条4項は，代表理事に包括的代理権を付与し，同条5項は，前項の権限に加えた制限について，善意の第三者を保護している。区分所有法によれば，共用部分は，区分所有者全員の共有に属し（同法11条1項），管理者は，共用部分等の保存，集会決議の実行，規約で定められた行為をする権利を有し，その職務に関して区分所有者を代理する権限を有しているにすぎず（同法26条1項，2項），管理者の上記代理権に加えた制限は，善意の第三者に対抗することができないと規定されている（同法同条3項）。

そうすると，管理者は，そもそも，乙の包括的代理権を有しているものではなく，集会の決議なく本件契約を締結する権限を有しているもの

【類型 28】管理業者などが管理組合などに対し管理料などを請求

ではないから，一般法人法 77 条 5 項により，乙が本件契約に基づく報酬金支払義務を負うということはできない。

2　民法 110 条により，乙が報酬支払義務を負うか

甲は，マンションの改修等に当たっては，通常，管理組合の規約により，何らかの総会の同意が必要であることは感じていたというのであり，それにもかかわらず，理事長や理事らに何の確認も取らずに契約締結に至っているのであるから，過失はあるといわざるを得ない。

甲は，平成 23 年 3 月 30 日，Aに対し，見積書を郵送で提出し，同年 4 月中旬，Aの求めに応じて，乙の理事らに対し，見積もりの内容や業務内容等を説明し，同年 5 月，他の 2 名の理事が出席する中で本件契約締結に至り，その後も，乙区分所有者に対する説明会において，甲代表者が説明するなどしたのであるから，甲には正当な理由がある旨主張する。

しかし，甲は，Aに虚偽の事実を伝えられたものではなく，そもそもその権限について確認を行っていないのであるから，本件契約の締結について集会の決議がなく，Aが権限を欠いていることを知らなかったことについて，過失があるという他ない。

まとめ　甲は，集会の決議がないまま，管理者との間で，建物調査診断等の委託契約を締結し，受託業務は完了したとして，報酬の支払を請求したが，これが認められなかった事例

判旨は，管理者は，乙の包括的代理権を有しているものではなく，集会の決議を実行する権限を有しているに過ぎないから，一般法人法 77 条 5 項により，乙が報酬支払義務を負うとはいえないし，甲は，管理者の権限について確認を行っていないのであるから，過失があり，民法 110 条により，乙が報酬支払義務を負うとはいえないとした。

383

第4章　関係業者の請求

[3] 事例　　　　　　　　　　　　　　　　　　　【類型28】－[3]

> 甲は，電気通信事業者
> 乙は，兜マンション管理組合
> 　乙は，総会普通決議の上，甲との間で，通信機等を設置し携帯電話の基地局とするため，マンション屋上の一部を賃借する契約を締結した。しかし，兜マンションの居住者らが上記設備の設置工事を妨害したとして，上記賃借権の確認及び設置工事の妨害禁止を求めた。

論点　管理組合が，電気通信事業者との間で屋上に携帯電話の基地局設置目的の賃貸借契約を締結する総会の決議は普通決議で足り得るか

出典　平21・2・27札幌高判（平20年㈱234号/判タ1304号201頁）

判旨　法17条1項は，「共用部分の変更（その形状又は効用の著しい変更を伴わないものを除く。）」が特別決議事項であると定めている。ここにいう「共用部分の変更」は，その文言から明らかなように，「形状又は効用の著しい変更を伴」うものである。

　共用部分を第三者に賃貸して使用させる場合に必要な決議は，第三者に使用させることにより「敷地及び共用部分の変更（改良を目的とし，かつ，著しく多額の費用を要しないものを除く。）」をもたらすときは特別決議，これをもたらさないときは普通決議であると解される。

　本件設備等を本件建物の屋上に設置するときの工事内容は，①本件建物の屋上コンクリートに約10センチメートルの深さでケミカルアンカーを打ち込み，そこに鉄筋を組んで生コンを入れて架台を造り，基礎を設けてその上に，高さ約8メートルの棒状アンテナを設置する，②機械収容箱は，新設MISC架（ワイド）が幅約170センチメートル，奥行き約66センチメートル，高さ約165センチメートルの直方体であり，新設屋外一体型無線機が幅約126センチメートル，奥行き約100センチメートル，高さ約150センチメートルの直方体であって，アンテナと機械収容箱の総重量は約1.5トンである，③アンテナ及び機械収容箱の稼動に必要な電力は，本件建物の地階の電気室の配電盤から供給されるため，マンション共用部分

384

【類型 28】管理業者などが管理組合などに対し管理料などを請求

のパイプシャフト（ケーブルや配管を通すため，各フロアに設置されている箇所をいう。）に穴を開けて電源ケーブルを屋上まで通す，というものである。

ケミカルアンカーを打ち込んだ部分の復旧は，防水工事を施してモルタルを流し込む方法で容易に行うことができる。

以上によれば，本件設備等を本件建物の屋上に設置する工事によって，共用部分に「形状又は効用の著しい変更」が生ずるとは認められない。したがって，本件設備等を本件建物の屋上に設置して共用部分を甲に使用させるに当たり必要な決議は，普通決議（本件規約46条2項）で足りると解される。

> **解説** 電気通信事業者が基地局を設置するために，管理組合との間で，総会決議を経て，屋上の一部の賃貸借契約を締結したが，居住者らが工事を妨害したとして，賃借権の確認と設置工事の妨害禁止を求め，これが認められた事例

1　平成14年区分所有法改正による変更要件の緩和

共用部分の変更は，区分所有者及び議決権の各4分の3以上の多数による集会の決議（特別決議）で決する（法17条1項本文）。旧法では，変更であっても，「改良を目的とし，かつ，著しく多額の費用を要しないもの」は特別決議の対象から除かれていたが，平成14年改正では，この要件が撤廃され，「その形状又は効用の著しい変更を伴うものを除く。」として変更の要件が緩和された（法17条1項本文括弧書き）。

旧法下では，定期的に実施される外壁などの大規模修繕工事であっても，多額の費用を要する場合には特別決議が必要となって，円滑な実施ができなくなっていた。そこで，建物を適正に管理していくために，形状又は効用の著しい変更を伴わない修繕については，工事の規模や修繕費用の多寡に関わらず，狭義の管理と同じく，過半数の決議で実施できることになった（法18条1項本文）。

2　普通決議

判旨は，本件設備等を屋上に設置するときの工事内容は，屋上コンクリートに約10センチメートルの深さでケミカルアンカーを打ち込み，そこに鉄筋を組んで生コンを入れて架台を造り，基礎を設けてその上

385

第4章　関係業者の請求

に，高さ約8メートルの棒状アンテナを設置するなどであり，復旧は，防水工事を施してモルタルを流し込む方法で容易に行うことができる。以上によれば，共用部分に「形状又は効用の著しい変更」が生ずるとは認められず，必要な決議は，普通決議で足りるとした。

3　共用部分の第三者使用

　管理事務室や電気室など，管理組合から受託した業者が，業務を行うために共用部分を使用することが必要となる場合がある。この他にも，管理組合は，総会の決議を経て，敷地及び共用部分及び附属施設の一部を第三者に使用させることができる（標規16条2項）。この場合，対象となるのは，広告塔，看板等である（コメント16条関係）。規約によれば，駐車場及び専用使用部分についても第三者使用を認めることができる。

【類型 28】 管理業者などが管理組合などに対し管理料などを請求

Column

【区分所有法の制定及び改正の経緯　その2】

1　区分所有法の制定

　区分所有法は，昭和 37 年 4 月 4 日公布され（法律第 69 号），昭和 38 年 4 月 1 日から施行された。区分所有法は，その後，昭和 58 年と平成 14 年に大きく改正されている。

2　区分所有法の平成 14 年改正

　平成 14 年の改正（公布は平成 14 年 12 月 11 日（法律第 140 号），施行は平成 15 年 6 月 1 日）の主要な点は次のとおり

(1)　管理の適正化

　　ア　形状又は効用の著しい変更を伴わない共用部分の変更が普通決議でできるようになった。

　　イ　管理組合の管理者及び管理組合法人に対して，損害賠償金の請求，受領の代理権限が認められた。

　　ウ　管理組合の法人化の人数要件を撤廃した。

　　エ　規約・議事録等及び集会決議の電子化が認められた。

(2)　建替えの促進

　　ア　建替え要件について，費用の過分性，敷地の同一性，建物の使用目的の同一性の要件を撤廃した。

　　イ　団地内建物の一括建替え決議の制度などを新設した。

第 4 章　関係業者の請求

[4] 事例 【類型 28】−[4]

> 　甲は，兜マンション 110 号室を所有者 A から委託を受けて賃貸・管理する会社
> 　B は，110 号室を甲から賃借し，同室に居住していた。
> 　乙は，兜マンション 120 号室を所有者 C から賃借し，同室において大型犬であるドーベルマンを飼育していた。
> 　事故当日，B が共用通路を歩いていたところ，乙の娘 D が連れ出した上記の犬が B に襲いかかってきてかみついた。このため，事故以後，B は，兜マンションに居住し続けることが困難な精神状態に陥り，甲と B は，110 号室の賃貸借契約を合意解除した。甲は，解除後，110 号室の入居者の募集を続けているが，空室のままとなっている。そこで，甲は乙に対し，賃借人が退去し賃料収入を得られなくなった損害の賠償を求めた。
> 　なお，甲 B 間の賃貸借契約には，賃借人は賃貸借期間中であっても 2 か月の予告をもって解約の申入れをすることができること，この予告に代えて 2 か月分の賃料相当額（解約違約金）を支払って即時に解約することができることが定められていた。甲は，賃貸借契約の合意解除に際し，解約違約金の支払債務を免除した。（解約違約金分の損害のみ認容）

論点 　ドーベルマン犬にかまれた賃借人が退去し賃料収入を得られなくなった損害（間接損害）について，乙の行為との相当因果関係又は乙に過失があるか

出典 　平 25・5・14 東京地判（平 23 年㈦35058 号/判時 2197 号 49 頁）

判旨 　**1　間接損害構成による本件不法行為の検討**
　　　　　民法 709 条，718 条 1 項等において，その文言上，権利・法益を侵害された者と損害を被った者とが同一の法主体であることが要求されているわけではない。しかし，直接被害者と賠償請求者とが別人格となる間接損害の賠償を無制約に認めた場合，無限に連鎖する契約関係，取引関係等を介して，損害賠償の範囲が不当に拡散してしまい，損害の公平な分配を図る損害賠償法の理念に反することになりかねない。
　　　このような見地から考えるに，不法行為の被侵害利益の法主体と，賠

388

【類型 28】管理業者などが管理組合などに対し管理料などを請求

償を求める損害の法主体とが，別人格となる，いわゆる間接損害の事案
において，当該損害が損害発生者に固有の損害である場合には，原則と
して，加害行為と当該損害との間に相当因果関係を認めることはでき
ず，例外として，加害行為者と損害発生者とが経済的に一体関係にある
と認められる場合に限って，相当因果関係が肯定され，その賠償請求が
認められるにとどまると解するのが相当である。他方，損害が，発生者
に固有の損害ではなく，加害行為者に生じた損害をいわば肩代わりした
反射的損害といえるような場合には，民法 422 条の類推適用により，当
該損害の賠償請求を認めるのが相当である。

　Bへの加害行為と甲が賃料収入を失った損害とは，間接損害の関係に
ある。そして，Bと甲との間に，経済的な一体関係があるわけではない
から，甲に生じた固有の損害につき，Bへの加害行為（本件事故）との
相当因果関係を認めることはできない。そして，解約違約金相当額を除
く得べかりし賃料収入の逸失利益及び電気・水道の基本料金相当額の支
出は，甲に固有の損害であるから，乙に請求することはできない。

　他方，本件賃貸借契約が定める 2 か月分の賃料額に相当する解約違約
金に係る損害に関しては，Bに本来生じたはずの損害を，甲が肩代わり
する形で転嫁された反射的損害というべき実質を有するものと解される
から，民法 422 条の類推適用により，乙はその賠償義務を免れないとい
うべきである。

2　直接損害構成による本件不法行為の検討

　被害者を甲，被侵害利益を甲の賃料債権として，被害者自身の直接損
害の賠償を請求するものと把握した場合，過失の内容については，Bの
身体に加えられた加害行為（本件事故）に係る過失ではなく，甲の賃料
債権ないし不動産賃貸業に係る営業利益の侵害に係る過失である。そう
すると，この過失が認められるのは，加害者において，原告の賃料債権
ないし不動産賃貸業に係る営業利益の侵害の回避に向けられた具体的な
注意義務の違反があった場合に限られるというべきであり，かつ，当該
注意義務は，加害者側の行為の危険性と有用性，被害者側の法益の要保
護性等の総合的な衡量の下で，具体的な結果回避義務が導かれることを

第 4 章　関係業者の請求

必要とするというべきである。

　乙は，ドーベルマン犬を 6 歳の子どものみで連れ出すに任せて，突発的な事態に即応できるような態勢を整えておかなかった点で，本件事故の発生に向けられた過失があるということはいえても，当該行為（不作為）は，B が入居している 110 号室の賃貸人の賃料債権，不動産賃貸業に係る営業利益を喪失させる定型的な危険を伴うものではなく，その権利・法益の侵害に向けられた具体的な注意義務違反を直ちに基礎づけることはできない。甲の賃料債権自体，もともと 2 か月の解約予告期間の経過をもって代えられる権利であり，一定の空室期間の発生も本来的に想定されているということを併せ考慮すると，やはり，甲の賃料債権又は不動産賃貸業に係る営業利益の侵害に向けられた具体的な注意義務を基礎づけるには足りないといわざるを得ない。以上によれば，乙には，甲の権利・法益侵害に向けられた過失を認めることができない。

解説 120 号室を賃借し，大型犬ドーベルマンを飼育していた乙の娘がこの犬を連れ出したところ，共用通路で，この犬が 110 号室を賃貸・管理する甲から賃借していた B に襲いかかってきてかみついた。このため，甲と B は，110 号室の賃貸借契約を合意解除した。甲は，解除後，110 号室の募集を続けているが，埋まらないので，乙に対し，賃借人が退去し賃料収入を得られなくなった損害の賠償を求めたところ，損害の一部が認められた事例

1　間接損害

　本件事案の問題点は，本件事故と間接被害者甲の損害（間接損害）との間に相当因果関係があるといえるかである。

　間接損害といわれるのは，加害者の故意過失の行為によって，直接被害者の権利が侵害され，これによって生じた間接被害者の損害をいう。直接被害者とは別に，間接被害者も損害賠償請求できるかという形で問題とされる。従来，交通事故損害賠償請求において，企業損害の賠償請求が認められるかという場面で問題とされることが多かった。

2　出典判例

　昭 43・11・15 最二判（民集 22 巻 12 号 2614 頁）は，企業損害の事案に

【類型 28】管理業者などが管理組合などに対し管理料などを請求

おいて，間接損害の賠償が認められるのは，直接被害者と損害賠償請求
主体との間に経済的一体関係がある等の場合に限られるとしている。

出典判例は，間接損害構成による不法行為の成否について，間接損害
が，間接被害者に固有の損害である場合には，原則として，直接被害者
に対する加害行為と間接被害者の当該損害との間に相当因果関係を認め
ることはできないとした。そして，例外として，直接被害者と間接被害
者とが経済的に一体関係にあると認められる場合に限って，間接被害者
に発生した損害についての相当因果関係が肯定されるにとどまる，間接
被害者に生じた損害が，固有の損害ではなく，直接被害者に生じた損害
をいわば肩代わりした反射的損害といえるような場合には，民法 422 条
(損害賠償による代位) の類推適用により，当該損害の賠償請求が認められ
るとした。

3　当事者適格

不法行為による損害賠償請求権が自己に帰属すると主張する甲に原告
適格が認められ，甲が，賠償義務者と主張する乙に被告適格が認められ
る（平 23・2・15 最三判【類型 2】-[4]，昭 61・7・10 最一判/判時 1213 号 83 頁)。

391

第 4 章　関係業者の請求

[5] 事例
【類型 28】－[5]

> 甲は，兜別荘地全体の管理業者
> 乙らは，各分譲地所有者ら
> 甲は，乙らが各分譲地を購入したとき，同人らとの間で，管理契約を締結した。甲は，これに基づき，乙らに対し，滞納管理費を請求したところ，乙らは，管理契約を解除した。

論点　乙らが民法 656 条，651 条 1 項に基づき管理契約を解除したことにより，解除後の管理費の支払義務が消滅するか

出典　平 28・1・19 東京高判（平成 26 年㈹ 3000 号／判時 2308 号 67 頁）

判旨　本件管理契約は，甲が乙らから，個別管理とともに，兜別荘地内の道路，排水路，ごみ置場，公園等の維持・管理等の全体管理についての事務委託を受けるものであり，準委任契約に当たる。しかし，甲が所有する排水路，ごみ置場，公園等を乙らに利用させるという業務を行うことも内容としており，この点は準委任契約に含まれない法的性質のものである。本件管理契約は，両者を一体のものとする内容となっている。

　本件管理契約をみると，①分譲地を購入した者は，兜別荘地全体の居住環境を良好なものとして維持していくために兜管理契約の締結が義務付けられることを承諾して，購入していること，②本件管理契約を含む兜管理契約の目的や仕組みに照らすと，兜別荘地内に不動産を所有して全体管理による利益を享受しながら，兜管理契約を一方的に解除してその費用負担のみを免れることを許容しているとは解されないこと，③兜管理契約は，各物件所有者に共通する利益を図るものであると同時に，甲が管理費を得ることによって各物件所有者に対する全体管理に係る管理事務を安定的に履行できるという甲の利益をも目的とするものであり，これらの利益は，重要な利益であるというべきであること，④兜管理契約は，甲による役務の提供のほか，甲が所有する排水路，ごみ置場，公園その他の施設等を乙らに利用させることをも内容とするものであるが，兜管理契約のこのような内容は，各分譲地所有者が純粋な人的な信頼関係に基づいて契約の相手方として甲を選択したというよりも，甲が兜別荘地内に上記施設等を所有

【類型 28】管理業者などが管理組合などに対し管理料などを請求

する者であることから必然的に契約当事者になっているというべきであり，委任契約が当事者間の人的な信頼関係に基づくものであることに基づいて委任契約の当事者に自由な解除権を認めた民法 651 条 1 項の趣旨が必ずしも妥当する関係であると解することができない。これらの事情によれば，乙らが本件管理契約の解除権自体を放棄したものとは解されない事情があることは認められない。

解説　別荘地全体の管理業者が，各分譲地所有者との間で管理契約を締結し，管理費を請求したところ，分譲地所有者から契約を解除されたが，契約解除後の管理費について請求が認められた事例

1　昭 56・1・19 最二判（民集 35 巻 1 号 1 頁）が，受任者の利益のためにも締結された委任契約であっても，その契約において委任者が委任契約の解除権自体を放棄したものとは解されない事情がある場合には，委任者は，やむを得ない事情がなくても，民法 651 条 1 項にのっとりその契約を解除できるとしているところ，出典判例は，乙らが管理契約の解除権自体を放棄したものとは解されない事情があるかどうかは，管理契約の趣旨，目的，管理契約により甲及び乙らが得る利益の程度，管理契約の存続に関する契約条項の定め等管理契約に関する諸事情を総合考慮して判断すべきであり，解除権自体を放棄したものとは解されない事情があることは認められないとした。

2　本事例は，平 22・2・16 東京高判【類型 28】-［6］の事案と同一別荘地での事例であるところ，正反対の結論となっている。

コメント

出典判例は，管理費が共益費的なものとして別荘地全体の管理業務の資金となることを重視する。この点，不当利得返還請求権の団体的行使を重視する平 27・9・18 最二判【類型 22】-［9］と方向性を同じくする。

第4章　関係業者の請求

[6] 事例　　　　　　　　　　　　　　　　　　　　　　　【類型28】-[6]

> 甲は，兜別荘地全体の管理業者
> 乙らは，各分譲地所有者ら
> 甲は，乙らが各分譲地を購入したとき，同人らとの間で，管理契約を締結した。甲は，これに基づき，乙らに対し，滞納管理費を請求したところ，乙らは，管理契約を解除した。

論点　乙らが民法 656 条，651 条 1 項に基づき管理契約を解除したことにより，解除後の管理費の支払義務が消滅するか

出典　平 22・2・16 東京高判（平 21 年㈹ 2586 号・平 21 年㈹ 4238 号/判タ 1336 号 169 頁）

判旨　委任契約（準委任契約を含む。）において，単に委任者の利益のみならず受任者の利益のためにも委任がされた場合には，民法 651 条 1 項による解除権は制限され，受任者が著しく不誠実な行動にでるなどのやむを得ない事由がなければ上記の契約を解除できないものと解するのが相当である。単に委任者の利益のみならず受任者の利益のためにも委任がされた場合とは，受任者が委任事務遂行の対価としての報酬（管理費）を得るということを超えて，当該委任契約が存在することに伴って一定の独立した利益を得ることをいうものと解するのが相当である。

甲の主張する受任者の利益とは，甲が兜別荘地の管理を継続することの必要性及びそのための管理費用収入の確保の必要性というものであるが，これらは，なお，任意解除権を制限することを正当化するだけの受任者の利益であると解することは困難である。

本件管理契約の委任者と受任者の間に相互依存関係があるから，委任者の任意解除権の行使が制約される旨の主張については，相互依存関係とは，兜別荘地内に不動産を所有する者がその物件を維持管理して利用し，生活を維持する上で，甲による管理やその関与が必須のものであり，他方で甲がその管理を継続するために不動産所有者による費用の分担が必要不可欠であるという関係をいうものと解される。排水路の設置と管理など土砂災害の防止等の居住者の安全と各不動産の保全のために必要不可欠と認められる部分もあるが，生活上不可欠であるインフラ関係においては，基

【類型 28】管理業者などが管理組合などに対し管理料などを請求

本的に行政，電力会社，燃料業者等によって提供・供給されており，防犯
設備の設置や防犯活動は，常住者が増加した現在では分譲当初とはその位
置づけが変容しており，その他の諸点を考慮しても，甲の管理行為が，全
体として兜別荘地内の不動産所有者にとって，必要不可欠とまでは言い難
いのが現状である。確かに，甲が管理費によって管理業務を継続すること
は受任者の利益のための側面もあるが，大半の不動産所有者は甲との本件
管理契約を継続しており，直ちに管理費収入が激減し，管理業務が停滞す
るという事態は想定しにくい。

したがって，本件管理契約においては，やむを得ない事由がなくても，
委任者は解除権を行使することができると解するのが相当である。

$\boxed{\text{まとめ}}$ 別荘地全体の管理業者が，各分譲地所有者との間で管理契約を
締結し，管理費を請求したところ，分譲地所有者から契約を解
除され，管理費請求が認められなかった事例

なお，同一別荘地に関する事案である平 28・1・19 東京高判【類型 28】
－[5] は，管理契約が管理業者の利益のみならず，各分譲地所有者の共同
の利益を目的とし，管理費が共益費的なものとして別荘地全体の管理業務
のための資金となるシステムとされている点を重視して，出典判例とは，
正反対の結論を導いている。

395

掲載判例索引

■ 掲載判例索引 ■

●は，類型として採り上げた判例
○は，類型の中で引用した判例

○大 9・7・6 大判／民録 26 輯 958 頁 ……………………………… 375
○昭 32・11・14 最一判／民集 11 巻 12 号 1943 頁 ……………………… 7
○昭 43・11・15 最二判／民集 22 巻 12 号 2614 頁 ………………… 390
○昭 45・6・24 最大判／民集 24 巻 6 号 587 頁 …………………… 48
○昭 46・12・9 最一判／民集 25 巻 9 号 1457 頁 ………………… 375
○昭 48・10・11 最一判／判時 723 号 44 頁 ……………………… 13
○昭 53・2・27 東京高判／金法 875 号 31 頁 …………… 95，119，123
○昭 56・1・19 最二判／民集 35 巻 1 号 1 頁 …………………… 393
○昭 56・1・30 最二判／判時 996 号 56 頁 ……………………… 185
●昭 56・6・18 最一判／民集 35 巻 4 号 798 頁 ……… 166，234，**319**，352
○昭 56・8・3 東京地判／判タ 465 号 128 頁 …………………… 166
○昭 56・12・16 最大判／民集 35 巻 10 号 1369 頁 ……………… 8
○昭 61・2・18 札幌地判／判時 1180 号 3 頁 …………………… 156
○昭 61・7・10 最一判／判時 1213 号 83 頁 …………………… 11
○昭 62・5・19 福岡地判／判タ 651 号 221 頁 ………………… 156
○昭 62・7・17 最二判／裁民 151 号 583 頁 ……………… 152，156
○昭 62・7・27 名古屋地判／判時 1251 号 122 頁 ……………… 156
○昭 63・3・31 最一判／判時 1277 号 122 頁 …………………… 9
●平 1・9・7 横浜地判／判時 1352 号 126 頁 ………………… 264
●平 2・1・30 東京地判／判時 1370 号 83 頁 ………………… 316
●平 2・6・26 東京地判／判タ 743 号 190 頁 ………………… 334
○平 2・7・24 東京地判／判時 1382 号 83 頁 ………………… 31
●平 2・10・26 東京地判／判時 1393 号 102 頁 ……………… 252
●平 2・11・26 最二判／民集 44 巻 8 号 1137 頁 …………… 192
○平 3・2・26 東京地判／判タ 768 号 155 頁 ………………… 166
●平 4・1・30 東京地決／判時 1415 号 113 頁 …………… **118**，281
○平 4・3・16 東京地判／判時 1453 号 142 頁 ………………… 13
●平 4・7・29 東京地判／判タ 801 号 236 頁 ………………… 224

○平 4・10・22 京都地判/判時 1455 号 130 頁 ························· 156

●平 5・1・28 東京地判/判時 1470 号 91 頁 ························· 314

●平 5・2・12 最二判/民集 47 巻 2 号 393 頁 ················ 234, **318**

●平 5・3・30 東京地判/判時 1461 号 72 頁 ····················· **32**, 45

○平 5・4・26 東京地判/判タ 827 号 191 頁 ······················· 327

●平 6・4・5 福岡地小倉支判/判タ 878 号 203 頁 ·········· 42, 63, **190**

●平 6・5・9 東京地判/判時 1527 号 116 頁 ··········· 283, 293, **296**

●平 6・8・4 東京高判/判時 1509 号 71 頁 ················ 41, **60**, 62

○平 6・9・9 横浜地判/判時 1527 号 124 頁 ························ 89

●平 7・2・28 東京高判/判時 1529 号 73 頁 ········ **134**, 135, 166, 319

●平 7・10・4 神戸地判/判時 1569 号 89 頁 ······················ 222

●平 7・11・21 東京地判/判時 1571 号 88 頁 ···················· 158

●平 8・2・5 東京地判/判タ 907 号 188 頁 ······················· 326

●平 8・7・30 東京地八王子支判/判時 1600 号 118 頁 ····· **280**, 282, 293

●平 8・9・4 千葉地判/判時 1601 号 139 頁 ············ 21, 49, 84, **214**

●平 8・12・26 東京高判/判時 1599 号 79 頁 ················· **82**, 301

●平 9・3・26 神戸地判/判タ 947 号 273 頁 ······· 135, **164**, 319, 353

●平 9・6・26 東京地判/判時 1634 号 94 頁 ···················· **16**, 25

●平 9・7・7 東京地判/判時 1605 号 71 頁 ·················· **258**, 265

●平 9・10・15 東京高判/判時 1643 号 150 頁 ················· 21, **46**

●平 9・10・15 東京地判/判タ 982 号 229 頁 ·········· 283, 293, **294**

●平 10・1・30 東京地判/判タ 1014 号 209 頁 ·············· 41, **182**

●平 10・4・14 東京地判/判時 1664 号 72 頁 ······················ 8

○平 10・10・16 東京地判/判タ 1016 号 241 頁 ··················· 357

●平 10・10・22 最一判/民集 52 巻 7 号 1555 頁 ··········· 42, 80, 185

●平 10・10・30 最二判/民集 52 巻 7 号 1604 頁 ········· 39, 41, 62, **178**, 188, 221

●平 10・11・20 最二判/裁民 190 号 291 頁 ············· **40**, 41, 62

●平 11・1・13 東京地判/判時 1676 号 75 頁 ··········· **68**, 71, 289

●平 11・1・27 札幌地判/判タ 1054 号 267 頁 ···················· 174

●平 11・6・21 神戸地判/判時 1705 号 112 頁 ····················· 276

●平 11・9・17 大阪高判/判タ 1051 号 286 頁 ········ 265, 324, **340**, 344, 356

●平 11・11・9 最三判/民集 53 巻 8 号 1421 頁 ···················· 374

●平 11・12・24 東京地判/判時 1712 号 159 頁 ·············· **212**, 317

●平 12・3・21 最三判/民集 58 巻 4 号 959 頁 ············· **180**, 319

○平 12・9・6 横浜地判/判タ 1104 号 237 頁 ···················· 357

掲載判例索引

〇平 13・1・29 福岡地判/判時 1743 号 112 頁 ……………………… 327
●平 13・1・31 神戸地判/判時 1757 号 123 頁 ……………………… 198
〇平 13・3・22 東京地判/判時 1773 号 82 頁 ……………………… 327
●平 13・6・19 神戸地尼崎支判/判時 1781 号 131 頁 ………… 97, **128**
〇平 13・9・5 大阪地判/判時 1785 号 59 頁 ……………………… 141
●平 14・5・16 大阪高判/判タ 1109 号 253 頁 ………… **140**, 148, 317
●平 14・6・21 大阪高判/判時 1812 号 101 頁 …………………… 270
●平 14・8・28 東京高判/判時 1812 号 91 頁 …………………… 248
●平 15・2・13 福岡高判/判時 1828 号 36 頁 …………………… 76
●平 15・5・21 東京地判/判時 1840 号 26 頁 …………………… 378
●平 15・6・17 福岡高判/裁判所ウェブサイト ………… 42, 63, **218**
●平 16・2・19 東京地判/2004WLJPCA02190011 ……… 106, **278**
〇平 16・4・23 最二判/民集 58 巻 4 号 959 頁 …………………… 51
〇平 16・11・18 最一判/民集 58 巻 8 号 2225 頁 ……… 324, 327, 344
●平 17・3・30 東京高判/高等裁判所民事判例集 58 巻 1 号 49 頁 …… 17, 20, 53, **262**
〇平 17・6・23 東京地判/判タ 1205 号 207 頁 …………………… 89
●平 17・9・13 東京地判/判時 1937 号 112 頁 ………… **150**, 282
●平 17・9・15 東京地判/2005WLJPCA09150004 ……………… 86
〇平 17・11・30 横浜地判/裁判所ウェブサイト ………… 366, 371
●平 17・12・5 東京地判/判時 1914 号 107 頁 ………… 265, **328**
●平 17・12・14 東京地判/判タ 1249 号 179 頁 ……… 71, 282, **286**
●平 18・3・9 福岡高判/高等裁判所民事判例集 59 巻 1 号 3 頁 …… 172, 265, **336**, 339
●平 18・3・30 東京地判/判時 1949 号 55 頁 …………… 89, **122**
●平 18・8・30 東京高判/金判 1251 号 13 頁 ………… 324, **342**, 357
●平 19・4・13 大阪高判/判時 1986 号 45 頁 …………… 327, **350**
●平 19・7・6 最二判/民集 61 巻 5 号 1769 頁 …………………… 360
●平 19・9・12 東京高判/判タ 1268 号 186 頁 …………………… 194
●平 19・10・3 東京地判/判時 1987 号 27 頁 ………… 282, **284**, 293
●平 19・11・14 東京地判/判タ 1288 号 286 頁 ………… **142**, 148
●平 20・4・16 大阪高判/判時 2018 号 19 頁 …………………… 22
●平 20・4・28 東京地判/判タ 1275 号 329 頁 ……… 324, **354**, 357, 359
●平 22・1・26 最三判/判タ 1317 号 137 頁 ………… **38**, 41, 62
●平 21・2・24 東京地判/2009WLJPCA02248001 ……………… 200
〇平 21・2・24 名古屋地判/判タ 1301 号 140 頁 ……………… 366
●平 21・2・27 札幌高判/判タ 1304 号 201 頁 ………………… 384

掲載判例索引

●平 21・3・12 大阪地判/判タ 1326 号 275 頁 ⋯⋯⋯⋯⋯⋯ **18**, 21, 49

○平 21・5・27 東京地判/判タ 1304 号 206 頁 ⋯⋯⋯⋯⋯ 371, 373

○平 21・6・23 福岡地小倉支判/判タ 1327 号 85 頁 ⋯⋯⋯⋯ 371

●平 21・7・24 大阪地判/判タ 1328 号 120 頁 ⋯⋯⋯⋯⋯⋯ 50

○平 21・7・31 東京地判/判タ 1320 号 64 頁 ⋯⋯⋯⋯⋯⋯ 371

●平 21・9・24 東京高判/判時 2061 号 31 頁 ⋯⋯⋯⋯⋯ 42, **186**

●平 22・2・16 東京高判/判タ 1336 号 169 頁 ⋯⋯⋯⋯⋯ 393, **394**

●平 22・2・22 東京地判/2010WLJPCA02228014 ⋯⋯⋯⋯⋯ 126

●平 22・4・22 札幌地判/判時 2083 号 96 頁 ⋯⋯⋯⋯⋯ **330**, 331

●平 22・5・13 東京地立川支判/判時 2082 号 74 頁 ⋯⋯⋯⋯ 56

●平 22・5・21 東京地判/2010WLJPCA05218001 ⋯⋯⋯ **146**, 148

○平 23・1・13 仙台地判/判時 2112 号 75 頁 ⋯⋯⋯⋯⋯⋯ 362

●平 23・1・25 東京地判/2011WLJPCA01258025 ⋯⋯⋯⋯⋯ 136

○平 23・1・26 東京地判/判タ 1358 号 148 頁 ⋯⋯⋯⋯⋯⋯ 371

●平 23・2・15 最三判/裁民 236 号 45 頁 ⋯⋯⋯⋯⋯⋯ 11, **66**

○平 23・2・23 東京高判/判タ 1356 号 156 頁 ⋯⋯⋯⋯⋯⋯ 366

●平 23・3・8 福岡高判/判時 2126 号 70 頁 ⋯⋯⋯ 265, 324, 357, **358**

○平 23・3・30 東京地判/判時 2126 号 73 頁 ⋯⋯⋯⋯⋯⋯ 371

○平 23・4・22 最二判/民集 65 巻 3 号 1405 頁 ⋯⋯⋯⋯ 323, 359

●平 23・5・25 東京地判/判タ 1392 号 169 頁 ⋯⋯⋯ 332, 366, 371, **372**

●平 23・6・30 東京地判/判時 2128 号 52 頁 ⋯⋯⋯⋯ 41, **44**, 62

●平 23・7・21 最一判/裁民 237 号 293 頁 ⋯⋯⋯⋯⋯⋯ 360

●平 23・8・23 東京地判/2011WLJPCA08238007 ⋯⋯⋯ 42, 63, **242**

●平 23・9・15 東京高判/判タ 1375 号 223 頁 ⋯⋯⋯⋯⋯ 250

●平 23・10・11 最三決/判時 2136 号 36 頁 ⋯⋯⋯⋯⋯⋯ 168

●平 23・11・16 東京高判/判時 2135 号 56 頁 ⋯⋯⋯⋯⋯ 266

●平 23・11・24 東京高判/判タ 1375 号 215 頁 ⋯⋯⋯⋯⋯ 88

●平 23・12・16 東京地判/2011WLJPCA12168021 ⋯⋯⋯⋯ 64

○平 24・1・10 福岡高判/判時 2158 号 62 頁 ⋯⋯⋯⋯⋯⋯ 361

●平 24・1・17 最三判/裁民 239 号 621 頁 ⋯⋯⋯⋯⋯⋯ 162

●平 24・1・30 東京地判/判時 2187 号 46 頁 ⋯⋯⋯⋯⋯ 240

●平 24・1・31 横浜地判/判時 2146 号 91 頁 ⋯⋯⋯ 332, 366, **368**, 371, 373

●平 24・2・9 福岡地判/裁判所ウェブサイト ⋯⋯⋯⋯⋯ **98**, 156

●平 24・3・15 東京地判/判時 2155 号 71 頁 ⋯⋯⋯⋯⋯ 282, **292**

●平 24・3・27 大阪地判/判時 2159 号 88 頁 ⋯⋯⋯⋯⋯⋯ 348

掲載判例索引

●平 24・3・28 東京地判/判時 2157 号 50 頁 ･････････････････････ 238
●平 24・11・12 宮崎地判/判タ 1386 号 344 頁 ･･････････････ 71, **72**
●平 24・11・14 広島地判/判時 2178 号 46 頁 ･････････････････ 26
●平 24・12・7 静岡地判/判時 2173 号 62 頁 ･･････････ 332, **364**, 366
●平 24・12・13 名古屋地判/2012WLJPCA12136001 ････････････ 298
●平 24・12・27 東京地判/判時 2187 号 51 頁 ･･････････････････ 108
●平 25・1・23 東京地判/判タ 1408 号 375 頁 ･････････････ **154**, 156
●平 25・2・22 名古屋高判/判時 2188 号 62 頁 ･･･････････････ 236
○平 25・2・26 大阪地判/判タ 1389 号 193 頁 ･･････････････････ 362
●平 25・2・28 東京地判/2013WLJPCA02288004 ･･･････････････ 320
●平 25・3・11 東京地判/2013WLJPCA03118001 ･･･････････ 265, **268**
●平 25・5・14 東京地判/判時 2197 号 49 頁 ･･･････････････････ 388
●平 25・6・25 東京地判/2013WLJPCA06258012 ･･･････ **20**, 21, 49, 263
●平 25・11・13 東京地判/2013WLJPCA11138001 ･･････････････ 14
●平 26・1・23 大阪高判/判時 2261 号 148 頁 ･･･････ **322**, 323, 344
●平 26・2・14 東京地判/2014WLJPCA02148009 ･･･････････････ 346
●平 26・3・25 東京地判/判時 2250 号 36 頁 ･････････ 282, **290**, 293
●平 26・4・16 東京高判/判時 2226 号 26 頁 ･････････････････ 12
●平 26・10・28 東京地判/判時 2245 号 42 頁 ･････････ 135, **232**, 319
●平 26・11・19 東京地判/判時 2271 号 75 頁 ･････････････････ 216
●平 27・1・26 東京地判/2015WLJPCA03268018 ･････････････ 102
●平 27・2・18 東京地判/判時 2288 号 70 頁 ･･･････････････････ 2
●平 27・3・30 東京地判/判時 2274 号 57 頁 ･････････････････ 74
●平 27・7・8 東京地判/判時 2281 号 128 頁 ･･････････････････ 382
●平 27・7・16 東京地判/判時 2283 号 51 頁 ･････････････････ 54
●平 27・7・17 東京地判/判時 2279 号 57 頁 ･････････････････ 230
●平 27・9・3 東京地判/判時 2287 号 71 頁 ･････････････ 337, **338**
●平 27・9・18 東京地判/2015WLJPCA09188003 ･･･････････････ 114
●平 27・9・18 最二判/民集 69 巻 6 号 1711 頁 ･･････ 21, 49, 84, 215, **300**, 393
●平 27・12・17 東京地判/判時 2307 号 105 頁 ･･･････････････ 30
●平 28・1・18 福岡地小倉支判/判時 2300 号 71 頁 ･･････ 27, **208**
●平 28・1・19 東京高判/判時 2308 号 67 頁 ･･･････ 21, **392**, 395
●平 28・4・11 東京地判/2016WLJPCA04118008 ･･･････････････ 256
●平 28・4・21 東京地判/2016WLJPCA04218006 ･･･････････････ 94
●平 28・9・29 東京地判/判時 2342 号 47 頁 ･･･････････････ 226

掲載判例索引

○平 28・10・13 東京地判/判タ 1439 号 192 頁 ································· 306
●平 28・10・13 東京地判/判時 2359 号 39 頁 ··································· 308
●平 28・12・9 大阪高判/判時 2336 号 32 頁 ····························· **244**, 251
●平 29・1・13 大阪地判/2017WLJPCA01336008 ······················· 132
●平 29・3・31 東京地判/判タ 1441 号 134 頁 ·························· **170**, 337
●平 29・4・19 東京高判/判タ 1451 号 93 頁 ······························· 304
●平 29・12・18 最一判/民集 71 巻 10 号 2546 頁 ··············· **204**, 254, 257

■ 著者略歴 ■

鈴 木　隆 （すずき　たかし）

平成 13 年 8 月　簡裁判事任官
横浜，十日町，横浜，島田，横須賀，横浜の各簡裁判事を歴任
平成 29 年 3 月から東京簡裁判事

当事者類型別 マンション関係訴訟

平成 31 年 2 月 27 日　初版発行

著　者　鈴　木　　隆

発行者　和　田　　裕

発行所　日本加除出版株式会社

本　　　社　郵便番号 171-8516
　　　　　　東京都豊島区南長崎 3 丁目 16 番 6 号
　　　　　　ＴＥＬ　(03) 3 9 5 3 - 5 7 5 7 (代表)
　　　　　　　　　　(03) 3 9 5 2 - 5 7 5 9 (編集)
　　　　　　ＦＡＸ　(03) 3 9 5 3 - 5 7 7 2
　　　　　　ＵＲＬ　www.kajo.co.jp

営 業 部　郵便番号 171-8516
　　　　　　東京都豊島区南長崎 3 丁目 16 番 6 号
　　　　　　ＴＥＬ　(03) 3 9 5 3 - 5 6 4 2
　　　　　　ＦＡＸ　(03) 3 9 5 3 - 2 0 6 1

組版・印刷・製本　㈱アイワード

落丁本・乱丁本は本社でお取替えいたします。
★定価はカバー等に表示してあります。
© T. Suzuki 2019
Printed in Japan
ISBN978-4-8178-4540-5

JCOPY 〈出版者著作権管理機構　委託出版物〉

　本書を無断で複写複製（電子化を含む）することは，著作権法上の例外を除き，禁じられています。複写される場合は，そのつど事前に出版者著作権管理機構（JCOPY）の許諾を得てください。
　また本書を代行業者等の第三者に依頼してスキャンやデジタル化することは，たとえ個人や家庭内での利用であっても一切認められておりません。

〈JCOPY〉　Ｈ Ｐ：https://www.jcopy.or.jp，e-mail：info@jcopy.or.jp
　　　　　　電話：03-5244-5088，FAX：03-5244-5089

マンションにおける共同利益背反行為への対応
区分所有法57条・58条・59条・60条の実務

関口康晴・町田裕紀・小川敦司・田村裕樹・川口洸太朗 著
2018年10月刊 A5判 268頁 本体2,500円+税 978-4-8178-4514-6

商品番号：40735
略　号：マン共

- 区分所有法57条〜60条（義務違反者に対する措置）に絞って、その法律実務を徹底的に掘り下げた実務書。具体的事例を基にしたQ&Aで、様々なトラブルごとにその行為が①共同利益背反行為に該当するかどうか②該当するとして57条〜60条のどれで対応するかを、豊富な裁判例を踏まえて詳説。

第2版 実務裁判例 借地借家契約における各種特約の効力

伊藤秀城 著
2018年4月刊 B5判 272頁 本体3,200円+税 978-4-8178-4467-5

商品番号：40459
略　号：借契

- 重要部分をコンパクトにまとめた、「458の裁判例集」。和解・調停条項作成の際の参考となる「オリジナルの和解条項、調停条項例」を収録。
- 「不利な特約条項がある」と悩む賃貸人・賃借人の相談に応える一冊。
- サブリースに関する解説、判例を追加した待望の第2版。

Q&A 借地借家の法律と実務 第3版

安達敏男 監修　古谷野賢一・酒井雅男・井原千恵・宅見誠 著
2017年6月刊 A5判 420頁 本体3,800円+税 978-4-8178-4390-6

商品番号：40399
略　号：借地

- 約120年ぶりとなる民法（債権関係）の大改正に対応。原状回復義務や敷金など、借地借家関係で整備される規定についての解説も充実。
- 借地借家法の基礎から実務への応用までを、判例、図表、契約書などの書式例を交えて具体的な63のQ&Aでわかりやすく解説。

日本加除出版

〒171-8516　東京都豊島区南長崎3丁目16番6号
TEL (03)3953-5642　FAX (03)3953-2061（営業部）
www.kajo.co.jp